suhrkamp taschenbuch
wissenschaft 1697

Vor zwei Jahren erschien mit *Das Erziehungssystem der Gesellschaft* der letzte Band von Niklas Luhmanns epochaler Theorie der Gesellschaft. Dem Erziehungssystem der Gesellschaft widmete Luhmann allerdings bereits seit den siebziger Jahren große Aufmerksamkeit und publizierte eine Vielzahl von Texten, die von einem Aufsatz über Unterricht als Interaktionssystem über das »Kind als Medium der Erziehung« bis hin zur Reformpädagogik reichen. Dieser Band versammelt erstmals diese verstreut publizierten Texte und bietet somit einen exzellenten Überblick über Luhmanns Theorie des Erziehungssystems.

Von Niklas Luhmann (1927-1998) erschienen zuletzt *Ideenevolution. Beiträge zur Wissenssoziologie* (stw 1870); *Die Moral der Gesellschaft* (stw 1871); *Schriften zu Kunst und Literatur* (stw 1872); *Liebe. Eine Übung* (2008).

Dieter Lenzen, geboren 1947, ist Professor für Philosophie der Erziehung an der Freien Universität Berlin und seit 2003 ihr Präsident.

Niklas Luhmann
Schriften zur Pädagogik

Herausgegeben und mit einem Vorwort
von Dieter Lenzen

Suhrkamp

Bibliografische Information Der Deutschen Bibliothek
Die Deutsche Bibliothek verzeichnet diese Publikation
in der Deutschen Nationalbibliografie
http.//dnb.ddb.de

suhrkamp taschenbuch wissenschaft 1697
Erste Auflage 2004

Satz: Hümmer GmbH, Waldbüttelbrunn
Druck: Druckhaus Nomos, Sinzheim
Printed in Germany
Umschlag nach Entwürfen von
Willy Fleckhaus und Rolf Staudt
ISBN 978-3-518-29297-6

2 3 4 5 6 7 – 14 13 12 11 10 09

Inhalt

Dieter Lenzen

Vorwort

Mit kaum einem gesellschaftlichen Teilsystem hat Niklas Luhmann sich in so vielen Publikationen befasst wie mit dem Erziehungssystem. Die Edition seiner Aufsätze zum Erziehungssystem musste sich deshalb engen Restriktionen unterwerfen. So enthält dieser Band die allein von ihm selbst verfassten Beiträge, die sich exklusiv mit dem Erziehungssystem beschäftigen. *Nicht* aufgenommen wurden demnach:

- Aufsätze, die er mit anderen, insbesondere seinem langjährigen Partner in Sachen Erziehungssystem, Karl Eberhard Schorr, verfasst hat,
- Aufsätze, die zwar in einem erziehungswissenschaftlichen Kontext erschienen, aber sich nicht explizit oder exklusiv dem Erziehungssystem widmen (z. B. Beiträge zu erziehungswissenschaftlichen Lexika oder seine allgemein systemtheoretischen Beiträge zu den mit Schorr herausgegebenen Bänden),
- Aufsätze, die Fragen des Erziehungssystems nur exemplarisch zur Explikation anderer systemtheoretischer Sachverhalte thematisieren,
- Aufsätze, die Fragestellungen aus verwandten Systemen aufnehmen, sich aber nicht als Beiträge zum Erziehungssystem verstehen (beispielsweise die Thematisierung von Wissenschaft, Universität, Individuum, Identität, Helfen, Familie, Intelligenz, Bewusstsein, Person, Geschlecht etc.).

Diese Schriften müssen für weitere Editionen reserviert bleiben, die sich dem gesamten Themenkreis der systemtheoretischen Beobachtung menschlicher Entwicklung widmen.

Die in diesem Band gesammelten Abhandlungen decken einen Zeitraum von zwölf Jahren ab, in dem Luhmanns Systemtheorie in der Folge heftiger Auseinandersetzungen über das von ihm 1979 mit Karl Eberhard Schorr erstmals veröffentlichte Buch *Reflexionsprobleme im Erziehungssystem* in der Erziehungswissenschaft so bekannt geworden war, dass er des Öfteren um Beiträge zu erziehungswissenschaftlichen Anthologien gefragt wurde. Davor publizierte er zu pädagogischen Themen fast ausschließlich gemeinsam mit Schorr. Dieser hatte auch die Idee zu einer gemeinsamen Tagungsreihe im Schnittfeld von Erziehungswissenschaft und Systemtheorie gehabt, die seit dem Beginn der achtziger Jahre mehr oder weniger regelmäßig stattfanden. Der erste Band mit Resultaten dieser Gespräche erschien 1982 (»Zwischen Technologie und Selbstreferenz: Fragen an die Pädagogik«). Nach dem Tode Schorrs konnte ein weiteres Symposium mit Luhmann veranstaltet werden, an dem er, bereits von seiner schweren Krankheit gezeichnet, in Berlin teilnahm. Es ist dokumentiert in Dieter Lenzen/Niklas Luhmann (Hg.): *Bildung und Weiterbildung im Erziehungssystem*, Frankfurt/M. 1997. Nach seinem Tode fanden in dieser Linie zwei weitere Tagungen in Berlin statt, die sich mit Luhmanns posthum erschienenem Werk *Das Erziehungssystem der Gesellschaft* sowie der Frage befassten, ob dem Erziehungssystem eine Sonderstellung im Kontext der gesellschaftlichen Teilsysteme zukommt.

Der in der vorliegenden Sammlung dokumentierte Zeitraum markiert aber nicht nur äußerlich eine Phase seiner selbstständigen Befassung mit dem Erziehungssystem, sondern ist vielleicht nicht zufällig identisch mit dem Arbeitsabschnitt, in welchem Luhmann sich mit dem Konstruktivismus auseinander gesetzt und daraus Modifikationen seiner Systemtheorie entwickelt hatte. Ebenso ging Luhmann nicht mehr vornehmlich auf detaillistische Themen von Erziehung und Bildung ein, sondern er nahm das Erziehungssystem zunehmend als Ganzes in den Blick, wohl auch als Resultat der Arbeit an seiner Monographie.

Für den ersten Beitrag, seinen Vortrag auf einer Tagung der »Gesellschaft zur Förderung Pädagogischer Forschung« über *erziehenden Unterricht als Interaktionsform*, gilt dieses noch nicht. Er ist maschinenschriftlich mimeographiert worden und folglich nicht sehr verbreitet. – »*Codierung und Programmierung*« setzt sich besonders mit Selektionsproblemen im Erziehungssystem auseinander, die in den siebziger Jahren unter dem Gesichtspunkt sozialer Ungerechtigkeit diskutiert worden waren. Luhmann dreht die Pointe unter demselben Rubrum um und kommt zu dem Schluss, dass die Berücksichtigung sozialer Benachteiligung bei der Beurteilung die eigentliche Ungerechtigkeit darstelle. Ihr sei nicht durch eine spezifische Programmierung, nicht durch »Mogelei« zu begegnen. – »*Systeme verstehen Systeme*« hat auf den ersten Blick wenig mit dem Erziehungssystem zu tun, geht es doch um die Selbstreferentialität verstehender Systeme. Für diese Selbstreferentialität scheinen Lehrer ein besonders treffendes Beispiel zu sein, weswegen Luhmann Verstehen im Unterricht für eher unwahrscheinlich hält. Spezielle Interaktionsformen, und damit knüpft er an den ersten Beitrag dieses Bandes an, werden zum Einsatz gebracht, um das Unwahrscheinliche wahrscheinlich zu machen. Aber es bleibt die Skepsis gegenüber einer eindimensionalen Kommunikationsform, wie sie die Bewertungsskala des unterrichtlichen Alltags darstellt. – Luhmanns »*Bemerkungen zur systemtheoretischen Analyse des Erziehungswesens*« unter der Hauptüberschrift »*Strukturelle Defizite*« stellen einen generalisierten Beitrag zum hier noch als Erziehungs*wesen* benannten Erziehungssystem dar. Er setzt sich darin mit der Paradoxie des Erziehungssystems auseinander, die darin besteht, etwas intentionalisieren zu wollen, was sowieso abläuft, Sozialisation. Gleichsam tröstend weist er die durch ihn inzwischen verstörten Pädagogen darauf hin, dass derartige strukturelle Defizite auch in anderen Systemen vorkommen, meint aber, dass Pädagogen keinen besonderen Stolz aus deren Bewältigung beziehen können, weil auch andere Systeme mit solchen Defiziten fertig werden. – Wie Luhmann seine Überlegungen vergangener Texte unter generalisierten Aspekten rearrangiert, zeigt der nächste Beitrag, »*Sozialisation und Erziehung*«, in welchem er eine Revision des Sozialisationsbegriffs vorschlägt in Richtung Selbstsozialisation psychischer Systeme in sozialen Umwelten, die er jetzt mit dem Plural »Erziehungssysteme« belegt. – »*Das*« Erziehungssystem ist Thema des nächsten Aufsatzes über die »*Homogenisierung des Anfangs*«, der im Hinblick auf die Suchbewegung unterwegs zu einer Theorie des Erziehungssystems interessant ist. Luhmann glaubt, dass das Erziehungssystem einen Code entwickelt hat, der binär auf den Alternativen des guten bzw. schlechten Beurteilens operiert. Er nimmt damit ein Thema zum erneuten Male auf, was bei vielen seiner Beiträge zum Erziehungssystem fast obsessiv durchscheint, die Paradoxie zwischen der Gerechtigkeitssemantik auf der einen und der strukturellen Wirklichkeit zwangsläufig ungerechter Bewertungen auf der anderen Seite. Man könnte fast von einem lebensgeschichtlich stabilen Motiv sprechen. – Eine weitere Suchbewegung markieren einige der weiteren Abhandlungen, die zunehmend grundsätzlicher werden. Mit »*Das Kind als Medium der Erziehung*« legt Luhmann sich zunächst auf ein Bestimmungsstück seiner Theorie fest, das er später noch zweimal überdenken wird, zum einen in den Überlegungen zur »Erziehung als Formung des Lebenslaufs« und zum anderen in seiner Monographie, in welcher er die Binarität »vermittelbar – nicht vermittelbar« aufgrund eines Vorschlags von Jochen Kade für erwägenswert hält. – »In der erzieherischen Kommunikation (...) können (...)

psychische Systeme gar nicht erreicht werden.« Auf diese brüske Feststellung läuft der Text hinaus, den Luhmann als Diskussionsfolie für eine der Tagungen geschrieben hat, die sich den systemtheoretischen *Fragen an die Pädagogik* widmeten. Unter dem Titel »*System und Absicht der Erziehung*« entwöhnt er seine Diskussionspartner ein weiteres Mal von der Vorstellung, Intentionen ließen sich umstandslos in erzieherisch zielwirksame Handlungen umsetzen. – Nicht minder provozierend seine konsequenten Formulierungen in der Abhandlung »*Das Erziehungssystem und die Systeme seiner Umwelt*«: »Das Erziehungssystem hat eigene Formen des Umgangs mit Paradoxien entwickelt. Es nennt sich zu diesem Zwecke ›Bildungssystem‹. Dabei geht es vor allem darum, die Paradoxien zu entstören und sie so weit zu invisibilisieren, daß sie unbemerkt bleiben können.« – Eine dieser Paradoxien ist auch die zwischen »*Takt und Zensur im Erziehungssystem*«, ein Text, in dem Luhmann sein Hauptmotiv erneut variiert. In einer moralisierenden Semantik würde jemand es als die Bigotterie eines Verhaltens von Teilnehmern eines Teilsystems bezeichnen, die es durch genau diese Doppelmoral am Leben erhalten, gegen Veränderung immunisieren und, so die Konsequenz aus dem letzten Aufsatz dieses Bandes, »*Erziehung und Formung des Lebenslaufs*«, dabei sind, es mit der Rede vom *life long learning* in der operativen Gestalt der Weiterbildung zu einem lebensbegleitenden Parasiten oder im besseren Falle zu einer Erscheinung zu machen, die der Flora und Fauna des Darmes nicht unähnlich ist: Ungeliebt, nicht selten lästig, aber angeblich unentbehrlich wie auch wohl unvermeidbar.

Niklas Luhmann hatte, durchaus auch aus biographischen Erfahrungen, Grund genug, das Erziehungssystem so zu beobachten, wie er es tat. Damit polarisierte er seine Rezipienten in solche, die sich und ihre Profession existenziell bedroht sahen und ausgerechnet sich, den Erben der Priester, nicht Bigotterie vorwerfen lassen wollten, und solche, die ohne missio paedagogica auf ein unwahrscheinliches Phänomen blicken und es sich durch die systemtheoretische Rationalisierung vielleicht emotional erträglicher machten.

Erziehender Unterricht als Interaktionssystem

Der Titel meines Vortrags zitiert einen Begriff aus der pädagogischen Tradition. Er deutet zugleich aber an, daß die Ausführungen nicht innerhalb, sondern außerhalb dieser Tradition formuliert werden. Der Begriff des Interaktionssystems ist der Soziologie entnommen. Ich gehe dabei von einer allgemeinen Theorie sozialer Systeme aus und sehe den Fall der Interaktion unter Anwesenden als einen besonderen Fall mit besonderen Regeln der Grenzziehung und der Selbstorganisation des Systems. Damit wird es zur Frage, wie man mit soziologischen Theoriemitteln rekonstruieren kann, was die pädagogische Tradition mit »erziehendem Unterricht« gemeint hatte und wie man begreifen kann, auf welche Schwierigkeiten diese Idee stößt und wie sie deformiert wird, wenn sie im Interaktionssystem der Schulklasse realisiert werden soll.

Der Vortrag gliedert sich in drei Teile. Im ersten Teil will ich versuchen zu klären, wie sich pädagogische und soziologische Betrachtungsweisen unterscheiden, und dies speziell im Hinblick auf das Thema »erziehender Unterricht«. Im zweiten Teil werden beide Perspektiven verknüpft; ich werde versuchen zu zeigen, wie die Soziologie für ihren eigenen Gebrauch nachkonstruieren kann, was die Pädagogen möglicherweise meinen, wenn sie von »erziehendem Unterricht« sprechen. Dabei wird es unvermeidlich sein, eine verfremdende, inkongruente Terminologie zu verwenden, die den Pädagogen überraschen und zur Ablehnung provozieren wird. Im dritten Teil geht es dann darum, die Schulklasse als Interaktionssystem Unterricht darzustellen, um von daher begründen zu können, welche Erwartungen man sinnvoll an sie stellen kann und welche nicht.

I

Man ist gewohnt, Pädagogik und Soziologie als verschiedene Disziplinen aufzufassen, die jeweils eigene Gegenstände oder einen eigenen Zugang zu Gegenständen pflegen. Das spiegelt die akademische Organisation bzw. die Binnendifferenzierung des Funktionssystems Wissenschaft wider, gibt aber noch keinerlei Anhaltspunkt dafür, wie und weshalb die Disziplinen sich unterscheiden. Gerade das Thema

»erziehender Unterricht« gibt aber eine Gelegenheit, den Unterschied eines pädagogischen und eines soziologischen Zugangs an der Sache selbst vorzuführen.

Man kann nicht davon ausgehen, daß die Welt der Gegenstände selbst nach dem Schema der wissenschaftlichen Disziplinen geordnet ist – so als ob die Schöpfung oder die Natur die Entstehung von Wissenschaften im voraus schon berücksichtigt hätte. Die Wissenschaften unterscheiden sich vielmehr dadurch, daß sie Gegenstände im Lichte verschiedener Unterscheidungen behandeln. Manchmal verdichten sich solche Unterscheidungen zu paradigmatischen Leitdifferenzen. Wenn man daraufhin das Verhältnis von Pädagogik und Soziologie sich ansieht, wird deutlich, daß hier verschiedene Leitdifferenzen denselben Gegenstand in eine unterschiedliche Beleuchtung versetzen.

Für die Pädagogik ist das, was mit dem Thema »erziehender Unterricht« formuliert werden soll, selbst schon die Leitdifferenz. Aufgrund einer alten Tradition, die institutio und educatio bzw. Didaktik und Pädagogik unterschieden hatte, wird um 1800 mit dem Begriff des »erziehenden Unterrichts« die Einheit dieser verschiedenen Bemühungen formuliert und als Postulat an das neu entstehende Schulsystem herangetragen. Die Erziehung soll, wenigstens in wesentlichen, von Familie und Schichten unabhängigen Hinsichten, in der Schule erfolgen, und dies in der Form von Unterricht. Die Frage ist dann: wie dies möglich ist? Die Pädagogik begreift, daß es schwierig ist, und setzt diese Schwierigkeit in methodische, organisatorische, politische und wissenschaftliche Postulate um.

Für die Soziologie ist eine ganz andere Leitdifferenz maßgebend. Auch für sie hat die Vorstellung des »erziehenden Unterrichts« etwas Erstaunliches, aber in einem ganz anderen Sinne. Die Leitdifferenz ist für sie nicht Erziehung und Unterricht, sondern Erziehung und Sozialisation. Der Gegenbegriff zu Erziehung wird sozusagen ausgewechselt, und damit wird das Phänomen der Erziehung von einer ganz anderen Seite her beleuchtet, aber ebenfalls als schwierig und als in gewisser Weise unwahrscheinlich beleuchtet.

Sozialisation ist seit ihren Anfängen ein zentraler Begriff der Soziologie. Wie immer, wenn ein Begriff zuviel leisten muß, ist er unklar geblieben. Die alte Vorstellung einer Transmission von Kulturgut auf eine folgende Generation hat sich nach und nach aufgelöst. Heute denkt man eher an ein reziprokes Verhältnis von Sozialisationsagenten und Sozialisanden, wobei mehr und mehr die subjektive Aufnahme- und Ablehnungsfähigkeit des Sozialisanden in den Vordergrund tritt. Ich selbst würde bei Sozialisation an ein ganz allgemeines Geschehen denken, nämlich daran, daß jemand, der mit sozialen Erwartungen konfrontiert ist, entweder konform oder abweichend reagieren kann und dadurch eigene Erfahrungen akkumuliert. Man braucht in sozialen Situationen keineswegs immer, ja vielleicht nicht einmal normalerweise mit konformen Einstellungen zu reagieren, aber es ist unausweichlich, daß man unterschiedliche Erfahrungen sammelt, je nachdem, ob man eine konforme oder eine abweichende Linie verfolgt.

Wenn der Begriff so gesetzt ist, wird es zur Frage, ob und wie man Sozialisationsprozesse als Erziehung intentionalisieren kann. Durch die Absicht eines Erziehers kommen, von seiner Seite aus gesehen, Erfolgs- und Mißerfolgserfahrungen hinzu, und damit auch die Zumutung, auf Erfolge bzw. Mißerfolge zu reagieren. Einerseits verstärkt und dirigiert diese Intentionalisierung den Sozialisationsprozeß und kann ihn in eine relativ unwahrscheinliche Richtung treiben, zum Beispiel in die Richtung eines systematisierten, langfristig aufbauenden Lernprozesses. Andererseits wird es dann unausweichlich, daß der Sozialisand merkt, daß er erzogen werden soll, und seinerseits auf diese Absicht konform oder abweichend, kooperativ oder sich distanzierend und rettend reagieren kann. Der institutionelle Rahmen des Schulunterrichts verstärkt diese Problematik der ausdifferenzierten Intention, die ankommen oder nicht ankommen kann, Erfolge oder Mißerfolge haben kann und die bei allem, was ihr dazu methodisch einfällt, immer wieder letztlich nur sozialisiert.

Auch für den Soziologen ist danach »erziehender Unterricht« eine unwahrscheinliche, gesteigert problematische Errungenschaft. Dies aber nicht deshalb, weil Erziehung und Unterricht kombiniert werden, sondern weil die Intentionalisierung von Sozialisation institutionell forciert und in ihrer Problematik zugespitzt wird. Während in der Familie pädagogische Absichten nicht offen deklariert werden müssen, ist genau dies in der Schule unausweichlich. Der Schüler merkt die Intention und kann sich ihr fügen, wie zum Beispiel Agathe im Roman »Der Mann ohne Eigenschaften«, ohne viel davon zu halten; er kann sich aber auch in die Freiheit hineinsteigern, mit der Schule rein opportunistisch und taktisch umgehen und sie als System des Erwerbs von Positionen und Berechtigungen behandeln.

Wir werden im dritten Teil des Vortrages auf einige Fragen der soziologischen Analyse dieser Situation zurückkommen.

II

Will man unabhängig von der Semantik, mit der die pädagogische Intention sich selbst artikuliert und stützt, analysieren, wie die beabsichtigte Transformation des Schülers zustande kommen soll, dann bietet es sich an, zunächst den Schüler selbst als ein System zu betrachten, dessen Veränderung beabsichtigt ist, aber nicht ohne Schwierigkeiten zustande kommt. Für die Darstellung dieses Vorgangs eignet sich die kybernetische Unterscheidung von Trivialmaschine und Nicht-Trivialmaschine. Das Wort Maschine bezeichnet nichts weiter als eine Transformationsfunktion. Der Sprachgebrauch hat sich eingebürgert, weil Automaten anhand solcher Funktionen konstruiert werden. Das Wort Trivialisierung stammt ebenfalls aus dieser Theorie und bezeichnet den Fall, daß die Umformung von Input in Output durch eine starre Regel vorgegeben ist. Ich füge eine Skizze bei, die den Unterschied verdeutlicht.

Trivialmaschine

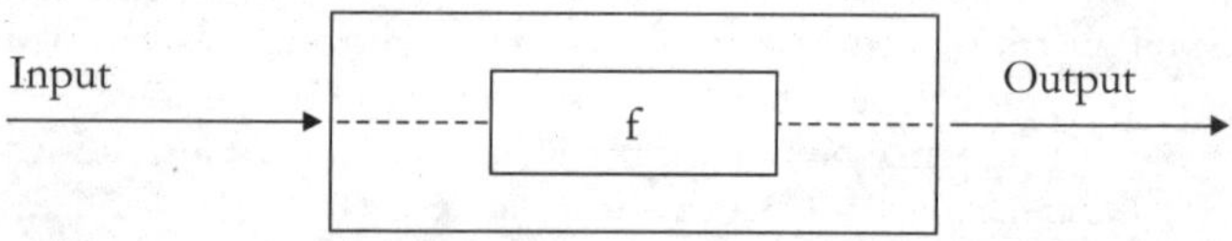

Nicht-Trivialmaschine

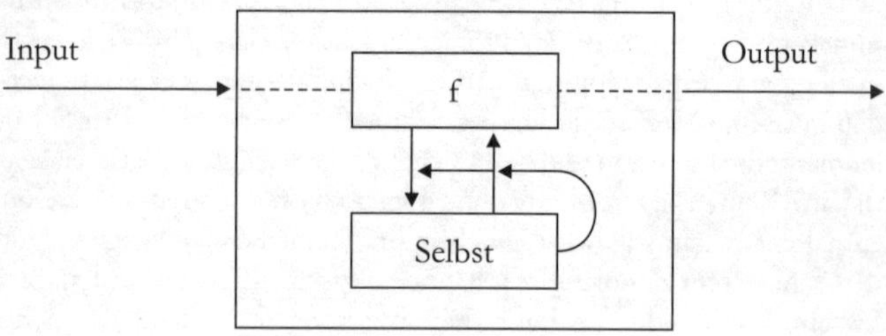

Es ist klar, daß psychische Systeme niemals Trivialmaschinen sind. Ihre Reaktion auf Anregungen wird immer auch durch Selbstreferenz ermittelt, das heißt: Sie befragen sich selbst, was von einem Input zu halten ist, und können auf den gleichen Input das eine Mal so, das andere Mal anders reagieren. Sie richten sich zum Beispiel nach ihrer momentanen Befindlichkeit oder nach dem, was sie gerade vorher erlebt oder getan haben. Sie reagieren in diesem Sinne typisch selbstbestimmt und unzuverlässig. Wenn man es emphatisch ausdrücken will, könnte man auch sagen, sie reagieren frei. In der modernen Systemtheorie taucht derselbe Gedanke auf in der Unterscheidung von inputbestimmten Umweltkopplungen und durch Geschlossenheit bestimmten Umweltkopplungen. Es ist klar, daß psychische Systeme unvermeidlich und unabänderlich zu dem letztgenannten Fall zählen.

Im Interaktionssystem Unterricht werden sie gleichwohl als Trivialmaschinen behandelt und in Richtung auf Trivialisierung ihrer Transformationsfunktionen erzogen. Ich bin mir natürlich im klaren darüber, daß die Pädagogen mit ihrem Programm der Erziehung zur Freiheit das Gegenteil behaupten. In der soziologischen Analyse erscheint jedoch das Trivialisieren ebenso offensichtlich wie unausweichlich, so daß man die Frage stellen muß, welche Gründe die Pädagogik haben mag, das Gegenteil zu behaupten.

Eine Trivialmaschine liegt vor, wenn man die Funktion »multiplizieren mit zwei« voraussetzt und die Zahl zwei als Input eingibt; dann wird der Output vier erwartet, und kein Lehrer wird bereit sein, dies Resultat von der momentanen Befindlichkeit des Schülers abhängig zu machen. Wenn man wissen will, welchen casus sine regiert, dann kann es nur »Ablativ« heißen. Wenn es darum geht, in welchem Jahr Homer geboren ist, dann gibt es nur eine richtige Antwort: das weiß man nicht. Aber auch all die Fälle, in denen eine mehr oder weniger große Bandbreite von Antworten zugelassen werden kann, gehören zum Typus der Trivialmaschine. Die Übersetzung der Zeile eines lateinischen Textes mag in vielen Hinsichten verschieden ausfallen, es gibt eine gewisse Toleranz, aber es gibt auch Grenzen dieser Toleranz und eindeutige Fehler. Schließlich ist auch derjenige Fall zu diesem Typus zu nehmen, in dem die Transformationsfunktion erst ad hoc, sei es vom Lehrer, sei es vom Schüler, erfunden wird und das Resultat als »kreativ« behandelt wird. Der Lehrer mag sich selbst oder dem Schüler einen glücklichen Einfall bescheinigen, aber immer noch geht es um eine Regelmäßigkeit im Zusammenhang von

Input und Output, die nachvollziehbar, wiederholbar und kontrollierbar sein soll. Erst wenn diese Bedingung aufgegeben wird und man der Maschine konzediert, ihren Output nach eigenem Gutdünken zu variieren, hat man es mit einer Nicht-Trivialmaschine zu tun. Die Errichtung einer solchen Maschine würde jedoch Techniken der Stimulierung voraussetzen, wie sie im klassenförmigen Unterricht nicht zur Verfügung stehen – z. B. ein sequentielles Sicheinlassen auf die Zustände, in denen der Zögling sich gerade befindet, oder ein Stimulieren durch intensive Zuwendung, Liebe und dergleichen.

Gerade der Physiker, Mathematiker, Kybernetiker und Computerfachmann Heinz von Foerster hat sich im übrigen darüber gewundert, daß die Pädagogen das »two-Brain problem: education« im Sinne von Trivialmaschinen zu lösen versuchen und daß sie typischerweise »illegitime« Fragen stellen, nämlich Fragen, deren Antworten bekannt (oder definiert) sind; während es nach Heinz von Foerster doch gerade darauf ankäme, den Schülern das Stellen legitimer Fragen beizubringen, das heißt von Fragen, deren Antwort unbekannt ist.[1] Der Soziologe allerdings wird dazu bemerken, daß sich bei legitimen Fragen das Problem der Trivialität nur wiederholt, denn die Kriterien der »fruchtbaren Fragestellung« können wiederum nicht voll subjektiviert werden, sondern müssen einer Beurteilung und Bewertung ausgesetzt werden. Jedenfalls sind dies Anforderungen, die im Schulunterricht kaum aufgegeben werden können, wenn man nicht zu einer völlig willkürlichen Pädagogik des Moments und der unterschiedlichen Subjektivität übergehen will. Im übrigen: wenn jemals ein Lehrer dies versuchen sollte, würden die Schüler sich zu wehren wissen.

Man kann natürlich diese scheußliche, harte, maschinentechnische Terminologie aufgeben und zu einer weicheren, humaneren Semantik übergehen. Aber das Problem wird dadurch nicht verändert. Bei allem erziehenden Unterricht wird man sich deshalb vorstellen müssen, wie es auf eine Nicht-Trivialmaschine wirkt, wenn sie laufend wie eine Trivialmaschine behandelt wird und wenn man nur die Transformationsfunktionen komplexer werden läßt und sie mit Unbestimmtheitsspielräumen ausstattet, sie aber nicht als solche aufgibt. Die Frage ist, wie eine solche Erziehung auf das zurückwirkt, was im psychischen System als Selbstreferenz zirkuliert. Mit Theorie-

1 So Heinz von Foerster, Oberserving Systems, Seaside, Cal. 1981, S. 209 f.

mitteln der großen Philosophie könnte man vielleicht sagen, daß es darum geht, das Notwendige freiwillig zu tun. Die bescheidenere Theorie empirischer Systeme kann mit großen Sprüchen dieser Art jedoch wenig anfangen, und sie wird eher davon ausgehen müssen, daß die einzelnen Systeme, je nachdem, wie sie ihre Selbstreferenz bereits früh zu handhaben gelernt haben, auf die Zumutung der Trivialisierung und des zuverlässigen Transformierens sehr unterschiedlich reagieren werden.

III

Erst mit den jetzt folgenden Überlegungen beginne ich eine soziologische Analyse des Interaktionssystems Unterricht. Ich muß zu diesem Zweck, um es technisch auszudrücken, die Systemreferenz wechseln. Die Einheit, um die es geht, ist jetzt nicht mehr das psychische System des Schülers, das trivialisiert oder de-trivialisiert werden muß, sondern das soziale System der Interaktion in der Schulklasse. Dieses System besteht nicht aus psychischen oder sogar organischen Systemen; es besteht nicht aus Lehrern und Schülern, es besteht nur aus Kommunikationen. In diesem Sinne ist Interaktion, wie jedes soziale System, ein selbstreferentielles System. Das heißt: die Kommunikationen, die das System ermöglicht und aus denen es besteht, kommen nur im System zustande und sind nur dadurch möglich, daß sie sich auf andere Kommunikationen desselben Systems beziehen können. Alle Operationen des Systems kommen nur durch das System zustande, das System besteht also nur aus denjenigen Operationen, die das System selbst produzieren und reproduzieren. Auch Interaktion in Schulklassen ist in diesem Sinne ein selbstreferentiell geschlossenes System, das die Elemente, aus denen es besteht, durch die Elemente, aus denen es besteht, selbst produziert. Jedem der Beteiligten ist denn auch bewußt, daß das, was hier möglich ist und geschieht, nur hier möglich ist und geschieht im Zusammenhang mit einer von Moment zu Moment sich ändernden Situation; und daß Kommunikation infolgedessen vorherige Kommunikation voraussetzt und Anschlußfähigkeit im System erreichen muß.

Dieser hochabstrakte systemtheoretische Ansatz hat sofort sehr weitreichende Konsequenzen. Ebensowenig wie psychische Systeme sind soziale Systeme jemals Trivialmaschinen. Sie mögen, und auch insofern gilt der Vergleich, von anderen Systemen wie Trivialmaschinen behandelt werden, die bei einem bestimmten Input bestimmte Ergebnisse erbringen sollen. So erwartet die Unterrichtsverwaltung und vielleicht auch der Lehrer selbst, daß bei bestimmten Aufwendungen und Bemühungen bestimmte Resultate herauskommen, wenn alles richtig läuft. Für einen externen Beobachter mag deshalb das Interaktionssystem Unterricht wie eine black box aussehen, die man nach Input und Output beschreiben kann, ohne die internen Prozesse der Transformation von Input in Output zu durchschauen oder steuern zu können. Ein solcher Beobachter wird allerdings häufig dadurch enttäuscht werden, daß die erwartete Transformation nicht funktioniert, und er wird Mühe haben, diejenigen Regelmäßigkeiten zu entdecken, die man erwarten müßte, wenn die black box eine Trivialmaschine wäre. Sie ist es eben nicht, sondern hat vielerlei andere Eigenschaften, die auf das ständige Interferieren der Selbstreferenz des Systems zurückgehen.

Geht man von dieser Theorie aus, dann kann eine Planung des Systems nur Selbstplanung sein. Sie kann nur unter Benutzung der Selbstreferenz des Systems mit Hilfe der Operationen des Systems selbst erfolgen. Was im System als Prämisse weiterer Kommunikation fungieren soll, muß im System selbst durch Kommunikation festgelegt werden. Was der Lehrer dazu beisteuern kann, kann er nur in der Form von Kommunikationen im System selbst beisteuern. Er mag sich vorher Gedanken darüber machen, er mag als externer Beobachter des Systems Anfang und Ende, Mittel und Ziele sowie gewisse Zeit- und Themenaufstellungen entwerfen; aber damit legt er nur fest, was er selbst tun würde, wenn er so handeln könnte, wie er es sich vorstellt. Er disponiert über den Input des Systems, nicht aber über das System selbst, und er könnte wissen, daß das Unterrichtssystem ein hochkomplexes selbstreferentielles System ist, das sich nicht durch Input bestimmen läßt.

Man kann dies auch so ausdrücken: Alles, was der Lehrer im Unterricht aufgrund seiner Planung tut, wird von anderen Teilnehmern beobachtet, diese Beobachtung löst Reaktionen aus, die im voraus nicht geplant werden können. Der Unterschied von Operation und Beobachtung ist fundamental, er stellt sich immer wieder neu her und läßt sich durch keine wie auch immer geartete Konvention beseitigen. Jede Präzisierung eröffnet die Möglichkeit, sich entgegengesetzt zu verhalten. Das Miteinander von Operation im Sinne der je aktuell laufenden

Kommunikation und Beobachtung der Operation macht gerade die Komplexität der Interaktion unter Anwesenden aus, so daß nie die ganze Fülle der Ereignisse in einer Hand zusammengefaßt oder durch einen Zentralplan gesteuert werden kann.

Zusätzlich muß man bedenken, daß sowohl die kommunikativen Operationen als auch deren Beobachtung nicht nur einfach das sind, was sie sind, sondern durch Differenzgesichtspunkte, Erwartungsschemata oder allgemeine, relativ unbestimmte Möglichkeitshorizonte gesteuert werden. Man muß sich daher immer fragen, von welchem Horizont anderer Möglichkeiten ein Schüler den Lehrer oder ein Lehrer die Schüler beobachtet. Kein »soziales Gesetz« kann garantieren, daß alle den gleichen Differenzgesichtspunkt oder den gleichen Möglichkeitshorizont zugleich im Auge haben. Ein Schüler kann zum Beispiel die Fragen des Lehrers beobachten unter dem Gesichtspunkt, ob er diese Fragen beantworten könnte oder nicht; oder auch unter dem Gesichtspunkt, daß er antworten könnte, wenn der Lehrer andere Fragen stellen würde. Ein Schüler kann den Lehrer aber auch unter dem Gesichtspunkt beobachten, ob der Lehrer den Schüler beobachtet oder ob der Schüler sich in einer Schutzzone der momentanen Unaufmerksamkeit des Lehrers befindet und nicht im Focus seiner Aufmerksamkeit. Je nach dem Beobachtungsschema folgt der Schüler dem Unterricht oder nicht, aber in beiden Fällen nicht so, wie der Lehrer es planen oder sich vorstellen könnte. Was im System transparent wird und was die gemeinsame Aufmerksamkeit beschäftigt, ist nur die jeweils ablaufende Kommunikation. Diese kann weitere Kommunikationen festlegen und dadurch planen; sie kann aber nicht kontrollieren, mit Hilfe welcher Differenzschemata die Beteiligten registrieren, was vor sich geht. Man kann unter diesen Umständen zwar annehmen, daß gewisse Schematisierungen typisch sind und durchgängig gebraucht werden – etwa die Schematisierung nach richtig/falsch oder die Schematisierung gewußt/nicht gewußt. Dies jedenfalls würde zutreffen, wenn es zutrifft, daß der Unterricht auf Trivialisierung abzielt. Aber selbst wenn man damit rechnen kann, gibt es keine Garantie dafür, daß nicht zugleich sehr viel mehr und sehr viel komplexere Schemata benutzt werden und daß vor allem sehr viel mehr personzentrierte Beobachtung mitläuft.

Nimmt man deshalb an, daß ein solches System nicht von außen (und das schließt immer ein: nicht durch das psychische System des Lehrers) gesteuert werden kann, stellt sich die Frage, wie es um die Möglichkeiten der Selbststeuerung steht. Die Kybernetik nimmt an, daß dazu eine Art Selbstmodellierung des Systems erforderlich ist,[2] das heißt: das System muß als Modell in das System wiedereingeführt werden. Oder anders gesagt: Das System muß sich am System orientieren können, also Reflexionsprozesse ablaufen lassen können, die die Erfordernisse des Kontinuierens der Operationen selbst zum Gegenstand von Operationen machen. In sozialen Systemen kann dies immer nur durch Kommunikation geschehen. Die Inanspruchnahme von Autorität oder von Rollenbefugnissen wird sich heute weniger denn je dazu eignen, diese Funktion zu erfüllen. Zumindest müßte man jeweils empirisch kontrollieren, ob sie nicht im Interaktionssystem primär als eine externe Referenz (so will es der Lehrer) wahrgenommen wird.

Auch eine Selbstregulierung des Systems hat mithin die Eigenschaft jeder Operation: Sie wird im System beobachtet und daraufhin angenommen oder konterkariert werden. Welche der beiden Möglichkeiten von wem ergriffen wird, hängt in hohem Maße von der Situation und der gerade unmittelbaren Vergangenheit ab. Nur das, was effektiv geschieht, geht in den nicht abzustreitenden »Besitz« des Systems über. Die aktuelle Sequenz der Operationen organisiert ein Minimum an gemeinsamer Aufmerksamkeit, das man im weiteren Verlauf der Operationen voraussetzen und verwenden kann. Man muß nach diesen Überlegungen von einer erheblichen Diskrepanz zwischen Kontrollfähigkeit des Systems und Auslösung von Folgen im System ausgehen. Kein in das System eingeführtes Modell des Systems, von Autoritätspositionen ganz zu schweigen, kann die Wirkungen kontrollieren, die durch die Planungs- und Kontrollvorkehrungen selbst ausgelöst werden, ganz zu schweigen von der Gesamtheit der Wirkungen, die die laufenden Operationen und die Beobachtung dieser Operationen im System auslösen. Diese allgemeine systemtheoretische Einsicht ermöglicht eine Reformulierung des Themas »heimlicher Lehrplan« und zugleich eine Stellungnahme zu dem, was »erziehender Unterricht« heißen könnte.

Der Begriff des heimlichen Lehrplans ist gebildet mit Hilfe der traditionellen soziologischen Unterscheidung von manifesten und latenten Strukturen. Er formuliert einen Unterschied zwischen dem offiziellen Lehrplan, den der Lehrer aufgrund von Direktiven der

2 Roger S. Conant/W. Ross Ashby, Every Good Regulator of a System Must be a Model of That System, International Journal of System Science 1 (1970), S. 89-97.

Schulverwaltung festlegt, und den latenten Strukturen des Systems, die am offiziellen Lehrplan vorbei erziehen. In beiden Fällen, ob manifest oder latent, setzt der Begriff jedoch ein hohes Maß an struktureller Determination des Interaktionssystems voraus. Nicht zuletzt deshalb ist der Begriff des heimlichen Lehrplans von der Pädagogik als ein Konzept registriert worden, das die Bemühungen des Lehrers ins Aussichtslose abschiebt. Gleichgültig, wie er denkt und handelt, gleichgültig, was er sich als Ziel vornimmt und wie sehr er sich Mühe gibt: der heimliche Lehrplan bestimmt die Resultate, und er erzieht, das ist umstritten, entweder im Sinne der Strukturen moderner Gesellschaft oder in Gegenrichtung. Bei einer genaueren systemtheoretischen Analyse wird jedoch die Prämisse einer hohen strukturellen Determination des Systems fragwürdig. Die faktisch aktualisierte Aufmerksamkeit wird viel mehr durch die gerade laufenden Operationen, durch Auffälliges, durch Unerwartetes oder auch durch die Verteilung der Chancen im Kommunikationsprozeß bestimmt als durch vorab festliegende Strukturen. Wenn man es genauer und etwas umständlicher formulieren will, dann könnte man sagen, daß die Ausdifferenzierung eines Erziehungssystems und die dadurch entstehende Typik von Schulklassenerziehung beide Möglichkeiten steigert: sowohl strukturelle Determination als auch operative Determination, und daß dies auf Kosten der unmittelbaren Einwirkung von Umwelt auf das System erreicht wird. Auch das führt aber nicht zurück zu der Annahme, daß die wesentlichen Ergebnisse schulförmiger Erziehung dem heimlichen Lehrplan zu verdanken sind. Man muß vielmehr neu fragen, was an intendierten und nicht-intendierten Besonderheiten zu erwarten ist, wenn für die Funktion der intentionalisierten Sozialisation ein besonderes Funktionssystem ausdifferenziert wird.

Bei dieser Fragestellung tritt die Unvermeidlichkeit des Sozialisationsgeschehens – trotz Erziehung! – in den Vordergrund. Auf die offenkundige Absicht des Erziehens und auf ein dafür bereitgestelltes Sondersystem reagiert der Schüler wiederum in der Weise der Sozialisation: er lernt es, mit den entsprechenden Tatsachen und Wahrscheinlichkeiten zu rechnen und ihnen über konformes und über abweichendes Verhalten Rechnung zu tragen. Er verhält sich in einer nicht vorhersehbaren Weise selektiv, und jede Planung seiner Selektionen würde ihn wiederum in die Lage versetzen, sich dazu selektiv einstellen zu können. Was daraus in ihm als eigener Habitus oder als die Weise, in der er mit sich selbst bekannt wird, entsteht, ist nicht unabhängig von dem Erziehungssystem zu denken, liegt aber auch nicht auf der Linie der intendierten Ziele. Das, was dem heimlichen Lehrplan zugeschrieben wird, und das, was dem Kontrollapparat von Lob und Tadel, Zensierung, Prüfung und Versetzung oder Abschlußbestätigung zugeschrieben wird, ist ein wichtiger Teil dieser besonderen Effektivität eines ausdifferenzierten Systems. Zugleich muß man aber auch sehen, daß im System in sehr hohem Umfang Zufälle wirksam werden und Strukturen sich kristallisieren lassen, indem sie mit minimalen, occasionellen Ursachen ein entsprechend disponiertes System nachhaltig verändern können. Vielleicht ist es deshalb nicht ganz verkehrt, das Verhalten des Lehrers primär als einen Zufallsgenerator anzusehen oder als einen Mechanismus, der auftretende Zufälle in Strukturgewinn umsetzen kann.

Wie dem auch sei, die Eigenart moderner, schulförmig veranstalteter Erziehung durch Unterrichtsinteraktion folgt dem sehr allgemeinen Typus ausdifferenzierter, relativ autonomer Funktionssysteme der modernen Gesellschaft. Nichts anderes gilt für die moderne Geldwirtschaft oder für die ausdifferenzierte, demokratisch organisierte Politik. In all diesen Fällen handelt es sich um strukturierte und dadurch zufallsempfindliche Systeme, die mit einem selbstreferentiell geschlossenen Kreislauf von Operationen zugleich auf sich selbst und auf Umwelt reagieren. In all diesen Fällen sind Ansätze zu externer Planung gescheitert, was nicht heißt, daß Selbstplanung »es besser machen könnte«. Schon lange ist man, zumindest in der europäischen Soziologie, nicht mehr bereit, das Resultat einer langen gesellschaftlichen Evolution, die in solche Systeme ausmündet, als Fortschritt zu begreifen. Man wird entsprechende Hoffnungen und auch entsprechende Enttäuschungen aufgeben müssen. Was möglich bleibt, ist eine bessere, eindringlichere, theoretische Beschreibung der Sachverhalte.

Codierung und Programmierung
Bildung und Selektion im Erziehungssystem

I

Im folgenden will ich versuchen, eine gesellschaftstheoretische Hypothese am Fall von Erziehung durchzuspielen. Die Hypothese geht davon aus, daß die moderne Gesellschaft als ein Sozialsystem mit primär funktionaler Differenzierung beschrieben werden kann. In einer solchen Ordnung sind die Teilsysteme in hohem Maße autonom geworden. Sie reproduzieren sich autopoietisch, das heißt: aus sich selbst heraus. Ihre Leitkonstante ist die Funktion, die sie für das Gesellschaftssystem zu erfüllen haben: im hier behandelten Fall also Erziehung.

Eine solche Ordnung hat zahlreiche Eigenarten und Konsequenzen. Wir greifen hier nur eine einzige Eigenart heraus, nämlich die Tendenz der wichtigsten Funktionssysteme, zwei Ebenen der Verhaltenssteuerung deutlich zu trennen: Codierung und Programmierung. Diese Differenzierung hat erhebliche strukturelle und semantische Konsequenzen. Wenn es auf der einen Seite einen binären Code gibt, der alle Kommunikation der Kontingenz aussetzt, und auf der anderen Seite Regeln für richtiges oder doch brauchbares Verhalten, zersetzt diese Unterscheidung die alte Architektur der kosmologischen und moralischen Perfektion, die dem Handeln Ziele und Ruhelage vorgab. Das Sein und das Streben kulminieren nicht mehr in Wesensformen, die Erziehung kann sich nicht mehr darauf richten, den Menschen in sein eigenes Wesen zu bringen, das heißt vollkommen zu machen. Es genügt auch nicht, die Perfektionsformeln zu modernisieren. Statt dessen gibt es im typischen Funktionssystem – ob auch im Erziehungssystem, das wollen wir prüfen – einen binären Code mit einem positiven und einem negativen Wert (und, wie immer in solchen Fällen, einer Paradoxie, die aus der Selbstanwendung des Code resultiert) und außerdem Programme, in der älteren Literatur auch criterion, kanon, regula genannt, die Anhaltspunkte für eine richtige Zuordnung der Code-Werte fixieren.

Diese Dualität von Codierung und Programmierung läßt sich nicht mehr hierarchisieren. Sie kulminiert nicht mehr in einem übergeordneten Guten. Sie wird nur dadurch integriert, daß die Programme die code-bezogene Funktion übernehmen, Werte zuzuordnen, und unter dem Gesichtspunkt dieser Funktion variiert werden können. Das bedingt einen Verzicht auf die Idee des allgemeinen und unveränderlichen Richtigen, und das entspricht der strukturellen Eigenart moderner Gesellschaft, sich selbst in sich selbst nicht repräsentieren zu können. Bei funktionaler Differenzierung gibt es keine privilegierten Plätze, keine Spitze, kein Zentrum; und deshalb muß auch die Idee einer (wie immer unvollkommenen, korrupten, gestörten) Diffusion des Richtigen aufgegeben werden. Es gibt nur noch den operativen Zusammenhang funktionsspezifischer Codes und code-spezifischer Programme sowie diejenigen Zusammenhänge, die sich aus der Ausdifferenzierung der entsprechenden Systeme für die Beziehungen zwischen System und Umwelt ergeben.

Anders gesagt: Die Ersetzung eines monotonen obersten Wertes durch einen binären Code und, darauf bezogen, die Zuordnung von Programmen als Entscheidungsregeln zu diesem Code leisten die Ausdifferenzierung eines besonderen Funktionssystems in der Gesellschaft. Sie ermöglichen auf der Ebene der Programme und der Rollen des Systems den Aufbau funktionsspezifischer Komplexität. Das wiederum hat die Folge, daß das System sich, in seinen Operationen ebenso wie in seinen Strukturänderungen, zunehmend mit seiner eigenen Komplexität beschäftigen muß. Es führt an dieser bitteren Notwendigkeit kein Weg vorbei, direkt zu richtigem oder wertvollem Handeln, und wenn Vorstellungen dieser Art gepflegt werden, dann in ihrer Funktion als Illusionen. Umweltereignisse und Umweltveränderungen können dann nur noch als »Rauschen« wahrgenommen werden, und ob sie im System Resonanz finden können, hängt von den systemeigenen Strukturen ab. Genau dies bezeichnen wir als gesellschaftliche Ausdifferenzierung oder im Resultat auch als Autonomie des Systems.

Am frühesten und am deutlichsten scheint diese Auflösung der Perfektion in eine Differenz von Codierung und Programmierung im Wissenschaftssystem aufgetreten zu sein. Der Code lautet hier wahr/unwahr (oder in bezug auf Vorstellung und Rede: richtig/falsch). Die Programme sind dagegen auf das Gewinnen neuer Erkenntnisse ausgerichtet.[1] Hierfür werden Theorien (Forschungsprogramme)

1 Vgl. näher Niklas Luhmann, Die Ausdifferenzierung von Erkenntnisgewinn: Zur Genese von Wissenschaft, in: Nico Stehr/Volker Meja (Hrsg.), Wissenssoziologie, Sonderheft 22 (1980) der Kölner Zeitschrift für Soziologie und Sozialpsychologie, Opladen 1981, S. 101-139.

und Methoden (Entscheidungsverfahren) entwickelt, die die Zuordnung von Erkenntnissen zu den Werten wahr/unwahr ermöglichen sollen. Dabei wird auch die Feststellung von Unwahrheiten, die Widerlegung von Aussagen als falsch, als ein Gewinn betrachtet. Das hatte schon die berühmte Royal Society auf ihre Fahnen geschrieben: »To the Royal Society it will be at any time almost as acceptable, to be confuted, as to discover.«[2] In dem »almost« deutet sich an, daß der Code gleichwohl ein Präferenzcode bleibt und, aufs Ganze und auf lange Sicht gesehen, Wahrheit besser ist als Unwahrheit. Forschungspragmatisch muß jedoch von dieser Präferenz abgesehen oder allenfalls zurückhaltend Gebrauch gemacht werden. Heute ist es in der Wissenschaftstheorie deshalb allgemeine Meinung, daß die Wahrheit selbst kein Wahrheitskriterium ist.

Man kommt dann ohne feste, a priori geltende Prinzipien und erst recht ohne Wesenswissensbestände aus. Das Apriori ist die Zukunft. Auf dem Wege dahin können Programme (Theorien und Methoden) ausgewechselt werden, je nachdem, was ihre Anwendung einbringt – vorausgesetzt nur, daß der Code beibehalten wird und es nach wie vor um wahr/unwahr geht und nicht etwa unversehens darum, wer recht oder unrecht hat oder wo der größere Nutzen bzw. Schaden liegt. Im Konstanthalten des Code reflektiert sich auch die Tatsache, daß die Zukunft, die als Apriori fungiert, unerreichbar ist. Sie kann nie beginnen.[3] Mit allem Voranschreiten der Zeit verschiebt sich der Horizont, der jeweils als Zukunft fungiert, und genau darin liegt die einzige Garantie dafür, daß Wahrheit bzw. Unwahrheit immer wieder möglich ist. Das Apriori symbolisiert, mit anderen Worten, das Konstanthalten des Code gegenüber den Programmen und findet in der Zeit dafür keinen anderen Platz als die Zukunft.

Die Vorteile und die Folgeprobleme einer solchen Umstellung von Prinzip auf Code werden noch kaum zureichend begriffen.[4] Prinzi-

2 Thomas Sprat, The History of the Royal-Society of London, For the Improving of Natural Knowledge, London 1667, Nachdruck St. Louis – London 1959, S. 100. Im damaligen Kontext hieß dies vor allem Verzögerung des Wahrheitsurteils, Vorsicht bei der Bejahung und Mäßigung in der Polemik und damit: Kritik sowohl des Okkultismus als auch der Rhetorik, die gerade zuvor nochmals eine Spätblüte erlebt hatten.

3 Vgl. Niklas Luhmann, The Future Cannot Begin: Temporal Structures in Modern Society, Social Research 43 (1976), S. 130 -152, neu gedruckt in ders., The Differentiation of Society, New York 1982, S. 271-288.

4 Dies dürfte auch damit zusammenhängen, daß das Wort »Code« mit sehr verschie-

pien orientieren sich zwangsläufig punktuell und haben daher buchstäblich nicht viel Sinn. Codes sind dagegen Totalkonstruktionen, die unter der Prämisse des ausgeschlossenen Dritten weltuniversell angewandt werden können. Sie setzen, ohne daß dies der sachlichen Universalität widerspräche, die Beschränkung auf einen sozialen Funktionsbereich voraus. Erst infolge funktionaler Differenzierung des Gesellschaftssystems können daher Codes an die Stelle von Prinzipien treten.

Der Zusammenhang von Universalapplikation und Systembezug prägt den Abstraktionsstil der Operationen. Er wird durch ein vorgeschaltetes »sofern« bestimmt. Nur »sofern« es um wissenschaftlichen Wissensgewinn geht, spielt die Codierung wahr/unwahr eine Rolle. Glücklich wird man damit nicht. Mit solchen »sofern«-Abstraktionen lassen sich dann auch Codierung und Programmierung verknüpfen. »Sofern« die Operationen auf Feststellung von Wahrheit oder Unwahrheit gerichtet sind, ist Theoriebildung zu empfehlen, weil man auf diese Weise den Einzeloperationen eine über sie hinausweisende Bedeutung verleihen kann. Und wiederum: Theorie vermittelt nicht, oder nur in zufälligen Konstellationen, Wohlgefühl, hohes Einkommen oder politischen Einfluß. Die Operationen eines Funktionssystems orientieren sich mithin zwar an der Differenz von Code und Programm, müssen aber gerade deshalb den Bezug von Code und Programm selbst herstellen und verhindern, daß die dafür ausgesuchten Programme für alle möglichen anderen Lebenssachverhalte in Anspruch genommen werden.

Dieser Vorgang der Differenzierung von Codierung und Programmierung, der Auflösung eines alten Rationalitätskontinuums von Sein und Erkennen und der Etablierung von Zukunftsoffenheit als Konstante ist nicht nur im Wissenschaftssystem zu beobachten. Auch andere Funktionssysteme weisen in dem Maße, als sie sich ausdifferenzieren, ähnliche Entwicklungen auf. Darauf kann hier nicht näher

denem Sinn gebraucht wird (z. B. auch zur Bezeichnung von Symbolzusammenhängen schlechthin, Semantiken, Programmen; und daß in der Tradition kein eingeführter, hinreichend allgemeiner Begriff dafür gebildet worden ist, der über den logischen Schematismus hinaus auch andere Funktionssysteme wie Wirtschaft, Politik, Erziehung einbeziehen könnte. Dies wiederum hängt offensichtlich mit den stark erkenntnistheoretisch ausgerichteten Vorlieben der neueren Philosophie zusammen, der die Zumutung befremdlich wäre, sie solle sich in gleicher Intensität auch um Wirtschaft usw. kümmern.

eingegangen werden.[5] Wir nehmen den Fall des Wissenschaftssystems als »Paradigma«. Wenn es sich dabei um eine allgemeine Erscheinung handelt, die nicht nur Erfordernisse des wissenschaftlichen Fortschritts widerspiegelt, sondern mit der Ausdifferenzierung eines Funktionssystems korreliert, müßten entsprechende Veränderungen sich auch in anderen Funktionssystemen nachweisen lassen. Dabei bereitet der Fall des Erziehungssystems besondere Schwierigkeiten, denn zumindest auf den ersten Blick ist nicht gleich zu sehen, wo hier der Code liegen könnte. Etwa gebildet/ungebildet? Oder gar: artig/unartig? Das Fehlen einer klar geschnittenen Semantik für Codierung mag damit zusammenhängen, daß für das Erziehungssystem kein besonderes symbolisch generalisiertes Kommunikationsmedium (wie Wahrheit oder Geld oder Macht) entwickelt worden ist.[6] Aber wenn die Differenzierung von Codierung und Programmierung mit der funktionalen Differenzierung des Gesellschaftssystems zusammenhängt, müßte sie auch im Erziehungssystem nachweisbar sein (oder man müßte ihr Fehlen durch Zusatzhypothesen erklären können).

Die folgenden Überlegungen, die diese Frage prüfen, blicken in erster Linie auf ein Spezialproblem der Gesellschaftstheorie. Sie sind an einer theoretischen Abklärung der Konsequenzen funktionaler Differenzierung auf sozialstruktureller und auf semantischer Ebene interessiert. Da dies Problem aber nicht zuletzt am Erziehungssystem zu entscheiden ist, ist dafür eine Untersuchung dieses Systems erforderlich, die auch für das Verständnis von Erziehung unter den Strukturbedingungen der modernen Gesellschaft Früchte tragen mag.

II

Folgt man der pädagogischen Literatur, so findet man so gut wie ausschließlich Bemühungen um die Ziele und die Methoden richtiger Erziehung. In unsere Begrifflichkeit übersetzt, heißt dies, daß die Pädagogik sich mit den Programmen des Erziehungssystems beschäftigt. Dies Interesse übergreift, ebenso wie auch in der Wissenschaft, die

5 Als Versuch einer knappen Zusammenstellung siehe Niklas Luhmann, Ökologische Kommunikation: Kann die moderne Gesellschaft sich auf ökologische Gefährdungen einstellen? Opladen 1986.

6 Vgl. Niklas Luhmann/Karl Eberhard Schorr, Reflexionsprobleme im Erziehungssystem, Stuttgart 1979, S. 54 ff.

Differenz von Zielen und Methoden. Es umfaßt die Zustände der zu erziehenden Personen, die man erreichen will, und die Mittel, die dafür eingesetzt werden. In beiden Hinsichten geht es um Kriterien für richtiges oder brauchbares Verhalten. Die Probleme liegen hier nicht zuletzt im Fehlen ausreichender Technologien, die es ermöglichen können, Fehler zu erkennen und abzustellen.[7] Sinn und Funktion des Systems werden in den Erziehungsprogrammen formuliert und erscheinen dann in der Perspektive dieser Programme. Angesichts eines Defizits an Technologie werden die Werte des Systems semantisch überhöht und gegen Enttäuschungen abgesichert, während sich zugleich praktische Präferenzen einleben, mit denen die Lehrer ebenso wie die Schüler den Alltag überstehen.[8]

Entsprechend verlangt die Pädagogik von Pädagogen eine affirmative Einstellung zu den Werten des Systems. Es würde ihr ersichtlich schwerfallen, die Position der Royal Society einzunehmen und zu betonen, daß ihr ein mißratener Zögling fast ebenso akzeptierbar ist wie einer, der alle Anforderungen erfüllt. Das mittelalterliche Weltbild eines Kosmos der Perfektionen, die freilich nach dem Sündenfall unter Korruption leiden, scheint hier noch intakt zu sein. Die Pädagogik kann sich gleichwohl akademisch halten, indem sie sich als normative Wissenschaft oder als Geisteswissenschaft stilisiert und eine durch ihre Aufgaben bedingte Sonderstellung in Anspruch nimmt.

Mit dieser Art von Theorie, die den Sinn von Erziehung im Erziehungssystem reflektiert, wird eine semantische Disposition festgehalten, die nicht zwischen Codierung und Programmierung unterscheidet, sondern das System mit praktischen Bemühungen um Qualität zu identifizieren versucht. Damit wird »Praxisorientierung« zur Formel, die es ermöglicht, den Vergleich mit der Strukturtypik anderer Funktionssysteme a limine abzuweisen. Was in dieser Weise als Selbst-

7 Zur Diskussion dieser Frage: Niklas Luhmann/Karl Eberhard Schorr (Hrsg.), Zwischen Technologie und Selbstreferenz: Fragen an die Pädagogik, Frankfurt 1982.

8 Diese zwei Ebenen der Richtigkeit erinnern an eine alte Diskussion über »Akrasie«, nämlich über die Unfähigkeit, das als richtig Erkannte zu verwirklichen. Zur Wiederaufnahme dieser Diskussion Amelie O. Rorty, Self-Deception, Akrasia and Irrationality, Social Science Information 19 (1980), S. 905-922. Eine ähnliche Problemstellung findet sich auch in philosophischen Theorien des freien Handelns und der Persönlichkeit. Vgl. Harry G. Frankfurt, Freedom of the Will and the Concept of a Person, Journal of Philosophy 68 (1971), S. 5-20; Richard C. Jeffrey, Preferences Among Preferences, Journal of Philosophy 71 (1974), S. 377-391; Gary Watson, Free Agency, Journal of Philosophy 72 (1975), S. 205-220.

beschreibung des Systems (oder: als Theorie des Systems im System) funktioniert, braucht aber nicht ohne weiteres als zureichende externe Beobachtung und Beschreibung hingenommen zu werden. Gewiß: was Erziehung angeht, so weiß die Pädagogik es besser. Ebendamit macht sie sich aber auch verdächtig.

Dennoch gibt es einen Code der Erziehung. Er findet sich aber, und das entspricht genau unserer Hypothese, nicht in den Programmen des Systems. Codiert wird nur die *soziale Selektion*, und dies auf eine technisch so zwingende Weise, daß die Pädagogik bei all ihrer Mitwirkung dafür nur Abneigung und Widerwillen aufbringen konnte.

Sehr zu Unrecht wird soziale Selektion als eine gesellschaftlich aufgezwungene, erziehungsfeindliche Aufgabe dargestellt. Es geht um die *Zuweisung von Positionen innerhalb und außerhalb des Systems.* Als ein System, das solche Selektionen nach eigenen Kriterien vollzieht und mit dem Ergebnis externe Selektionschancen beeinflussen kann, hat das Erziehungssystem die Chance, den eigenen Kriterien in seiner sozialen Umwelt Ansehen und Wirkung zu verschaffen. Soziale Selektion im Erziehungssystem ist ein Vorgang, mit dem das Erziehungssystem Einfluß auf die Umwelt ausübt, und nicht umgekehrt; und nur weil dies so ist, müssen die Programme, die die Selektion steuern, auf Erfordernisse der Umwelt eingestellt werden oder ihnen jedenfalls in gewissem Umfange Rechnung tragen.

Der Selektionscode, der es überhaupt erst ermöglicht, besseres und schlechteres Abschneiden auseinanderzuhalten und in bezug darauf Entscheidungen zu treffen, hat sich von Anbeginn außerhalb derjenigen Semantik entwickelt, die auf menschliche Vervollkommnung, Bildung oder lebenslanges Lernen abstellt, und diese Semantik ist ihrerseits ohne Rücksicht auf Selektionseffekte formuliert worden. Die Trennung von Codierung und Programmierung ist gerade hier so strikt durchgeführt worden, daß das Phänomen selbst unentdeckt geblieben ist. Während in anderen Fällen, in den Reflexionstheorien anderer Systeme, es erst infolge langwieriger Klärungsprozesse deutlich wurde, daß Codewerte wie Wahrheit und Schönheit, Wohlstand (Reichtum) oder Recht nicht zugleich die Funktion von Kriterien oder von Einheitsformeln für die Programmatik des Systems wahrnehmen können, ist im Erziehungssystem die Ausgangsposition genau umgekehrt gewesen. Hier liegt der Zusammenhang im dunkeln, und Selektion wird überwiegend sogar als Störung des eigentlichen

Geschäfts der Erziehung begriffen. Hier ist daher die gegenläufige Bemühung nötig, Verständnis für die Zusammenhänge zwischen Codierung und Programmierung zu gewinnen.

Erst wenn man sich an der These einer Differenzierung und Rekombination von Codierung und Programmierung orientiert, kann man das Erziehungssystem wiederum als Einheit begreifen. Denn die Einheit liegt nicht im schönen Ideal und auch nicht in der unvermeidlichen Selbstillusionierung des Systems. Sie liegt, soweit es um Strukturen geht,[9] in der funktionsspezifischen Codierung und Programmierung. Oder weniger genau und weniger umständlich ausgedrückt: Das Erziehungssystem unterscheidet sich von anderen Funktionssystemen durch die Art, wie es die eigenen Programme zur Verteilung besserer und schlechterer Positionen einsetzt.

Die Frage, wie gut jemand, der dies durchmacht, erzogen wird, kann wohl gestellt werden. Aber es würde auf eine Utopie hinauslaufen, wenn man sie unabhängig von den strukturellen Möglichkeiten des Erziehungssystems beantworten wollte.

III

Die Zwangsläufigkeit von sozialer Selektion ergibt sich, historisch gesehen, aus der zunehmenden funktionalen Differenzierung des Gesellschaftssystems. Funktionale Differenzierung bedeutet »Liquidierung« der gesellschaftlichen Inklusion. Der Einzelne findet sich nicht mehr allein dadurch schon der Gesellschaft eingeordnet, daß er einer bestimmten Familie oder (als Abhängiger) einem Familienhaushalt angehört. Vielmehr richtet sich seine Mitwirkung an Funktionssystemen nach den Umständen, also danach, wie die Funktionssysteme selbst die Inklusion konditionieren. Individualität wird jetzt nicht mehr über »Standort« (status, condicio, condition), also nicht mehr über Inklusion definiert, sondern über Exklusion. Das Individuum wird als sich selbst bestimmendes Subjekt aufgefaßt.

Da die Funktionssysteme selbst konditionieren, was für sie zählt (was, psychologisch gesehen, ein hohes Maß an Dekonditionierung, also »Entfremdung« bedeuten muß), bilden sich systeminterne Betei-

9 Die *operative* Ebene, den Lehr/Lern-Prozeß des Systems, lassen wir im Moment beiseite, obwohl alle strukturelle Einheit letztlich in der Verknüpfung der Operationen des Systems realisiert wird.

ligungsgeschichten. Status und Chancen hängen von früheren Ereignissen im selben System ab: die Rechtslage zum Beispiel von Verträgen, die man abgeschlossen hat, oder von Fristen, die man gewahrt oder versäumt hat; oder die wirtschaftliche Lage von früheren oder in Aussicht stehenden Einkünften oder die wissenschaftliche Reputation von Publikationen. Durch diese Liquidierung der Inklusion werden in einem nie zuvor bekannten Ausmaße Entscheidungen relevant, und in bezug darauf bilden sich neue »inviolate levels«[10] – etwa die neuhumanistische Anthropologie oder die Lehre von den »Grundwerten«.

Für den Einzelnen verliert die soziale Inklusion dadurch den Charakter eines durch Geburt bestimmten *Status* und nimmt die Form einer *Karriere* an.[11] Der Karrierebegriff soll hier sehr allgemein gefaßt sein und nicht nur auf Stellen und Gehälter in Organisationen bezogen werden.[12] Karriere ist die zeitliche Struktur des Inklusionsprozesses. Sie besteht aus selbstgeschaffenen Elementen, die nur im Karrierezusammenhang und für den Karrierezusammenhang als Einheiten wirksam sind. Diese Elemente sind positionsverändernde Ereignisse, die in jedem Einzelfalle durch eine Kombination von Selbstselektion und Fremdselektion zustande kommen (denn genau dadurch wird Inklusion bewirkt). Karriere ist also nie nur Verdienst und nie nur Schicksal. Der relative Einfluß von Selbstselektion und von Fremdselektion kann schwanken und die einzelnen Phasen einer Karriere oder auch ganze Lebenskarrieren mehr oder weniger dominieren; die Kombination beider Momente bleibt aber immer erhalten, und das ermöglicht Überzurechnungen: Man kann erfolgreiche Karrieren sich selbst als Verdienst und erfolglose Karrieren den Umständen oder dem »Schicksal« zurechnen.

10 Ein Begriff, der Entparadoxierungsnotwendigkeiten anzeigt. Siehe Douglas Hofstadter, Gödel, Escher, Bach: An Eternal Golden Braid, Hassocks, Sussex UK 1979, S. 686 ff.

11 Der gleiche Sachverhalt wird oft auch durch die Unterscheidung von ascribed/achieved status (Linton) oder von quality/performance (Parsons) wiedergegeben. In dieser Terminologie wird jedoch das Moment der »Leistung« und des verdienten Erfolgs oder Mißerfolgs zu stark herausgestellt. Der Karrierebegriff hat demgegenüber den Vorteil, neutral zu sein in der Frage, ob und wie weit Lebenslagen durch eigene Leistung oder durch Fremdbeurteilung und Fremdselektion oder sogar durch gesellschaftliche Veränderungen großen Stils (Kriege, Technologieumstellungen, politische Krisen, wirtschaftliche Konjunkturen etc.) bestimmt sind.

12 Vgl. auch Luhmann/Schorr, a. a. O. (1979), S. 277 ff.

Der Begriff der Karriere ist – als Begriff! – indifferent nicht nur gegen Fremdselektion und Selbstselektion, sondern auch gegen die Phänomene des Aufstiegs, des Abstiegs, des Stillstandes und des Aussteigens. Er setzt nur bewertete Positionen voraus, an denen erkennbar wird, ob Ereignisse die Karriere ins Bessere oder ins Schlechtere bewegen oder sie in der Lage blockieren, in der sie sich befindet. Genau gefaßt, setzt der Karrierebegriff zwar die *Differenz* von Fremdselektion und Selbstselektion sowie die *Differenz* von positiver und negativer Bewertung voraus, kann aber ebendeshalb nicht nur die eine Seite dieser Unterscheidungen, also nicht nur das selbstselektive Erreichen positiv bewerteter Positionen bezeichnen.

Karrieren beginnen fast mit der Geburt. Man entwickelt sich durch eine Kombination von Fremdselektion und Selbstselektion (die Eltern sind keineswegs allein schuldig!) zum geliebten oder ungeliebten, artigen oder unartigen Kind. Dies wiederum ist nicht ohne Bedeutung für Startpositionen in der Schule. Erfolge und Mißerfolge in der Schule haben Auswirkungen auf die Karriere im späteren Leben. Eheschließungen und Ehescheidungen sind Kombinationen von Fremdselektion und Selbstselektion, und soziale Kontakte im weitesten Sinne sind es auch. Nebenkarrieren, etwa von Krankheiten oder von Kriminalität, können Karrierebedingungen beisteuern oder sogar Hauptkarrieren werden; und selbst relativ nebensächliche Karrieren wie die im Flensburger Register können punktuell eine unerwartete Bedeutung gewinnen.

Das alles braucht hier nicht näher dargestellt zu werden. Die Phänomene sind offensichtlich genug. In unserem Zusammenhang interessiert, daß das Erziehungssystem, ob es will oder nicht, ein Stück Karriere in der Hand hält *und daß es dadurch codiert ist.*

Das Erziehungssystem bildet in dem Maße, als es über Schulen und Hochschulen mit Zubringerleistungen der Familien ausdifferenziert ist, eine eigene Karrierestrecke aus. Deren Selektionsentscheidungen sind Lob und Tadel (oder aufs Minimum reduziert: Kopfnikken/Kopfschütteln, Kommentierung einer Antwort im Unterricht), ferner Zensuren, Versetzungen/Nichtversetzungen, Zulassung oder Nichtzulassung zu Kursen oder Schulsystemen, schließlich Abschlüsse von Kursen oder Ausbildungsgängen oder der Schul-/Hochschulkarriere im ganzen. Diese Schulkarriere ist, schon weil Selbstselektion eine Rolle spielt, nie ganz von externen Bedingungen ablösbar. Auch wird sie durch die Annahme bewegt, man lehre und lerne fürs spätere

Leben. Sie ist gleichwohl in der Eigenlogik ihrer Sequenzen für alle Beteiligten klar erkennbar. Sie baut sich selbst auf. Ihr Fortgang hängt davon ab, was erreicht ist. Bewertungskriterien, die der Anschlußfähigkeit zugrunde liegen, werden im Erziehungssystem selbst in Geltung gesetzt, manipuliert und gegebenenfalls geändert. Das geschieht nicht ohne Bezug auf Umwelt, auf anerkanntes Wissen, auf geschätzte Fähigkeiten, auf mögliche Anschlußkarrieren; aber es geschieht autonom und primär unter dem Gesichtspunkt der Strukturierung der systeminternen Karriere. Positive und negative Bewertungen werden zu Positionen verdichtet, weil sie die Voraussetzungen für die weitere Teilnahme am System formulieren. Die Karriere im Erziehungssystem regelt die Inklusion ins Erziehungssystem. Sie ist in dieser Hinsicht zwangsläufig autonom, auch wenn die erwarteten Ergebnisse mit Umweltanforderungen abgestimmt sind.

Die Koordination dieser Vielzahl von Karriereereignissen, die vom kaum wahrnehmbaren Beurteilen bis zum dramatischen, schicksalsentscheidenden Prüfungsgeschehen reichen, erfordert eine *binäre Struktur*, nämlich eine deutliche Differenz von besser und schlechter im Hinblick auf die Förderung der Karriere. Deshalb bildet sich, ob geplant oder nicht, ein codiertes Selektionsmedium, das abstrakt genug ist, um Religion und Mathematik, Grundschule und Gymnasium, Arbeiterkinder und Akademikerkinder übergreifen und aufeinander beziehen zu können. Dieser Code fasziniert das Erziehungssystem – genauso wie das Wissenschaftssystem sich durch die Differenz von wahr/unwahr oder wie das Wirtschaftssystem sich durch die Differenz von Haben/Nichthaben oder von Zahlen/Nichtzahlen faszinieren läßt. Er fasziniert Lehrer und Schüler gleichermaßen. Er zwingt zur Dauerbewertung, und zwar gleichermaßen zur Fremdbewertung und zur Selbstbewertung, und er zwingt zur Verdichtung dieser Bewertungen zu auswertbaren, mitnehmbaren Positionen – eine Voraussetzung nicht nur für Akkumulation, sondern auch für jede Korrektur des erreichten Standes.

Zu den Eigentümlichkeiten einer Codierung gehört schließlich hier, wie auch sonst, daß positiver und negativer Codewert in einen engen Zusammenhang treten und daß jeder von ihnen nur im Code, das heißt: nur mit Blick auf den anderen Wert, seine Funktion erfüllt. Gute Zensuren haben mehr mit schlechten Zensuren zu tun als beispielsweise mit Bildung. Dies ist nur bei strikt binärer Codierung zu leisten; jede Hinzufügung weiterer Werte würde die code-internen Verhältnisse ambivalent werden lassen und daher von weiteren Interpretationen abhängig machen. Zensurenskalen sind keine Ausnahme, denn jede Zensur repräsentiert dann den Code im Hinblick auf eine durch sie bestimmte Differenz von besseren und schlechteren Zensuren.

IV

Eine Besonderheit binärer Codierung verdient es, hervorgehoben zu werden. Binäre Codierungen führen bei Anwendung des Code auf sich selbst zu Paradoxien. Eine solche Selbstanwendung kann in selbstreferentiellen Systemen nicht ausgeschlossen werden. Jedes codierte selbstreferentielle System muß daher mit Paradoxien rechnen und muß infolgedessen verhindern können, daß die eigenen Operationen dadurch blockiert werden, daß das Falsche richtig und das Richtige falsch ist.

Im Falle des Selektionscodes des Erziehungssystems treten solche Phänomene dadurch auf, daß die Selbstanwendung des Code durch die Differenz von Fremdselektion und Selbstselektion so gut wie zwangsläufig passiert. Eine positive Fremdbeurteilung kann zu einer negativen Selbstbeurteilung führen und umgekehrt, sobald Kommunikation hergestellt ist. Ein Lob mag wie ein Tadel wirken, indem es zum Ausdruck bringt, daß die gelobte Leistung nicht erwartet, also nicht auf konstante Personmerkmale zugerechnet worden ist. Und umgekehrt kann der Selbstbeurteiler, wenn er getadelt wird, im Tadel noch den Trost finden, daß der Fremdbeurteiler eine Besserung für möglich hält.[13] Die Kommunikation der Selektion für bessere oder schlechtere Positionen mag daher kontra-intentionale Effekte haben. Wird ein solches Paradox in die Kalkulation einbezogen, blokkiert es die Selektion, denn dann müßte man, wenn man loben will, tadeln, wenn man aber tadeln will, loben.

Faktisch ist allerdings das Verhältnis von Fremdbeurteilung und Selbstbeurteilung zumindest für den Fremdbeurteiler undurchsichtig. Er wird deshalb handeln, auch wenn er dadurch gegenläufige Effekte auslöst. Das System deblockiert sich, wenn man so sagen darf, durch Intransparenz. Es löst die Paradoxie auch durch die Asymmetrie von Fremdbeurteilung und Selbstbeurteilung auf. Der Fremdbe-

13 Vgl. Wulf-Uwe Meyer et al., ›Paradoxical‹ Effects of Praise and Blame on Perceived Ability and Affect, Ms. Bielefeld 1985.

urteiler kann handeln. Der Selbstbeurteiler erfährt die Paradoxie dann als Ambivalenz, also als Unschärfe des Urteils. Er weiß nicht genau, wie Lob bzw. Tadel »eigentlich« gemeint sind und wie er Selbstbeurteilung und Selbstselektion daraufhin ansetzen soll. Das kann es ihm ermöglichen, den für ihn ohnehin typischen Weisen der Selbsteinschätzung freien Lauf zu lassen. Die Operationen erzeugen zwar nicht die intendierten Effekte, aber jedenfalls irgendwelche, und das System faßt die Resultate dann aus Anlaß der entscheidenden Selektionen, bei Versetzungen oder Abschlüssen, zu folgenreichen Entscheidungen zusammen.

V

Keine Codierung kann ohne Programmierung existieren. Die Codewerte müssen abstrakt und durch ein Umkehrverhältnis definiert sein; anders können sie ihre technische Funktion nicht erfüllen und keine universell handhabbare Zweiwertigkeit mit Ausschluß dritter Werte gewährleisten. Das setzt aber Kriterien voraus, nach denen die Zuordnung zu den beiden Codewerten erfolgen kann. Der Code liefert die Struktur für die Kontingenz des Systems, die Programme erst begründen das, was im System unter der Bedingung seines Code als richtiges Verhalten akzeptiert werden kann.

Bei einem solchen Grundriß stellt sich nicht mehr die Frage, welche Werte den Sinn des Systems zum Ausdruck bringen und wieviel Idealität realisiert werden kann. Vielmehr steht man vor der Frage, wie das System programmiert werden kann, wenn die Programme sich eignen müssen, Ereignisse, vor allem also Handlungen, auf Codewerte zu verteilen. Es wäre einfach, wenn man sagen könnte, die Programme müßten der Maximierung des Karriereerfolgs dienen. Das hieße jedoch, den positiven Wert des Code selbst als Kriterium zu verwenden. Gerade das muß aber vermieden werden, wenn Codierung und Programmierung getrennt gehalten werden sollen. Dann versagt jede ideologische, auf ein gutes Ende ausgerichtete Strukturierung des Systems; denn das System muß in seiner Programmatik ja auch die Möglichkeit vorsehen, den *negativen* Codewert *richtig* zuzuteilen.

Die Lösung dieses Problems hat sich in einer eigentümlichen Distanz zu Reflexionsideen wie Perfektion oder Bildung entwickelt.

Sie liegt darin, daß Lernende als Trivialmaschinen behandelt werden. Trivialmaschinen unterscheiden sich von nicht-trivialen Maschinen, zum Beispiel Turing-Maschinen, dadurch, daß sie auf einen bestimmten Input dank einer gespeicherten Regel einen bestimmten Output produzieren. Auf eine Frage geben sie, wenn richtig programmiert, die richtige Antwort. Es mag mehr als eine richtige Antwort geben – etwa bei Textinterpretationen; aber auch dann setzt die Struktur einer Trivialmaschine voraus, daß die Bandbreite des Richtigen begrenzt ist und daß die Maschine stoppt oder Fehler macht, wenn die Grenzen überschritten werden.

Entscheidend ist, daß die Maschine auf ihren jeweiligen Zustand keine Rücksicht nimmt, sondern nur als regulierte Transformation von Input in Output fungiert. Nicht-triviale Maschinen befragen bei solchen Operationen dagegen sich selbst und reagieren daher bei aller Transformation von Input und Output immer auch auf ihre eigene momentane Befindlichkeit. Sie geben auf eine Frage einmal diese, das nächste Mal eine andere Antwort, je nachdem, wohin ihr vorheriger Output sie geführt hat (Turing-Maschinen) oder wie sie sich fühlen und welche Eindrücke in der Situation sonst noch auf sie einwirken und ihre Befindlichkeit bestimmen. Sie sind weniger zuverlässig, dafür aber auch in einer nicht vorprogrammierten Weise anpassungsfähig. Der Unterschied sei in der beigefügten Skizze verdeutlicht.

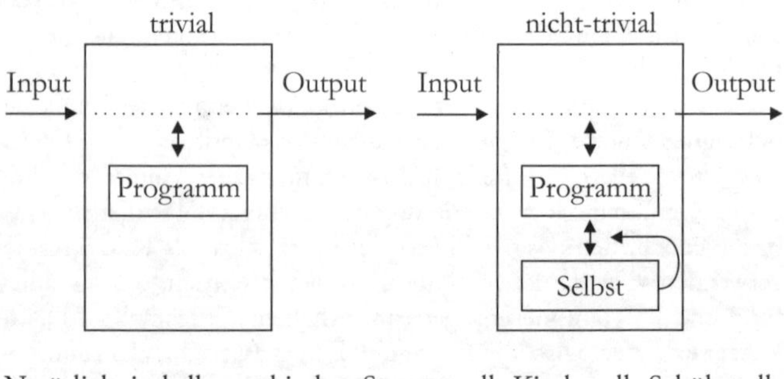

Natürlich sind alle psychischen Systeme, alle Kinder, alle Schüler, alle Lernenden nicht-triviale Maschinen. Daran besteht auch für Pädagogen kein Zweifel. Wenn die Pädagogik das, was sie im Menschen vorfindet, vervollkommnen will, bestünde also aller Anlaß, von der Eigenart einer nicht-trivialen Maschine auszugehen und die nicht-triviale Funktionsweise auszubauen. Das hieße vor allem: den Spielraum des »Selbst« in seiner Entwicklung auf die Beziehung von Selbst und Programm zu vergrößern und mehr Freiheit, das heißt mehr Unzuverlässigkeit, zu erzeugen.[14]

Dies geschieht nicht. Der Erzieher behält sich die eigene Bewertung der Äußerungen des Zöglings vor, auch wenn er bereit ist, sich im Prozeß des Beobachtens und Beurteilens zu korrigieren und sich auf neue Einsichten einzulassen. Sein Ziel ist gleichwohl: die Erziehung zur Trivialmaschine, und die pädagogische Vernunft rät nur, dem System nicht unbedingt fremde Programme aufzudrängen, sondern Eigenentwicklungen zu tolerieren, ja zu fördern, sofern sie akzeptable Resultate liefern. Selbst die Philosophie stützt diese Position, indem sie den Freiheitsbegriff, den sie anbietet, retrivialisiert. Freiheit ist danach Einsicht in Notwendigkeit, Bereitschaft, das Notwendige aus eigenem Entschluß zu tun, also Mitwirkung des Selbst unter Verzicht auf eine Störung des Programms.

Die Erklärung dafür, daß das Erziehungssystem nicht-triviale Systeme als triviale Systeme erzieht, liegt natürlich nicht in der Anwendung einer solchen Philosophie. Sie findet sich in dem Problem der Rekombination von Codierung und Programmierung. Trivialmaschinen lassen sich leicht beobachten und beurteilen, man braucht nur festzustellen, ob die Transformation von Input in Output richtig funktioniert. Man kann außerdem, ohne die Typik der Maschine zu ändern, die Erwartung an das Programm steigern und den Unterricht mit diesem Ziel sequentiell unter höhere Ansprüche stellen. Das kann zu sehr hochwertiger Arbeit führen. Man kann hoffen und zum Ausdruck bringen, daß eine Person sich »bildet«, wenn sie ihr »Selbst« auf die Fähigkeit abstellt, als hochkomplexe Trivialmaschine mit vielen anspruchsvollen Programmen zu operieren. Trotzdem bleibt eine eigentümliche Diskrepanz zwischen operativer Programmierung und idealisierender Reflexion erhalten. Bildung heißt dann allenfalls: innere Form; nicht: innere Freiheit. Es wäre ja auch schwierig, einen Schüler im Unterricht zusammen mit anderen zu fördern, der sich von seinem Selbst soufflieren läßt, er würde jetzt lieber hinausgehen und eine Zigarette rauchen, er halte überhaupt nichts von Mathematik und denke die ganze Zeit an Fußball.

14 In die oben Anm. 8 genannte Literatur übersetzt, hieße das, die Differenz zwischen Werten und Präferenzen zu vergrößern und das System mit mehr Unfähigkeit auszustatten, nach den allgemeinen Prinzipien zu leben (Akrasie).

An einer Stelle, die für Pädagogen etwas abseits ihrer normalen Lektüre liegt, ist immerhin ein Ausweg skizziert. »It is clear that the majority of our established educational efforts is directed toward the trivialization of our children. I use the term ›trivialization‹ exactly as used in automata theory, where a trivial machine is characterized by its fixed input-output relation, while in a non-trivial machine (Turing machine) the output is determined by the input *and* its internal state. Since our educational system is geared to generate predictable citizens, its aim is to amputate the bothersome internal states which generate unpredictablity and novelty. This is most clearly demonstrated by our method of examination in which only questions are asked for which the answers are known (or defined), and are to be memorized by the student. I shall call these questions ›illegitimate questions‹. Would it not be fascinating to think of an educational system that detrivializes its students by teaching them to ask ›legitimate questions‹, that is, questions for which the answers are unknown?«[15]

Pädagogen könnten vielleicht meinen, das sei ihnen aus dem Herzen gesprochen, und wenn schon Maschinentheorie, dann diese. Als Soziologe wird man allerdings erwarten müssen, daß auch dieses Stellen von Fragen, deren Antworten man noch nicht kennt, nicht beliebig, sondern nur unter einschränkenden Bedingungen praktiziert werden kann, die ihrerseits richtig oder falsch angewandt werden können. Man kommt auf diesem Wege also nur zu höherer Trivialität. Wenn man ganz von Trivialisierung absieht, müßte man sich für die auch dann noch erforderliche Kombination von Codierung und Programmierung des Erziehungssystems etwas Neues einfallen lassen.

Daß nicht-triviale Maschinen zu Trivialmaschinen erzogen werden, hat seinen Grund nur sehr entfernt in einem gesamtgesellschaftlichen Bedarf für Zuverlässigkeit und Erwartbarkeit des Verhaltens. Sollte dies das Ziel sein, dann müßten auch die Programme des Erziehungssystems auf den Bedarf der gesellschaftlichen Umwelt eingestellt werden, was nur sehr begrenzt der Fall ist. Der Grund für die Trivialisierung (oder besser: die Trivialisierungsversuche) liegt, für das Erziehungssystem viel näher, darin, daß auf diese Weise Codie-

15 So Heinz von Foerster, Observing Systems, Seaside, Cal. 1981, S. 209 f. Hierzu ausführlicher Heinz von Foerster, Principles of Self-Organization – In a Socio-Managerial Context, in: Hans Ulrich/Gilbert J. B. Probst (Hrsg.), Self-Organization and Management of Social Systems: Insights, Promises, Doubts, and Questions, Berlin 1984, S. 2-24.

rung und Programmierung getrennt und rekombiniert werden können. Trivialmaschinen kann man auf Fehler hin beobachten und anhand von fehlerhaftem bzw. fehlerfreiem Operieren selektiv behandeln. Dazu sei nochmals gesagt, daß die Programme auch erst anhand der Operationen entdeckt und daraufhin als Eigenprogramme der Maschine gepflegt und gefördert werden können, *wenn* dafür *Metaprogramme* zur Verfügung stehen. Auf diese Weise werden Codierung und Programmierung laufend zusammengeschlossen.

Daß die Trivialisierung, psychologisch gesehen, nicht in dem Sinne gelingen kann, daß sie andere Möglichkeiten ausschließt, liegt auf der Hand. Aber sie kann so weit geführt werden, daß bewußte Systeme unter situationsspezifischen Bedingungen normalerweise wie Trivialmaschinen operieren und diese Notwendigkeit im Bewußtsein anderer Möglichkeiten freiwillig anerkennen. Man kann das auch Selbstdisziplin nennen. So gesehen, führt die im Erziehungssystem unvermeidliche (oder jedenfalls funktional kaum ersetzbare) Trivialisierung zur Erziehung der Selbstreferenz in Richtung auf eine Art psychische »Nichtintervention«: in Richtung auf Beobachtung und Kontrolle der selbstvollzogenen Transformation von Input in Output. Wer damit nicht zufrieden sein will, mag seiner Karriere selbstselektiv eine andere Richtung geben und vom »opting-in« zum »opting-out«[16] übergehen.

Nach diesen Zwischenüberlegungen wird man deutlicher sehen können, daß und wie auch das Erziehungssystem dem allgemeinen Muster von Funktionssystemen folgt und die eigenen Programme, nämlich Lehr- und Lernprogramme, auf den eigenen Code bezieht. Der Zusammenhang wird über »sofern«-Abstraktionen vermittelt. So wie im Wirtschaftssystem Investitionen sich nur lohnen, sofern sie sich auf Geldeigentum und Zahlungsfähigkeit positiv auswirken, und zu vermeiden sind, wenn negative Konsequenzen zu erwarten sind, so sind auch Lehr- und Lernprogramme nur »lohnend«, sofern sie so praktiziert werden können, daß man die Ergebnisse prüfen und bewerten kann. Nur unter dieser Voraussetzung kann das System seine Anstrengungen (zum Beispiel seine »Didaktik«) daran ausrichten, daß die Ergebnisse positiv und nicht negativ ausfallen. Wieweit faktisch Programme unter diesem Gesichtspunkt ausgewählt werden, ist natürlich in allen Fällen eine empirische Frage. Die These

16 Eine Formulierung von Aleida Assmann.

ist: daß es keine anderen Bedingungen der Rationalität der Programmwahl gibt. Das heißt nichts anderes, als daß Funktionssysteme ihre Rationalität auf eine offene Zukunft einstellen; oder anders gesagt: daß nur die Unbestimmtheit der Zukunft als Apriori fungiert.

Die Pädagogik wird sich von Erziehung mehr erhoffen als nur dies, und für eine Selbstbeschreibung des Systems durch eine eigene Reflexionstheorie mag dies ebenso verständlich wie unvermeidbar sein. Dies »Mehr« ist jedoch ein rein psychisches oder körperliches Faktum, ein »Können« außerhalb des Sozialsystems Erziehung. Innerhalb des für Erziehung ausdifferenzierten Funktionssystems kann eine solche Ambition nur als Zielvorstellung, als Hoffnung, als professionelle Ideologie oder eben als über Prüfungen in das System zurückgekoppelte Information (feedback) behandelt werden.

VI

Wir fassen die Ergebnisse dieser Überlegungen in einer Skizze zusammen, die zugleich den nicht-hierarchischen Charakter eines Systems zum Ausdruck bringt. Die Skizze unterscheidet Codierung und Programmierung sowie die Strukturierung der Operationen und die Reflexion der Einheit des Systems. Sie verdeutlicht, daß die Trennung von Codierung und Programmierung sich auf der Reflexionsebene ins Unvereinbare zuspitzt. Genau dadurch wird die Hierarchisierung des Systems, die Kulmination in einem nur noch guten Endziel oder zumindest in einer guten Intention blockiert. Wir haben eine Komplexität vor Augen, die derjenigen anderer Funktionssysteme entspricht. Man kann sehen, wie einseitig die Selbstreflexion des Systems ausgerichtet ist, wenn sie sich darauf beschränkt, den operativen Programmen einen gemeinsamen Namen zu geben, der die Problematik der Trivialisierung in sich aufhebt. Und man kann Ausgangspunkte für eine sei es externe (soziologische), sei es interne (pädagogische) Beschreibung des Systems erkennen, die der wirklichen Problematik eines ausdifferenzierten Funktionssystems für Erziehung vielleicht besser gerecht zu werden vermag. Sie hätte die zwangsläufig evoluierte Autonomie des Systems zu reflektieren, statt Autonomie für heroische Anstrengungen zur Realisierung der eigenen Ideale zu fordern.

In den beiden letzten Jahrhunderten hat die Pädagogik an einer Reflexionstheorie gearbeitet, die sich zur Selbstbeschreibung des Erziehungssystems eignen sollte und dabei der professionellen Praxis ein besonderes Gewicht gab.

	Codierung	Programmierung
Reflexion der Einheit	Karriere	Bildung
Strukturierung der Operation	positiv/negativ	Lehr- und Lernpläne

Die Umsetzung von Theorie in Praxis lief über Kontingenzformeln, die Gesichtspunkte der Einheit richtigen Verhaltens, zum Beispiel »Ziele«, vorstellen konnten.[17] Dadurch wurde die Programmierung des Systems – natürlich nicht mit diesem auf Systemvergleiche abzielenden Begriff – ins Zentrum der Systemreflexion gezogen, und soziale Selektion erschien als mehr oder weniger unerwünschte Nebenfolge, eventuell als Disziplinierungsmittel. Das Ringen um akademische Anerkennung der Pädagogik und um Abwehr politischer Übergriffe führte zur Forderung nach Autonomie, die als Unabhängigkeit der Betreuung eines eigenen kulturellen Bereichs verstanden wurde. Aus diesen Festlegungen hat die Pädagogik bis heute nicht herausgefunden. Die Unzulänglichkeiten einer solchen Realitätssicht, wenn sie denn dies sein soll, drängen sich zwar auf, können aber nicht tiefgreifend korrigiert werden, wenn man daran festhält, daß das Erziehungssystem sich für sich selbst und für andere als richtige Praxis präsentieren soll.

Die gesellschaftliche Ausdifferenzierung der Funktionssysteme wird aber nicht über die Programmierung, sondern zunächst über die binäre Codierung erreicht. Nur ein Zweierparadigma trennt scharf genug, indem es die zwei Werte aufeinander bezieht und dritte ausschließt. Gerade die Ausarbeitung eines karriereförmigen Zusammenhanges zwischen schulischen Abschlüssen und Berufslaufbahnen im 19. Jahrhundert hat ausdifferenzierend und systematisierend auf das Erziehungswesen zurückgewirkt.[18] Das heißt: der Selektions-

17 Dazu ausführlicher Niklas Luhmann/Karl Eberhard Schorr, a. a. O. (1979), S. 58 ff.

18 Vgl. Detlef K. Müller, Sozialstruktur und Schulsystem: Aspekte zum Strukturwandel des Schulwesens im 19. Jahrhundert, Göttingen 1977; ders., Der Prozeß der Systembildung im Schulwesen Preußens während der zweiten Hälfte des 19. Jahrhunderts, Zeitschrift für Pädagogik 27 (1981), S. 245-269.

code bewirkt die Ausdifferenzierung, und die Programme des Systems müssen dann von gesamtgesellschaftlichen Selbstverständlichkeiten abgekoppelt und an der Funktion, Codewerte zuzuordnen, ausgerichtet werden.

Akzeptiert man diese Einsicht, dann erkennt man auch, daß die Autonomie eines Funktionssystems in der selbstreferentiellen Geschlossenheit des reproduktiven Zusammenhanges der codierten Operationen liegt – und nicht etwa in der Unabhängigkeit von der Umwelt.[19] Weniger umständlich formuliert: Die Autonomie des Erziehungssystems braucht nicht gefordert und verteidigt zu werden; sie ergibt sich zwangsläufig daraus, daß eine Selektion andere voraussetzt und andere ermöglicht und daß dieser Selektionszusammenhang als Karriere ausdifferenziert wird (ob man das will oder nicht), wenn dafür ein spezifischer Code entwickelt wird, etwa mit Hilfe von Zensuren. Ein »voll befriedigend« ist dann weder wahr noch lieb, noch schön, noch nützlich, noch rechtmäßig oder unrechtmäßig (aber all dies auch, wenn die Operation unter dem Code eines anderen Systems beobachtet wird), sondern besser als »ausreichend« und schlechter als »gut«.

Autonomie, als Geschlossenheit eines selbstreferentiellen Operationszusammenhanges begriffen, bedeutet vor allem, daß im Sinne dieser Operationen kein Input und kein Output möglich ist. Die Selektionsentscheidungen können nicht von außen in das Erziehungssystem eingegeben werden. Wenn Gerichte, Wirtschaftsbetriebe oder politische Parteien Zensuren erteilen würden, wäre das entweder ein Akt pädagogisch belangloser Meinungsäußerung oder, wenn im Erziehungssystem anschlußfähig, eine Operation dieses Systems selbst. Zugleich garantiert die Formalität dieser Geschlossenheit aber auch die Umweltoffenheit des Systems. Das System kann sich auf der Ebene seiner Programme, mit denen es die Code-Werte richtig (oder auch versehentlich falsch) zuteilt, nach Umweltanforderungen richten, ohne damit seine Autonomie aufzugeben. Die Differenz von Codierung und Programmierung ermöglicht mithin, und das ist ihre eigentliche Funktion, Geschlossenheit und Offenheit zugleich. Auf

19 Für eine Darstellung dieses Autonomiebegriffs für den Bereich lebender Systeme vgl. Francisco Varela, Principles of Biological Autonomy, New York 1979; ders., On Being Autonomous: The Lessons of Natural History for Systems Theory, in: George J. Klir (Hrsg.), Applied General Systems Research: Recent Developments and Trends, New York 1978, S. 77-84.

der Ebene der Operationen des Systems heißt dies, daß genau diese Operationen nur im System und nicht außerhalb und nicht als Input oder Output ablaufen können. Wenn sie vorkommen, sind sie Operationen des Systems. Zugleich können sie sich aber nach Lehrplänen als den Programmen richten, über die Umwelteinflüsse auf das System einwirken. Die Programme transformieren das bloße »Rauschen« der Umwelt in einen für das System praktizierbaren Sinn, freilich nur auf der Ebene der Strukturen und nur in einer Weise, die einen Beobachter an das Wortspiel traduttore/traditore erinnern mag.

Eine Reflexionstheorie des Erziehungssystems, die solchen Verhältnissen gerecht werden wollte, müßte mit wesentlichen Prämissen der »heimischen« Tradition brechen. Sie müßte vor allem von einer normativen, wertgeladenen oder gar teleologischen Reflexion der Einheit des Systems (mit anschließender Feststellung von Abweichungen oder Unzulänglichkeiten) auf Reflexion der Differenz umgestellt werden.[20] So beschrieben, hätte das System seine Einheit *als Differenz*, und zwar nach den hier entwickelten Vorstellungen als Differenz von *System und Umwelt*, von *Geschlossenheit und Offenheit*, von *Codierung und Programmierung*. Die Sequenz dieser Differenzformeln zeigt zugleich an, wie die Differenz von System und Umwelt in das System selbst wiedereingeführt und dort Operationsstruktur werden kann.

Ob eine derart abstrakte, von den Nöten der Praxis und den Emphasebedürfnissen der Profession zunächst absehende Konzeption sich je als Theorie des Systems im System eignen wird, muß man der Prüfung durch dieses System selbst überlassen. Als soziologische Beschreibung, als Fremdbeschreibung also, kann sie vor allem deshalb angeboten werden, weil sie einen Vergleich des Erziehungssystems mit anderen Systemen unter dem Gesichtspunkt der Strukturtypik moderner Gesellschaft ermöglicht.

20 Vgl. Helmut Willke, Zum Problem der Intervention in selbstreferentielle Systeme, Zeitschrift für systematische Therapie 2 (1984), S. 191-200.

VII

Jede Ordnung, die sich in der Gesellschaft realisiert, indem sie Kommunikation einteilt und strukturiert, kann in der Gesellschaft selbst beobachtet werden. Jeder Code, der dritte Positionen ausschließt, ermöglicht es, ebendiese Positionen einzunehmen. Man kann wählen, was Gotthard Günther einen »Rejektionswert« genannt hatte.[21]

Man kann die Wahlmöglichkeit, die der Code zur Verfügung stellt, als Wahlmöglichkeit ablehnen. Es kann einem gleichgültig werden, ob man positiv oder negativ beurteilt, versetzt oder nicht versetzt wird, und diese Möglichkeit ist nicht nur für schlechte, sondern auch für solche Schüler aktuell, die mit etwas Mühe gute Schüler sein könnten und dies wissen. Man kann »aussteigen«.

Dies ist zunächst eine logische Möglichkeit. Sie hat aber auch eine psychologische Chance. Die Selbstwerteinschätzungen scheinen gegenüber schulischen Bewertungen relativ unabhängig zu sein,[22] so daß ein Aussteiger seine Selbstachtung mitnehmen, ja geradezu um ihretwillen disponiert sein kann, sich dem Selektionscode der Schule nicht zu fügen. Besonders in der Pubertätsphase sind Schüler oft so stark durch andere Bedingungen von Erfolg und Mißerfolg fasziniert, daß der Selektionscode der Schule demgegenüber pauschal abgewertet wird. Auch soziologisch muß ein Aussteiger nicht auf soziale Beziehungen und auf Kommunikation verzichten. Er verläßt nicht die Gesellschaft, sondern nur die Schule; und manches deutet darauf hin, daß es ihm relativ leichtfallen wird, unter Altersgenossen Verständnis zu finden. Wahrscheinlich begeben sich viele in eine Art innere Emigration, auch wenn sie den Schritt nach außen nicht wagen.

Wenn das so ist: wo liegt das Problem?

Das Problem dürfte sich daraus ergeben, daß das Erziehungssystem selbst auf eine solche Ablehnung nur zweiwertig reagieren kann. Es verfügt nur über einen zweiwertigen, nicht über einen dreiwertigen Code. Entweder hat man einen Schulabschluß, oder man hat keinen;

21 Vgl. Cybernetic Ontology and Transjunctional Operations, in: Gotthard Günther, Beiträge zur Grundlegung einer operationsfähigen Dialektik, Bd. I, Hamburg 1976, S. 249-328 (286 ff.).

22 Vgl. Helmut Fend, Selbstbezogene Kognitionen und institutionelle Bewertungsprozesse im Bildungswesen: Verschonen schulische Bewertungsprozesse den »Kern der Persönlichkeit?« Zeitschrift für Sozialisationsforschung und Erziehungssoziologie 4 (1984), S. 251-270.

es gibt keine dritte Möglichkeit. Die Ablehnungsposition wird deshalb unvermeidlich mit der negativen Position gleichgesetzt.[23] Die Anschlüsse in einer schulabhängigen Karriere müssen klar geregelt sein – ein Erfordernis des Handhabens von so hoher Kontingenz und Unsicherheit. Dem Aussteiger stehen daher nur Karrieren offen, die von seiner Ablehnung nicht betroffen sind – etwa Einheirat, selfmade-Karrieren, Berufstätigkeiten auf unterem Niveau oder die eines Sozialfalles.

Daß auch die Ablehnung des Code durch den Code zweiwertig bearbeitet wird, und zwar unabhängig von der Überzeugungskraft der Motive, von der psychologischen Selbsteinschätzung und von Möglichkeiten des sozialen Konsens, ist nichts anderes als ein Effekt der funktionalen Ausdifferenzierung des Erziehungssystems. Einmal mehr zeigt sich auch hier, daß die Ausdifferenzierung von Funktionssystemen an einen zweiwertigen Code gebunden ist und daß dies nicht zu ändern ist, selbst wenn man sich kritisch dazu einstellt und Aussteigen als Lebensweg mit Verständnis, ja mit Sympathie beobachtet. Die Gesellschaft kann, und sie wird quasi automatisch, die Position des ausgeschlossenen Dritten mit Kommunikationsmöglichkeiten versorgen. Sie kann nicht anders, denn sie reproduziert sich selbst als autopoietisches System selbstreferentiell-geschlossener Kommunikation. Würde sie es jedoch ermöglichen, unter Ablehnung des Code im System selbst zu operieren, müßte sie die Position des eingeschlossenen ausgeschlossenen Dritten vorsehen können.[24] Das aber ist die Position, die Michel Serres als die Position des Parasiten bezeichnen würde.[25]

23 Bei genauerer Analyse zeigt sich immerhin eine gewisse Sensibilität gegenüber dem Problem. Sie führt aber nicht sehr weit. Eine abgebrochene Ausbildung wird oft anders behandelt als ein nichtbestandenes Examen, wenn der verlorene Sohn ins System zurückkehrt. Man kann das Studium wiederaufnehmen, nicht aber die Prüfung beliebig oft wiederholen.

24 Für die Systemtheorie wäre dies eine »dritte Kybernetik«, die über das Beobachten von Beobachtungen noch hinausginge. Hierzu (und interessanterweise gerade aufgrund von Forschungen im Erziehungssystem) Stein Bråten, The Third Position – Beyond Artificial and Autopoietic Reduction. Kybernetes 13 (1984), S. 157-163.

25 Le Parasite, Paris 1980; dt. Übers., Der Parasit. Frankfurt 1981.

VIII

Die Differenzierung von Codierung und Programmierung ermöglicht eine spezifische Behandlung dieses Problems des eingeschlossenen ausgeschlossenen Dritten. Was auf der Ebene des Code ausgeschlossen ist, kann auf der Ebene des Programms in den dadurch gegebenen Beschränkungen wiedereingeführt werden. Dies ist eine ganz allgemeine Möglichkeit, die von vielen Funktionssystemen benutzt wird. Keine Wissenschaft kann menschliches Leid als dritten Wert neben Wahrheit und Unwahrheit einsetzen; aber man kann Forschungsprogramme entwerfen, die sich mit den Formen und Ursachen menschlichen Leidens befassen. Kein Rechtssystem kann unter einem Dreiercode von Recht/Unrecht/politischer Opportunität operieren, alles muß in eindeutig feststellbarer Weise entweder Recht oder Unrecht sein. Aber man kann unter dieser Prämisse ein ius eminens, Regierungsprärogative oder sonstige verfassungspolitische Regulierungen vorsehen, die einen politischen Einfluß auf das Rechtsgeschehen in Rechtsform bringen und damit zulassen, soweit dies innerhalb des Rechtssystems zu noch lösbaren Problemen führt. Kein monetär integriertes Wirtschaftssystem kann die Codierung seiner Operationen als Zahlen/Nichtzahlen von Geldsummen durch einen dritten Wert, etwa den »eigentlichen« Wert, der Waren ergänzen; aber die Wertschätzungen können in Zahlungsprogrammen, in fluktuierenden Preisen zum Ausdruck kommen.

Ebenso kann das Erziehungssystem verfahren. Sein Selektionscode kann keinen dritten Wert aufnehmen. Leistungen sind entweder vergleichsweise gut oder vergleichsweise schlecht, aber nicht zusätzlich noch einer dritten Wertung, etwa unter dem Gesichtspunkt sozialen Mitleids oder individuellen Verständnisses, ausgesetzt. Wenn Lehrer hier zu Mogeleien neigen, verhalten sie sich inadäquat und geben den Schülern ein Beispiel für Willkür und Ungerechtigkeit. Es kann und muß, ebendeshalb, Förderungsprogramme geben, die auf der Ebene der Regulierung richtigen Verhaltens die Folgen des Selektionscode ausgleichen – etwa Sonderprogramme für besonders leistungsstarke und leistungswillige Schüler, die im normalen Schulunterricht zu stark einnivelliert werden, oder Sonderprogramme für kompensatorische Erziehung, die sich um einen Ausgleich von sozialen, familialen, eventuell auch schulisch verursachten Benachteiligungen bemühen.

Bei einer hierarchischen Systemregulierung stehen für solche Umwege zum Ziel instrumentelle Rechtfertigungen zur Verfügung. Sie dienen letztlich auch der Bildung, unterliegen also den gleichen allgemeinen Erfolgskriterien. Geht man dagegen von einer strukturellen Differenzierung von Codierung und Programmierung aus, verlagert sich der Akzent. Man kann dann Ausgleichsprogramme (oder sagen wir ruhig: parasitäre Programme) dieses Typs stärker ausdifferenzieren. Man kann sie als Anforderung der Gesellschaft an das System, als Kompensation für die Nachteile der technischen Vorteile der Zweiwertigkeit begreifen.

Ob und wieweit dies zu anderen praktischen Konsequenzen führt, muß weiteren Überlegungen vorbehalten bleiben. Jedenfalls wird die Reflexion des Systems angeregt, Einheit im Hinblick auf Differenzierung zu bestimmen und damit den zentralen Differenzen des Systems größere Transparenz zu geben. Die eindeutige Trennung von Codierung und Programmierung gibt der Selektionsfunktion eine vorrangige Stellung im System, denn nur sie (und nicht schon die »Bildung«) eröffnet überhaupt einen Spielraum für Kontingenz. Das unterscheidet Erziehung von Wissenschaft. Jene Trennung verselbständigt gerade damit aber auch die Funktion des Programmierens, revidierbare Kriterien richtigen Verhaltens festzulegen. Dabei wirkt sich der Zusammenhang von Codierung und Programmierung (und in diesem Sinne: die Einheit des Systems) in doppeltem Sinne aus: Die Programme können nur über die Codewerte des Systems, letztlich also nur über Karrieren verfügen. Sie können gerade deshalb geändert werden, weil diese Bedingung nicht geändert werden kann. Und sie können in geringem Umfange auch diese Beschränkung noch kompensieren, indem sie alles, was dabei zu kurz kommt, in der Form von besonderen Programmen in das System wiedereinführen.

Ein Beobachter wird rasch erkennen, daß diese Gesamtstruktur die Operationen des Systems scharf limitiert und keineswegs geeignet ist, eine allseitige Bildung des Menschen im Sinne einer größtmöglichen Realisierung der Menschheit im Einzelnen hervorzubringen. Dies ist jedoch eine mutatis mutandis für alle Funktionssysteme zu erwartende Enttäuschung, die unausweichlich ist, wenn immer Funktionssysteme über einen eigenen Code ausdifferenziert werden, der systemeigene Kontingenz und Komplexität erzeugt. Und wenn diese Enttäuschung denn gesellschaftstypischen Charakter hat, wird man wohl fragen dürfen, woher man sich das Recht nimmt, etwas anderes zu erwarten.

Systeme verstehen Systeme

I

Alles Verstehen hat es mit zirkulären Sachverhalten zu tun, mit Sachverhalten, die in sich selbst auf sich selbst verweisen. Das gilt für Texte, das gilt für Personen. Daher trifft alles Verstehen auf eine innere Unendlichkeit. Man kann der internen Selbstreferenz endlos nachgehen, weil sie immer auf sich selbst zurückführt. Man wird, um es in klassischer Terminologie auszudrücken, vom Teil auf das Ganze und vom Ganzen auf das Teil verwiesen – vom einen auf das andere und auf sich zurück. Dies ist der Ausgangspunkt jeder Theorie des Verstehens.[1]

Verstehen, im weitesten Sinne genommen, ist ein Bestimmen im Hinblick auf diese Unbestimmbarkeit. Es fällt nicht schwer, Bestimmtes zu beobachten oder zu beschreiben – etwa wie Pestalozzi seine Jacke knöpft. Damit ist jedoch noch kein Verstehen erreicht. Auch ein genaueres Beschreiben (er hat oben einen Knopf ausgelassen und deshalb unten einen Knopf zuviel) trägt nicht (oder selten) zum Verstehen bei. Die Beziehung des Beobachteten auf einen anderen, direkt oder indirekt beobachtbaren Sachverhalt (etwa die psychische Disposition zur Zerstreutheit) fördert die Erkenntnis, aber nicht ohne weiteres das Verstehen. Die Frage: Warum knöpft Pestalozzi seine Jacke so, wie er sie knöpft? führt nicht weiter; sie führt zumindest wissenschaftlich nicht weiter, denn Warum-Fragen dieser Art sind noch keine Problemstellungen, die wissenschaftlich bearbeitet werden könnten. Verstehen kommt nur zustande, wenn man all dies in die Selbstreferenz des Verstandenen hineinprojiziert. Verstehen ist Verstehen der Handhabung von Selbstreferenz.

Blickt man in dieser Weise auf das Problem, findet man eine Reihe von verschiedenen Theorievarianten, die sich ihm zuordnen lassen. Pascal beispielsweise begreift die selbstreferentielle Unbestimmbarkeit im Verhältnis von Ganzem und Teilen als paradox[2] und damit als Hinweis auf etwas, was nur in religiöser Qualität zu erfahren ist.

1 Vgl. etwa Friedrich D. E. Schleiermacher, Hermeneutik und Kritik (Hrsg. Manfred Frank), Frankfurt 1977, S. 80 f., 95, 187 f.

2 Vgl.: »... je tiens impossible de connaître les parties sans connaître le tout, non plus que de connaître le tout sans connaître particulièrement les parties« in Pensées Nr. 84 (Œuvre, Éd. de la Pléiade, Paris 1950, S. 845).

Entsprechend bleibt das ›moi‹ unverständlich; selbst Liebe und gerade Liebe kann nicht verstehen, da sie sich an Qualitäten bindet.[3] Noch Schleiermacher hat bekanntlich Religion als »Sinn und Geschmack fürs Unendliche« charakterisiert,[4] also wohl auch Sinn und Geschmack fürs Unendliche als Religion. Vor dem Hintergrund der Gewißheit religiöser Erfahrung kann und wird man sich also mit den Erscheinungen begnügen. Aber diese Auskunft gilt in der modernen Gesellschaft nur noch, sofern man sein Erleben und Handeln dem Religionssystem zuordnet. Sie befriedigt nicht, wenn es um die Funktion der Erziehung geht, denn hier wird Verstehen mit welcher Unzulänglichkeit auch immer als Grundlage für funktionsspezifische Operationen erforderlich.

Um ausdifferenzierte Erziehung in Schulen in Gang zu bringen, hatte die neuhumanistische Pädagogik den Bildungsgehalt von (wissenschaftlich fundiertem) Wissen in den Mittelpunkt ihrer Bemühungen gestellt. So konnte das Verstehensproblem auf die Aufgabe reduziert werden, zu verstehen, ob der Schüler das anzueignende Wissen verstanden habe. Es ging hier also, wie an anderer Stelle gezeigt,[5] um ein Verhältnis von Texten und Köpfen. Das Sich-Aneignen der Texte (und Sich-Aneignen hieß damals fast noch: Genießen) war als Bestätigung von Selbstreferenz gedacht. Damit schien zugleich gewährleistet zu sein, daß im Text und durch den Text Welt angeeignet wurde – Welt verstanden als Korrelat von Selbstreferenz. Insofern galt Erziehung als ein selbsttätiges Weltverstehenlernen des Schülers. Aber niemand zweifelte ernstlich daran, daß der Lehrer das Verständnis des Textes durch den Schüler kontrollieren und gegebenenfalls korrigieren könne.

In beiden Hinsichten, was Köpfe und was Texte angeht, sind wir dessen nicht mehr so sicher. Die Schulpraxis mag nach wie vor darauf angewiesen sein, sich in dieser Frage sicher zu fühlen, und nach wie vor korrigiert der Lehrer das Textverständnis des Schülers. Was aber geschieht, wenn dies geschieht, und was dies mit Erziehung,

3 Pensées Nr. 306, a. a. O. S. 903.

4 Friedrich D. E. Schleiermacher, Über die Religion: Reden an die Gebildeten unter ihren Verächtern (1799), zit. nach Werke: Auswahl in vier Bänden, Leipzig 1911 Bd. 4, S. 207-399 (242).

5 Karl Eberhard Schorr, Das Verstehensdefizit der Erziehung und die Pädagogik, in: ders./Niklas Luhmann (Hrsg.), zwischen Intransparenz und Verstehen, Frankfurt 1986, S. 11-40, S. 17.

das heißt mit Personveränderung, zu tun hat, ist damit noch nicht geklärt. Die scharfe Reduktion des Verstehensproblems auf ein Kopf/Text-Problem muß jedenfalls aufgegeben, muß zumindest als professionelle Notlüge durchschaut werden. Vielleicht kann man auch von einem Minimalprogramm sprechen; oder von den »real assets« (Parsons) einer kommunikativen Interaktion, die noch funktionieren müssen, wenn sonst nichts funktioniert, die aber die Funktionserwartungen in ihrem generalisierten Zuschnitt – eben Erziehung! – nicht erfüllen.

Es mag daher lohnen, auf die allgemeine Fassung des Verstehensproblems zurückzugreifen und zu fragen, wie es um das Verstehen der Handhabung von Selbstreferenz steht – zunächst allgemein und dann speziell unter Bedingungen der Interaktion in Schulklassen.

II

Wir suchen eine Rückversicherung für diese allgemeine Orientierung in einer allgemeinen Theorie selbstreferentieller Systeme und entsprechender logischer Verhältnisse. Diese Theoriegrundlagen stehen gegenwärtig noch nicht in ausformulierter und erprobter Form zur Verfügung; aber man kann in Umrissen erkennen, daß und wie sie für unser Problem Bedeutung gewinnen werden.[6]

Vorab müssen drei traditionsreiche Vorlagen als unzureichend abgewiesen werden. Die eine stellt sich Selbstreferenz mit Hilfe der Metapher des »inneren Spiegels« vor; die andere baut auf der Vorstellung eines Selbstgesprächs, einer inneren Rede des Ich mit sich selbst auf;

6 Für Literaturhinweise aus den letzten Jahren, vgl. etwa Edgar Morin, La Méthode Bd. 1, Paris 1977, Bd. 2, Paris 1980: Francisco J. Varela, Principles of Biological Autonomy, New York 1979; Yves Barel, Le paradoxe et le système, Essai sur le fantastique social, Grenoble 1979; Erich Jantsch, The Self-Organizing Universe: Scientific and Human Implications of the Emerging Paradigm of Evolution, Oxford 1980; Milan Zeleny (Hrsg.), Autopoiesis: A Theory of Living Organization, New York 1981; Heinz von Foerster, Observing Systems, Seaside Cal. 1981; Humberto R. Maturana, Erkennen: Die Organisation und Verkörperung von Wirklichkeit. Braunschweig 1982; Peter M. Hejl, Sozialwissenschaft als Theorie selbstreferentieller Systeme, Frankfurt 1982: Paul Dumouchel/Jean-Pierre Dupuy (Hrsg.), L'autoorganisation; De la physique au politique, Paris 1983; Hans Ulrich/Gilbert J. B. Probst (Hrsg.), Self-Organization and Management of Social Systems, Berlin 1984; Niklas Luhmann, Soziale Systeme: Grundriß einer allgemeinen Theorie, Frankfurt 1984.

die dritte arbeitet mit der Unterscheidung Selbstbestimmung/Fremdbestimmung.

Die Metapher des inneren Spiegels ist kürzlich durch Rorty überzeugend kritisiert, wenn auch nicht durch eine ›bessere‹ Theorie ersetzt worden.[7] Wir gehen darauf deshalb hier nicht näher ein. Die Vorstellung eines Selbstgesprächs wird dagegen nach wie vor wie eine evidente Wahrheit tradiert, vor allem im Umkreis des »symbolischen Interaktionismus«.[8] Unbestreitbar dient Sprache auch zur Strukturierung psychischer Prozesse, *aber nicht in kommunikativer Funktion.* Denn weder behandelt das Ich sich selbst als jemanden, der noch nicht weiß, was er weiß; noch als jemanden, der möglicherweise ablehnt, was er vorschlägt; noch als jemanden, der nur über Codierung und Zeichengebrauch erreichbar ist.[9] Die ›doppelte Kontingenz‹, die aller Kommunikation zugrunde liegt, ist Grundtatbestand der Bildung sozialer Systeme, nicht psychischer Systeme. Sie kann nur Gegenstand von Bewußtsein, nicht aber Bewußtsein selbst sein. Systeme können ihr Selbstverhältnis und ihre Geschlossenheit (Rekursivität) nur entweder durch Bewußtsein oder durch Kommunikation gewinnen, aber nie mit beidem zugleich.

Eine dritte Tradition führt ebenfalls nicht weiter. Man könnte sie die Illusion Kants nennen. Die Illusion besteht darin, zu glauben, ein Mensch (Individuum, Subjekt) sei in der Lage, zu unterscheiden, ob er selbstbestimmt oder fremdbestimmt handele. Das ist jedoch nicht

7 Vgl. Richard Rorty, Philosophy and the Mirror of Nature, Princeton N. J. 1979 (dt. Übers.: Der Spiegel der Natur: Eine Kritik der Philosophie, Frankfurt 1981).

8 Siehe auf dem Niveau eines einführenden Grundrisses Joel M. Charon, Symbolic Interactionism: An Introduction, An Interpretation, An Integration, Englewood Cliffs N. J. 1979, insb. S. 86 f.

9 Dies zuletzt genannte Argument hat vor allem Husserl gebraucht, um die Vorstellung einer bewußtseinsinternen Kommunikation zurückzuweisen. Vgl. Logische Untersuchungen II,1 § 8, 3. Aufl. Halle 1922, und dazu Jacques Derrida, La voix et le phénomène, Paris 1967, zit. nach der deutschen Übersetzung Die Stimme und das Phänomen: Ein Essay über das Problem des Zeichens in der Philosophie Husserls, Frankfurt 1979, insb. S. 96, 101, 113, 125 ff. Diese Ablehnung jeder Notwendigkeit zu internem Zeichengebrauch, also auch interner Kommunikation mit sich selbst, auf Grund der Unmittelbarkeit des Selbstverständnisses *fundiert die Phänomenologie.* Sie isoliert die Konstitution sinnhafter Bedeutung im einsamen Seelenleben bzw. im transzendentalen Leben auf ein zeichen- und kommunikationsloses Selbstverhältnis. Wie immer man das beurteilen mag: keine auf Mead sich berufende, mit interner Kommunikation arbeitende Theorie kann jemals Phänomenologie sein.

der Fall, denn dieser Unterscheidung liegt kein objektiver Tatbestand zugrunde. Damit fällt auch Kants Unterscheidung von Moralität und Legalität. Schon zu Zeiten Kants hätte ein Kenner der Literatur über Motivverdacht und dessen soziale Reflexivität an einer solchen Unterscheidungsfähigkeit zweifeln müssen. Heute liegt erst recht auf der Hand, daß jeder mit sich selbst aushandelt, ob er in bestimmten Kontexten sich als eher selbstbestimmt oder als eher fremdbestimmt verstehen und verstanden wissen möchte. Die Disposition dazu variiert mit Persönlichkeitsmerkmalen, vielleicht auch mit Schichtmerkmalen, wie umfangreiche Untersuchungen zum Schema internal/external control zeigen. Daher wäre es ein Irrweg, das Problem des Verstehens einzuschränken auf den Fall des selbstbestimmten Handelns und ›Selbstreferenz‹ auf ›Selbstbestimmung‹ zu reduzieren; vielmehr ist schon die Option zwischen Selbstzuschreibung oder Fremdzuschreibung ein Vorgang, der Selbstreferenz in Anspruch nimmt und seinerseits in bezug auf Selbstreferenz verstanden werden kann.

Eine Theorie, die mit dem Begriff des Verstehens arbeitet und diesen Begriff, wie üblich, auf Selbstreferenz bezieht, muß diese Einwände gegen verbreitete Theorietraditionen berücksichtigen (oder sie widerlegen). Man kann dann Verstehen weder als Einblick in einen ›inneren Spiegel‹ auffassen noch als Abhören eines Selbstgesprächs, noch als Nachvollzug einer Selbstbestimmung. Die Vorstellungen über Selbstreferenz sollten daher prinzipiell von Asymmetrie-Modellen (wie: Reflex, Akt, Intention, Hierarchie etc.) auf Symmetriemodelle umgestellt werden. Eine Leitformel dafür könnte der Theorie autopoietischer Systeme entnommen werden. Hinausgehend über die auf lebende Systeme (oder: das System des Lebens) bezogenen Fassungen dieser Theorie könnte man autopoietische Systeme definieren als Systeme, die alles, was sie als Einheit verwenden, durch das, was sie als Einheit verwenden, selbst produzieren; und genau darin, daß dies geschieht, besteht ihre Einheit.[10]

10 Die Nähe zu transzendentaltheoretischen Konzeptionen des Verhältnisses von Mannigfaltigkeit und Einheit liegt auf der Hand, und in der Tat scheinen weiterentwickelte Transzendentaltheorien die einzigen niveaugleichen Alternativen zur Theorie der Autopoiesis zu sein. Ich denke besonders an Husserls Analysen des Bewußtseins und seiner Zeitlichkeit. Die Theorie autopoietischer Systeme hat jedoch den Vorteil, daß sie außer auf Bewußtsein auch auf Leben und auf Kommunikation als Operationsmodus der Systembildung anwendbar ist; womit sich für manche der Nachteil einer Dezentrierung der Subjektheit von Selbstreferenz verbindet.

Biologische Systeme, psychische Systeme und soziale Systeme sind in allen ihren Ausprägungen stets selbstreferentielle und sogar autopoietische Systeme. Sie beziehen sich in allen ihren Operationen immer auch auf sich selbst, und sie konstituieren sogar die Elemente, aus denen sie bestehen, durch die Elemente, aus denen sie bestehen. Sie produzieren und reproduzieren sich selbst. Ihr Operations- und Reproduktionsmodus (Leben bzw. Bewußtsein bzw. Kommunikation) ist aus seiner Natur heraus autonom. Er bezieht die Umwelt nur nach Maßgabe der eigenen Operationsweise ein – bei Immunsystemen z. B. nur als Anlaß für Antikörperbildung, bei sozialen Systemen nur über Themen der Kommunikation.

Systeme dieser Art reproduzieren ihre Selbstreferenz (und damit durchbrechen sie die reine Zirkularität bereits) mit Hilfe der Differenz von System und Umwelt.[11] Sie aktualisieren ihre Selbstreferenz dadurch, daß sie sich von etwas anderem unterscheiden und dann diese Unterscheidung zur Informationsgewinnung verwenden – zum Beispiel innere Unruhe und Vibration zum Abtasten von Umwelt auf Konstanten hin verwenden oder umgekehrt Umweltereignisse auf intern strukturierte Erwartungen auftreffen lassen. Sie gewinnen damit Distanz (genauer: sich selbst als Distanz zur Umwelt) und eine Art konvergierende Konfirmation von Einheit an Verschiedenem (und dies wiederum: in sich selbst oder in ihrer Umwelt).[12] Sie knüpfen dann ihre Anschlußoperationen an entweder externe oder interne Identifikationen an. Sie basieren, um es in den abstrakten Begriffen der Logik von George Spencer Brown zu formulieren, ihre Operationen auf ›distinction‹ und ›indication‹, und zwar so, daß sie die ›distinction‹ System/Umwelt in deren eigenen Bereich, nämlich in das System, wiedereinführen (re-entry).[13]

Nehmen wir dies als einen ganz natürlichen, weit verbreiteten, für alle lebenden, alle psychischen, alle sozialen Systeme verbindlichen Operationsmodus. Dann heißt dies zugleich, daß alles Beobachten und Beschreiben sich ebendieses Operationsmodus bedienen muß.

11 Das wird in der aus der Biologie stammenden Theorie autopoietischer Systeme allerdings überwiegend anders gesehen. Vgl. dazu Stein Bråten, The Third Position – Beyond Artificial and Autopoietic Reduction, Kybernetes 13 (1984), S. 157-163.

12 Als eine dies betonende evolutionäre Epistemologie vgl. Donald T. Campbell, On the Conflicts Between Biological and Social Evolution and Between Psychology and Moral Tradition, American Psychologist 30 (1975), S. 1103-1126.

13 Vgl. George Spencer Brown, Laws of Form, 2. Aufl. New York 1972.

Allem Beobachten und Beschreiben von Systemen liegt mithin eine selbstreferentiell gehandhabte Differenz von System und Umwelt zugrunde. Alles Beobachten und Beschreiben ist selbstreferentielle Aktivität, mag es sich nun im Unterscheidungsbereich der System/Umwelt-Differenz auf sich selbst als System richten (= Selbstbeobachtung, Selbstbeschreibung) oder auf Einheiten in dessen Umwelt. *Zusätzlich* ist Beobachten und Beschreiben dadurch zu charakterisieren, daß es eine *weitere Differenz* verwenden muß. Dies Erfordernis unterscheidet das Beobachten und Beschreiben von der bloßen Selbstreproduktion (Autopoiesis) im Sinne der Erzeugung neuer Elemente im System selbst. Bei diesen weiteren Differenzen kann es sich zum Beispiel um Schemata wie nützlich/schädlich, groß/klein, nah/fern, gut/schlecht (böse), wahr/unwahr, artig/unartig usw. handeln. Aber die Differenz kann auch mit Hilfe einzelner Begriffssonden konstituiert werden – wenn man etwa versucht, festzustellen, ob ein anderer auch ein Atomgegner ist.[14] Ohne derartige Differenzen, und sie sind im Bereich des sinnhaften Erlebens und Handelns schon mit der Sinnbildung selbst oktroyiert, kann es keine Beobachtung und keine Beschreibung geben, weil es kein ›wogegen‹ der Selektion und des Gewinnens von Informationen gäbe.

Diese allgemeinen Überlegungen sollen zunächst nur angeben, wie Systeme mit ihrer Selbstreferenz operativ umgehen. Sie können das. Sie kreisen keineswegs nur in sich selbst, saugen sich auch nicht selbst ein und verschwinden nicht etwa im schwarzen Loch ihrer inneren Unendlichkeit. Dies wird dadurch verhindert, daß Differenz eine elementare Operationsbedingung ist, ohne die nichts, auch keine Tautologie und jedenfalls keine autopoietische Reproduktion zustande käme. Damit ist aber zunächst nur geklärt, wie Autopoiesis möglich ist und wie auf dieser Grundlage Evolution eventuell dazu führen kann, daß diese Reproduktion der Elemente aus Elementen ihr Selbst- und ihr Umweltverhältnis mit Beobachtungen und Beschreibungen anreichert. Mit Beobachtungen werden auf diese Weise distanzierende Ereignisse erzeugt. Als Beschreibungen gewinnen diese Ereignisse unter Umständen Strukturwert; sie werden wiederver-

14 Vgl. dazu die Theorie der ›personal constructs‹ und deren Anwendung auf therapeutische Praxis von George A. Kelly, The Psychology of Personal Constructs, 2 Bde. New York 1955. Auch die Sprachtheorie von Saussure geht bekanntlich von diesem Gedanken einer differenzkonstituierenden Sinnbildung aus.

wendbar. Sie kerben sich ins Gedächtnis ein und werden so Voraussetzung weiterer Evolution.

Das alles ist eine elementare Voraussetzung für jedes Verstehen, und dies in einem doppelten Sinn: *Verstehende* Systeme müssen selbstreferentielle Systeme sein, da Verstehen jedenfalls eine Art von Beobachtung und gegebenenfalls eine Art von Beschreibung ist. Aber auch *verstandene* Systeme müssen selbstreferentielle Systeme sein. Das hatten wir durch die Begriffswahl festgelegt. Wir hatten gesagt: Verstehen ist Verstehen im Hinblick auf die Handhabung von Selbstreferenz, und wir können jetzt genauer formulieren: Verstehen ist Beobachtung im Hinblick auf die Handhabung von Selbstreferenz. An der Operation, die wir Verstehen nennen, können mithin aktiv und passiv nur selbstreferentielle Systeme teilnehmen. Die Operation setzt eine Mehrheit von selbstreferentiellen Systemen voraus. Sie ist gleichwohl zunächst eine asymmetrische Beziehung. Wenn das System A das System B versteht, impliziert das nicht notwendigerweise, daß das System B das System A versteht. Aber da beides selbstreferentielle, also verstehbare Systeme sein müssen, liegt es nahe, daß sich eine reziproke Beziehung wechselseitigen Verstehens entwickelt.

Mit alldem sind nur Voraussetzungen fixiert, ist aber noch nicht ausgemacht, worin das Besondere des Verstehens liegt, das diese Art der Beobachtung von anderen unterscheidet. Die Formulierung: Beobachtung im Hinblick auf Selbstreferenz gibt nur einen ersten Anhaltspunkt – einen Anhaltspunkt, den wir aber im Kontext der skizzierten Theorie leicht entfalten können.

Wenn man überlegt, wie es möglich ist, »im Hinblick auf Selbstreferenz« zu beobachten, dann kann die Antwort jetzt nur lauten, daß man beobachten muß, wie das beobachtete System für sich selbst die Differenz von System und Umwelt handhabt. Oder in etwas anderer Formulierung: wie es sich selbst in Differenz zu seiner Umwelt handhabt. Die *Leitdifferenz*, die das Verstehen als Beobachtung ermöglicht, ist mithin *die System/Umwelt-Differenz eines anderen Systems.* Vom verstehenden System ist damit eine eigentümliche *Reflexivität von System/Umwelt-Unterscheidungen* verlangt. Es muß die Wiedereinführung dieser Unterscheidung in ihren eigenen Bereich *doppelt* handhaben. Es legt die eigene Systemreferenz zugrunde und bleibt in allem Verstehen dadurch unaufhebbar systemrelativ. Es führt (1) *in das System* dieser Unterscheidung diese Unterscheidung ein, das heißt: es orientiert die eigene Operation in der Differenz des eigenen

Systems zu seiner Umwelt (denn sonst würde es sich selbst mit dem zu verstehenden System verwechseln). Es führt aber zugleich (2) *in die Umwelt* dieser primären Unterscheidung eine zweite System/Umwelt-Differenz ein, nämlich die eines *anderen* Systems. Es versteht *in seiner* Umwelt ein anderes System *aus dessen Umweltbezügen heraus.*

Es ist für das Zustandekommen von Verstehen nun entscheidend, daß beide re-entries zugleich oder zumindest kurzfristig oszillierend realisiert werden. Die eigene oder die fremde (in der eigenen) Systemreferenz mag kurzfristig dominieren als Indikation derjenigen Differenz, von der man gerade ausgeht. Aber ein Verstehen ist nur möglich, wenn die jeweils andere mit im Blick bleibt. Ein ständiges Hin- und Hergleiten des Schwerpunktes und in diesem Sinne eine Art Eigenbeweglichkeit, eine Art Vibration des Verstehensprozesses ist notwendig, weil nur so das erreicht wird, was diese Art der Beobachtung vor allen anderen auszeichnet: daß das verstehende System *sich selbst als Moment in der Umwelt des verstandenen Systems erfahren kann.* Das verstehende System identifiziert sich selbst dann gleichsam in doppelter Verkleinerung: als eines unter vielen anderen in der Umwelt eines Systems unter vielen anderen in seiner Umwelt. Es sieht am anderen, wie es in Konkurrenz mit anderen Eindrucksquellen auf es wirkt. Der Lehrer hebt den Stock und sieht, wie die Schüler sich ducken und wie einer grinst, weil er meint, sicher zu sein, nicht gemeint zu sein.

Damit wird zugleich deutlich, daß und wie der Verstehensprozeß Welt konstituiert. Die System/Umwelt-Differenzen werden gegeneinander verschränkt. Der Status als System bzw. als Umwelt wird aus seiner ursprünglich-sicheren Verankerung in der eigenen Systemreferenz gelöst. Er wird ambivalent. Man kann dann speziell in der Kommunikation, wenn dem Rechnung getragen werden soll, nur noch Sinnbegriffe verwenden, die eine gemeinsame Welt voraussetzen und den jeweils welthaften, systemrelativen Status von System und Umwelt neutralisieren. Von dieser scheinbaren Objektivität ist man denn auch immer ausgegangen. Man hat in aller Geschichte unter dem Dingschema (res) perzipiert, und erst die jüngste Zeit hat, zusammen mit der Problematisierung des Verstehens, überhaupt entdeckt, daß es eine ›Umwelt‹ der Systeme gibt.[15]

15 Worte wie Umwelt, environment, werden erst im frühen 19. Jahrhundert geprägt. Vorher konnte man darüber nicht einmal sprechen. Vgl. Leo Spitzer, *Milieu* and *Ambiance*: An Essay in Historical Semantics, Philosophy and Phenomenological Research 3 (1942), S. 1-42, 169-218.

Wenn dies zutrifft, dann folgt daraus, daß diese Leistung des verstehenden Beobachtens Sinn als Medium voraussetzt, da nur Sinn hinreichend reiche Verweisungen verknüpfen und ad hoc zugänglich machen kann.[16] Nur auf der Basis von Sinn verschmelzen die Umwelten verschiedener verstehbarer Systeme zur Welt, die dann auch jedes verstehende System als Umwelt anderer Systeme einschließt. Das heißt konkret, daß lebende, psychische und soziale Systeme verstanden werden können, aber nur psychische und soziale Systeme verstehen können. Zellen, Immunsysteme von Organismen, Nervensysteme, Gehirne können diskriminierend beobachten, nicht aber verstehen. Wir kommen darauf unter VI zurück. Andererseits können sinnbenutzende Systeme sehr wohl auch beobachten, ohne zu versuchen zu verstehen. Die Beobachtung eines anderen Menschen zielt nicht notwendigerweise auf seinen Bewußtseinszustand und auch nicht notwendigerweise auf seine Intention;[17] es mag genügen festzustellen, daß er seine Jacke falsch geknöpft hatte.

Eine weitere Konsequenz dieser systemtheoretischen Exposition können wir im Anschluß an Paul Valéry als *gegenläufiges Verhältnis von Selbstverstehen und Fremdverstehen* beschreiben: »On ne se comprendrait pas soi-même si on comprenait les autres ... Et on cesse de comprendre les autres si on se comprend tout à fait soi-meme.«[18] In dem Maße, als man sich bemüht, sich selbst als Umwelt des anderen in Rechnung zu stellen, um diesen zu verstehen, gibt man das Selbstverstehen auf (denn man ist für sich selbst nicht Umwelt eines anderen), und ebenso schließt das Bemühen um verstehende Selbstbeobachtung aus, daß das Ergebnis dieser Bemühung das Verstehen des anderen erleichtert. Je höher die Ansprüche an Verstehen getrieben werden, desto einschneidender macht sich die vorgängige Wahl einer Systemreferenz geltend. Wenn dies schon psychologisch, also für das Verhältnis von Bewußtseinssystemen plausibel ist, so dürfte es erst recht gelten, wo es um Verstehensbeziehungen zwischen psychischen und sozialen Systemen geht. Man wird deshalb geradezu von einem *Paradox des Verstehens* ausgehen müssen: Je mehr die Bedingungen des Verstehens verstanden werden, desto weniger ist es möglich.

16 Vgl. näher Niklas Luhmann, Soziale Systeme, a. a. O., S. 92 ff.

17 Siehe dazu Charles K. Warriner, The Emergence of Society, Homewood Ill. 1970, S. 24.

18 L'idée fixe ou deux hommes à la mer, zit. nach Œuvres, Bd. 2, Éd. de la Pléiade, Paris 1960, S. 195-275 (228).

III

Das Bisherige mag schon als kompliziert genug erscheinen. Es vernachlässigt jedoch einen weiteren wichtigen Aspekt: den der Aktualisierung des Verstehens in der Zeit.

Faßt man Beobachten und Verstehen als Operationen eines Systems auf, so handelt es sich hierbei um Ereignisse, eventuell um Prozesse, die aus untereinander verketteten Ereignissen bestehen (also nicht, um die Differenz deutlich zu machen, um harmonische oder disharmonische Zustände des Systems im Verhältnis zu seiner Umwelt). Das beobachtende und verstehende System besteht also selbst aus Ereignissen und Ereignisreihen. Es ist dadurch sensibel und ›ansprechbar‹ durch eine Umwelt, die ebenfalls durchmischt ist mit Kontinuitäten und Diskontinuitäten: eine Umwelt, in der ständig etwas passiert.[19] Das System kann sich durch ereignishaftes Beobachten und Verstehen mit einer ebenfalls ereignishaften Umwelt laufend abstimmen; und dies kann und muß, da die Ereignisse mit ihrem Erscheinen sogleich wieder verschwinden, laufend neu geschehen. Die Ereignisse kumulieren nicht zu einem massenhaften Bestand, sondern werden nur sehr begrenzt durch neue Ereignisse ›erinnert‹.

Um die in dieser temporalisierten Struktur liegenden Chancen wahrnehmen zu können, muß ein System nicht nur Zustände (Objekte), sondern auch Ereignisse beobachten und eventuell verstehen können. Ein Ball fliegt, die Lampe (im späteren Schriftverkehr: Deckenbeleuchtung) zerbricht. Man ›sieht‹ geradezu einen Zusammenhang und eventuell sogar Schuld.[20] Die Beobachtung und ein eventuelles Verstehen von *Ereignissen* stellen jedoch ganz spezifische Anforderungen, die nicht ohne weiteres gewährleisten, daß auch die *Systeme* beobachtet oder verstanden werden, denen diese Ereignisse zugerechnet werden.

Das Beobachten von Ereignissen erfordert als Schema die Vorher/

19 Vgl. hierzu die vielbenutzte Typologie von F. E. Emery/E. L. Trist, The Causal Texture of Organizational Environments, Human Relations 18 (1965), S. 21-32: Fred Emery, Futures we are in, Leiden 1977, S. 1 ff.

20 Hierzu umfangreiche Forschung. Vgl. als wichtige Anregungen Fritz Heider, Social Perception and Phenomenal Causality, Psychological Review 51 (1944), S. 358-374; Albert Michotte, La perception de la causalité, 2. Aufl. Louvain o. J. (1954).

Nachher-Differenz.[21] Man muß einen früheren Zustand und einen späteren Zustand aus dem Punkt seiner Differenz heraus wahrnehmen, also Kontinuität und Diskontinuität zugleich erfassen können. Die Differenz vermittelt den Zusammenhang. Von ›Verstehen‹ kann man in bezug auf Ereignisse nur sprechen – wir halten uns an die getroffene Begriffsentscheidung –, wenn die Differenz auf die Selbstreferenz des Ereignisses bezogen wird, das heißt, wenn man das Ereignis erfaßt als etwas, was aus der Verschiedenheit des Vorher/Nachher seine eigene Einheit gewinnt und in dieser Weise die eigene Identität durch Bezug auf etwas anderes gewinnt.[22] So ermöglicht für archaische Gesellschaften das Ritual mit seinen pointierten Vorher/Nachher-Differenzen das Verstehen von Welt, in der es natürliche und zugleich sozial passende Diskontinuitäten dieser Art gar nicht gibt.[23] Und so mag (für den, der das verstehen kann) das Zerbrechen der Lampe die mißlungene Absicht dokumentieren, haarscharf daran vorbeizuwerfen.

Im Unterschied zum Beobachten und Verstehen von Zuständen, Objekten, Systemen, denen im Prozeß des Beobachtens und Verstehens Dauer unterstellt wird, erzwingt das Beobachten und Verstehen von Ereignissen eine starke Focussierung. Die Identität kann nicht nach und nach abgetastet, sie muß im Moment gewonnen werden. Der Mangel an Zeit zum Nachdenken, Abwägen, Kontrollieren, Darüberreden muß durch Konzentration ausgeglichen werden, und Konzentration heißt: scharfe Selektion. Die Vorher/Nachher-Differenz kontrolliert dann gleichsam die Relevanz, sie muß sich durch Eklatanz faszinieren lassen. Verhalten von Menschen wird unter diesem Anforderungsdruck als Handlung aufgefaßt – in Handlung deformiert, könnte man fast sagen. Die Weglaßkosten sind mit Sicherheit sehr hoch – auch und gerade wenn man meint, eine Handlung verstanden zu haben.

Diese Überlegungen führen vor die Frage, ob normale soziale Sy-

21 Ein in der soziologischen und systemtheoretischen Literatur selten behandeltes Thema. Vgl. aber Alfred Kuhn, The Logic of Social Systems, San Francisco 1974, S. 160 f.

22 Theoretische Grundlagen für diese Behandlung (Ereignis als Einheit aus Selbst-Identität und Selbst-Verschiedenheit) finden sich in der Naturphilosophie von Alfred North Whitehead. Siehe: Process and Reality: An Essay in Cosmology, New York 1929, S. 30, dt. Übers. Frankfurt 1977.

23 Siehe dazu Roy A. Rappaport, On Cognized Models, in ders., Ecology, Meaning, and Religion, Richmond Cal. 1979, S. 97-144 (123).

steme, die zu ihrer eigenen Reproduktion Handlung an Handlung anschließen müssen, eine Verstehensbeziehung zwischen psychischen Systemen nicht eher erschweren. Zunächst kommt es auf das Beobachten, eventuell noch auf das Verstehen der Handlungen an – besonders wenn man als Beteiligter schnell zu Anschlußhandlungen finden (sei es sie voraussehen, sei es sie selbst vollziehen) muß. Auch die auf Erziehung spezialisierten sozialen Systeme müssen sich selbst zunächst einmal als Systeme sozialer Interaktion realisieren, und das absorbiert schon fast alle Kapazität für Aufmerksamkeit und für Themenwahl in der sozialen Kommunikation. Die Frage an die Soziologie des Erziehungssystems wäre demnach: ob und wie man sich vorstellen kann, daß speziell diese Schwierigkeit durch funktionsspezifische Ausdifferenzierung von Sondersystemen, wenn nicht behoben, so doch abgemildert werden kann. Wenn die Pädagogen fordern, der Erzieher müsse seinen Zögling verstehen können, so mag dies in emilischen Systemen eine gewisse Chance haben. Als Regel des Unterrichts in Schulklassen liegt dieses Prinzip so weitab von der Realität, daß ein Soziologe (aber auch ein Psychologe vom Zuschnitt Freuds) dazu neigen wird, die Fragestellung zu wechseln und sich nicht für die Realisierung dieses Programms, sondern für die Selbstillusionierung der Profession zu interessieren.

IV

Der hier vorgestellte Begriff des Verstehens hat Merkmale, die von üblichen Vorverständnissen abweichen und deshalb eigens hervorgehoben werden müssen. Der Begriff ist strikt systemrelativ gemeint. Nur Systeme können verstehen, und nur Systeme können verstanden werden; und in beiden Fällen muß es sich um autopoietische Systeme handeln. Das Verstehen von Ereignissen setzt den Systemkontext des Vorher/Nachher voraus.

Einen solchen Begriff kann man nur durchhalten, wenn man akzeptiert, daß als Verstehen alles in Betracht kommt, was das verstehende System für Verstehen hält. Der Begriff schließt daher Mißverstehen ein, solange man nur glaubt zu verstehen. Jedes Verstehen ist dann auch mehr oder weniger mit Mißverständnissen durchsetzt, und das unmittelbare Erleben eines anderen hat weder die kognitive Kapazität noch die Zeit, das Verstehen nach richtig und falsch zu sortieren. Der Begriff des Verstehens faßt diese Aktivität mithin oberhalb aller binaren Schematisierung; und das entspricht der Erfahrung, daß das Verstehen seine eigentümlich ›intuitive‹ Sicherheit darin hat, daß es sich gar nicht fragt, ob es richtig oder falsch versteht und welche Kriterien diese Differenz artikulieren. Das Verstehen und Mißverstehen einschließende Verstehen versteht sich aber immer als Verstehen (und nicht als Mißverstehen), denn als Mißverstehen würde es sein Beobachten nicht fortsetzen, sondern einstellen.

Auch Mißverstehen ist mithin Verstehen. Was sollte es denn auch anderes sein? Die Differenz von richtig/falsch Verstehen wird am Verstehen artikuliert. Es handelt sich um eine Kontrolldifferenz, die nur dann relevant wird, wenn aus dem Verstehen Anschlußverhalten abgeleitet werden soll. Erst der Lauf der Zeit und die Notwendigkeit, Konsequenzen zu ziehen, führen vor die Frage, ob jemand einen anderen richtig oder falsch verstanden hatte. Binäre Schematismen sind Schematismen der Zeit.

Entsprechend ist Kommunikation erforderlich, um ein Verstehen als Mißverstehen hervortreten zu lassen. In aller Kommunikation laufen entsprechende Kontrollen mit. Wenn jemand etwas mitteilt, sieht und prüft er am Anschlußverhalten des Partners, ob er verstanden und ob er richtig oder falsch verstanden worden ist. Er orientiert sich an dieser Kontrolle schon vorweg, indem er seinen Mitteilungsbedarf zügelt und auf Verstehbares beschränkt. Und er beobachtet daraufhin die Reaktionen, um gegebenenfalls korrigierend einzugreifen oder seinen Rahmenentwurf des Verstehbaren zu modifizieren. Auf diese Weise wird das operativ unentbehrliche Verstehen mit Hilfe von Zeit in den Prozeß wieder eingeführt, und der Prozeß läuft nur dadurch weiter, daß dies geschieht.[24]

Versetzt man sich gedanklich auf den Nullpunkt der soziokulturellen Evolution zurück, so wird gelingende Kommunikation zunächst ebenso unwahrscheinlich gewesen sein wie die Synthese der ersten Atome in der Urhitze. Selbst wenn unter Extrembedingungen gele-

24 Man könnte im Hinblick auf diese Struktur von einer *basalen Selbstreferenz* aller Kommunikation sprechen. Jedenfalls muß diese mitlaufende Kontrolle des Verstehens von *reflexiver Kommunikation*, also von Kommunikation über Kommunikation, unterschieden werden. Nur im Ausnahmefall geben Unverständnisse oder Mißverständnisse Anlaß zu expliziter Kommunikation über Kommunikation; denn diese Abhilfe ist für den Normalfall ein viel zu schweres Geschütz; zeitraubend, belastend, schwerfällig, zu absichtsbetont und vor allem: zu riskant.

gentlich kurzfristiges Verstehen möglich gewesen sein sollte, wird es Mißverstehen gewesen sein. Aber dadurch, daß Kommunikation mit immanenten Verstehenskontrollen in Gang kommt, also gleichsam über Kettenreaktionen, wird nach und nach Verstehbares ausdifferenziert und der Anteil an Mißverständnissen reduziert bzw. marginalisiert. Er mag dann den Kommunikationsprozeß wie ein Schwarm folgenloser Nebengedanken begleiten, aber die Anschlußselektion wird tendenziell eher im Bereich des Richtig-Verstanden-Habens liegen.[25]

Obgleich die soziokulturelle Evolution über die ursprüngliche Unwahrscheinlichkeit von Verstehen und gelingender Kommunikation hinausgetragen hat,[26] wiederholt sich dasselbe Problem in jeder Anspruchslage ausdifferenzierter Kommunikation. Wenn Verstehensansprüche steigen – so im Kontext von Erziehung und nicht zuletzt im Kontext von Theoriediskussionen über ›Verstehen‹ –, stellt sich die normale Wahrscheinlichkeit des Mißverstehens bei größeren Schwierigkeiten kommunikativer Kontrolle wieder her. Zum Teil können diese Schwierigkeiten dann aber dadurch kompensiert werden, daß der ausdifferenzierte Sonderkontext auch Mißverständnis fruchtbar werden läßt. So mag im Klassenzimmer jemand, der versteht, daß er mißverstanden worden ist, zugleich verstehen, wie er sein Verhalten ändern müßte, um besser verstanden zu werden. Ob eine entsprechende Umorientierung gelingt oder nicht, wird weitgehend davon abhängen, daß Verhaltensalternativen nahe genug beieinanderliegen, um hinreichend rasch erkennbar zu sein.

25 Man kann diesen Gedanken in die Theoriesprache George Herbert Meads übersetzen, wenn man statt auf Verstehen auf die Umformung von Gesten in ›signifikante Symbole‹ abstellt. Vgl. insb. A Behavioristic Account of the Significant Symbol, Journal of Philosophy 19 (1922), S. 157-163 (dt. in: George H. Mead, Gesammelte Aufsätze, Bd. I, Frankfurt 1980, S. 290-298). Auch für Mead kommt es entscheidend auf Zeit, und zwar auf das Gleichzeitigmachen des Ungleichzeitigen, auf die soziale Simultanpräsentation von unterschiedlichen Zukünften und Vergangenheiten an. Der Theorieunterschied liegt vornehmlich in der Art, wie das Phänomen der Selbstreferenz in die Theorie hereingezogen wird. Mead tut dies mit der Annahme einer »inneren Kommunikation« des »I« mit dem »me«. Eine solche Annahme könnte, wie oben S. 51 ausgeführt, weder in einer phänomenologischen Theorie noch in einer Theorie der Autopoiesis akzeptiert werden.

26 Vgl. Niklas Luhmann, Die Unwahrscheinlichkeit der Kommunikation, in ders., Soziologische Aufklärung, Bd. 3, Opladen 1981, S. 25-34, ferner im Anschluß an Mead auch Charles K. Warriner, a. a. O.

All das ändert nichts daran, daß Konsens empirisch unmöglich ist. Empirisch wäre Konsens die Duplikation eines Bewußtseinszustandes durch einen anderen (oder wenn man es hochtreibt: jedes Bewußtseinszustandes durch jeden anderen). Es ist klar, daß es das (glücklicherweise) nicht gibt und nicht geben kann. Verstehen dient aber als ein funktionales Äquivalent für Konsens, indem man weitere Operationen statt auf Konsens auf dessen Sicherheitsäquivalent, eben auf Verstehen stützt. Dabei sind gewisse Sinnüberschneidungen des Erlebens von verstehenden und verstandenen Systemen, also eine gemeinsame Welt vorausgesetzt. Die Verdichtung dieser Voraussetzung in der Bemühung um »mehr Konsens« läßt aber die »gemeinsamen« Selektionsmöglichkeiten wachsen und damit auch die Punkte der Bifurkation von Verstehen und Mißverstehen. Für den Normalfall wird man daher annehmen können, daß bei einer Extension des Bereichs gleichgerichteten Erlebens die Möglichkeiten des Verstehens und des Mißverstehens zugleich zunehmen, ja geradezu aneinander wachsen.

V

Wenn wir Verstehen in der vorstehend skizzierten Weise auffassen und immer dann von Verstehen sprechen, wenn ein System ein anderes auf seine Selbstreferenz hin beobachtet, enthält der Begriff keinerlei Kriterien für ein Mehr oder Weniger oder ein Besser oder Schlechter. Verstehen ist insofern eine eigenmächtige Operation des Verstehenden, und ihre einzige Bedingung ist, *daß* sie sich auf die Selbstreferenz des beobachteten Systems bezieht.

Diese Fassung des Begriffs ist überlegt gewählt, sie entspricht genau der Annahme von selbstreferentiell geschlossenen und dadurch sowohl tautologisch als auch paradox konstituierten Systemen. Will ein Beobachter überhaupt diese für ihn unbestimmte, weil sich selbst bestimmende sinnhafte Autopoiesis berücksichtigen, kann dies nur durch Verstehen und nicht durch andere Formen des Erkennens geschehen. Die weitläufige Diskussion über eine besondere Methode des Verstehens hat diesen Sachverhalt geahnt, hat ihn sich aber doch nicht ganz eingestehen können, weil Selbstreferenz, Tautologie und Paradoxie Themen waren, die ganz außerhalb des wissenschaftlich Zulässigen lagen. Dies hat sich durch die neueren Forschungen über selbstreferentielle Systeme[27] grundlegend geändert, und wir sind dabei, die Konsequenzen für das Problem des Verstehens zu ziehen.

Jedes selbstreferentielle System kann also verstehen, wenn es nur die Referenz auf Selbstreferenz wählt. Damit allein ist das Problem des Verstehens jedoch nicht gelöst und auch nicht dem Belieben dessen überlassen, der es versucht. Eben weil die Beobachtung von Selbstreferenz auf Tautologien und Paradoxien führt, kann sie dabei nicht stehenbleiben; sie würde sonst nur ihre eigene selbstreferentielle Paradoxie gewinnen, nämlich die Feststellung, daß sie etwas beobachtet, was sich nicht beobachten läßt.[28] Dieser Befund zwingt zu der Anschlußfrage, wie denn das zu verstehende System selbst seine Tautologie und seine Paradoxie entparadoxiert; wie es selbst garantiert, daß nicht alles, aber auch nicht nichts möglich ist; wie es selbst mit einer »tangled hierarchy« lebt, ohne immer wieder in den Zustand zurückzufallen, den es gerade verlassen hatte;[29] wie es in sich selbst eine Art praktisches Äquivalent zu dem findet, was Logiker durch eine Typenhierarchie oder eine Mehrebenen-Theorie leisten müssen; also wie es selbst in sich selbst eine vereinfachende Selbstbeschreibung fixieren kann, die ihm die ganze Wahrheit verbirgt und als zureichende Identität fungiert.[30] Ein verstehender Beobachter kann zwar mehr sehen und kann insbesondere auch Funktionen sehen und Unterscheidungen benutzen, die dem beobachteten System unzugänglich sind; er muß sich dabei aber an die Reduktionen halten, die im beobachteten System eingeführt sind, denn sonst hätte die Beobachtung keinen anderen Gegenstand als ihre eigene Unfähigkeit, ver-

27 Vgl. die in Anmerkung 6 genannte Literatur.

28 Man beachte hier und im Folgenden die epistemologischen Vorteile, die wir dadurch gewinnen, daß wir Schleiermachers »innere Unendlichkeit« und die Zirkularität des Konstitutionsverhältnisses von Ganzem und Teilen (wiederum Schleiermacher, aber auch Dilthey und die ihm folgende Hermeneutik) ersetzt haben durch die Annahme von Systemen, die sich in jeder ihrer Operationen selbstreferentiell reproduzieren und dadurch in ihrer Einheit für einen Beobachter als tautologisch und als paradox erscheinen. Es geht also nicht um ein von vornherein unmögliches Ausschöpfen innerer Unendlichkeit, sondern um ein Komplexitätsproblem: um das Nachvollziehen der strukturierten Komplexität, die entsteht, wenn ein System selbstreferentiell zu operieren beginnt.

29 Zu dieser Version des Problems vgl. Douglas R. Hofstadter, Gödel, Escher, Bach: An Eternal Golden Braid, Hassocks, Sussex UK 1979.

30 Hierzu auch Niklas Luhmann/Karl Eberhard Schorr, Personale Identität und Möglichkeiten der Erziehung, in: dies. (Hrsg.), Zwischen Technologie und Selbstreferenz: Fragen an die Pädagogik, Frankfurt 1982, S. 224-261.

stehend zu beobachten. Das Verstehen kann die Entparadoxierungen, Asymmetrisierungen, Hierarchisierungen, Invisibilisierungen[31] des Systems einbeziehen, ohne sie wegdenken zu können. Es kann sie durchschauen, nicht aber auflösen.

Diese Sachlage erlaubt es uns, von mehr oder weniger gutem Verstehen und von strukturellen Verstehensdefiziten zu sprechen. Je weiter ein System die Strukturen, mit denen es Selbstreferenz umsetzt, in eine Abfolge von Operationen spezifiziert, diversifiziert, individualisiert, desto schwieriger wird es, dies in Verstehen einzubeziehen. Selbst wenn man die Verfahrensregel »entfalte Deine Tautologie, entparadoxiere Deine Paradoxie!« zunächst als eine ganz einfache, zwangsläufige Anweisung versteht: was daraus entsteht, ist ein System mit strukturierter Komplexität,[32] also ein System, das sich selbst und seine Beobachter mit einer neuen Form seiner Paradoxie, mit dem Paradox der Komposition, der unitas multiplex, der Einheit des Komplexen, konfrontiert. Wenn wir von Verstehensdefiziten sprechen, ist also immer diese Sekundärform der Paradoxie aller Selbstreferenz gemeint: daß das System zwar auf seine Selbstreferenz bezogen, aber nicht als strukturierte Komplexität beobachtet und verstanden werden kann. Der verstehende Beobachter legt statt dessen *eigene* Unterscheidungen zugrunde.

Daher kommt es in allen praktischen Kontexten, in denen Verstehen gefordert ist, zu vereinfachten, dirigierten Lösungen – etwa im Hinblick auf Zurechnungsfähigkeit bzw. Schuldfähigkeit im Recht oder im Hinblick auf Lernfähigkeit im Erziehungssystem. Solche Begriffe verklausulieren Selbstreferenz, und der Verstehende kann dann eigene Erfahrungen sammeln, eigene Strukturen entwickeln und mit deren Hilfe dann Absichten wahrnehmen, guten oder schlechten Willen lokalisieren. Jemand, der nun dies wieder beobachtet und zu verstehen sucht, wird aber rasch erkennen, daß der Verstehende eigene Probleme löst und immer schon defizitär ansetzt.

31 Von »processus d'invisibilisation« in bezug auf Paradoxien spricht Yves Barel, De la fermeture à l'ouverture, en passant par l'autonomie?, in Dumouchel/Dupuy, a. a. O., S. 466-475 (468).

32 Im Sinne von Warren Weaver, Science and Complexity, American Scientist 36 (1948), S. 536-544.

VI

Die Sprache der bisherigen Analyse hat bewußt Abstand gehalten von jeder Festlegung auf Anthropologie. Man begeht nämlich einen grundlegenden, wenngleich traditionsgefestigten Fehler, wenn man meint, Menschen und nur Menschen könnten verstehen. Das ist teils zuviel, teils zuwenig gesagt und in jedem Falle ungenau. Die biologischen Systeme (von den physischen und chemischen ganz zu schweigen), die den Menschen ausmachen, können zwar beobachten[33] und eventuell auch beschreiben (das heißt lernen), aber nicht verstehen. Der Magen zum Beispiel kann beobachten, denn er verdaut nur Speisen, nicht aber sich selbst; aber er kann nicht verstehen, was es den Speisen ausmacht, wenn sie verdaut werden, und es würde ihn vermutlich verwirren, wenn er dies verstünde und entsprechende Unterscheidungen handhaben müßte.

Während also ›der Mensch‹ in dieser Hinsicht zu weit geht, geht er in anderer Hinsicht nicht weit genug. Auch soziale Systeme können, ganz im Sinne unseres Begriffs, verstehen. Sie bilden sich auf ganz anderen Operationsgrundlagen als biologische und als psychische Systeme. Sie ordnen die Autopoiesis nicht des Lebens, nicht des Bewußtseins, sondern der Kommunikation. Das ist ein ganz anderer, eigenständiger Tatbestand, eine emergente Ebene der Systembildung.[34]

Selbstverständlich setzen soziale Systeme Bewußtsein, setzt Bewußtsein Leben, setzt Leben gemäßigte Temperaturen, Magnetismus usw. voraus. Solche Voraussetzungen verweisen auf Prozesse der Evolution und gegebenenfalls (wie zum Beispiel im Verhältnis psychischer und sozialer Systeme) auf Prozesse der Co-evolution. Solche Zusammenhänge bleiben jedoch Zusammenhänge der ›Ökologie‹. Sie besagen nicht, daß all diese Sachverhalte trotz Heterogenität ihrer Operationsformen in einem einzigen System zusammengeschlossen

33 Vgl. z. B. Ludger Rensing, ›Erkennen‹ durch Makromoleküle: Evolutiv entstandene Spezifität von Wechselwirkung, in: Peter M. Hejl et al. (Hrsg.), Wahrnehmung und Kommunikation, Frankfurt 1978, S. 129-140; P. H. Richter, Patterns in the Immune System, in: Hermann Haken (Hrsg.), Pattern Formation by Dynamic Systems and Pattern Recognition, Berlin 1979, S. 155-165.

34 Ob auf dieser Ebene von ›Autopoiesis‹ im strengen Sinne gesprochen werden kann, ist freilich derzeit umstritten. Ablehnend selbst Sozialwissenschaftler wie Hejl, a. a. O. Das liegt jedoch daran, daß die Soziologie sich an dieser Diskussion noch gar nicht ernsthaft beteiligt hat. Dazu jetzt ausführlich Luhmann, Soziale Systeme, a. a. O., 1984.

werden könnten. Ein solches System könnte überhaupt nicht als autopoietisches System begriffen werden, da man nicht sagen konnte, daß es die Elemente, aus denen es besteht, selbst produziert. Es könnte auch nicht verstanden werden, während man sehr wohl verstehen kann, wie ein psychisches System auf seinen eigenen Körper reagiert oder wie ein soziales System auf Launen und auffällige Verhaltensweisen einiger seiner Teilnehmer reagiert.

Es liegt ein wichtiger theoretischer Gewinn in der Einsicht, daß nicht nur psychische Systeme, sondern auch soziale Systeme verstehen können. Für beide gilt, daß sie sich qua Bewußtsein bzw. qua Kommunikation vergegenwärtigen können, wie sie als Umwelt auf andere Systeme wirken. Das Leitungsgremium einer Gewerkschaft kann über die Frage beraten, ob die öffentliche Meinung, die Regierung, der normale Bürger es verstehen würden, wenn man sich für einen Streik entscheidet; und um über dieses Thema kommunizieren zu können, muß diese Kommunikation sich selbst in die Umwelt der Systeme versetzen, deren Verstehen sie zu verstehen sucht. Es wäre höchst gekünstelt und unrealistisch, diese Operation, ihre Informationsverarbeitung und ihre Eigenselektivität auf Bewußtseinsprozesse der Beteiligten zurückzuführen – ganz abgesehen davon, daß auch mit dieser Differenz noch bewußt und/oder kommunikativ kalkuliert werden kann. Eine Regierung kann zum Beispiel kalkulieren, daß ein harter Kurs nicht vom Kommunikationssystem der Gewerkschaften, wohl aber von den meisten ihrer individuellen Mitglieder verstanden und akzeptiert werden wird. Man würde wichtige Analysemöglichkeiten und vor allem den Zugang zu den Subtilitäten der realen sozialen Meinungsbildung verbauen, wollte man sich auf die These versteifen, nur Menschen (bzw. nur psychische Systeme) könnten verstehen.

Man würde sich unter anderem den Zugang zu der Frage verbauen, was nun pädagogisch wichtiger ist: ob der Lehrer oder ob das Interaktionssystem Schulunterricht den einzelnen Schüler versteht; ob der Lehrer eher sein eigenes Verständnis manifestieren soll, oder ob er das Interaktionssystem zum Verstehen bringen soll; oder ob etwa das Interaktionssystem, sei es zufällig, sei es vielleicht gar nicht so zufällig, durch eigenes Verstehen den Lehrer zum Verstehen bringen kann. Fragen dieser Art erschließen sich natürlich nur für eine sehr viel stärker elaborierte Theorie. Wir müssen an dieser Stelle nur darauf achten, daß und wie wir sie uns offenhalten. Das aber hängt nicht zuletzt davon ab, wie man den Begriff der Kommunikation auffaßt.

VII

Auch Kommunikation will verstanden sein. Jede Kommunikation muß verstanden werden – oder sie kommt gar nicht zustande. Gibt es demnach zwei verschiedene Verstehensbegriffe: einen systembezogenen und einen operationsbezogenen? Oder wenn man das nicht annehmen will: wie setzen Systemtheorie und Kommunikationstheorie einander wechselseitig voraus?

Kommunikation wird immer wieder als ein Übertragungsvorgang dargestellt.[35] Dies gilt leider auch für die meisten systemtheoretischen Analysen,[36] und auch die Pädagogen scheinen normalerweise zu glauben, daß Lehrer Wissen auf Schüler übertragen können. Die Theorie autopoietischer Systeme (und im Grunde ja auch schon die Theorie des selbst-bewußten Subjekts) zwingt dazu, diese Metapher aufzugeben.[37] Statt dessen gehen wir davon aus, daß Kommunikation eine Operation ist, die drei verschiedenartige Selektionen zur Einheit bringt, nämlich Information, Mitteilung und Verstehen.[38] Entschei-

35 Es gibt viele Ausnahmen. Vgl. »aus Ottiliens Tagebuche«: »Jedes ausgesprochene Wort erregt den Gegensinn« (erzeugt also mehr, als ›übertragen‹ werden sollte!), zit. nach: Die Wahlverwandtschaften, in: Goethe's Werke (Hrsg. von Ludwig Geiger), 6. Aufl. Berlin 1893, Bd. 5, S. 500. Vgl. auch Johann Jakob Wagner, Philosophie der Erziehungskunst, Leipzig 1803, mit derselben Metapher ›Erregung‹. Im übrigen bricht gerade an diesem Buch, das auf dieser Basis nach einer Perfektion der Erziehung (und der Erziehungswissenschaft als Variante der Naturphilosophie) sucht, der im Text behandelte Unterschied von Operation und System auf. Schleiermacher merkt in einer Rezension (Jenaische Allgemeine Literatur-Zeitung Nr. 297 (1804), Sp. 497-503 (497) dazu an: »Rec. dagegen glaubt an die Unergründlichkeit des menschlichen Inneren.«

36 Siehe nur Alfred Kuhn, The Logic of Social Systems: A Unified, Deductive, System Based Approach to Social Science, San Francisco 1974, S. 137 ff.

37 Ganz abgesehen davon, daß es auch viel einfachere Einwände gibt, etwa den, daß der ›Übertragende‹ gar nichts weggibt; daß es also an der Summenkonstanzprämisse fehlt.

38 Wie man rasch sehen wird, hat diese Auffassung Beziehungen zur Sprachtheorie von Bühler, Austin, Searle und anderen. Sie betont jedoch nicht den Unterschied der Funktionen oder Akte, sondern die Synthese der entsprechenden Selektionen. Das schließt es dann keineswegs aus, Kommunikationen danach zu unterscheiden,

dend für das Zustandekommen von Kommunikation ist die *Einheit* dieser *Differenz*. Alles kommt daher auf die Wahrnehmung dieser Differenz an. Deshalb muß die Theorie bei dem ansetzen, dem etwas mitgeteilt wird (Ego), und nicht bei der Mitteilungshandlung (Alter). Ego muß erfahren können, daß Alter ihm etwas mitteilt. Er muß insbesondere Information und Mitteilung unterscheiden können, sonst liegt nur eine Verhaltensbeobachtung, eine Wahrnehmung vor. Und entsprechend muß Alter antezipieren können, daß Ego Information und Mitteilung unterscheiden kann; denn ohne diese Antezipation kann Alter sein eigenes kommunikatives Handeln nicht als Mitteilung auffassen.

Wir haben an dieser Stelle nicht die Gelegenheit zu einer ausführlichen Diskussion einer so ansetzenden Kommunikationstheorie.[39] Es kommt für das hier anstehende Problem des Verstehens nur auf einen einzigen Punkt an: daß derjenige, der die Kommunikation als Kommunikation versteht,[40] Information und Mitteilung unterscheiden kann; und zwar auch und gerade dann, wenn Alter etwas über sich selbst mitteilt. Kommunikation muß mithin von simpler Wahrnehmung unterscheidbar sein, und ebendies ist ein unerläßliches Erfordernis von Verstehen im Kommunikationsprozeß. In dieser Hinsicht muß die Theorie sich für jede im Alltagsleben praktikable Subtilität – und das geht sehr weit! – offenhalten. Die Differenz von Wahrnehmung und Kommunikation konstituiert soziale Systeme.

Dies Unterscheiden von Mitteilung und Information hat seinerseits komplizierte wahrnehmungsmäßige Voraussetzungen.[41] Es kann

ob ihr Problem und ihre Emphase primär in der Information, in der Mitteilung oder in der Verständlichkeit und in weiteren Anschlüssen (Performation) liegt.

39 Es würde vor allem lohnen, ausführlich auf Husserls Analysen der Differenz von Zeichen und Ausdruck einzugehen, weil hier deutlich zutage tritt, wie ein reduzierter Kommunikationsbegriff (reduziert auf ›Kundgabe‹, also Mitteilungs*handeln*) den Zugang zu Problemen der Intersubjektivität blockiert und das ›einsame Seelenleben‹ zum Ausgangspunkt einer transzendental-theoretischen Auswertung prädisponiert. Auch die glänzenden Analysen dieser Problemstellung durch Jacques Derrida führen nicht zur Kommunikationsimmanenz des Verstehens, sondern zu einer Art Antimetaphysik des Zeichens, die jeden Zugang zu sei es psychischen, sei es sozialen Systemen verliert. Vgl. die in Anmerkung 9 zit. Arbeiten von Husserl und Derrida.

40 Variante für Alter: daß derjenige, dem angesonnen wird, die Kommunikation als Kommunikation zu verstehen ...

41 Voraussetzungen, die schon *als Wahrnehmung* bei Tieren nicht erfüllt sind. Man will seinem Hund etwas zeigen: er guckt einen sprachlos an und nimmt nur die Un-

nur gelingen, wenn man miterfassen kann, *wie der Mitteilende seine Selbstreferenz reproduziert und was für diesen Prozeß System und was Umwelt ist.* Man muß, anders gesagt, verstehen können, wie und wo der Selbstreferenzprozeß des Mitteilenden die Information lokalisiert. Verstehen ist nur eine der Selektionen, deren Zusammenwirken und Konvergenz Kommunikation ermöglicht. Kommunikation kann als Mitteilung auf Verstehen hin angelegt sein und trotzdem scheitern. Trotzdem organisiert sich die Kommunikation, wenn man so sagen darf, vom Verstehen aus; und sie ist im Evolutionsprozeß vermutlich auch durch verstehensmäßige Raffinierung von Verhaltensbeobachtungen entstanden.

Dies erklärt uns zugleich, daß und wie die Kommunikation mit jener inneren Unendlichkeit selbstreferentieller Systeme zurechtkommt. Sie braucht sie nicht auszuloten. Ihr Verstehen geht nicht in die Tiefe, wo es sich ja nur verlieren könnte. Kommunikation kann mit der »Unergründlichkeit des menschlichen Inneren«[42] durchaus leben. Sie setzt diese Unergründlichkeit voraus – aber nur, um daran Mitteilung und Information unterscheiden zu können.

Kommunikation nimmt mithin Verstehen laufend in Anspruch, aber nur in stark vereinfachter Form. Sie beobachtet im Hinblick auf Selbstreferenz nur, um die Differenz von Information und Mitteilung ansetzen zu können. Man kann eine Kommunikation verstehen (einschließlich der Absicht der Mitteilung), ohne auch nur im geringsten die Person zu verstehen, die als Mitteilender beteiligt ist. Ja, die ständige Bemühung um das Verstehen der laufenden Kommunikation macht es sogar unwahrscheinlich, daß man zugleich noch mehr als dies, nämlich den Partner versteht. Das soziale System der Kommunikation hebt von der psychischen Realität mehr oder weniger ab. Ebendeshalb hatten wir oben die Möglichkeit des Verstehens im Unterricht, realistisch gesehen, bezweifelt. Wir können dies jetzt differenzierter ausdrücken. Natürlich verstehen Lehrer und Schüler normalerweise die Kommunikation, die läuft; aber das heißt nicht, daß der Lehrer den Schüler oder der Schüler den Lehrer versteht. Dies wird vielmehr gerade durch Kommunikation zunächst eher unwahrscheinlich.

Wir brauchen mithin nicht zwei verschiedene Verstehensbegriffe,

gewöhnlichkeit der Geste selbst wahr. Man muß einen Stein in die Nähe des Hutes werfen, der im Wasser schwimmt. Dann folgt er mit den Blicken und holt den Hut.

42 Schleiermacher, a. a. O. (Anm. 35).

sondern nur einen. In jedem Fall geht es um Beobachtung der Handhabung fremder Selbstreferenz. Das ist zum einen Bedingung der Möglichkeit von Kommunikation, zum anderen aber auch Bedingung des Zugangs zu dem, was sich im Inneren selbstreferentieller Systeme als Handhabung eigener Selbstreferenz abspielt. In beide Richtungen zweigen verschiedene Wege ab. Die Ansprüche an Raffinierung, Steigerung und evolutionäre Unwahrscheinlichkeit der Sinnverwirklichung suchen sich unterschiedliche Bahnen je nachdem, ob es sich um den Ertrag von Kommunikationsprozessen oder um gesteigertes Verständnis – wir sagen jetzt: Verständnis! – für andere handelt. Die Ergiebigkeit von Kommunikation in bezug auf ihren Informationsgehalt kann gerade eine vollständige Neutralisierung aller partikularen Bezüge auf den Mitteilenden selbst erfordern. Man denke an das Postulat intersubjektiv zwingender Gewißheit in der Methodologie der Wissenschaften und an entsprechende Wahrheitslehren. Andererseits ist Verständnis für die Art und Weise, wie ein anderes System mit sich selbst umgeht, nicht nur auf Kommunikation angewiesen. In kommunikativen Situationen (sozialen Systemen) sind immer auch Beobachtungen anderer Art möglich. Und wenn die moderne Sensibilität es erfordert, andere Systeme mit Hilfe des Schematismus bewußt/unbewußt (bzw. manifest/latent) zu beobachten und zu beschreiben, ist damit gerade ein Hinausgehen über das gefordert, was kommunizierbar ist. ›Pamela‹ war dafür das erste Erfolgsmodell.[43]

Man kann verstehen, daß eine Gesellschaft, die in dieser Weise divergierende Ansprüche an Neutralisierung und Focussierung dramatisiert, auch versuchen wird, das Verstehen besser zu verstehen. Mathematik und Psychoanalyse werden gleichermaßen wichtig genommen mit jeweils gegenläufigen Anforderungen an die Optimierung des Verstehens. Es kann dann nicht überraschen, wenn das Verstehen damit beginnt, unter Titeln wie Hermeneutik sich mit sich selbst zu beschäftigen. Die hier abzweigende Sondersemantik lassen wir jedoch beiseite. Die soziologisch wichtigere Frage dürfte sein, ob und wie es möglich ist, Funktionssysteme speziell für Erziehung mit entsprechend zugeschnittenen Anforderungen an Kommunikation und Verstehen auszudifferenzieren.

43 Vgl. Niklas Luhmann, Liebe als Passion: Zur Codierung von Intimität, Frankfurt 1982, S. 153 ff., insb. 159 f.

VIII

Für das Erreichen besonderer, nicht von selbst eintretender Erziehungsleistungen sind besondere *Interaktionssysteme für Unterricht* gebildet worden. Das Interaktionssystem Unterricht hat uns als Kern des ausdifferenzierten Erziehungssystems zu gelten. Das, was als Organisation in der Form von Schulklassen oder Kursen, Schulen, Schulsystemen, Schulverwaltungen drum herum gebildet worden ist, lassen wir hier außer acht, so unerläßlich dies alles für die Veranstaltung von Unterricht sein mag und so einschneidend es auf die Interaktion Unterricht einwirkt. Wir wählen, mit anderen Worten, die Systemreferenz des Interaktionssystems Unterricht und behandeln alles, was von da aus Umwelt ist, als dessen Umwelt. Wir versuchen, mit anderen Worten, Unterricht zu verstehen, oder genauer und enger: die Verstehensprobleme im Unterricht zu verstehen.

Als erstes verdient Beachtung, daß Erziehung im Interaktionssystem Unterricht sich wesentlich von der Erziehung in Familien unterscheidet; und dies deshalb, weil Beobachtung und Verstehen anders dirigiert wird. In Familien sind alle Unterschiede individuell. So jedenfalls werden sie perzipiert und praktiziert. Sie gehen darauf zurück, daß Hans nicht Grete und Vater nicht Mutter ist. Die Person individualisiert sich als Differenz zu anderen. Das braucht man nicht zu sagen, das steht immer schon fest. Die Unterschiede der Personen sind daher ein primäres Prinzip der Informationsgewinnung. Wenn Vater nicht will, kann Mutter noch helfen (oder verstehbar sein als jemand, der, weil Vater nicht will, auch nicht helfen kann). Wenn Peter gestohlen hat, kann Paul beschließen, so etwas nie zu tun. Man erfährt mit allen Familienereignissen also immer etwas über Personen, die man schon kennt, was umgekehrt die Personen dann auch zwingt, sich durch ihr Schonbekanntsein disziplinieren zu lassen, also von ihrer Linie nicht zu sehr abzuweichen. Die Familie sozialisiert auch ohne beabsichtigte Erziehung, weil man das immer schon versteht. Sie hat, zumindest von gewissen Altersstufen ab, kein Problem darin, Beobachten mit Verstehen zu durchsetzen, es als Verstehen zu verfeinern. Ihr Problem ist vermutlich eher, daß die Eltern oder älteren Geschwister, wenn sie Erziehung praktizieren, oft nicht wissen (nicht verstehen), wie genau gerade diese Absicht verstanden wird. Eine nicht unwichtige Konsequenz dieser Ausprägung des Sozialsystems Familie ist im übrigen gerade von Pädagogen schon früh beschrieben worden:

daß es auf Grund dieser Personrelevanz eine höhere Toleranz für Eigenarten, Fehler, mangelhafte Selbstkontrolle der erziehenden Eltern gibt als im Falle des Lehrers in der Schule.[44] Entsprechend sind Eigenarten des Lehrers in höherem Maße der Lächerlichkeit ausgesetzt als Eigenarten des Vaters oder der Mutter, und es gibt in der Schule eine sehr bezeichnende Lächerlichkeitsvermeidungsverhaltensproblematik, die in der Familie ganz fehlt. Die personbezogene Differenzierung nach unterschiedlichen Individuen hat also gerade pädagogisch zunächst gewichtige Vorteile der Entlastung, der Absorption von Stößen und der Ermöglichung von emotionaler Spontaneität.

Daß diese Skizze nicht auf jede Familie zutrifft und daß sie typisierend auf die moderne Kleinfamilie mit relativ geringer Sterbewahrscheinlichkeit ihrer Teilnehmer bezogen ist, liegt auf der Hand. In unserem Zusammenhang steht aber nur die Differenz von Familienleben und Schulunterricht zur Diskussion. Im Interaktionssystem Unterricht kann genau dies Prinzip, daß alle Unterschiede, die Informationsgewinnung, Beobachtung und Verstehen steuern, individuell gegeben sind, nicht realisiert werden. Es ist nicht nur nicht möglich, es wäre auch nicht wünschenswert. Vor allem wird die *Kommunikation spezialisiert* und *auf einen Lernvorgang ausgerichtet.* Das erfordert *Zentrierung des Beobachtens auf den Kommunikationsvorgang selbst.* Man muß aufpassen.[45] Das ständige Mitteilungsverhalten ist Teil der Rollenerwartung geworden, es wird routiniert und von Aufmerksamkeitszuwendung entlastet. (Ob der Lehrer redet oder nicht, ist nicht das Problem!) Es kommt auf die Information an und darauf, ob man sie begreift oder nicht.[46]

44 Vgl. Martin Ehlers, Gedanken von den zur Verbesserung der Schulen nothwendigen Erfordernissen, Altona – Lübeck 1766, S. 165 ff., mit der Konsequenz, daß dieser Mangel der Schulen Kompensationen erfordere in der Professionalisierung des Lehrberufs und in der Organisation. Wenig später wird man auch sagen können, daß die Pädagogik sich selbst hier als notwendig erkennt.

45 Wenn in der Familie ›Aufpassen‹ verlangt wird, liegt dem eine Ausnahmesituation zugrunde: eine Gefahr oder eine besonders qualifizierte Mitteilung.

46 Ich lasse hier bewußt jede Anspielung auf ›Gefühle‹ beiseite, wohl wissend, daß sehr oft darin der Unterschied von Familie und Schule gesehen wird. (Vgl. z. B. Raymond S. Adams/Bruce J. Biddle, Realities of Teaching: Explorations with Video Tape, New York 1970, S. 40: Schule als ›emotional desert‹). Das verzerrt unser Problem in Richtung auf eine unhaltbare Gemeinschaft/Gesellschaft-Problematik, unterschätzt die vielen ›kalkulatorischen‹ Elemente des Familienlebens einerseits und die vielen Gefühlsaktivierungen in der Schule andererseits.

›Begreifen‹ soll hier einfach heißen: Selektivität beurteilen können. Das ist nur möglich, wenn eine begrenzte Zahl von möglichen Varianten mit im Blick steht. ›Der Einzelne‹ wird groß geschrieben. Der Duden irrt. Es heißt ›die‹ Peleponnes. Der Duden irrt. Im übrigen heißt es auch nicht: Athen hat schlechtes Klima, sondern: Athen haben schlechtes Klima. Es kommt nicht nur darauf an, was richtig und was falsch ist, sondern mehr noch darauf, gegen welche anderen Möglichkeiten dies entschieden wird. Man muß miterkennen können, welche anderen Möglichkeiten ernsthaft in Betracht zu ziehen sind und trotzdem durch die Information ausgeschlossen werden. Der schon reduzierte und nur dadurch relevante Selektionshorizont muß mitrepräsentiert werden. Nur so kann ja überhaupt die Frage nach Gründen und Begründungen gestellt und weiterverfolgt werden; und man kann dann sehr wohl verschiedener Meinung darüber sein und bleiben, ob man im Deutschen am Griechischen festhalten solle oder nicht.

Es ist außerordentlich schwierig und jedenfalls zeitraubend, im Kommunikationsprozeß, der zum Begreifen führen soll, das jeweils ausgeschlossene Andere mitdarzustellen. Meistens wird dieser Aspekt von Information schlicht weggelassen. Das gilt erst recht, wenn die eigentliche Information im Hintergrund von Wertbegriffen sich verbirgt. Die Friedenspädagogik spricht von Frieden, ohne zu sagen, welche Art von Gewalt (im Unterschied zu welcher anderen) sie damit meint. Die Kritik des Kapitalismus läßt nicht erkennen, welche andere Kalkulationsart der wirtschaftlichen Kalkulation auch des Kapitaleinsatzes in genau dieser Hinsicht vorgezogen werden solle. Diese Beispiele dürften die Schwierigkeiten und die Überforderung des Lehrers hinreichend anzeigen. Faktisch setzt sich, wenn man so sagen darf, der Lehrer selbst an die Stelle dieser Anforderungen. Das Miterraten anderer Möglichkeiten, das Erfassen des Differenzschemas, in dem die Information als eine Selektion artikuliert ist, verdankt sich dem Verstehen dessen, was der Lehrer ›meint‹, dem Sicheinfühlen in seine Präferenzen, Ansichten, Beurteilungen und in den typischen altphilologischen, politischen, geographischen etc. Kontext, in dem Differenzen für ihn zählen.[47] Auch das Begreifenlernen beruht also noch auf

47 Jeder, der unpräpariert schwierige, sagen wir: philosophische Texte liest, wird den Lehrer vermissen. Es geht dabei nicht darum, eine Bestätigung dafür zu erhalten, daß der Text etwas Richtiges mitteilt, und es geht auch nicht um die oft verlangte Wiederholung mit anderen, leichter faßlichen Worten. Sondern es geht um das Be-

Verstehen, aber in einem sehr spezialisierten Sinne. Es kommt darauf an, Information durch ein Verstehen des Lehrers (bzw. durch ein Verstehen von Texten, die er an seine Stelle treten läßt) zu begreifen. Der Schüler muß also verstehen können, wie der Lehrer sie begreift, und oft sogar: wie er dazu kommt, sie jetzt und in einer bestimmten Form mitzuteilen. Er braucht dabei aber nicht den Lehrer selbst zu verstehen, ihn nicht in seiner inneren Unendlichkeit auszuloten versuchen. Ein globales Rollenverständnis genügt. Er braucht nur zu verstehen, daß der Lehrer seine Person einsetzt, um seine Rolle wahrzunehmen, daß er sich besonders gut (oder besonders schlecht) vorbereitet hat, daß er sein eigenes Wissen liebt, sich dafür begeistert usw. – aber nicht: daß er sich in den Beruf wirft, um von einer Liebschaft loszukommen, oder daß er eigentlich lieber in der Sonne sitzen und seine Beine ausstrecken würde.

Das Rollenverständnis ist mithin Schema der Personwahrnehmung, ist ihr Auswahlschema, ihr Direktiv. Das entlastet den Schüler (und entlastet dann indirekt auch den Lehrer, der sich nicht darum bemühen muß, daß der Schüler ihn voll versteht und mit solchem Bemühen eher durch »abweichendes Verhalten« auffallen würde). Es handelt sich gleichwohl um Verstehen, da die Rollenorientierung auf die Selbstreferenz des Lehrers verweist und sie in bestimmter Form einbringt.[48] Und es handelt sich um Verstehen im Kontext erzieherischer Kommunikation. Auch der Schüler kann nur an Hand der Kommunikation lernen, also nur an Hand der Differenz von Mitteilung und Information, also nur durch Verstehen; aber dies in einem zusätzlich hochspezialisierten Sinne, daß er diese Differenz zum Begreifen der Information benutzen muß und durch sie auf eine nun maßgebliche *neue* Differenz verwiesen wird, nämlich auf die *Differenz*; ob er (so wie der Lehrer, so wie andere Schüler) *die Information in ihrer Selektivität begreift oder nicht begreift.* Und diese Differenz macht Schule, macht Schicksal.

greifen der Information, das heißt um das Mitsehen der naheliegenden Möglichkeiten, die durch den Text ausgeschlossen werden sollen.

48 Hier könnten weitere Überlegungen abzweigen und der Frage nachgehen, ob diese notwendige Reduktion auf ein Rollenschema als Verstehensgrundlage den Lehrer als Erzieher nicht auch behindert; und ob die Betonung des Verstehens in einem emphatischen Sinne vielleicht dazu dient, diese Restriktion im Verhältnis zur ›eigentlichen‹ Aufgabe und zum möglicherweise Möglichen mit im Auge zu behalten, das heißt: bewußt auszuhalten.

Betrachtet man das Interaktionssystem Unterricht unter diesem Blickwinkel eines kommunikationszentrierten Systems, das über Verstehen zum Begreifen führt und in dieser Hinsicht scheiternsempfindlich ist, dann werden bestimmte Strukturen des Interaktionssystems Unterricht verständlich. Sie erweisen sich als funktional. Es genügt für den Unterricht ein Lehrer. Ihm werden viele Schüler zugewiesen. Diese werden egalisiert in dem Sinne, daß sie durch den Unterrichtsstoff weder überfordert noch unterfordert sind. Sie sind also im wesentlichen gleichaltrig und befinden sich in irgendeiner Phase einer Schulkarriere, die Voraussetzungen beschafft hat und Anschlußmöglichkeiten vorsieht. Die Schüler können, so ausgewählt und so in das funktionsspezifische Interaktionssystem eingebracht, sich wechselseitig vergleichen, und dies nicht zuletzt unter dem Gesichtspunkt der Differenz von Begriffenhaben/Nichtbegriffenhaben. Diese Differenz markiert, zunächst jedenfalls, keinen individuellen Unterschied, da viele begreifen, und möglicherweise viele nicht begreifen. Es können sich in dieser Differenz typische Überflieger und typische Versager herausindividualisieren; aber das bleiben (wenn die Unterrichtsteilnehmer adäquat zusammengestellt sind) Randschicksale. Es kommt nicht, wie in der Familie, zu einem normalen, typischen, alltäglichen und anders-gar-nicht-möglichen verstehenden Beobachten; vielmehr zu einem vergleichenden Beobachten. Gewiß können gegen diese Struktur dann Individualitäten formiert und durchgesetzt werden – etwa notorische Spaßmacher und Unsinnshelden oder Schüler, die sich auf ihr sportliches Selbst oder auf ihr musikalisches Selbst konzentrieren und an Hand dieser Differenz zu allen anderen verstanden werden wollen. Aber das sind forcierte Identifikationen mit wenig Chancen außerhalb dieses Kontextes und mit zumeist problematischem Erziehungswert. Zentraler liegen alle Individualisierungen, die an die Zentraldifferenz von Begreifen/Nichtbegreifen anschließen und die als Leistungsdifferenzen schuloffiziell markiert und noch übersteigert werden. In dieser Perspektive können dann Erfolge weitere Erfolge und Mißerfolge weitere Mißerfolge wahrscheinlich machen und in der (fachspezifischen, aber auch allgemeinen) Kumulation Individuen ›bilden‹.

Aufpassen ist das Gebot, aber natürlich ist nicht zu erwarten, daß alle Schüler immer aufpassen, das heißt immer auf Verstehen und Begreifen konzentriert sind. Ein Schüler mag sich, gelegentlich, häufig, zumeist, damit begnügen, den Lehrer zu beobachten – etwa im

Hinblick auf die Differenz von normalem und ungewöhnlichem (alarmierendem) Verhalten oder im Hinblick auf die Differenz, ob der Lehrer seinerseits den Schüler beobachtet oder ob der Schüler sich unbeobachtet und damit sicher wissen kann. Die Maschine Unterricht läuft nicht ständig auf höchsten Touren, und anders als bei einer Maschine kann dies auch nicht erreicht werden. Das Sozialsystem Unterricht reagiert in sich selbst auf sich selbst, und das Absinken des Operationsniveaus von Verstehen/Begreifen auf Beobachten ist eine regelmäßig eintretende Folge der eigenen Operationen, eine Art Re-normalisierung auf das Niveau wahrscheinlichen Verhaltens. Ein Schüler beobachtet nur noch, wenn er schon begriffen hat (oder meint, schon begriffen zu haben). Und er beobachtet nur noch, wenn er Vorheriges nicht begriffen hat und ihm nun zum weiteren Begreifen die Voraussetzungen zu fehlen scheinen. Auch deshalb ist es gut, wenn endlich zur Pause geklingelt wird.

IX

Mit der Fassung des Kommunikationsbegriffs, die beim Verstehenden ansetzt, und mit dem Familie/Schule-Vergleich, in dem die Kinder/Schüler, aber nicht die Eltern bzw. Lehrer als Angelpunkt fungieren, haben wir implizit eine weittragende Vorentscheidung über die Analyse des Verstehens als Schulproblem getroffen. Diese Option soll nicht unerörtert bleiben.

Der Kommunikationsbegriff geht davon aus, daß Kommunikation nur zustande kommen kann, wenn der Verstehende Mitteilung und Information unterscheiden kann. Wir gehen, anders gesagt, nicht handlungstheoretisch an das Problem heran. Entsprechend geht die Anwendung auf Erziehung vom Kind, die Anwendung auf Schule vom Schüler aus. Es handelt sich, streng genommen, also nicht um eine Pädagogik, nicht um eine durch den Begriffsansatz schon vorgewählte technologische Fragestellung und auch nicht sogleich um ein Schulungswissen für die Profession der Pädagogen. Es geht nicht primär darum, daß die Lehrer ihre Schüler verstehen. Vielmehr hängt Schulerziehung primär davon ab, daß die Schüler die Lehrer verstehen.

Die Pädagogik beginnt, wenn der Lehrer zu verstehen sucht, ob er verstanden worden ist. Vielleicht ist es nützlich, sich diese Aufgabe zunächst einmal in quantitativer Form vor Augen zu führen. Jede einzelne Kommunikation ist eine Einheit, die sich aus der Konvergenz von drei Selektionen (Information, Mitteilung, Verstehen) ergibt. Dabei ist für das Verstehen des Verstehens das Verstehen der Differenz von Information und Mitteilung, die dies Verstehen nachvollzieht, ein unerläßliches Moment (aber nur eines von mehreren). Diese Struktur wird im Unterricht an Hand ihrer Informationskomponente durch die Differenz von Begreifen/Nichtbegreifen orientiert. Diese wiederum hängt davon ab, im Hinblick auf welche Differenzen das Begreifen eine Selektion zu beurteilen hat. Das wiederum soll am Verstehen gelernt werden, ist also in den Verstehensprozeß rückgekoppelt und ist hier darauf angewiesen, daß zumindest der Lehrer weiß, im Hinblick auf welche Differenz er etwas Bestimmtes als Information vorstellt. Der Lehrer muß dies also wissen und klar formulieren können; und nur abhängig davon und in bezug darauf kann er sich fragen, ob Schüler (in seiner Umwelt) ihn (als System in ihrer Umwelt) verstanden haben.

Stellt man sich diesen Prozeß des Verstehens und der Verstehenskontrolle als Operation im sozialen System Unterricht vor, muß man sich vergegenwärtigen, daß Kommunikationen kurzfristige Ereignisse sind, also in großer Zahl aufeinanderfolgen; und daß sie jeweils gleichzeitig an eine relativ große Zahl von Teilnehmern adressiert sind (wobei es kaum darauf ankommen kann, ob es zwanzig oder dreißig sind). Es liegt auf der Hand, daß ein solches System seine eigene Selektivität im Produzieren von Begreifen und Nichtbegreifen nicht reflektieren, also nicht in sich selbst nochmals reproduzieren kann. Speziell der Lehrer kann seinen eigenen Unterricht – sagen wir ruhig: nicht verstehen.[49]

Derselbe Sachverhalt läßt sich auch kommunikationstheoretisch formulieren. Gerade eine Kommunikationstheorie, die auf seiten des Adressaten ansetzt, macht es plausibel, anzunehmen, daß an die-

49 Trotzdem – oder gerade deswegen? – scheint der Lehrer seine Berufszufriedenheit, wenn überhaupt, gerade im Klassenzimmer zu gewinnen. Zu diesem Zusammenhang von ›major rewards‹ und ›endemic uncertainties‹ Dan C. Lortie, Schoolteacher: A Sociological Study, Chicago 1975, S. 101 ff., 138 ff., 149 ff. Ist also Nichtverstehen des Nichtverstehens Voraussetzung der Berufszufriedenheit und sabotiert die Pädagogik etwa dieses Wohlgefühl? Zumindest liegt im Verstehensdefizit die doppelte Chance einer überraschungsreichen Arbeit und einer eigenwilligen Definition von Erfolgskriterien, also einer Art Selbstbeglückung.

ser Stelle die Anforderungen relativ gering gehalten werden können. Das läßt sich auch empirisch nachweisen. Robert Zajonc hat in einer für diese Frage zentralen Untersuchung gezeigt, daß ein ›cognitive tuning‹ auf seiten des ›recipient‹ in einer Reihe von Variablen (differentiation, complexity, unity, organization) geringere Werte ergibt als auf seiten des ›transmitters‹.[50] Der ›transmitter‹ muß zusätzlich nämlich noch die Verstehensmöglichkeiten des ›recipient‹ miteinkalkulieren, während dieser in Ruhe abwarten kann, was mitgeteilt wird, und sich dann nur mit diesem Faktum auseinandersetzen muß.

Schon der hohe Eigenanteil an aktiver Kommunikation belastet also, selbst wenn es nur um die Selektion einer Mitteilung geht, in erheblichem Maße mit Komplexität. Zusätzliche Anforderungen in Richtung auf Verstehen ausgerechnet hier anzubringen wird wenig Chancen haben. Es wäre also unsinnig, eine Pädagogik zu entwerfen, die dies verlangte. Wir können nur einige Auswege skizzieren, und dabei handelt es sich teils um Ausreden, teils um Entverzweiflungsversuche, teils um Notbehelfe.

Lehrer können, nach dem Vorbild von Engeln, auf *›Intuition‹* setzen: auf pädagogische Intuition oder ähnlich umschriebene Fähigkeiten. Man mag sich auch daran erinnern, daß das Pädagogische Jahrhundert die Begriffsreihe Geschmack, ingenium, Genie, Urteilskraft, Takt gepflegt hat.[51] In dieser Fassung verkürzt man das Problem auf das Erfassen des Allgemeinen im Besonderen, und zwar auf ein Erfassen, das durch die Fähigkeit dazu (und nicht, das ist die begriffsleitende Differenz, durch Kriterien!) garantiert ist. Innerhalb der Profession mag dies angesichts gleicher Nöte überzeugen. Nach außen läuft es auf Appell an Glaube und an Respekt hinaus.

Ein zweiter Ausweg ohne derart hochgetriebene Ansprüche könnte darin bestehen, dem Lehrer einen *höheren Anteil an der Kommunikationszeit einzuräumen.* Das geschieht offenbar quasi automatisch:

50 Vgl. Robert B. Zajonc, The Process of Cognitive Tuning, Journal of Abnormal and Social Psychology 61 (1960), S. 159-167. Bemerkenswert ist auch, daß diese Differenz abnimmt (also *Gleichheit* der Anforderungen zunimmt), wenn *kontrovers* kommuniziert wird, das heißt, wenn der Adressat eine zur Kommunikation inkongruente Position festzuhalten sucht. (Er kommuniziert dann anscheinend zur Selbstbestätigung mit sich selbst.) Die pädagogisch wichtigen Konsequenzen liegen auf der Hand.

51 Vgl. Alfred Baeumler, Das Irrationalitätsproblem in der Ästhetik und Logik des 18. Jahrhunderts bis zur Kritik der Urteilskraft, Halle 1923, Nachdruck Darmstadt 1967.

Wenn der Lehrer den Eindruck hat, nicht verstanden worden zu sein, redet er weiter, wiederholt sich mit anderen Worten, gibt Beispiele. Es ist gewiß nicht von vornherein unsinnig, so zu verfahren (und wir kommen unter dem Gesichtspunkt von ›Redundanz‹ auf ähnliche Strategien zurück). Man muß aber bedenken, daß mit jeder weiteren Kommunikation neue Verstehensprobleme auftreten können, daß die Beispiele in ihrer Funktion als Beispiele unverstanden bleiben und sich als Geschichten verselbständigen können usw. Auch ist die den übrigen Teilnehmern zugemutete Passivität ein Problem.[52] Deshalb findet man in der wissenschaftlichen Beobachtung und Analyse eher die Tendenz, auf stärker ausgeglichene Teilnahmechancen zu dringen.[53]

Ein dritter, sehr viel überzeugenderer Ansatz konzentriert sich auf die *sachliche Klarheit der Darstellung von Information*, also auf die fachliche Kompetenz. Diesen Ausweg hat vor allem das 19. Jahrhundert beschritten, den Lehrer zum Fachlehrer ausbildend. Eingerahmt durch einen entsprechend weiten (spezifisch deutschen) Begriff von ›Wissenschaft‹ konnte diese Praxis sich auf den Glauben stützen, daß die Wissenschaft nahezu von selber erziehe und daß man, speziell an Universitäten, gar keine besondere pädagogische Kompetenz mehr brauche. Wahrscheinlich liegt auch heute in der fachlichen Kompetenz und in der Klarheit der Darstellung eine der wichtigsten Autoritätsquellen des Lehrers, die weder durch Anbiederung noch durch Nachsicht, noch durch Forschheit oder Burschikosität ersetzt werden kann. Nur hat kognitive Kompetenz mit Wissenschaft und mit Wahrheit wenig zu tun. Die Berufung auf Wissenschaft verleitet gerade dazu, etwas über Autorität in den Unterricht einzugeben. Es kommt aber auf Verdeutlichung der Selektivität und des Eliminierungseffekts von Information an.

Eine weitere Möglichkeit läßt sich als *kybernetisches Verfahren* cha-

52 Vgl. hierzu aus der Sicht eines soziologisch geschulten Beobachters Philip W. Jackson, Life in Classrooms, New York 1968.

53 Siehe für viele: M. Hammersley, The Organisation of Pupil Participation, The Sociological Review 22 (1974), S. 355-368.
Eine Liste von Strafgründen (Hinausweisen aus dem Klassenzimmer) nennt im übrigen fast nur Kommunikationsversuche von Schülern: Disturbance of the group 33; Talking without Permission 27; Talking back to the teacher 14; Throwing objects 4; Other 3 – nach: C. Wayne Gordon, The Role of the Teacher in the Social Structure of the High School, in: Robert R. Bell/Holger R. Stub (Hrsg.), The Sociology of Education: A Sourcebook, 2. Aufl. Homewood Ill. 1968, S. 288-309.

rakterisieren: Abwarten, was geschieht, und dann auf die Effekte reagieren. Das ist ein für hochkomplexe, unübersehbare Umwelten angebrachter Mechanismus, der auch hier paßt. Man kann, freilich nur in sehr begrenztem Umfange und nur auf Kosten des weiteren Unterrichts, im Unterricht Begriffenhaben bzw. Nichtbegriffenhaben beobachten bzw. durch Nachfrage feststellen und dann darauf mit Nachleistungen reagieren. Das Verfahren benutzt negativen feedback, eignet sich daher nicht zur Korrektur der ursprünglichen Absicht, aber man kann als Lehrer aus persistierendem Nichtbegreifen natürlich schließen (wenn man sich bemüht, sich selbst zu verstehen), daß die eigene Kommunikation nicht klar genug oder zu schwierig war. Auch hier ist im übrigen Präzision in der Begriffswahl wichtig, will man das Problem genau formulieren: Der feedback bezieht sich nicht auf das Verstehen, sondern auf das Begreifen des Schülers. Ein Versuch, festzustellen, ob der Schüler den Lehrer verstanden hat, wäre kommunikationstechnisch viel zu schwierig und würde auch die Aufmerksamkeit (der gesamten Klasse!) zu sehr auf die Innendisposition des Lehrers lenken; und da diese nur Mittel zum Zweck ist, hat es ohnehin mehr Legitimität, auf die Differenz von Begreifen und Nichtbegreifen durchzugreifen.

Ein beliebtes Mittel ist schließlich die Erzeugung von *Redundanz*. Dabei muß man nicht sogleich an stures Repetieren denken (wobei zumeist ja auch die Fehler mitrepetiert werden). Zunächst erzeugt nämlich jede Kommunikation automatisch Redundanz. Das ist geradezu ihre Funktion. Wenn B die Mitteilung von A versteht, kann C sich bei A *oder* bei B informieren. So können Schüler die besseren Schüler fragen, ob sie es begriffen haben. Redundanz liegt auch vor, wenn der Lehrer einen Text bespricht, mit schriftlicher und mit mündlicher Kommunikation auf dasselbe zielend. Der Schüler hat dann die Wahl, ob er mit Hilfe des Lehrers den Text oder mit Hilfe des Textes den Lehrer zu verstehen versucht. Die Redundanztechnik hat den Vorteil, daß sie, anders als die kybernetische Technik, nicht auf ein genaues Feststellen des Sachverhaltes angewiesen ist. Sie schießt gewissermaßen mit Schrot. Ebendiese Ungenauigkeit ist aber auch ihr Nachteil, und ihre Gefahr ist, daß mehr und mehr Schüler, die schon begriffen haben, von Verstehen/Begreifen auf Beobachten herunterschalten und so für den Unterricht verlorengehen.

X

Diese verschiedenen, funktional äquivalenten Möglichkeiten, auf das Verstehensdefizit im Interaktionssystem Unterricht zu reagieren, sind pädagogisch angesetzt, das heißt auf die Systemreferenz des Lehrers bezogen. *Für ihn* sind die Schüler, *für ihn* ist auch das Interaktionssystem Unterricht Umwelt. Ebendeshalb kommt *es für ihn* zu der Frage, ob und wie er verstehen kann, ob er verstanden worden ist oder nicht. Und weil es zu schwierig, ja eigentlich völlig unmöglich ist, diese Frage jeweils sicher zu beantworten, kommt es *für ihn* zu einem Ableiten des Problems auf die Frage des Begreifens/Nichtbegreifens, um die es dann für *ihn* ›eigentlich‹ geht.

Die Pädagogik hat sich, seitdem sie gegen Ende des 18. Jahrhunderts Schulpädagogik geworden war, auf diese Perspektive konzentriert. Das heißt natürlich nicht: den Schüler außer acht lassen; und auch nicht: ihn als Mittel zum Zweck, als Widerstand, als Gefäß für die Aufnahme von Wirkungen begreifen. In jedem Falle geht es im Unterricht um eine Einheit, die sich auf der Grundlage einer ›doppelten Kontingenz‹ von Lehrerverhalten und Schülerverhalten herstellt und die für *beide* Seiten *doppelte* Kontingenz ist. Da *jeder* diese Doppelung reflektieren muß, um *sich selbst* in der sozialen Situation reflektieren zu können, gibt es keinen Rückzug in eine solipsistische Position und keinen Monolog und nicht einmal die Möglichkeit, sich in dieser Hinsicht zu irren.[54] Um so mehr muß man sich fragen, ob die erziehungswissenschaftliche Theorie sich damit begnügen kann, Lehrerperspektive und Schülerperspektive einander gegenüberzustellen und dann mit Begriffen wie ›Wechselwirkung‹, ›Verschränkung‹, ›Spiegelung‹ usw. zu arbeiten.[55] Je deutlicher die Komplexitätsprobleme, die auf beiden Seiten gelöst werden müssen, erkannt werden, je einschneidender dabei die Probleme der Reduktion, des ›cognitive tuning‹ mit Hilfe von je eigenen, selbstreferentiell gebildeten Erwartungen, vor Augen treten und je einsichtiger damit wird, daß Verstehensdefizite auf beiden Seiten strukturell unvermeidlich sind, desto weniger überzeugen Symmetrie-Modelle dieser Art.

54 Siehe dies Argument bei Heinz von Foerster, On Constructing a Reality, in: Wolfgang F. E. Preiser (Hrsg.), Environmental Design Research Bd. II, Stroudsbourg Penn. 1973, S. 35-46 (45).

55 Im weiteren, interdisziplinären Kontext gesehen, wäre dies eine eher sozialpsychologische, nicht aber eine soziologische Auffassung.

Die soziologisch ergiebige Behandlung dieses Problems liegt in der These, daß ebendiese Reduktionszwänge, Intransparenzen und Verstehensdefizite der Ausgangspunkt sind für die Emergenz einer anderen Art von Systemen, nämlich sozialer Systeme. Diese bestehen dann nicht in ›Beziehungen‹ zwischen ›Individuen‹, sondern in einer autonomen kommunikativen Realität: in dem, was als Kommunikation geschieht, was als Kommunikation auf Kommunikation selektiv Rücksicht nimmt, was als Kommunikation Kommunikation ›autopoietisch‹ reproduziert und was als kommunikatives Handeln (Mitteilen) betrachtet wird.

Auch die kybernetische Systemtheorie gerät in dem Moment vor dasselbe Problem, in dem sie nicht mehr nur nach der Anpassung eines Systems an seine Umwelt fragt, sondern zu erfassen sucht, was geschieht, wenn zwei füreinander undurchsichtige Systeme, die einander beobachten, einander zu verstehen versuchen, einander aber nicht durchschauen können, zueinander in Kontakt treten. Man nennt solche Systeme (im Verhältnis zu den Beobachtungsmöglichkeiten) black boxes. Wie immer diese Systeme gebaut und in Betrieb gehalten sein mögen: im Kontakt miteinander müssen sie sich mit ihrer wechselseitigen Intransparenz abfinden. Das kann dadurch geschehen, daß sie *für Zwecke der Interaktion* eine Semantik der Freiheit erfinden. Undurchschaubarkeit wird als Freiheit chiffriert, und dann kann jedes System sich darauf konzentrieren, die zu unterstellende freie Wahl des anderen zu beeinflussen und an Hand von Enttäuschungen bei solchen Versuchen selbst zu lernen. Kommunikation kürzt dieses trial-and-error-Verfahren ab. Und Kommunikation wird schließlich *als Kommunikation* mit einem gewissen Bestand an Erinnerungen und Erfahrungen *transparent.* Die schwarzen Kästen können so mit Hilfe von Freiheitskonzessionen Weißheit produzieren. Und jeder schwarze Kasten kann sich dann im Verhältnis zum weißen Kasten (der für externe Beobachter wiederum ein schwarzer Kasten sein mag) verstanden oder nicht verstanden fühlen.[56]

56 Diese Geschichte frei nach Donald M. MacKay, Freedom of Action in a Mechanistic Universe, Cambridge Engl. 1967; ders., Technik der Information und die Manipulierbarkeit des Menschen, Zeitschrift für evangelische Ethik 12 (1968), S. 147-156; John R. Platt, Man and the Indeterminacies, Perspectives in Biology and Medicine 10 (1966), S. 67-80 (auch in ders.), The Step to Man, New York 1966, dt. Übers., Programme für den Fortschritt, München 1971; Ranulph Glanville, Inside Every White Box There Are Two Black Boxes Trying to Get Out, Ms. 1979;

Auf den gleichen Sachverhalt paßt eine Theorie der Morphogenese, die die Entstehung von Ordnung aus einer Kombination von Ordnung und Unordnung beschreibt. Ausgangspunkt ist: daß man nicht verstehen kann, was man nicht verstehen kann.[57] Das kann als Prinzip nicht geändert werden. Wir behaupten damit nicht, daß Verstehen unmöglich sei. Man kann im Hinblick auf Selbstreferenz beobachten. Aber selbst wenn den Teilnehmern dies gelingt, stoßen sie nie auf eine letzte Realität, die ihnen eine Antwort gibt auf die Frage, was im anderen los ist. Sie finden kein Ende und werden dadurch gezwungen, sich mit ihrer eigenen Bemühung zu befassen, ihre Kalkulation zu kalkulieren, ihr Beobachten zu beobachten – und sei es nur, um es zu Ende zu bringen.

Also reproduziert ein System, das entsteht, wenn Systeme Systeme verstehen, immer sich selbst und etwas Anderes, Beiläufigeres, ›noise‹. Das Verstehen wird nicht voll verständlich; aber weil dies die Teilnehmer auf ein Beobachten ihres Beobachtens zurückwirft, entsteht daraus eine Ordnung, in der jeder dem anderen ›Kommunikation‹ unterstellen kann. Diese Ordnung wird selbst zum Gegenstand der Beobachtung. Ohne zu wissen, was gemeint war, kann man erinnern und feststellen, was gesagt worden war. Man braucht nicht zu meinen, was man sagt, und nicht zu sagen, was man meint. Aber es ist, für Anwesende zumindest, nahezu unvermeidlich, das soziale System, das sich in der Kommunikation herausbildet, als eine Realität zu behandeln, die Anschlußmöglichkeiten für eigenes Verhalten eröffnet oder blockiert, auch wenn dies von niemandem gemeint worden war und wie zufällig wirkt.

Morphogenese sozialer Ordnung auf Grund von Verstehensdefiziten ist nicht etwas, was vorkommen oder auch ausbleiben und gelingen oder auch mißlingen kann. Es geht nicht um die rätselhafte, unerklärliche Differenz von geglückten und mißglückten Unterrichtsstunden. Es ist ein zwangsläufiger Prozeß, der sich selbst autokatalysiert, sobald doppelte Kontingenz erfahren wird. Dies ist eine sehr allgemeine, aber keineswegs triviale Einsicht. Sie bedeutet vor allem,

ders., The Form of Cybernetics: Whitening the Black Box, in: General Systems Research: a Science, a Methodology, a Technology, Louisville Kn. 1979, S. 35-47.

57 »We do not see what we do not see«, heißt es als Ansatzpunkt für die gleiche Argumentation bei Heinz von Foerster, The Curious Behavior of Complex Systems: Lessons from Biology, in: Harold A. Linstone/W. H. Clive Simmonds (Hrsg.), Futures Research: New Directions, Reading Mass. 1977, S. 104-113 (106).

daß alle Aktivität der Teilnehmer in die selbstreferentielle Reproduktion dieses sozialen Systems einbezogen wird. Man kann sich dem, wenn man anwesend ist, nicht entziehen. Jeder Beitrag ist, wie immer bewußt und überlegt und hinterlistig angesetzt, Reproduktion des Systems im System.[58] Dies ist eine strenge Konsequenz der Theorie selbstreferentieller Systeme. Realität wird in diesen Systemen für diese Systeme durch Rekursivität ersetzt. Erkenntnis ist, um es mit Formulierungen von Heinz von Foerster zu sagen, »computation of descriptions of descriptions of descriptions«, und der Manager »must be part of the system«.[59]

Jeder Lehrer weiß natürlich, daß er nur im Unterricht unterrichten kann und daß das, was er sich vorher ausdenkt, ankommt oder nicht ankommt, wie der Unterricht es will. Muß ihm die Pädagogik deshalb raten, es gehen zu lassen und sich mittags, wenn es gutgegangen ist, den Schweiß von der Stirn zu wischen?[60] Oder wäre es jetzt nicht sinnvoll, zu fragen, ob und wie die Teilnehmer das Interaktionssystem Unterricht verstehen können und ob und wie das Interaktionssystem Unterricht die Teilnehmer verstehen kann?

XI

Wie erinnerlich,[61] hatten wir uns oben für diese Frage die begriffliche Möglichkeit offengehalten. Das heißt natürlich noch nicht, daß die Pädagogik aus diesen Reben Wein ziehen kann; und es mag selbst dann nur der saure Wein längst bekannter Schwierigkeiten werden. Führen wir uns deshalb zunächst noch einmal die begriffliche Disposition vor Augen:

Verstehen heißt: selbstreferentiell situiertes Beobachten im Hinblick auf die Selbstreferenz eines anderen Systems. Beobachten heißt: Anwenden einer Unterscheidung. Dies Anwenden kann, je nachdem,

58 Was nicht ausschließt, daß er zugleich auch für das psychische System, das ihn ausheckt, Reproduktion des Systems im System ist, aber hier natürlich mit ganz anderen Funktionen und Anschlüssen.

59 A. a. O. (1977), S. 109, 110.

60 Wie Ernst Christian Trapp meint, der bald darauf den ersten Lehrstuhl für Pädagogik räumte und für die Besetzung durch einen Philologen freigab. (Im 18. Jahrhundert hieß es natürlich nicht ›mittags‹, sondern ›abends‹.)

61 Vgl. S. 68.

was die Operationsbasis der Selbstreproduktion (Autopoiesis) des Systems ist, bewußtes Anwenden oder kommunikatives Anwenden sein. Diese Unterscheidung meint nicht verschiedenartiges ›Material‹, sondern sie betrifft die Frage, wie anschließende Ereignisse (und damit Reproduktion) ermöglicht und in aktualen Sinn eingearbeitet werden. Es kann demnach ein psychisches (sich durch Bewußtsein reproduzierendes) System geben, das ein soziales System beobachtet; aber auch ein soziales (sich durch Kommunikation reproduzierendes) System, das ein psychisches System beobachtet.

Daß ein Schüler oder ein Lehrer beobachtet, was in der Klasse läuft, und sich sein Teil dabei denkt, liegt auf der Hand. Das soziale System ist so konstruiert, daß dies möglich ist – zum Beispiel durch die Regel, daß nur einer auf einmal redet und daß der Lehrer das Drankommen reguliert. Ob mehr als Beobachten, nämlich Verstehen dabei zustande kommt, ist die Frage, die wir bisher verfolgt haben. Dies Verstehen mag verbesserbar sein. Pädagogen muten dies sich selbst zu. Wir übergehen die Pädagogen und fragen statt dessen: Wie kann das soziale System Unterricht beobachten und verstehen, ob psychische Systeme einander und/oder das soziale System Unterricht beobachten und verstehen? Oder anders gefragt: Läuft die Kommunikation so ab, und hält sie Anschlüsse bereit, die in Aussicht stellen, daß es *für die Kommunikation* eine *Differenz* ausmacht, *ob sie richtig verstanden wird oder nicht*?

Man kann sich eine Reihe von Interaktionsregeln denken, die diese Verstehensverstehenskapazität des sozialen Systems erhöhen können, und man findet, wenn man nur sucht, überraschend viel Literatur dazu. Wir beschränken uns auf zwei Beispiele, die so gewählt sind, daß sie das Problem in der Form eines Widerspruchs verdeutlichen.

Es gehört zum alten Code der Geselligkeit, zu fordern, daß alle Beteiligten so reden, daß anderen Beteiligten Anschlüsse für eigene Kommunikation offengehalten und nahegelegt werden.[62] Das heißt

62 Vgl nur Friedrich D. E. Schleiermacher, Versuch einer Theorie des geselligen Betragens, in: Werke, Auswahl in vier Bänden, Bd. II, 2. Aufl. Leipzig 1927, S. 1-31. Zur Vorgeschichte (die wichtiger ist als alles, was auf Schleiermacher folgt) siehe auch Christoph Strosetzki, Konversation: Ein Kapitel gesellschaftlicher und literarischer Pragmatik im Frankreich des 18. Jahrhunderts, Frankfurt 1978; Niklas Luhmann, Interaktion in Oberschichten: Zur Transformation ihrer Semantik im 17. und 18. Jahrhundert, in ders., Gesellschaftsstruktur und Semantik, Bd. I, Frankfurt

konkret: Verbot von Pedanterie und Zurschaustellung eigenen Sonderwissens, häufiger Themenwechsel, Verbot des konfliktauslösenden Widersprechens, Verbot von Witz und Spott auf Kosten Anwesender, und vor allem: Zuhören- und Schweigenkönnen. Diese Normen entmutigen eine zu persönliche Kommunikation, weil sie für andere nicht anschlußfähig ist, und sie unterbinden jeden Versuch, in die ›wahren Motive‹ des anderen hineinzuleuchten.[63] Einsichten und Regeln dieser Art haben dazu gezwungen, die Codes für Geselligkeit und für Intimbeziehungen zu differenzieren. Das Interesse an Geselligkeit geht dahin, im Interaktionssystem bei Begrenzung auf Anwesende den ›range of correspondance‹[64] für Beteiligungen zu erhöhen und damit nicht die Themen als solche, sondern die Verstehenschancen der psychisch Beteiligten zur Kommunikationsmaxime zu machen. Transparenz und Anschlußfähigkeit werden um ihrer selbst willen und ohne Rücksicht auf Funktionen zelebriert – und an Realisierungsmöglichkeiten hat es in der ›guten Gesellschaft‹ nicht gefehlt.

Die zweite Ordnung ist entgegengesetzt gebaut. Sie ist nicht gesellige, sondern therapeutische Ordnung, und sie versucht, soziale Bedingungen dafür zu schaffen, daß die Beteiligten über sich selbst reden: über sich selbst, über ihre Probleme, über ihre Frustrationen, ihre Zweierbeziehungen oder was immer die Mode ihnen eingibt. Hier wird mit der Wahl der Formen sozialer Kommunikation ein Allround-Verstehen zelebriert. Es ist die soziale Norm, nichts nicht verstehen zu können, und diese Norm duldet keine anderen Normen neben sich. Die Geselligkeit hatte ihren Sanktionsmodus in der Lächerlichkeit. Die therapeutische Gemeinschaft beargwöhnt den, der sich entrüstet, und reagiert mit Analyse.

Weder das eine noch das andere Modell eignet sich für das Interaktionssystem Unterricht. Die Spezialfunktion dieses Systems und

1980, S. 72-161. Siehe außerdem Ulrich Schulz-Buschhaus, Balzacs »Traktat vom eleganten Leben«: Zur Rezeption aristokratischer Normen in der Bürgerlichen Gesellschaft, Germanisch-romanische Monatsschrift NF 29 (1979), S. 443-456; Claudia Schmölders, Die Kunst des Gesprächs, München 1979.

63 Dies kann auch als Maxime der Erhaltung des *eigenen* Vergnügens formuliert werden: »Were we to dive too deeply into the sources and motives of the most laudable actions, we may, by tarnishing their lustre, deprive ourselves of a pleasure« (Countess Dowager of Carlisle, Thoughts in the Form of Maxims, Adressed to Young Ladies on Their First Establishment in the World, London 1789, S. 81.

64 Dieser Begriff aus der evolutionären Psychologie von Herbert Spencer, Principles of Psychology Bd. 1, Nachdruck der Ausgabe 1899, Osnabrück 1966, S. 300 ff.

die organisatorischen Rahmenbedingungen seiner Ausdifferenzierung verhindern, daß man in der einen oder in der anderen Richtung sehr weit geht. Man findet die stark verdünnte Maxime, Individualität zu respektieren[65] (gegenwärtig allerdings unterlaufen durch die Mode der Teamarbeit und der kollektiv erarbeiteten« Ergebnisse), die in gewissem Sinne den beiden grundverschiedenen Ordnungen der Geselligkeit und der Therapeutik zugleich Rechnung tragen will. Aber schon am Problem der Klassendisziplin und ihrer Sanktionen findet dieser Grundsatz seine Grenzen: Weder kann der Lehrer Disziplinlosigkeit als Ausdruck von Individualität akzeptieren, noch kann er Sanktionsmittel ohne Rücksicht auf ihre Auswirkungen auf die Klasse handhaben.[66]

Pädagogen trauen sich viel zu, wenn sie sich zutrauen, diese Rahmenbedingungen zu durchbrechen und es selbst besser zu machen. Was für den Manager gilt, gilt auch für den Lehrer: he must be part of the System, anders kann er nichts ausrichten.[67] Was er selbst versteht, geht sozusagen zu seinen Lasten. Was er ins Kommunikationssystem Unterricht eingibt, folgt den Eigengesetzlichkeiten dieses Interaktionssystems. Vielleicht ist das beste Rezept, in diesem System geschickt zu schwimmen und damit dazu beizutragen, daß das Interaktionssystem selbst auf Situationen reagieren kann.

Selbst wenn man in Einschätzung ihrer Schwierigkeiten alle gezielte Verstehensverbesserungspolitik unterläßt, bleibt aber zu bedenken, wie Strukturen des sozialen Systems die Verstehensmöglichkeiten dieses Systems einschränken. Daß die Art des Unterrichts Einfluß hat auf die Selbsteinschätzung der Schüler, ist gewiß keine neue Einsicht.[68] In der hier vorgeschlagenen Begrifflichkeit stellt sich aber die Frage, im Hinblick auf welche Differenz das soziale System des Unterrichts die Schüler beobachtet und eventuell (mit Einbeziehung ihrer Selbstreferenz) versteht.

65 Beobachtungen zu »respecting die privacy of the individual pupil« bei Louis M. Smith/William Geoffrey, The Complexities of an Urban Classroom: An Analysis Toward a General Theory of Teaching, New York 1968, S. 118 ff.

66 Vgl. etwa Sibylle Reinhardt, Zum Professionalisierungsprozeß des Lehrers: Überlegungen zur Lehrer-Schüler-Interaktion und ihrer Sozialisation, Frankfurt 1972, S. 102 ff., 144 f.

67 Vgl. von Foerster, zit. oben Anm. 59.

68 Vgl. aus der neueren Forschung etwa Susan J. Rosenholtz/Stephen H. Rosenholtz, Classroom Organization and the Perception of Ability, Sociology of Education 54 (1981), S. 132-140.

Hierfür ein Beispiel aus neueren Forschungen: Angesichts der gegen alle pädagogische Absicht zunehmenden Bedeutung von Beurteilungen, Zensuren und Abschlüssen bzw. Abschlußniveaus deutet manches darauf hin, daß die heimliche Sprache des Unterrichts die einer eindimensionalen Skala ist. Mit Hilfe dieser Skalensprache versteht das soziale System diejenigen, die diese Sprache benutzen, in ganz bestimmter Weise, nämlich im Hinblick auf ihre an dieser Skala gemessene eigene Mobilität. Ihre Selbstreferenz wird damit in stark verkürzter Form ins Spiel gebracht, nämlich als Voraussetzung der Zurechenbarkeit (Selbsterarbeitung) ihrer Leistungen. Das Unterrichtssystem erlaubt den Schülern damit ein Ablesen der eigenen Lage und ein Dirigieren ihrer Aspirationen. Sie brauchen sich nicht mit anderen vergleichen, sie können sich mit der Skala vergleichen (wobei eines das andere nicht ausschließt). Sie können ihren gegenwärtigen Stand mit ihrer Vergangenheit vergleichen, und sie können sich durch die Bewertungen, die sie erfahren, mehr oder weniger zutreffend verstanden fühlen. Sie werden nie das Gefühl haben, ganz verstanden worden zu sein; aber eine hohe Individualisierung (im Sinne einer Unterscheidbarkeit von anderen) ist trotzdem möglich.

Man findet neuerdings nicht nur negative, sondern auch positive Beurteilungen dieser Eindimensionalität. Sie sei im Resultat in hohem Maße isomorph zur modernen Gesellschaft und sei unter den Beteiligten sehr konsensfähig (was die Herstellbarkeit von Konsens über Fehlbeurteilungen einschließt).[69] Jedenfalls hat es nicht zu unterschätzende Vorteile und vor allem faktische Realisierungschancen, wenn man das Verstehen des sozialen Systems durch das Differenzschema einer Skala (immer eingeschlossen den einfachsten Grenzfall von Bestehen/Nichtbestehen) artikuliert. Jede pädagogische Kritik muß sich daher überlegen, ob sie mindestens gleiche Leistungen erbringen kann und wie sie erreichen will, daß das soziale System Unterricht auf mehreren Dimensionen (oder mit mehreren Differenzschemata zugleich) als verstehend fungieren kann.

Aufs Ganze gesehen spricht bei einer soziologischen Betrachtung viel dafür, daß sich der ›cognitive bias‹ und das Beurteilungsschema des Unterrichts ohnehin durchsetzen und daß alle Überlegungen zur Verbesserung dessen, was quasi von selbst geschieht, hier ansetzen müssen. Das soziale System Unterricht beobachtet und versteht

69 Vgl. Carl Simpson, Classroom Structure and the Organization of Ability, Sociology of Education 54 (1981), S. 120-132.

die Schüler (und nicht selten auch den Lehrer) unter der Differenz von Begreifen und Nichtbegreifen. An diese Differenz knüpfen, ihr Nachdruck verleihend, Beurteilungen an. Der Unterricht versteht (im strengen Sinne des hier benutzten Begriffs) das Begreifen bzw. Nichtbegreifen aber nur dann, wenn er den Informationsstand und die ablaufenden Kommunikationen auf die Selbstreferenz des Schülers hin beobachten kann. Es muß sich um ›selbstangeeignetes‹ Gedankengut handeln, man könnte auch sagen um ›selbst verstandenes‹ Gedankengut, jedenfalls nicht um ein bloßes Copieren, Nachahmen, Ablesen. Der Unterschied liegt zum Beispiel in der Frage, ob Abschreiben bzw. teamwork zulässig ist oder nicht. Im Unterricht kann man – in sehr engen zeitlichen Grenzen, aber ohne indiskret zu werden oder in Legitimationsschwierigkeiten zu kommen – darüber kommunizieren, welche Vorurteile, Wissenslücken oder Wertungsverzerrungen das Begreifen erschweren bzw. blockieren. Aber wie lange darf ein Lehrer sich damit beschäftigen, einem einzelnen Schüler begreiflich zu machen, daß drei Mücken mehr sind als zwei Elefanten, wenn die übrigen sich für dieses Problem nicht im geringsten interessieren?

Es ist klar, daß sich mit dieser Focussierung das Unterrichtsproblem von Pädagogik auf Didaktik verlagert. Zugleich muß diese Trennung vor dem Hintergrund unserer Analyse des Verstehensproblems in Unterrichtssituationen aber relativiert werden. Was die Schule im Unterschied zur Familie als Erziehung leistet, muß etwas sehr Spezifisches sein. Man mag es in der Wissenstradierung sehen oder auch im Lernen des Lernens. Bei hohen Ansprüchen möchte man hoffen, daß die Schule soziale Systeme bereitstellt, die zum Begreifen sozialisieren.

Strukturelle Defizite
Bemerkungen zur systemtheoretischen Analyse des Erziehungswesens

I

Ein Defizit ist zunächst ein Fehlbestand in der Kasse, festgestellt durch einen besonderen Beobachter. An sich selbst ist die Kasse nie defizitär. Sie wickelt Einzahlungen und Auszahlungen ab und enthält als Resultat ihrer Operationen jeweils eine bestimmte Summe. Sie braucht ihr Defizit daher gar nicht zu merken. Erst ein Vergleich mit bestimmten Annahmen, die ein Beobachter heranträgt, bringt ein Defizit an den Tag. Wir halten deshalb fest, daß der Begriff des Defizits ein beobachtungsrelativer, kein operationsbezogener Begriff ist, schließen aber nicht aus, daß die Kasse über Einrichtungen der Selbstbeobachtung verfügen kann.

Mit der Feststellung eines Defizits verbindet sich die Erfahrung des Unerfreulichen. Die Kasse sollte stimmen. Wer ein Defizit aufdeckt, macht dann offenbar einen Vorwurf. Das Kassendefizit wird unversehens zu einem moralischen Defizit. Wer so angegriffen wird, muß vielleicht zugeben, daß die Kasse nicht stimmt. Er wird jedoch seine Moral zu retten und eine Erklärung dafür suchen, daß die Kasse ein Defizit aufweist. Der Defekt des Defizits wird durch solche Erklärungen auf eine grundsätzlichere Ebene angehoben und in gewisser Weise normalisiert.[1] Er wird dann etwas, womit man rechnen muß und woran man gleichzeitig schuldig und unschuldig ist.

Moraldefizite sind in diesem Sinne seit langem theologisch-professionell bearbeitet worden. Das Dogma vom Sündenfall ermöglichte es, sie als strukturelle Defizite zu fassen und Institutionen ihrer Detailbearbeitung zu legitimieren, vor allem die regelmäßige Beichte[2]

1 Vgl. dazu Marvin B. Scott/Stanford M. Lyman, Accounts, American Sociological Review 33 (1968), S. 46-62; Philipp W. Blumstein et al., The Honoring of Accounts, American Sociological Review 39 (1974), S. 551-566; John P. Hewitt/Randall Stones, Disclaimers, American Sociological Review 40 (1975), S. 1-11.

2 Hierzu Alois Hahn, Zur Soziologie der Beichte und anderer Formen institutionalisierter Bekenntnisse: Selbstthematisierung und Zivilisationsprozeß, Kölner Zeitschrift für Soziologie und Sozialpsychologie 34 (1982), S. 408-434.

oder die selbstquälerische Sündensuche der Puritaner. Die Frage der Vorwerfbarkeit wird auf diese Weise in der Schwebe gehalten. Wer sich seiner Sünden mit der nötigen Zerknirschung sicher ist, kann darin ein Zeichen der Auserwähltheit finden. Frühneuzeitliche Theologien konnten deshalb den Sündenfall geradezu emphatisch begrüßen als ein Mittel, die Menschen auf den Weg der Erlösung durch Gnade oder schließlich auf den Weg der Perfektionierung zu bringen. Das strukturelle Defizit der Erbsünde dient so als eine Art Krücke, auf der der Mensch sich über das Paradies hinausschwingt. Seitdem sind strukturelle Defizite mit genau dieser Ambivalenz beliebte Formen einer paradoxen Systembeschreibung. Selbst in die Logik sind sie vorgedrungen. Die Logiker können, zeigt ihnen Gödel, nichts dafür, daß es in formalen Systemen, die hinreichend komplex sind und selbstreferentielle Sätze enthalten, unentscheidbare Sätze gibt. Die Frage ist nicht, ob man das Defizit vermeiden kann, sondern wie man mit ihm arbeitet. Wer das Defizit selbst zu annullieren sucht, erweist sich damit als naiv und uninformiert. Zugleich kanalisiert die Defizit-These aber die Fragestellungen, die sinnvoll bearbeitet werden können. Je prägnanter es formuliert werden kann, desto fruchtbarer werden die anschließenden Forschungen. In diesem Sinne korrigieren die Gödelschen Limitationen nicht das System, sondern die Erwartungen, die an das System gerichtet werden können. Und während man im 17. Jahrhundert noch hoffte, daß die Moral auf ebenso beweisbare Grundlagen gebracht werden könne wie die Mathematik, steht heute fest, daß die Grundlagen der Mathematik ebensowenig beweisbar sind wie die der Moral.

Wenn im Moraldefizit letztlich ein Rationalitätsdefizit durchscheint: ist es dann nicht mehr rational, rational sein zu wollen?

Die soziologische Kritik der modernen Gesellschaft und ihrer Funktionssysteme – Erziehung ist eines von ihnen – hat sich diesem Problem bisher nicht zureichend gestellt. Die Klassiker der Soziologie, Vilfredo Pareto, Emile Durkheim und Max Weber vor allem, hatten die Desavouierung der Rationalitätsbehauptungen betrieben in einer Weise, die noch heute nachwirkt.[3] Dabei ging es um die nichtvertraglichen Grundlagen der Verträge, um die irrationalen Grundlagen der Rationalität, um den Primat von emotionalen Solidaritäten, Legitimationsmythen oder von Wertbeziehungen. Solche Beschreibungen sug-

3 Siehe etwa Randall Collins, Sociological Insight: An Introduction to Non-Obvious Sociology, Oxford 1982.

gerieren eine überlegene Einsicht der Soziologie in die wirklichen Verhältnisse. Sie sind vor-gödelsches Gedankengut.

Wenn es aber zutrifft, daß die empirisch vorfindbaren sozialen Systeme ein strukturelles Defizit aufweisen, das zugleich die Bedingung der Möglichkeit ihrer Operationen ist, hat dies weitreichende epistemologische Konsequenzen, die die Perspektive der klassischen Soziologie aufheben. Systeme sind dann, für sich selbst und für den externen Beobachter, paradox konstituiert. Das heißt: ihre Operationsmöglichkeiten enthalten Formen, die Douglas Hofstadter »strange loops« oder »tangled hierarchies« nennt.[4] Solche Operationen setzen die Bedingungen ihrer Möglichkeiten als ihr eigenes Resultat voraus – so wie der klassische Pädagoge Freiheit benutzen muß, um zur Freiheit zu erziehen. Sobald Systeme so komplex sind, daß ihre Strukturen Selbstreferenz ermöglichen, treten Paradoxien dieser Art auf.[5] Solche Systeme sind nicht nur undurchschaubar komplex und nicht nur eigendynamisch. Sie sind nicht nur schwierig zu erkennen und schwierig zu behandeln. Sie sind nicht nur unprognostizierbar bzw. fähig, jede Prognose durch Gegenverhalten außer Kraft zu setzen. Sie sind deswegen aber auch nicht »irrational«, spontanes Leben, Gefühl. Sie operieren auf der Basis ihrer jeweils spezifischen Paradoxie.

Daß eine soziologische Behandlung des Erziehungswesens diesen systemtheoretischen Ausgangspunkt wählt, ist weder selbstverständlich noch üblich. Soziologie kann auch weniger theoretisch auftreten – sei es hilfsbereit bei der Suche nach besseren Problemlösungen, sei es kritisch, den Abstand des Systems von Formalzielen der Gleichheit oder der Freiheit (Emanzipation) messend. Über Erfolge, die in diesen beiden Perspektiven erreicht worden sind, kann man verschieden denken. Die These eines konstitutiven strukturellen Defizits läßt sich jedenfalls weder der einen noch der anderen Perspektive zuordnen. Sie zieht sich damit auch aus der üblichen Unterscheidung von technisch hilfsbereiter und kritischer Soziologie zurück. Sie setzt radikaler an. Sie erfordert eine Hinsicht, die Heinz von Foerster »second order

4 »The ›Strange Loop‹ phenomenon occurs whenever, by moving upwards (or downwards) through the levels of some hierarchival system, we unexpectedly find ourselves right back where we started« (Douglas R. Hofstadter, Gödel, Escher, Bach: An Eternal Golden Braid, Hassocks, Sussex U. K. 1979, S. 10).

5 Vgl. auch Anthony Wilden, System and Structure: Essays in Communication and Exchange, London 1972, S. 390 ff.; Yves Barel, Le paradoxe et le systeme: Essai sur le fantastique social, Grenoble 1979.

cybernetics« nennen würde.[6] Was aber läßt sich damit ausrichten, und wem bietet diese Perspektive was?

Alles kommt darauf an, daß man das strukturelle Defizit, das in der konstitutiven Paradoxie vorliegt und als Bedingung der Möglichkeit der systemspezifischen Operationen fungiert, genau genug beschreibt. Dabei greifen sachliche und semantische (»ideologiekritische«) Analysen ineinander, denn es geht immer auch um die Frage, wie das System selbst mit seiner Paradoxie umgeht, wie es sie tarnt, wie es sie entparadoxiert und in welchen Formen zeitbedingte Plausibilitätsgewinne möglich sind.

II

Die Sonderparadoxie des Erziehungssystems läßt sich auf die *Intentionalisierung von Sozialisation* zurückführen.

Sozialisation ist ein immer und unbemerkt laufendes Geschehen der Integration von psychischen und sozialen Systemen.[7] Sie hat zur Folge, daß psychische Systeme ihre Strukturen anhand von sozialen Erwartungen aufbauen – sei es, daß sie diese Erwartungen übernehmen, sei es, daß sie sie durchkreuzen und sich auf Abweichung festlegen. Folgsames Verhalten wird häufiger vorkommen als Opposition. Deswegen ist es in der Bildung des Charakters aber nicht wirksamer. Abwehr und Widerstand können mehr Kräfte binden, während man dem Verlangten folgen kann, ohne viel davon zu halten.[8]

6 Vgl. für eine Kurzfassung mit besonders klaren Feststellungen zur Relativierung von Kausalität und Deduktion Heinz von Foerster, Cybernetics of Cybernetics, in: Klaus Krippendorff (Hrsg.), Communication and Control in Society, New York 1979, S. 5-8; ferner: Kybernetik einer Erkenntnistheorie, in: Wolf D. Keidel/Wolfgang Händler/Manfred Spreng (Hrsg.), Kybernetik und Bionik: Berichtswerk über den 5. Kongreß der Deutsehen Gesellschaft für Kybernetik Nürnberg 1973, München 1974, S. 27-46, sowie die Zusammenstellung weiterer Arbeiten unter dem doppelsinnigen Titel: Observing Systems, Seaside Cal. 1981.

7 Vgl. ausführlicher Niklas Luhmann, Soziale Systeme: Grundriß einer allgemeinen Theorie, Frankfurt 1984.

8 Wenn jeder Vorgang menschlicher Begegnung immer diese Doppelmöglichkeit enthält, erscheint eine Anthropologie, die mit Imitation und Imitationsverboten anhebt, als recht einseitiger Ansatz. Ich denke an René Girard, Des choses cachées depuis la fondation du monde, Paris 1978. Unbestritten bleibt natürlich, daß auch alle Opposition und alle Abweichung an vorgegebene Situationsdefinitionen anschließen muß; aber anschließen ist nicht Mimesis.

Die Verteilung von konformer und abweichender Sozialisation ist eine empirische Frage, ist unter anderem ein Problem des Alters und des Kontextes, in dem die Sozialisation stattfindet. Der Prozeß reproduziert immer beide Möglichkeiten, und gerade darauf, daß man sich für oder gegen eine Erwartung selbst einstellen muß, beruht der Internalisierungseffekt der Sozialisation. Systemtheoretisch kann man dies auch mit Bifurkationstheorien beschreiben, die zugleich deutlich machen, daß und wie sich an solchen Weichenstellungen Biographien mit akkumulativen Effekten bilden: Lebensgeschichten, die nicht wieder rückgängig zu machen, sondern allenfalls noch zu korrigieren sind. Die Sozialisation kann demnach nicht auf Agenten zurückgeführt werden. Was sozialisiert, ist die Differenz, die immer dann zwangsläufig mit anfällt, wenn jemand von anderen etwas erwartet, etwas für richtig hält, etwas wünscht.[9]

Dieser Sozialisationsbegriff ergibt sich zwangsläufig daraus, daß man psychische Systeme als in sich geschlossene autopoietische Systeme ansehen muß, die aus Elementen (Vorstellungen) bestehen, die durch ebensolche Elemente reproduziert werden und die nur miteinander, nicht aber mit Elementen der Außenwelt direkten Kontakt haben können.[10] Dem widerspricht nicht, daß das System sich eine Umwelt vorstellen kann! Es kann sie eben nur »sich vorstellen« und bleibt dabei an den eigentümlichen autopoietischen Modus interner Operationen gebunden. Auch Lernen muß deshalb als Prozeß der Restrukturierung innerhalb eines geschlossenen Systems begriffen werden,[11] wobei Geschlossenheit aber nur heißt, daß jede Einzeloperation des Systems an die autopoietische Regenerierung ebendieses Systems gebunden ist und nur als Mitwirkung daran konstituiert wird. Diese Theorie schließt alle Annahmen aus, die davon ausgehen, daß Elemente oder Strukturen eines solchen Systems von außen bezogen oder von außen nach innen transportiert werden können. Sozialisation ist somit nur als Eigenleistung des sozialisierten Systems möglich, und

9 Es mag sein, daß man hierzu zunächst das Nein selbst von außen erfahren muß. Vgl. dazu Heinrich Popitz, Die Erfahrung der ersten sozialen Negation, zur Ontogenese des Selbstbewußtseins, in: Festschrift Hans Paul Bahrdt, Frankfurt 1983, S. 17-32. Dann aber kehrt man den Spieß um.

10 Hierzu näher Niklas Luhmann, Die Autopoiesis des Bewußtseins, Soziale Welt 36 (1985), S. 402-446.

11 Siehe speziell hierzu Humberto R. Maturana, Reflexionen: Lernen oder ontogenetischer Drift, Delfin 1, II (1983), S. 60-71.

den Anstoß dazu bietet die Erfahrung einer Differenz, die sich aus erfahrenen Zumutungen oder Erwartungen ergibt.

Daraus folgt nicht zuletzt, daß Sozialisation nicht intentionalisierbar ist – zumindest nicht in einer Weise, die der Intention entsprechen, nämlich Kontrolle über die Effekte einschließen würde. Der Sozialisand kann immer auch anders, und das Problem wiederholt sich verschärft, wenn man versucht, diese anderen Möglichkeiten durch Konditionierungen auszuschließen. Jedes Wort kann bezweifelt werden, jede Maßnahme ist in ihrer Intention durchschaubar und erzeugt Möglichkeiten der Opposition. Im Prinzip nimmt der Erzieher sich also etwas Unmögliches vor.

Man kann dies mit der neuhumanistischen Theorie der Bildung als Freiheitsproblem formulieren. Wie bringt man Freiheit dazu, sich selbst zu steigern? Und vor allem: wie *bringt* man sie dazu, wenn solches Einwirken doch die Möglichkeit, die Einwirkung abzulehnen, ausschließen muß?[12] Das gleiche Problem kann man mit einem Begriff, der aus der empirischen Organisationssoziologie stammt, auch als »Technologiedefizit« des Erziehungssystems bezeichnen.[13] Die Frage lautet dann etwas konkreter: wie stellt sich das Erziehungssystem in seinen Interaktionen und seinen Organisationen und in seinem Professionsbewußtsein auf die Tatsache ein, daß es die angestrebten Effekte nicht quasi gesetzesförmig bewirken, also auch nicht mit hinreichender Zuverlässigkeit kontrollieren kann? Freiheitsproblem und Technologiedefizit sind semantische Varianten ein und desselben Grundproblems, die jeweils bestimmte Aspekte beleuchten und andere abdunkeln. Mit ihnen kann man arbeiten – sei es beim Aufbau eines Engagements und eines Solidaritätsbewußtseins der Profession; sei es bei der Planung von bürokratischen Strukturen und bei den ihnen entsprechenden Strategien der Fehlererklärung und Entschuldigung.[14] Vorstellungen über die Leitbarkeit von Erziehungsor-

12 Vgl. auch Niklas Luhmann/Karl Eberhard Schorr, Wie ist Erziehung möglich? Zeitschrift für Sozialisationsforschung und Erziehungssoziologie 1 (1981), S. 37-54 (38 ff.).

13 Vgl. Robert Dreeben, The Nature of Teaching: Schools and the Work of Teachers, Glenview Ill. 1970; Niklas Luhmann/Karl Eberhard Schorr, Das Technologiedefizit der Erziehung und die Pädagogik, in: dies. (Hrsg.), Zwischen Technologie und Selbstreferenz: Fragen an die Pädagogik, Frankfurt 1982, S. 11-40.

14 Zu entsprechend »gelockerten« Organisationsvorstellungen siehe etwa Michael D. Cohen/James G. March/Johan P. Olsen, A Garbage Can Model of Organizational Choice, Administrative Science Quarterly 17 (1972), S. 1-25; James G. March/Jo-

ganisationen, über Ressourcenzuteilung und Qualitätskontrolle sind entsprechend zu revidieren. In der Organisationssprache sind das dann Konsequenzen des Technologiedefizits. Will die Profession die positive Seite der Sache herausarbeiten und menschliche Werte betonen, kann sie die Semantik der nur frei zu erwerbenden Bildung benutzen und argumentieren, daß man nur in Freiheit für Freiheit und für selbsterworbene Fähigkeiten erziehen kann.

Diese in weitestem Sinne praktischen Vorteile gewinnt man dadurch, daß man die eine oder die andere Semantik wählt, um das strukturelle Defizit zu interpretieren, das dadurch entsteht, daß man von selbstläufiger Sozialisation zu intentionaler, folgenbewußter, verantwortungsbereiter Erziehung übergeht. Dadurch entsteht jenes auf die eine bzw. andere Weise interpretierbare Grundlagensystem. Erst die Intentionalisierung des Erziehens differenziert ein Erziehungssystem aus. Die Ausdifferenzierung läuft dann aber zwangsläufig auf ein spezifisches strukturelles Defizit auf: Man nimmt ein Können in Anspruch, das man nicht können kann. Demnach wird ein Erziehungssystem *durch sein strukturelles Defizit ermöglicht.* In evolutionstheoretische Formulierung übersetzt, heißt dies, daß Erziehung eine evolutionär unwahrscheinliche (von der Ausgangslage der Sozialisation her gesehen eigentlich gar nicht mögliche, im Gelingen zufallsabhängige) Errungenschaft ist. Wo immer erfolgreich erzogen wird – und wer würde bestreiten, daß dies geschieht? –, geschieht dies aufgrund jenes strukturellen Defizits, in dem die evolutionäre Unwahrscheinlichkeit festgehalten und zugleich normalisiert ist. Man kann dann Erwartungen bilden, aber es geht nicht so gut, wie man wohl möchte.

III

Der Erzieher kann so arbeiten. Das System ist entsprechend eingerichtet. Völlig utopische oder rein theoretische Erwartungen sind in langer Evolution ausgemerzt bzw. als Semantik für Festansprachen oder politische Appelle beiseite gelegt. Das System selbst wird sich nicht in dieser Weise problematisch, es hat Besseres zu tun. Nur bei einer

han P. Olsen, Ambiguity and Choice in Organizations, Bergen, Norwegen, 1976; Karl E. Weick, Educational Organizations as Loosely Coupled Systems, Administrative Science Quarterly 2 (1976), S. 1-19.

Beobachtung und Beschreibung von außen, bei einer systemtheoretischen bzw. soziologischen Analyse also, stößt man auf diese tiefliegende Paradoxie eines strukturellen Defizits als Bedingung der Möglichkeit des Systems. Man kann mit einem Seitenblick auf allgemeine Systemtheorie geradezu von der paradoxen Konstitution des Systems sprechen.[15]

Wieso aber paradox? Wenn man etwas nicht kann, was man können möchte, oder etwas nicht so kann, wie man es können möchte, ist das natürlich noch keine Paradoxie. Von Paradoxie in einem strengen Sinne sollte man nur sprechen, wenn ein selbstreferentielles System vorliegt, das man für eine logische Analyse in mehrere Ebenen dekomponieren (hierarchisieren) muß, und wenn diese Dekomposition an bestimmten Stellen nicht funktioniert und die Logik zusammenbricht bzw. unscharfe Stellen oder unentscheidbare Sätze produziert.[16]

Diese Bedingungen sind nach unserer Analyse erfüllt. Zieht die Beobachtung die Einheit des selbstreferentiellen Systems in Betracht, stößt sie auf jenes strukturelle Defizit. Sie kommt nicht um die Feststellung umhin, daß die Intention der Erziehung den Gegebenheiten der Sozialisation, die sie nicht aufheben kann, sondern in Rechnung stellen muß, widerspricht. Auch das ist zunächst nur ein schlichter Widerspruch, keine Paradoxie. Wenn aber das System als Ganzes betrachtet wird, sieht man, daß es sich auf diesen Widerspruch einstellt und Orientierungen erzeugt, die den Widerspruch verschwinden lassen. Man produziert dann Sätze über das Wesen des Menschen oder über die Idee der Freiheit oder über die Natur von Organisationen im Bereich des Erziehungswesens. Diese Sätze bleiben aber Bestandteile einer selbstproduzierten Semantik. Sie dienen dem Vollzug der Selbstbeobachtung bzw. Selbstbeschreibung des Systems. Sie werden mit systemeigenen Mitteln gefertigt, kommen also im System vor, sind aber nicht »das System«, sind andererseits aber auch nicht Resultate einer externen Erkenntnis eines Objekts.[17] Ein solcher Sachverhalt setzt ein System mit mehreren Ebenen, mindestens Operation und

15 Vgl. dazu Yves Barel, a. a. O.

16 Dazu umfangreich zu »tangled hierarchies« Hofstadter, a. a. O.

17 Man sieht an dieser Stelle, daß die neue Epistemologie selbstreferentieller Systeme die klassische Subjekt-Objekt-Epistemologie sprengt und ihre Trennschärfe aufhebt, die gerade zur Eliminierung selbstreferentieller Zirkel erfunden worden war. Nur so kommen dann auch sachimmanente Paradoxien in den Blick.

Selbstbeobachtung voraus, was für die Darstellung der Einheit des Systems eine weitere Ebene erfordert. Auf dieser Ebene kommt es zu jenem strukturellen Defizit (das also weder mit »Kritik und Krise« oder sonstigen negativen Selbstbeschreibungen des Systems noch mit schlichten Normverstößen oder sonstigen Fehlern in den Operationen des Systems identisch ist und daher auch vorwurfsfrei zu verstehen und zu handhaben ist).

Das Problem ist, daß diese Ebenenunterscheidung im System selbst kollabiert, sobald sich selbstreferentielle Zirkel einspielen. Die Theorie der Bildung wird plötzlich als Ideologie gesehen, die aufgabenmotivierte Militanz der Lehrerverbände als Gehaltsinteresse, die These eines engagierten persönlichen Einsatzes der Lehrer als Mittel der Ablehnung von Aufsicht und Kritik. Die Ambiguität des Könnens und Nichtkönnens wird als Doppelspiel durchschaut: Können, wenn es um Autonomie und Gehalt, Nichtkönnen, wenn es um Mißerfolge geht. Im Erziehungssystem spielen sich, immer nach der Feststellung des Beobachters, Prozesse ab, in die das strukturelle Defizit operativ und semantisch eingebaut wird. Das System ist sich einerseits selbst Gegenstand von Beobachtung und Beschreibung, andererseits verändert es diesen Gegenstand allein schon durch den Vollzug solcher Operationen und kann diesen Effekt als Vorteil bzw. Nachteil antezipieren. In der klassischen Soziologie hatte man gemeint, Handlungssoziologie und Wissenssoziologie als unterschiedliche Sektoren soziologischer Forschung trennen zu können, aber das wird durch diese Art von Befunden widerlegt. Für den Beobachter wird das System dadurch im strengen Sinne paradox: Es benutzt das konstitutive Defizit, das sich weder zur Rechtfertigung des Systems noch zur Begründung von Kritik und Vorwürfen eignet, um beides zu ermöglichen, und gibt sich damit die Freiheit, Rechtfertigungen vorzuwerfen und Vorwürfe zu rechtfertigen. Die Paradoxie blockiert mithin nicht die Erziehung – sowenig wie die Paradoxie des Epimenides die Forschung blockiert. Es wird aber die Erziehung des Erziehungssystems blockieren, wenn dieses in bezug auf die eigenen Operationen Lob und Tadel oder Begründung und Kritik nicht in ein trennscharfes Verhältnis wechselseitiger Ausschließung bringen kann.

IV

Ob nun paradox oder nicht und für welche Art der Beobachtung auch immer: das strukturelle Defizit ist unvermeidbare Ausdifferenzierungsbedingung des Erziehungssystems. Das bedeutet nicht, daß jede erzieherische Aktivität sich diesem Problem zu stellen hätte, und erst recht nicht: daß sie es praktisch zu lösen hätte. Wie beim Verhältnis von individueller und sozialer Rationalität scheint es um ein Problem zu gehen, das dadurch gelöst wird, daß es nicht gelöst wird. Die Konsequenzen liegen zunächst auf systemstrukturellem Gebiet. Man kann das System der Erziehung nicht adäquat begreifen, wenn man nicht sieht, wie seine Strukturmöglichkeiten durch jenes Defizit limitiert, ja gerade kanalisiert sind.

Eine erste Überlegung zu Konsequenzen erfordert einen etwas komplizierten Begriff, der das Problem des strukturellen Defizits auf die Ebene des Handelns überspielt. Im losen Anschluß an Amelie Rorty wollen wir von akratischem Handeln sprechen, wenn eine Handlungsbeschreibung gewählt und befolgt wird, die die mit dem Handeln verfolgten Ziele nicht erreichen kann (obwohl sie wegen dieser Ziele gewählt wird).[18] Relativ krude Formen solchen Handelns können als »magisch« klassifiziert werden, aber wir wollen nicht unhöflich sein und lassen sie hier außer acht. Akratisches Handeln braucht nicht mit feststellbaren Kausalgesetzen zu kollidieren, und es geht auch nicht einfach um Glauben an Kräfte oder Fähigkeiten, die es gar nicht gibt. Man sollte die Fortexistenz magischer Zurechnungsweisen in

18 Siehe Self-Deception, Akrasia and Irrationality, Social Science Information 19 (1980), S. 905-922. Zuweilen spricht man auch von »second-order desires« oder unterscheidet Werte und konkrete Motive oder Präferenzen, um zu erklären, daß konkretes Verhalten den eigenen Idealen oder Zielsetzungen einer höheren Ebene widerspricht. Zu dieser Diskussion vgl. Harry G. Frankfurt, Freedom of the Will and the Concept of a Person, Journal of Philosophy 68 (1971), S. 5-20; Richard C. Jeffrey, Preferences Among Preferences, Journal of Philosophy 71 (1974), S. 377-391; Gary Watson, Free Agency, Journal of Philosophy 72 (1975), S. 205-220. Wir belassen es bei dem Ausdruck Akrasie, obwohl er weder dem griechischen Normalsinn von akrasia (Unbeherrschtheit im Sinne von Maßlosigkeit oder das Fehlen der Kraft, sich an gute Vorsätze zu halten) entspricht und obwohl wir, wie der Leser bei genauer Nachprüfung feststellen wird, den Sinn auch im Verhältnis zu Rorty verschieben, nämlich von Präferenzabweichung zu Kausalabweichung. Möglicherweise kehren wir damit über Aristoteles (Nik. Eth. VII, 1-11) zu Sokrates (Erklärung durch Unwissenheit) zurück.

der modernen Gesellschaft nicht unterschätzen,[19] aber als akratisch gilt uns auch der Fall, daß die Sinngebung, die ein Handeln bestimmt, so stark generalisiert wird, daß sie den Kontakt mit ihren konkreten Erfolgsbedingungen verliert und gelernt und wiederholt wird, obwohl zumeist die Umstände gar nicht vorliegen, die ihr den Erfolg sichern. Besonders Arbeitsorganisationen mit komplexen und riskanten Vollzügen (und fast alle Arbeitsorganisationen definieren sich so!) entwickeln dann erfolgsunabhängige Bewertungsschemata, die auf die Bestimmung des Handelns zurückwirken.[20] Gerade die Ziele, die man verfolgt, und gerade die intensiven Erfahrungen mit einem bestimmten Milieu bieten den Ausgangspunkt für die Genese solcher Selbstrezeptierungen. Sie sind systemischen Ursprungs und mit Bezug auf Ursache-Wirkungs-Ketten nicht einfach nur richtig oder falsch. Sie sind als »Kausalplan« angesetzt und dienen den Zielen, aber sie beruhen trotzdem auf einer Art wohltätiger Selbsttäuschung, ohne die man vielleicht gar nicht zum Handeln käme. Die Selbsttäuschung verdrängt die Informationslasten, die man eigentlich bewältigen müßte; sie reduziert die Komplexität des Kausalfeldes, und sie zieht einen Nebelschleier vor all die widrigen Umstände – vor allem natürlich vor das, was im Zögling wirklich vor sich geht.

Das strukturelle Defizit, mit dem das Erziehungssystem sich aus dem Sozialisationsgeschehen heraushebt, dürfte ein besonders günstiger Nährboden für die Genese akratischen Handelns sein. Wie anders sollte man lernen, wenn man unter der Bedingung eines Technologiedefizits im Grunde gar nicht lernen kann. Unter dem Aktionsdruck, der durch Ausdifferenzierung entsteht, entstehen schon auf der operativen Ebene des alltäglichen erzieherischen Handelns akratisch zentrierte Situationsdefinitionen, die, weil motivgünstig, mit hoher Kraft zur Selbstbestätigung ausgestattet sind. Man stelle sich den Junglehrer angesichts seiner ihn beobachtenden Klasse vor, der sich sagen muß, daß er nicht wissen kann, wie er's anfangen soll! Er kann

19 Vgl. etwa Lars Clausen, Behauptung der Magie, Jahrbuch für Religionssoziologie 5 (1969), S. 141-155, und jetzt Carlo Mongardini (Hrsg.), Il Magico e il Moderno, Milano 1983.

20 Vgl. Everett C. Hughes, Mistakes at Work, Canadian Journal of Economics and Political Science 17 (1951), S. 320-327, neu gedruckt in ders., Men and Their Work, Glencoe Ill. 1958, S. 88-101. Einen ähnlichen Begriff, Handlungsbeschreibungen als »ideological molecules«, verwendet William H. Starbuck, Organizations as Action Generators, American Sociological Review 48 (1983), S. 91-102.

nur akratisch lernen. Die Motive, die ihn dazu bewegen, brauchen in den Sinn der bevorzugten Handlungsbeschreibung nicht mitaufgenommen werden. Gerade darauf beruht die Funktion der Akrasie; denn andernfalls würde sie sich selbst blockieren.

Wenn man annehmen darf, daß ein über ein Strukturdefizit ausdifferenziertes Funktionssystem stärker als soziale Situationen im allgemeinen zum Gebrauch von akratischen Situations- und Handlungsbestimmungen genötigt ist: wie wird dann der zugleich nötige Abstimmungsbedarf erfüllt? Wird er abgeschwächt – etwa dadurch, daß jeder Lehrer mit seiner Klasse allein gelassen wird und in jeder Hinsicht »loose coupling« praktiziert wird?[21] Oder gibt es semantische Führungen, etwa auf der Grundlage einer gemeinsamen Ausbildung, in der Unsicherheitsbewältigung schon trainiert wird,[22] oder aufgrund anderer organisatorischer oder literarischer Formen der Indoktrination eines professionellen Ethos und üblicher Praktiken. Professionen bilden ihre Ideologien und Richtigkeitsvorstellungen sehr typisch »praxisnah« in mehr oder weniger standardisierten Situationen und typischen Gefährdungen aus.[23] (Man denke an die Disziplinprobleme des Schulunterrichts.) Sie durchsetzen Situationen relativ direkt mit Wertungen und garantieren dafür kollegiale Unterstützung. Dies kann hier nicht weiter ausgeführt werden. Es kommt nur auf die Forschungsperspektive an. Deren Hypothese ist: daß ein systemkonstituierendes strukturelles Defizit auf der operativen Ebene ausgetragen werden muß, auf der das System die elementaren Einheiten festlegt, aus denen es besteht, nämlich Handlungen; und daß von hier aus Selbstbeschreibungssemantiken einer höheren Ordnung entwikkelt werden, die das An-der-Kausalität-Vorbeigeneralisieren nicht ganz dem individuellen Belieben überlassen.

21 Vgl. Weick, a. a. O.

22 Für einen anderen Professionsbereich, für Medizin siehe Renée Fox, Training for Uncertainty, in: Robert K. Merton/Georg G. Reader/Patricia L. Kendall (Hrsg.), The Student-Physician: Introductory Studies in the Sociology of Medical Education, Cambridge Mass. 1957, S. 207-241, neu gedruckt in dies., Essays in Medical Sociology, New York 1979, S. 19-50.

23 Vgl. Philipp Elliott, Professional Ideology and Social Situation, The Sociological Review 21 (1973), S. 211-228. Siehe auch die einschlägige Unterscheidung von institutioneller und situativer Komplexität bei Harlan Wilson, Complexity as a Theoretical Problem: Wider Perspectives in Political Theory, in Todd R. La Porte (Hrsg.), Organized Social Complexity: Challenges to Politics and Policy, Princeton N. J. 1975, S. 281 ff.

V

Damit genug zu Fragen der Ohnmacht und der Selbsttäuschung. So wichtig diese Konsequenz des strukturellen Defizits bzw. der Pädagogisierung von Sozialisation auch ist: sie darf nicht überschätzt werden. Um diesem Eindruck einer ausschließlich wissenssoziologischen bzw. ideologiekritischen Betrachtungsweise entgegenzuwirken, soll eine zweite, mindestens ebenso wichtige Folge der paradoxen Konstitution und der evolutionären Unwahrscheinlichkeit intentional systematisierter Erziehung mit in Betracht gezogen werden. Wir behandeln sie unter dem Gesichtspunkt der *Unausweichlichkeit einer zweiten, educogenen Sozialisation im Erziehungssystem selbst.*

Sobald es zur Ausdifferenzierung sozialer Systeme kommt, die sich primär, wenn nicht nahezu ausschließlich mit Erziehung befassen, läuft auch in diesen Systemen Sozialisation ab, die pädagogisch nicht kontrolliert werden kann. Man wird vor allem an Schulen denken; aber auch ein Familienklima, das monoman an Erziehung orientiert ist, differenziert die Einzelfamilie in diese Richtung aus. Die Intentionalisierung wird explizit oder implizit Gegenstand der Systemkommunikation. Derjenige, der erzogen werden soll, merkt die Absicht und gewinnt dadurch die Freiheit, sie zu durchkreuzen. Er kann sich ihr zum Schein fügen, kann auf seine eigene Weise »einsehen«, kann auf Nebenaspekte reagieren, kann offen rebellieren, ohne zu merken, wie sehr er dabei doch folgt. Schon die Breite dieser Möglichkeiten und ihr rascher Wechsel von Situation zu Situation entzieht sie der Einsicht des Erziehers, von Planung und Kontrolle ganz zu schweigen. Vom Effekt her gesehen wird diese mitlaufende Sozialisation daher nicht selten die Erziehung überholen und das Ergebnis mehr prägen als die noch so durchgeplante pädagogische Absicht.

Dabei steht die Absicht als Focus der positiven und negativen Reaktionen nicht allein. Vielmehr führt die Ausdifferenzierung im Hinblick auf eine spezifische Funktion auch zum Aufbau ungewöhnlicher Strukturen. Vor allem das Interaktionssystem des Unterrichts in Schulklassen bildet extreme soziale Verhältnisse, die sich kaum irgendwo sonst wiederholen: Geringe Störbarkeit durch die Umwelt und Einbeziehung aller relevanter Komplexität über Lernstoffe in das System selbst; Focussierung auf einen scharf ausgeprägten Rollengegensatz von Lehrer und Schüler mit Neutralisierung der Relevanz anderer eigener Rollen der Beteiligten; Gleichheit und Vergleichbarkeit der Schüler; Zukunfts- und Leistungsorientierung; Codierung und Schematisierung der Bewertungen, die über die weitere Karriere im System entscheiden. Es kann nicht ausbleiben, daß von so überspitzten Sonderbedingungen Sozialisationseffekte besonderer Art ausgehen, *wenn* diese Strukturen im Handeln aufgenommen und bestätigt werden.[24] Man hat dies (nicht sehr glücklich) den »heimlichen Lehrplan« genannt.[25] Die derzeit vorherrschende Sozialisationstheorie scheint den Zugang zu diesem Problemkreis nicht gerade zu begünstigen (denn sie wirkt bei Übertragung auf die Schule wiederum lehrerzentriert). Ersetzt man sie durch den hier angedeuteten Theorievorschlag, daß nicht die »Sozialisationsagenten« (mehr oder weniger erfolgreich) sozialisieren, sondern daß Differenzen sozialisieren, gewinnt man bessere Ausgangspunkte für die Frage, welche strukturellen Differenzen im schulklassenförmigen Unterricht so markant hervortreten, daß sie anderen Differenzen das Wasser abgraben und die Sozialisation so gut wie zwangsläufig auf sich ziehen. Vor allem wird das für die Differenz Lehrer/Schüler gelten, ferner für die Differenz, die das Verhalten des Schülers seiner Meinung nach in den Augen der Mitschüler ausmacht (peer-group-Urteil), und für die Faszination durch den Schematismus von Erfolg und Mißerfolg, insbesondere das Zensurenschema und das organisatorische Prozessieren der Zulassungen, Versetzungen, Abschlüsse.

Man denkt bei diesen Problemen der zweiten, die Absichten der Erziehung überholenden Sozialisation mit Recht zunächst an die Schule. Dasselbe Problem gibt es aber auch in der Familie, wenn diese sich zu sehr auf Erziehungsaufgaben kapriziert und sich dadurch ihren Alltag mitsamt den Annehmlichkeiten des Zusammenlebens »kaputtmacht«. Hier tritt die Faszination durch strukturelle Differenzen zurück. Die Differenzen werden an Personen wahrgenommen und ihnen zugerechnet: Der ältere Bruder ist stärker, der Vater hat nie Zeit, die Mutter hat Migräne. Um so stärker profiliert sich über Personzurechnung eine pädagogische Absicht, wenn sie erkennbar oder vermutbar auftritt, und um so wahrscheinlicher ist, daß dies

24 Daß es auch eine Pädagogik gibt, die genau dies zu vermeiden und den Kontext zu sabotieren sucht, in dem sie wirkt, ist bekannt. Ob das aber der pädagogischen *Absicht* bessere Chancen bietet, ist mehr als zweifelhaft.

25 Vgl. besonders die gesellschaftstheoretisch wohl zu optimistische Darstellung von Robert Dreeben, Was wir in der Schule lernen, dt. Übers. Frankfurt 1980.

kontraintuitiv sozialisiert. Man kann sich daher fragen, ob und wie weit es ratsam ist, daß die Sozialisation in Familien den Umweg über erzieherische Absichten nimmt, oder ob es nicht in vielen Bereichen einfacher und im ganzen erfolgreicher ist, die Sozialisation so laufen zu lassen, wie sie läuft, und die Belehrung der Welt zu überlassen. Allzu leicht wird derjenige, der merkt, daß man ihn erziehen will, in die innere Opposition gedrängt; und allzu leicht wird in ihm die Vorstellung aufkeimen, daß dies nicht der Sinn des Familienlebens ist, so wie er es sich vorstellt.

Es ist hier weder Raum noch Gelegenheit, solche Überlegungen auszuarbeiten und abzusichern. Unser Thema ist die Auswirkung des strukturellen Defizits des Erziehungssystems. Dieses Defizit war auf die pädagogische Intentionalisierung der immer laufenden Sozialisation zurückgeführt worden. Wir sehen nun, daß anhand sichtbarer erzieherischer Absichten und ausdifferenzierter Kontexte, die diese Absichten stützen und zum Erfolg bringen sollen, sich die Sozialisation nur neu formiert. Der Erzieher kann nicht wissen, was daraufhin geschieht. Aber er kann wissen, daß etwas geschieht. Die Erziehung kann die Sozialisation nicht ablösen oder sie gar als das bessere, zielgerechtere, rationalere Instrument ersetzen. Sie kann sie nur durch andersartige Differenzerfahrungen umpolen. Sie wird auch damit einen systematischen Effekt haben, der abweicht von dem, was ohne sie geschehen würde. Dieser Effekt wird aber kaum mit den Zielen übereinstimmen, die sie zu erreichen sucht.

VI

Will man einen so allgemeinen Tatbestand wie strukturelle Defizite erklären, und erklären soll hier heißen: seine Unvermeidlichkeit begründen, muß man auf hochabstrakte theoretische Grundlagen zurückgreifen. Technologiedefizit, Akrasie und entsprechende semantische und professionelle Defensivmechanismen, heimliche Lehrpläne und andere Verlaufsformen sekundärer schulischer Sozialisation ergeben sich daraus, daß die Funktion der Erziehung einem dafür eingerichteten sozialen System übertragen wird. Aber warum ist das so problematisch? Weshalb kann man nicht einfach die Funktion als Systemzweck ausweisen und die Einrichtungen des Systems als dafür geeignete Mittel auswählen und ggf. korrigieren? Weshalb kann man nicht zweckrational vorgehen und sich über Lern- und Verbesserungsprozesse einem immer besseren Gesamtzustand nähern?

Die Antwort finden wir mit Hilfe einer allgemeinen Theorie autopoietischer Sozialsysteme. Die Theorie postuliert, daß soziale Systeme nicht aus Individuen, Rollen oder sonstigen festen Teilen bestehen, sondern aus Ereignissen, nämlich aus Kommunikationen. Ereignisse sind notwendig instabil, sie vergehen, sobald sie entstehen, und können nur in der Zeit durch eine Differenz von (andersartigem) Vorher und (andersartigem) Nachher identifiziert werden. Die Stabilität solcher Systeme beruht auf ihrer Fähigkeit, solche Differenzen, also Diskontinuitäten, zu produzieren; sie beruht auf ihrer Fähigkeit, neue, andersartige Elemente in der jeweiligen Situation zu finden und anzuschließen. Auf eine Kommunikation kann nicht dieselbe, sondern nur eine andere folgen, und das Problem ist dann, die Wahlmöglichkeiten strukturell so einzuschränken, daß es nicht allzu schwierig und vor allem rasch möglich ist, das nächste Element zu produzieren und so die Kontinuität des Systems in der Diskontinuität seiner Elemente zu sichern. Wir wollen die Erfüllung dieser Bedingung *dynamische Stabilität* nennen.

Die ältere systemtheoretische Diskussion hatte (weil sie Handeln personbezogen und damit individualistisch auffaßte), ausschließlich *strukturelle Stabilität* vor Augen. Bei struktureller Stabilität geht es nicht um laufenden Anschluß von Aktualität an Aktualität, sondern um die Replikation von Strukturmustern in dafür in Frage kommenden Situationen. So lernt man, daß man mit Messer und Gabel zu essen hat, und lernt zugleich mit, Messer und Gabel nur dann zu gebrauchen, wenn eine entsprechende Situation vorliegt. Ein großes Repertoire solcher Strukturmuster wird situativ aktiviert und inaktiviert. Die latente Möglichkeit, mit Messer und Gabel zu essen, wird fast ständig nicht benutzt, also laufend inhibiert. Nur dadurch kann man einen hohen Grad an Spezialisierung der Kulturmuster erreichen und die Konditionen spezifizieren, unter denen sie desinhibiert werden.[26] Die ältere, noch heute nachwirkende Diskussion hatte das Problem von Stabilität und Dynamik (oder: Konformität und Pro-

26 Es gibt im übrigen auch inhibierte Möglichkeiten, die *nie* benutzt werden dürfen, für die also keine Konditionen der Desinhibierung vorgesehen sind, etwa Fisch mit dem Messer zu essen. Auf solche Möglichkeiten kann in Krisensituationen zurückgegriffen werden, und sie bieten zugleich ein Reservoir für Möglichkeiten sozialen Wandels. Barel, a. a. O., spricht in diesem Sinne von »Potentialisierung«.

gressivität) ausschließlich auf die identische bzw. abweichende Reproduktion solcher Strukturmuster bezogen und Theorien als konformistisch bzw. kritisch etikettiert, je nachdem, wofür sie sich einzusetzen schienen. Dabei wurde Systemerhaltung mit struktureller Stabilität identifiziert, aber das eigentliche Problem der dynamischen, autopoietischen Stabilität wurde nicht gesehen.

Erst wenn man von dynamischer Stabilität ausgeht, kann man den Grund des Problems erkennen, das wir hier mit strukturellem Defizit bezeichnen. Erziehungssysteme haben es, von ihrer Funktion her, mit der *strukturellen Stabilität* des Gesellschaftssystems zu tun. Sie sorgen dafür, daß man, wenn immer nötig, mit Messer und Gabel essen, mit der Nähmaschine nähen, Autofahren, Lesen und Schreiben, Englisch sprechen und vielleicht sogar: daß man den Eindruck erwekken kann, daß man behilflich ist, wenn eine Dame im Begriff ist, sich auf einen Stuhl zu setzen. Wenn dafür ein Sondersozialsystem ausdifferenziert wird, muß ein solches Lernen aber in einem eigendynamischen autopoietischen Kontext erfolgen, dessen Hauptproblem die Selbstreproduktion und das Fortschreiten von Ereignis zu Ereignis, von einer Situation in eine nächste ist *und nicht die Replikation von Strukturmustern.* Die Erziehung ist also, auch im Erziehungssystem, gewissermaßen ein Fremdkörper. Zunächst geht es, für Lehrer wie für Schüler, schlicht ums Überleben, das heißt um Teilnahme am Fortgang von Situation zu Situation, um Einfallsvermögen, um Tempo, um Fähigkeit, die Position wahrzunehmen, von der aus man im Moment aktiv werden kann, oder auch um die Intensivierung des Nichtstuns in Situationen, in denen Anwesenheit erforderlich ist und so gut wie jeder Beitrag stören würde.[27]

Führt man sich die Diskrepanz dieser Anforderungen des situativen Lavierens und des Erreichens angestrebter Lernerfolge vor Augen, sieht man zugleich, daß es für die Lösung dieses Problems kaum Rezepte geben kann. Eine »Mikrotechnologie« des geschickten Prozes-

27 Man wird hier vor allem Problemstellungen heranziehen können, die in der »ethnomethodologischen« Konversationsanalyse herausgearbeitet worden sind. Siehe etwa für Abwechseln der Beiträge zur Kommunikation Harvey Sacks/Emanuel A. Schegloff/Gail Jefferson, A Simplest Systematics for the Organization of Turn-Taking for Conversation, Language 50 (1974), S. 696-735, oder für Aufklärung und Beseitigung von Kommunikationsfehlern: Emanuel A Schegloff/Gail Jefferson/Harvey Sacks, The Preference for Self-Correction in the Organization of Repair in Conversation, Language 53 (1977), S. 361-383.

sierens der Momente, Ereignisse und Situationen ist nicht zugleich schon eine „Makrotechnologie« des Erreichens der Lernziele. Das dominierende Einspannen des Lehrers in Probleme des turn-taking, repairing, in das Vermeiden gleichzeitigen Redens mehrerer und in die Regulierung der Konkurrenz um Aufmerksamkeit und Selbstplacierung der Anwesenden im Fortgang von Moment zu Moment mag die Lösung dieser Probleme erleichtern oder wenigstens beschleunigen; aber dieser Erfolg, wenn es einer ist, steht in keinem sicheren Verhältnis zum Lernerfolg und erzeugt alle jene Nebeneffekte, die die Sozialisation in Schulklassen mitbestimmen. Manche pädagogischen Programme scheinen einer Dezentralisierung der Regie des autopoietischen Prozesses das Wort zu reden, aber wenn dies Problem auf einer ganz anderen Ebene liegt, kann man nicht sicher sein, dadurch pädagogisch etwas erreichen zu können – ganz abgesehen davon, daß ideologisch überladene Stichworte wie Emanzipation oder Demokratisierung oder Humanisierung das Problem nicht treffen und es nur falsch geführten Kontroversen aussetzen.

Diese Überlegungen beziehen andere Theorie- und Forschungsrichtungen ein, führen aber im Ergebnis wieder zurück auf das Problem der Ausdifferenzierung. Wenn man für eine Sonderfunktion ein Sozialsystem ausdifferenziert, das immer und zwangsläufig zunächst seine eigene Autopoiesis betreibt, weil es anders gar nicht existieren würde: welche Probleme ergeben sich dann für die Erwartungen, die ein Beobachter an die Erfüllung der Funktion richten könnte? Und welchen Disbalancierungen und Verzerrungen unterliegt die selbstreferentielle Reproduktion des Systems, wenn sie unter funktionsbezogenen Strukturen (Erwartungen) abläuft?

VII

Wir hatten das Problem des strukturellen Defizits bereits mit logischer Paradoxie, Ausdifferenzierung, funktionaler Spezifikation und evolutionärer Unwahrscheinlichkeit in Zusammenhang gebracht. Begrifflich stramme Aussagen dieser Art erwecken leicht den Eindruck, als ob es anders sein könnte. In der Tat ist ein solches Resultat gesellschaftlicher Evolution in dem Sinne kontingent, in dem Evolution schlechthin ein kontingenter Ordnungsaufbau ist. Dennoch geht es hier nicht um ein Programm des »deschooling society«. Es geht um ein genaueres Erkennen des Ordnungstypus derjenigen Gesellschaft, in der wir leben und die, soweit überhaupt, nur in der Reproduktion dieses Ordnungstypus sich selbst ändern kann. Es wird daher lohnen, mit ein paar abschließenden Bemerkungen auf diesen gesellschaftstheoretischen Rahmen hinzuweisen.

Strukturelle Defizite wird man in vielen Hinsichten feststellen können. Nicht zufällig hat das Thema eine theologische und moraltheoretische Tradition, von der wir ausgegangen sind. Sobald die Gesellschaft jedoch dazu übergeht, die Form ihrer Differenzierung primär auf Funktionen zu beziehen, sobald und soweit sie sich also als funktional differenziertes System etabliert, gewinnen strukturelle Defizite ein besonderes Gewicht. Sie bestimmen dann nicht mehr nur den strukturellen Aufbau einzelner Systeme, sondern prägen das Gesicht der Gesellschaft selbst. Sie setzt, wenn man so sagen darf, Defizite als Katalysatoren ein, die den Aufbau der Funktionssysteme beschleunigen und komplexieren – auf welchen Wegen und mit welchen Resultaten auch immer. Es gibt demnach in sehr abstrakter Perspektive genetische Gemeinsamkeiten, so unterschiedlich die Funktionen, die Bezugsprobleme und die dann vorfindbaren Ordnungen im einzelnen sein mögen.

Die Paradoxien der Wahrheit, der Liebe, der politischen Souveränität sind so bekannt, daß der Hinweis genügen mag. Aber auch die Wirtschaft, die vielen immer noch als ein Modell moderner Rationalität gilt, strukturiert sich anhand eines ähnlichen Problems. Wir sehen es im Steigerungszusammenhang von Internalisierung und Externalisierung der Folgen wirtschaftlichen Handelns, oder anders gesagt: in den Limitationen der Kostenkalkulation. Die Idee des wirtschaftlichen Eigentums und ihrer Universalisierung durch den Geldmechanismus hatte, mindestens seit den Physiokraten, die Internalisierung von Handlungsfolgen zum Ziel: der Eigentümer gehe mit seiner Sache pfleglicher um, so daß, wenn alle Sachen ins Privateigentum überführt werden können, zugleich die rationalste Behandlung der Dinge gewährleistet zu sein scheint[28] – die große Rechtfertigung

28 Vgl. Johann August Schlettwein, Grundfeste der Staaten oder die politische Ökonomie, Gießen 1779, insbes. S. 25 f. Für Privateigentum an Herden bei Nomaden dasselbe Argument bei Fredrick Barth, Nomads of South Persia: The Basseri Tribe of the Khamsen Confederacy, Oslo/London 1961, S. 121. Vgl. zur neueren Diskussion vor allem Harold Demsetz, Toward a Theory of Property Rights, American Economic Review 57 (1967), S. 347-359.

der enclosure-Bewegung. Nun besteht die Welt aber nicht nur aus Dingen, sondern auch aus Interdependenzen, und das führt dazu, daß mit der Internalisierung von Kosten auch die Externalisierung von Kosten, ihre Abwälzung auf andere, insbesondere auf den die Öffentlichkeit repräsentierenden Staat, zunimmt. Es ist üblich geworden, aber höchst irreführend, diesen Gedanken in eine Kritik des Privateigentums umzusetzen. Bei einer Verstaatlichung käme man um das gleiche Dilemma nicht herum – es sei denn, daß man überhaupt (aber mit welchen Folgen?!) darauf verzichten würde, den Kapitaleinsatz wirtschaftlich zu kalkulieren. Es handelt sich um nichts anderes als um das strukturelle Defizit des Wirtschaftssystems, um die evolutionäre Unwahrscheinlichkeit einer Normalisierung wirtschaftlicher Kalkulation; und die Begrenzung der Kostenkalkulation auf das, was den Eigentümer selbst trifft, ist schon eine Strategie der Entparadoxierung, die auf die eine oder andere Weise durchgeführt werden muß, wenn man nicht zu dem Ergebnis kommen will, daß das strukturelle Defizit dem Wirtschaftssystem jede systemeigene Entscheidungsgrundlage nimmt.

Diese Andeutungen mögen genügen, um zu zeigen, daß strukturelle Defizite nicht ein Spezifikum und eine Sonderlast des Erziehungssystems sind, die sich aus der besonderen Anspruchslage, der Schwierigkeit oder dem Eigenwert seiner gesellschaftlichen Aufgabe ergibt. Die Pädagogen mögen stolz darauf sein, daß sie es trotzdem im großen und ganzen hinkriegen, aber das zeichnet sie nicht vor anderen aus. Das Konzept struktureller Defizite verknüpft somit gesellschaftstheoretische und bereichsspezifische Analysen. Es leistet keine gesellschaftstheoretischen »Ableitungen«, wie marxistische Autoren sie versuchen. Es kann aber zeigen, daß bestimmte Konzepte eine Art Scharnierfunktion haben, an die sowohl gesamtgesellschaftliche als auch bereichsspezifische Forschungen anschließen können. Und wenn dies nach beiden Richtungen funktioniert, kann man darin ein starkes Argument für diese Konzepte finden.

Sozialisation und Erziehung

I

Begriff und Theorie der Sozialisation sind fast gleichzeitig mit der Soziologie entstanden. Im Vergleich zu den politökonomischen Diskussionen des 19. Jahrhunderts boten sie der Soziologie die Chance, die ideologischen Streitigkeiten über Verteilungsfragen zurückzustellen und statt dessen dem Problem der Tradierung von Kultur, von Normen und Werten, von Rollenmustern nachzugehen. Die vorherrschende, die Begriffsbildung bestimmende Fragestellung war daher, wie soziale Strukturen im Durchlauf der Generationen relativ stabil gehalten und soziale Erfahrungen in Form gebracht und auf den Nachwuchs übertragen werden können.

Der Begriff der Sozialisation hat von daher eine asymmetrische Struktur mitbekommen. Er bezeichnet eine Übertragungsleistung. Dasselbe gilt für Erziehung. Es gab daher zunächst wenig Anlaß, sich über das Verhältnis von Sozialisation und Erziehung weitere Gedanken zu machen. Diejenigen, die Verhaltensmuster auf den Nachwuchs übertragen, wurden und werden als Sozialisationsagenten bezeichnet. Wenn dies absichtsvoll geschieht und, fast könnte man sagen, wenn dafür Planstellen bereitgestellt werden, heißen sie Erzieher. Daß nicht alles gelingt, was man unternimmt, versteht sich von selbst. Auch konnte man die Sozialisationstheorie benutzen, um einen der Anlässe für sozialen Wandel zu bezeichnen. Die Übertragung gelingt nicht vollständig; sie ist durch Zeitumstände mitbedingt und kann daher zu Unterschieden zwischen den Generationen führen.

An diesem Bild hat sich bis heute nichts Entscheidendes geändert. Man trägt mehr als früher den das Kulturgut aufnehmenden Sozialisanden Rechnung. Sie wirken nicht nur passiv, sondern aktiv an dem Prozeß der Sozialisation mit. Infolgedessen muß dieser Prozeß als eine Art Wechselwirkung begriffen werden. Sozialisation ist ein reziprokes Geschehen, das nicht nur auf die Sozialisanden, sondern auch auf die Sozialisationsagenten zurückwirkt. Damit ist aber lediglich eine Komplikation in die Theorie eingeführt. Statt einfacher Asymmetrie gibt es jetzt eine Art doppelte Asymmetrie, in der sich jedoch die Verschiedenheit der Positionen des Sozialisationsagenten und des Sozialisanden durchhält, typisch begriffen als eine Altersdifferenz. Die Theorie ist dadurch realitätsnäher geworden. Zugleich ist es aber auch schwieriger geworden, auf dieser Basis Hypothesen zu entwickeln.

Ein Nebeneffekt ist, daß jetzt beide Seiten des Sozialisationsprozesses explizit als Subjekte begriffen werden. Was das genau heißen soll, bleibt jedoch ungeklärt. Soziologen benutzen den Subjektbegriff oft als eine Art Leerformel oder als Platzhalter für psychische Sachverhalte, über die sie sich nicht äußern können oder nicht äußern wollen, weil sie die Disziplingrenzen zu respektieren haben. Das heißt aber auch, daß Probleme der Lernschwäche soziologisch nicht behandelt werden können. Statt dessen gilt eine Art Normalitätsprämisse, die allenfalls für Typisierungen Raum läßt. Als Schema der Erzeugung von Unterschieden in den eigenen Daten verwendet die Soziologie dann gerne die Korrelation mit Schichtung und begreift so Sozialisation nicht zuletzt als Reproduktion des Schichtungssystems der Gesellschaft im Nachwuchs.

In diese Diskussionslage möchte ich mit einer neuartigen Theorie selbstreferentieller Systeme eingreifen, die dazu zwingt, zwischen psychischen Systemen und sozialen Systemen einen scharfen Unterschied zu machen. In beiden Fällen handelt es sich um selbstreferentielle Systeme, die ihre eigene Reproduktion aufgrund eines geschlossenen Netzwerkes rekursiver Operationen betreiben – was gelingen oder auch mißlingen kann. Im einen Fall ist der Operationsmodus Bewußtsein, im anderen Falle Kommunikation. Diese scharfe Trennung schließt natürlich kausale Interdependenzen nicht aus; aber man muß zunächst die Trennung und die Geschlossenheit der Organisation der Erzeugung eigener Operationen begreifen, wenn man sehen will, wie und wie komplex sich ein System durch seine Umwelt anregen lassen kann.

Wenn man diesen Umbau von Theoriegrundlagen akzeptiert, stellen sich für eine Theorie der Sozialisation ganz neue Aufgaben. Sie hat nunmehr zu erklären, weshalb es trotz der selbstreferentiellen Geschlossenheit psychischer Systeme zu einem so hohen Maß an Kooperationsfähigkeit in sozialen Kontexten kommen kann. Und man wird gleich hinzufügen müssen, daß wir von einer zureichenden Beantwortung dieser Frage weit entfernt sind; ja, daß wir noch nicht einmal über Ansätze zu einer empirischen Theorie des rekursiven, selbstreferentiellen Operierens von Bewußtseinssystemen verfügen.

Sicherlich reicht es nicht aus, die soziale Umwelt des psychischen

Systems einfach als Rauschen, als Störung, als Irritation aufzufassen, aus der das psychische System nach und nach mit Bordmitteln einen für es selbst plausiblen Sinn herauszieht. Auf diese Weise könnte das Tempo der Sozialisation nicht erklärt werden – ebensowenig wie das ausreichend hohe Maß an sozialer Übereinstimmung. Aussichtsreicher scheint es zu sein, davon auszugehen, daß psychische und soziale Systeme in einer wichtigen Hinsicht übereinstimmen: Sie bestehen beide aus Elementen, die den Charakter von Ereignissen haben, also mit ihrem Auftreten sogleich wieder verschwinden. Im einen Falle können wir von Gedanken, im anderen Falle von Kommunikationen sprechen. In jedem Falle wird das »Material«, aus dem das System besteht, nicht gespeichert, sondern sofort wieder aufgelöst; und in jedem Falle erfordert die »autopoietische« Reproduktion des Systems nicht eine ungefähr gleiche Replikation der Elemente, sondern die Herstellung eines *andersartigen* Ereignisses, das ebenfalls sofort wieder verschwindet, um weiteren Gedanken bzw. Kommunikationen Platz zu machen. Die Strukturen beider Systeme sind deshalb spezialisiert auf dieses ständige Ersetzen von etwas durch etwas anderes, und sie stehen in beiden Fällen daher unter der Notwendigkeit, Anschlußfähigkeit zu sichern.

Diese Besonderheiten auf der Ebene der Elemente und der Strukturen unterscheiden psychische und soziale Systeme sehr wesentlich von Systemen der Reproduktion des Lebens. Sie könnten außerdem den Ausgangspunkt bilden für eine Lösung des Problems der Sozialisation. Psychische und soziale Ereignisse können, weil sie sofort wieder verschwinden, in hohem Maße zusammenfallen. Kommunikationen sind dann zugleich Bewußtseinsereignisse in den beteiligten psychischen Systemen. Das kann zwar nicht heißen, daß die Sozialität der Kommunikation im Vollsinne Bewußtseinsinhalt werden kann; und ebensowenig, daß das, was sich im Bewußtsein während der Kommunikation abspielt, voll kommuniziert werden kann. Aber man kann doch davon ausgehen, daß sich, vor allem dank der formalen Prägnanz der Sprache, ein hohes Maß an laufender Übereinstimmung herstellt, so daß soziale Systeme davon ausgehen können, daß psychische Systeme erleben und wissen, was jeweils gesagt wird, und auf der anderen Seite psychische Systeme, wenn sie kommunizieren, dadurch in ihrer Gedankenarbeit mehr oder weniger stark gebunden sind.

Diese Simultanpräsenz psychischer und sozialer Elementarereignisse ist mit der These selbstreferentiell geschlossener Systeme und sogar mit der Annahme von autopoietischen Systemen des Bewußtseins und der Kommunikation durchaus kompatibel. Denn auch wenn es auf der Ebene der Ereignisse zu einem hohen Maß an Kongruenz kommt, bleiben die Systeme ganz verschieden. Die Ereignishaftigkeit der Elemente verhindert, daß sie aneinander klebenbleiben. Die momentane Übereinstimmung löst sich immer sofort wieder auf, und im nächsten Moment kann das Bewußtsein abschweifen, etwas Nichtkommunizierbares denken, abbrechen oder pausieren, während die Kommunikationslast auf andere übergeht. Vor allem das viel untersuchte »turn taking«, der sozial regulierte Wechsel in aktiver und passiver Beteiligung an Kommunikation, und die entsprechenden Unterschiede der Beanspruchung von Aufmerksamkeit und des »cognitive tuning« sichern die Unvermeidlichkeit der laufenden Wiederherstellung der Systemdifferenz.

Auf seiten der sozialen Systeme wird dieser Eigenständigkeit psychischer Systeme vor allem dadurch Rechnung getragen, daß Kommunikationen ihre Themen so zuspitzen, daß der angebotene Sinn angenommen oder abgelehnt werden kann. Für alles, was kommuniziert wird, hält die Sprache eine Ja-Fassung und eine Nein-Fassung bereit. In beiden Fassungen bleibt die Errungenschaft der Kommunikation, nämlich Verständlichkeit, soweit sie erreicht ist, erhalten; und gerade dadurch wird jene Bifurkation erzeugt, die alle weitere Kommunikation vor die Alternative stellt, vorausgehende Kommunikation entweder anzunehmen oder abzulehnen.

Die Konsequenzen für eine Theorie der Sozialisation liegen auf der Hand. Sie hat es nicht einfach mit einer Übertragung von Konformitätsmustern zu tun, sondern mit der durch Kommunikation ständig reproduzierten Alternative von Konformität oder Abweichung, Anpassung oder Widerstand; und dies gilt auch dann, wenn man die zum Konflikt führende Kommunikation der Ablehnung scheut und die Ablehnung bei sich behält. Es kommt hinzu, daß in der Abweichung typisch die größeren Individualitätschancen liegen als in der Konformität. Sobald in der gesellschaftlichen Kommunikation die Eigenständigkeit und Autonomie des Individuums gepflegt wird, ist es deshalb paradox, wenn man zugleich auf Konformität besteht. Es entstehen dann Muster positiver Abweichung – etwa im Überbieten von Normalerwartungen, in Leistungs- und Konkurrenzsemantiken, aber auch in der Legitimation von Subkulturen (etwa Jugendkulturen) oder in kurzfristigen, zeitabhängigen Stilen und Moden, die das Abweichen vom gerade Üblichen zum Ausgangspunkt für einen kommenden Konformitätsdruck werden lassen. Es mag dann mehr oder weniger gut gelingen, den Sozialisationseffekt des Abweichens auf diese Formen zu reduzieren und ihn so mit Konformität zu vermitteln. Die Frage ist jedoch, ob dies auch gelingt, wenn zusätzlich Erziehung ins Spiel kommt.

II

Trotz dieser Bedeutung von Gleichzeitigkeit der Ereignisse für Umweltkontakte jeder Art kann eine Theorie der Sozialisation sich damit allein nicht begnügen. Das psychische System bildet Strukturen, die den Moment überschreiten und die Autopoiesis, also das Realisieren nächster Ereignisse, regulieren. Für diese Funktion ist die Bildung von Erwartungen erforderlich. Der Prozeß der (Selbst-)Sozialisation kann mithin als Prozeß der Bildung von *Erwartungen* begriffen werden, die ihrerseits dann regulieren, welche Ereignisse für das System möglich sind.

Erwartungen haben ihre wichtigste Eigenschaft darin, daß sie enttäuscht werden können. Sie markieren das Erwartete als kontingent; und wenn etwas in der Modalität des Notwendigen erwartet wird, so ist Notwendigkeit nichts anderes als Alternativenlosigkeit, als negierte Kontingenz. Es ist also nicht die Stabilität, sondern gerade die Labilität der Strukturen, die ihre Funktion im Persönlichkeitsaufbau und in der Genese von Ich-Bewußtsein erklärt.

Erwartungen ermöglichen nämlich einen Doppeltest: Wenn sie erfüllt werden, kann dies kein Zufall sein, sondern indiziert den Realitätswert der Erwartung. Wäre die Erwartung ein rein internes Konstrukt, wären Erfüllung und Enttäuschung gleich wahrscheinlich. Man kann an der Bestätigung von Erwartungen also ablesen, daß man richtig, das heißt realitätsgerecht, erwartet hatte (ohne daß daraus folgen würde, daß die Erwartung ein »Bild« der Umwelt in das System transferiert). Aber auch die Enttäuschung von Erwartungen kann als Test benutzt werden. Wenn die Erwartung trotz Enttäuschung durchgehalten werden kann, beweist dies Ich-Stärke. Man bildet aus diesem Anlaß Sollwerte und Normen und bescheinigt sich selbst die Kraft, die projektierte Erwartung kontrafaktisch auch im Enttäuschungsfalle durchzuhalten.

Zum Teil erklärt dieses Konzept auch das hohe Tempo der Sozialisation. Denn man kann Erwartungen sowohl im Bestätigungsfalle als auch im Enttäuschungsfalle benutzen, um die Welt bzw. sich selbst zu testen. Das Instrument hat, mit anderen Worten, eine hohe Eignungswahrscheinlichkeit und zugleich eine hohe Offenheit für sehr verschiedene Resultate. Es muß jedoch, will man nicht in das zu langsame Konzept des »order from noise« zurückfallen, hinzukommen, daß die Erwartungsbildung selbst hinreichend eingeschränkt wird. Dies geschieht offenbar durch die Zeithorizonte des gleichzeitigen Erlebens. Bei der momenthaften Integration eigener und fremder Erlebnisse kann im Überschneidungsbereich miterlebt werden, welche Erwartungsprojektionen die Identifikation des Erlebens ermöglichen, vor allem: im Hinblick auf was gehandelt wird. Die Simultaneität der Ereignisse selbst schränkt sinnvolle Erwartungsbildung ein – zunächst im Nahhorizont der unmittelbaren Protention (Husserl), sodann aufgrund der so gebildeten Sicherheiten auch über größere, diskontinuierliche Zeitdistanzen.

Es ist nach alldem von erheblicher Bedeutung, über welche Erwartungen ein psychisches System sich sozialisiert. Dies besagt jedoch keineswegs, daß die Sozialisation dem psychischen System Konformität mit fremden Erwartungen (oder genauer: mit der eigenen Erwartung fremder Erwartungen) auferlegt. Erwartungen anderer gewinnen eine über das unmittelbare Miterleben hinausgehende psychische Realität nur, wenn man sie seinerseits erwarten, und das heißt, sich von ihnen distanzieren kann. Gerade das Sichaneignen von Erwartungserwartungen ermöglicht es deshalb, die erwarteten Erwartungen anderer zu enttäuschen – so wie man ja auch im sachbezogenen Erleben etwas kommen sieht – und es verhindert. Obwohl die Bildung von Erwartungen in sozialen Kontexten keineswegs zufällig und auch nicht ausschließlich selbstdeterminiert erfolgt, hat Sozialisation keineswegs die Funktion, soziale Konformität mit überwiegend akzeptierten Erwartungen zu sichern (mit der Folge, daß eine solche Theorie Devianz als Mißerfolg von Sozialisation oder, genau genommen, sogar als Nichtstattfinden von Sozialisation begreifen müßte). Vielmehr müssen Genese von Erwartungen und Genese von Konformität mit den Erwartungen anderer sorgfältig unterschieden werden, und das Konzept der Erwartungserwartungen bildet hierfür die Brücke. Wenn Sozialisation zu hoher Konformität des Verhaltens führt (was natürlich nicht ausgeschlossen ist), bedarf dies einer zusätzlichen Erklärung.

Es liegt daraufhin nahe, diese Erklärung mit dem Konzept der Erziehung zu geben. Aber auch diese Lösung zerfällt bei genauerer Betrachtung.

III

Im Unterschied zu Sozialisation muß man Erziehung auffassen als eine Veranstaltung sozialer Systeme, spezialisiert auf Veränderung von Personen. Natürlich hat auch Erziehung Bewußtseinskorrelate in den aktiv und passiv beteiligten psychischen Systemen, aber sie ist und bleibt kommunikatives Geschehen und folgt damit auch den Strukturgesetzlichkeiten sozialer Systeme. Während Sozialisation immer Selbstsozialisation aus Anlaß von sozialer Kommunikation ist, ist Erziehung die kommunikative Veranstaltung selbst, denn nur so ist ihre Einheit zu begreifen.

Im Vergleich zu Sozialisation, die in jedem sozialen Kontext mitläuft, aber auf dessen Anregungen beschränkt bleibt, hat Erziehung den wichtigen Vorteil, Resultate zu suchen und auch erreichen zu können, die man in *anderen* Systemen brauchen kann. Trotz aller Reklame für lebenslanges Lernen hat die Erziehung nicht sich selbst zum Endzweck. Sie schafft Voraussetzungen für Mitwirkung in anderen Systemen, und seit dem 18. Jahrhundert denkt man dabei vornehmlich, ja fast ausschließlich an berufliche Karrieren. Abstrakter ausgedrückt, gibt es einen Zusammenhang zwischen der Absicht zur Erziehung, der Selektion ihrer Themen und der Übertragbarkeit ihrer Resultate. Wie weit das geht, mag umstritten sein und umstritten bleiben: Der Unterschied zur Sozialisation bleibt davon unberührt. Sozialisation hat immer nur »lokale« Bedeutung, wirkt immer nur für den sozialisierenden Kontext und reicht daher nur bei ohnehin geringer sozialer Mobilität aus. Will man übertragbare Resultate erreichen, muß man von Sozialisation zu Erziehung übergehen; oder genauer: die ohnehin laufende und unvermeidliche Sozialisation durch Erziehung ergänzen. In diesem Sinne sind Erziehungseinrichtungen, was immer man von ihnen halten mag, heute unentbehrlich. Und je komplexer die Gesellschaft wird und je mobiler die Individuen in ihrer Teilnahme an einer Vielzahl sozialer Systeme, desto unausweichlicher wird auch die Ausdifferenzierung eines Erziehungssystems, das die Individuen auf ein Leben außerhalb des Erziehungssystems vorbereitet.

Es kommt für den Begriff der Erziehung nicht darauf an, wie weit die entsprechenden Kommunikationen ausdifferenziert sind. Selbstverständlich kennen auch die einfachsten Gesellschaften Kindererziehung, auch wenn sie nur gelegentlich aus Anlaß von Situationen mit korrekturbedürftigem Verhalten erfolgt. Von da bis zur Zuweisung einer Hauptverantwortung für Erziehung an Familien und bis zur Ausdifferenzierung hochspezialisierter Erziehungssysteme in der Form von Schulen ist es ein weiter Weg. Man kann aber vermuten, daß die erziehende Kommunikation bestimmte Besonderheiten aufweist, die nur verstärkt zum Zuge kommen, wenn ganze Funktionssysteme für Erziehung ausdifferenziert sind. Ich möchte diese Besonderheit anhand von zwei Gesichtspunkten verdeutlichen:

1. Erziehung tritt als absichtsvolle Kommunikation auf. Es mag Grenzfälle geben, in denen etwas als Erziehung aufgefaßt wird, was gar nicht so gemeint war (zum Beispiel in Ehen oder aus Anlaß der Einweisung in einen Arbeitsplatz). Typisch aber ist der pädagogische Sinn der erziehenden Kommunikation hinreichend evident, und diese Offensichtlichkeit stützt sich auf soziale Kontexte wie Familien oder Schulen, Heime oder Lehrverhältnisse, in denen Erziehung erwartet werden kann.

Absichtsvolle Kommunikation zum Zwecke der Erziehung heißt nun zunächst, daß die Ablehnungsmotive im Verhältnis zur Sozialisation verdoppelt werden. Der Adressat kann die Kommunikation nicht nur deshalb ablehnen, weil er die Information für unzutreffend oder die Anweisung für unakzeptabel hält; er kann sie auch deshalb ablehnen, weil sie seine Erziehung bezweckt und er sich nicht in die Rolle dessen begeben will, der dies nötig hat. Man kann, mit anderen Worten, auf die Information oder auf ihre Mitteilung reagieren, und in beiden Richtungen mag es Gründe (oder auch relativ zufällige, ad hoc sich einstellende Motive) geben, die Sache für nicht gut zu halten. Man kann daraus schließen, daß, und dies ist ein sehr typisches Phänomen, die funktionale Ausdifferenzierung bestimmter Operationsweisen die Unwahrscheinlichkeit des Erfolgs mit sich bringt und daher in der Evolution wenig Chancen hat. Man kann den Beweis dafür in der Form eines sozialen Experimentes erbringen: Versuchen Sie, jemanden, der darauf nicht vorbereitet ist, zu erziehen; es wird wahrscheinlich mißlingen, auch wenn die Höflichkeit es ihm verbieten mag, mit offener Zurückweisung zu reagieren. Erziehung ist also auf soziale Stützeinrichtungen angewiesen, die diese Wahrscheinlichkeit des Mißerfolgs neutralisieren. In Schulen zum Beispiel wird die Absicht auf die Institution, nicht auf die Augenblicksentscheidungen des Lehrers zugerechnet. Auch wird derjenige, der dafür bezahlt, zum Beispiel einen Therapeuten bezahlt, dem Erzogenwerden weniger Widerstand entgegensetzen. In Familien mit halberwachsenen Kindern oder auch in Heimen für Jugendliche mag die Situation sehr ambivalent sein, weil die Interaktion auch andere Zwecke haben kann als Erziehung.

In jedem Falle kann es angesichts dieser primären Unwahrscheinlichkeit des Erziehungserfolgs ein gutes Rezept sein, die Erziehung nicht über Kommunikation laufen zu lassen, sondern Situationen zu schaffen, die ein gewisses Sozialisationspotential aktualisieren – eine alte Pädagogenweisheit übrigens. Man eliminiert damit den Widerstand gegen Erziehung als Kommunikation und verläßt sich, ohne Erfolgssicherheit freilich, auf eine hinreichende Kongruenz psychischer und sozialer Ereignisse.

2. Eine zweite, gewagtere These lautet, daß der Erziehungsprozeß, der ein Resultat erzielen will, es kaum vermeiden kann, die Zöglinge wie Trivialmaschinen (im Sinne von Heinz von Foerster) zu behandeln. Die Kommunikation wird als Input, das richtige Verhalten als Output angesehen. Das psychische System soll daran eine Transformationsfunktion lernen, die es bei entsprechenden Situationen zu richtigem Verhalten befähigt. Das gilt für Verhaltenserziehung (Wische beim Essen den Mund mit der Serviette ab, bevor du aus dem Glas trinkst!); es gilt erst recht aber für alle kognitive Erziehung, die den Zögling befähigen soll, auf Fragen die richtige Antwort zu finden.

Man kann den Pädagogen, die hier rebellieren werden, zugestehen, daß es so einfach nicht ist. Es mag eine ganze Bandbreite von richtigen Antworten (aber eben auch: eindeutig falsche oder unpassende) geben, und man kann das psychische System auch anregen, eine eigene Transformationsfunktion zu erfinden, die dann nur nachträglich beurteilt wird. All diese Modifikationen zugestanden, kommt die Erziehung ohne die Grundvorstellung einer Trivialmaschine nicht aus, wenn sie nicht darauf verzichten will, die Ergebnisse unter Kontrolle zu halten; und sie kann darauf nicht verzichten, wenn sie sich als Kommunikation zum Zwecke der Erziehung zu erkennen gibt. Sie kann, auch wenn sie Erziehung zur Freiheit sein möchte, nicht die Wahl des Verhaltens von der Selbstreferenz des psychischen Systems abhängig machen; sie kann nicht zugestehen, daß die Verhaltensweisen verschieden ausfallen, je nachdem, in welchem Zustand das System sich als Resultat eigener vorheriger Reaktionen gerade befindet. Sie kann nur eine möglichst komplexe Trivialmaschine anstreben, in die soviel Welt wie möglich (Humboldt) eingeht, nicht aber eine Selbstreferenzmaschine.

Psychische Systeme sind nun aber keine Trivialmaschinen, auch wenn sie im sozialen Verkehr in weitem Umfange so behandelt werden. Sie sind und bleiben selbstreferentielle Systeme, in deren Verhalten der eigene Zustand als Resultat vorherigen Verhaltens zwangsläufig eingeht.

Diese Überlegung führt auf die Frage, was wohl aus selbstreferentiellen Systemen wird, die laufend so behandelt werden, als ob sie Trivialmaschinen wären? Und vielleicht ist es eine sinnvolle Hypothese, auch hier anzunehmen, daß sie, wenn es um ihre Selbstauffassung geht, versuchen werden, sich auf ein Terrain möglicher Abweichung zu retten – sei es mit unerwartbar guter Leistung, sei es mit Leistungsverweigerung, sei es mit Ironie und Witz oder sei es mit der Einrichtung einer besonderen Schülerkultur, mit eigener Sprache, mit abweichenden Einschätzungen von Verdiensten und persönlichen Qualitäten.

IV

Wir müssen nach alldem damit rechnen, daß in Systemen, die funktional auf Erziehung spezialisiert sind, strukturell bedingte und daher weitgehend unvermeidliche Sozialisationseffekte riesigen Ausmaßes eintreten. Es handelt sich hier um eine Art zweite Sozialisation – zweite Sozialisation nicht im Anschluß an eine erste, sondern als Folge sehr besonderer sozialer Bedingungen, mit denen versucht wird, Sozialisation als Erziehung zu planen. Gerade wenn diese Systeme alles tun, um den zunächst wahrscheinlichen Widerstand gegen Erziehung auszuschalten, ist um so mehr damit zu rechnen, daß sie besondere soziale Strukturen entwickeln, die ihre eigenen Sozialisationseffekte erzeugen. Das ist insbesondere im Hinblick auf Erziehung in Schulklassen heute weithin bewußt und zum Beispiel unter dem Titel »heimlicher Lehrplan« in seinen positiven wie in seinen negativen Auswirkungen Gegenstand umfangreicher Diskussion.

Dem läßt sich durch Auswahl der Lehrpläne, Stoffe und Erziehungsziele kaum entgegenwirken. Diese Auswahl mag noch so sehr auf spätere Brauchbarkeit, auf professionell verwertbares Wissen oder auch auf die Interessen der Lernenden abgestellt sein; sozialisiert wird man in der Schule für die Schule. Man lernt im Wege der Selbstsozialisation die für das Überleben hier notwendigen Verhaltensweisen, und es ist ganz offen, ob und wie weit sich Sozialisationsresultate dieser Art auf andere soziale Systeme übertragen lassen und mit welchen Folgen.

Diese recht skeptische Betrachtung schulischer Erziehung soll nicht in Richtung auf eine »Entschulung der Gesellschaft« verstanden werden. Eher geht es darum, die Selbstkritik der modernen Gesellschaft, die vor allem an der kapitalistischen Wirtschaft ausgebildet worden ist, auch auf andere Funktionssysteme zu übertragen und dadurch sowohl auszuweiten als auch zu normalisieren. In all ihren Funktionssystemen hat die moderne Gesellschaft derzeit noch einen erheblichen Nachholbedarf an theoriegesteuerten Beobachtungen und Beschreibungen; sie hat, wenn man so sagen darf, auf der semantischen Ebene noch kein zutreffendes Bild ihrer selbst gefunden. Wenn man aber die Unwahrscheinlichkeit der strukturellen Errungenschaften, von denen wir heute abhängen, beobachten und nach Möglichkeit über Kommunikation in der Gesellschaft kontrollieren will, sind theoretisch, das heißt vergleichend, orientierte Konzepte unerläßlich.

Das braucht natürlich nicht auf die im Vorstehenden skizzierten systemtheoretischen Analysen hinauszulaufen. Wenn man sie zugrunde legt, gewinnen jedoch die Trennung psychischer und sozialer Systeme auf der einen Seite und die Simultaneität von Erziehung und Sozialisation in den Erziehungssystemen auf der anderen Seite besonderes Gewicht. Wenn aber die Sozialisation aus Anlaß von Erziehung nicht zu vermeiden ist: Läßt sie sich dann anders und besser in Rechnung stellen? Und wenn Sozialisation in weitem Umfange auch und gerade Sozialisation zu abweichendem Verhalten ist: Lassen sich dafür Auffangformen entwickeln? Und wenn schließlich Trivialisierung unvermeidlich ist: Wie läßt sich erreichen, daß die psychischen Systeme auf die angesonnenen Transformationen wie auf Eigenzustände reagieren?

Kenner der Pädagogik werden rasch sehen, daß diese Fragen in vielen Hinsichten auf längst gepflegtes Gedankengut zurückgreifen.

Man könnte daraus folgern, daß es mehr darauf ankommt, sich ergebende Situationen auszunutzen, als Pläne in starrer Sequenz durchzusetzen. Auch könnten Einrichtungen wie einst die berühmt-berüchtigten Industrieschulen wieder in den Blick kommen, in denen unter Abschwächung der aufdringlichen Kommunikation zum Zwecke der Erziehung aus Anlaß der Offensichtlichkeit anderer sozialer Operationen erzogen wird. Und natürlich versteckt sich hinter dem provozierenden Konzept der Trivialmaschine die alte Frage, wie man erreichen könne, daß das Notwendige frei getan wird.

Dennoch bleibt die härtere systemtheoretische Begrifflichkeit nicht ohne Folgen. Sie vermittelt besser als die geisteswissenschaftliche Theorie der Pädagogik interdisziplinäre Anschlußfähigkeit und damit Vergleichsmöglichkeiten bis hin zur Maschinentheorie, die bisher fernlagen oder mit Abscheu zurückgewiesen wurden. Auch wird es nicht ausbleiben, daß eine abstraktere Begrifflichkeit im Detail zu anderen Beobachtungen und zu anderen Anregungen führt. Das wird man ausprobieren und abwarten müssen. Vor allem lenkt die hier gewählte sozialisationstheoretische Begrifflichkeit die Aufmerksamkeit auf eine strukturelle Problematik, die nicht umgangen oder vermieden, sondern allenfalls abgeschwächt werden kann. Die Erziehung kann die Aufgabe der Sozialisation nicht einfach übernehmen. Sie ist nicht etwa die rationale Form der Sozialisation.

Sie ist im Verhältnis zur Sozialisation kein Fortschritt, kein sicheres Rezept, es besser zu machen. Sie entwickelt sich als Korrelat der zunehmenden Komplexität der Gesellschaft vor allem mit der Funktion, Personänderungen mit Übertragbarkeit in andere als ihre Ursprungssysteme auszustatten. Das muß mit erheblichen Disbalancierungen und unabsehbaren sozialisatorischen Folgewirkungen bezahlt werden. Die Aufgabe der Pädagogik könnte es dann vor allem sein, dafür zu sorgen, daß der Preis nicht zu teuer und das Resultat nicht schlimmer wird als das Unterlassen der Bemühung.

Die Homogenisierung des Anfangs: Zur Ausdifferenzierung der Schulerziehung

I

In vormodernen Gesellschaften hatte man wenig Anlaß, mit grundlegenden Veränderungen in den Gesellschaftsstrukturen, geschweige denn mit grundlegenden Veränderungen in ihren natürlichen Parametern zu rechnen. Seit der Antike projizierte sich die europäische Gesellschaft (wenn man davon überhaupt im Singular reden darf) in einen Essenzenkosmos, in dem die Elemente nicht (oder nur durch Gott, durch Wunder etc.) variiert werden konnten und die Wesenheiten gegeben waren. Für eine solche Ordnung war es plausibel, die Ordnung selbst auf ihren Ursprung zurückzuführen. Das wurde mit der Theorie der göttlichen Weltschöpfung symbolisiert. Aber auch dort, wo historische Veränderungen nach bzw. in der Schöpfung zugestanden werden mußten, findet man ein ähnliches Modell. Die Schöpfungstheorie ist nur ein Anwendungsfall eines viel allgemeineren Erklärungsansatzes gewesen; und es ist diese allgemeine Ebene, auf der man dann im Übergang zur modernen Gesellschaft Umstellungen vornehmen muß.

Wir können diese Grundvorstellung als Semantik der Emanation charakterisieren. Sie hat (mit alten mythischen Traditionen im Hintergrund) eine narrative Form. Sie erzählt, wie aus Einheit Differenz entsteht und wie die Differenz sich ihre Einheit bewahrt (zum Beispiel als »Natur« oder bei Hegel als »Geist«). In diesem Verständnis war und blieb der Ursprung der Grund der Ordnung. Die Rückführung auf den Anfang konnte als Legitimation dienen, wenn nur in diese Genealogie ein Faktor eingebaut wurde, der erklärt, wie (oder mit welchen Vorteilen) eine ursprüngliche Einheit durch eine Differenz ersetzt wird.

Geradezu vorbildlich kann man dies an den Adelstheorien der politischen (zivilrepublikanischen) Tradition ablesen, so daß man sogar meinen könnte, das Gesamtkonzept sei zur Legitimation des Adels erfunden worden.[1] Am Anfang war Gleichheit – sei es qua Schöpfung,

1 Ich halte mich im folgenden an die beiden Texte über Ehre und über Adel in: Annibale Romei, Discorsi, Ferrara 1586, S. 58 ff., 136 ff.

sei es qua Natur.[2] Der differenzerzeugende Faktor trat in der Form besonderer Tüchtigkeit (virtus) Einzelner hinzu. Diese bot für dessen Nachkommen besondere Chancen, aber auch besondere Verpflichtungen. Sie hatten bessere Startbedingungen, sahen sich aber auch besonderen Erwartungen ausgesetzt. Sie wurden besonders erzogen, aber auch in ihrem Verhalten besonders normiert. Nach einiger Zeit konnte die »Gemeinheit« der Herkunft vergessen werden. Der Adel stand dann auf zwei Beinen: Geburt und Tüchtigkeit. Zu seiner Erhaltung war es nur notwendig, auffälliges Mißverhalten (Schande) zu vermeiden; aber zugleich unterstellte man eine natürliche Tendenz von diesem imperfekten zu einem perfekten Zustand, nämlich zu ungewöhnlichen Taten und Verdiensten jedes Einzelnen.

Aus der natürlichen Gleichheit des Ursprungs entsteht mithin eine Kaskade von Differenzen: Adel und Nichtadel, Perfektion und Imperfektion, Perfektion und Korruption, Geburt und Verdienst – und all das kann an der Realität der Adelsgesellschaft exemplarisch verdeutlicht werden. Ähnlich gebaut sind die eher im Bereich des Rechts entwickelten Theorien über ursprüngliches Gemeineigentum und Privateigentum bzw. Arbeitsteilung. Auch hier legitimiert der Ursprung die differenzierte Ordnung, und auch hier muß ein überzeugender Differenzierungsfaktor eingefügt werden, hier die Vorteilhaftigkeit des Privateigentums. In der Sicht des Theologen mag all dies problematisch gewesen sein, denn in beiden Fällen ist der Differenzierungsfaktor nicht schon in der Schöpfung enthalten, sondern entsteht akzidentell, kontingent, aufgrund menschlicher (wenn wohl auch: Gott wohlgefälliger) Sonderleistungen. In gewissem Maße differieren also Adelstheorien und Eigentumstheorien nicht nur untereinander,[3] sondern auch gegen eine stringent durchgeführte Schöpfungstheorie. Aber selbst die Lehre von der Schöpfung folgt dem Duktus einer Emanationstheorie und bestätigt insofern, was sich von ihr unterscheidet.

2 Romei, a. a. O., S. 138 mit Bezug auf Seneca.

3 Auf den Unterschied dieser beiden Terminologie-Stränge bis ins 18. Jahrhundert weist John Pocock immer wieder hin. Siehe z. B. John G. A. Pocock, The Mobility of Property and the Rise of Eighteenth-Century Sociology, in: Anthony Parel/Thomas Flanagan (Hrsg.), Theories of Property: Aristotle to the Present, Waterloo, Ont. Canada 1979, S. 141-166; ders., Cambridge Paradigms and the Scotch Philosophers: A Study in the Relations between the Civil Humanist and the Civil Jurisprudential Interpretation of Eighteenth-Century Social Thought, in: Istvan Hont/Michael Ignatieff (Hrsg.), Wealth and Virtue: The Shaping of Political Economy in the Scottish Enlightenment, Cambridge, Engl. 1983, S. 235-252.

Aus dem ens increatum entsteht die Differenz von ens increatum/ens creatum. Der unbewegte Beweger erzeugt die Differenz von bewegten und nichtbewegten Formen; und vielleicht erzeugt sogar, wenn man dem Kusaner glauben darf, der in bezug auf Sein und Nichtsein, ja sogar in bezug auf Unterschiedensein und Nichtunterschiedensein noch ununterschiedene Gott die Differenz von Sein und Nichtsein und mit ihr alle anderen Unterschiede. So ist das Heilige denn Anlaß zu Entzücken und Grauen; und die Weisheit ist, nach christlicher Lehre, die Furcht vor Gott.[4]

Im Laufe des 18. Jahrhunderts verlieren solche Emanationstheorien ihre Plausibilität, und mit ihnen verschwinden legitimatorische Erzählungen, die den Grund (arché) von Ordnungen auf ihren Anfang (arché) zurückgeführt hatten. Mit ihnen verblassen zahlreiche Unterscheidungen (etwa Perfektion/Korruption, Perfektion/Imperfektion, Vernunft/Passion, politia/oeconomia, virtù/fortuna, aeternitas/tempus, historia/poesia usw.), mit denen man vordem die Welt- und Gesellschaftsordnung beschrieben hatte.[5] Der damit entstandene Leerraum kann nicht (und kann bis heute nicht adäquat) durch eine Beschreibung der modernen Gesellschaft ersetzt werden. Gewisse Traditionsschienen werden weiter benutzt, wenn auch häufig nur zur Drehung der Perspektiven und Unterscheidungen. So gilt Vernunft nach wie vor als Natur des Menschen (bis zu dem in dieser Hinsicht exzeptionellen Kant), und das Soziale wird unter Einschluß des Geschmacks, der Manieren und dergleichen noch lange als Moral thematisiert. Für die Zwecke der folgenden Überlegungen ist besonders wichtig, daß die Vergangenheit mehr und mehr »historisiert« wird und historia nicht mehr einfach nur exemplarische, bildende Erzählung heißt.

Wenn aber die Gesellschaft selbst nicht mehr durch ihren Anfang,

4 Man ist fast versucht zu sagen: Die Furcht vor der Liebe Gottes; aber in den Texten heißt es immer nur Furcht Gottes, crainte de Dieu usw. (z. B. Jean Pierre Camus, Les Diversitez, Bd. II, Paris 1609, S. 4 im Hinblick auf den Unterschied von Heil und Verdammnis).

5 Zum Teil geschieht dies im Wege von Gegendifferenzierungen, zum Teil im Wege des Gegenbegriffsaustauschs (antonym substitution). Siehe zu diesem Aspekt der historischen Semantik des politischen Liberalismus Stephen Holmes, Differenzierung und Arbeitsteilung im Denken des Liberalismus, in: Niklas Luhmann (Hrsg.), Soziale Differenzierung: Zur Geschichte einer Idee, Opladen 1985, S. 9-41; ders., Poesie der Indifferenz, in: Dirk Baecker et al. (Hrsg.), Theorie als Passion, Frankfurt 1987, S. 15-45.

sondern durch ihre Geschichte bestimmt gedacht werden muß, also als zukunftsoffenes Resultat eines Prozesses gesehen werden muß, könnte dies auf eine allgemeine Delegitimation des Anfangs hinauslaufen. Es mag Sünde gewesen sein (Milton) oder Unrecht (Rousseau) – gleichviel! Entscheidend ist, daß und wie man sich verbessert. Mit Koselleck kann man dies als Umstellung der Zeithorizonte von Vergangenheit (Erfahrung) auf Zukunft (Erwartung) auffassen[6] oder sogar noch radikaler als Ablösung der primären Zeitunterscheidung Zeit/Ewigkeit durch die Unterscheidung Vergangenheit/Zukunft. Jedenfalls folgt die Zeitsemantik nicht mehr den Erfordernissen der Selbstbeschreibung des Adels, sondern stellt sich statt dessen auf die operativen Erfordernisse der Funktionssysteme ein. Diese müssen nach jeweils eigenen Programmen mit ihren eigenen Operationen anfangen und aufhören können. Sie operieren unter den Bedingungen selbstreferentieller Schließung und umweltindifferenter Codierung. Sie müssen sich an rekursiv gesicherten Eigenzuständen (Eigenwerten, »Attraktoren«) orientieren. Sie können daher nur selbst anfangen und aufhören und müssen sich diese Möglichkeit sichern und unabhängig davon sein, wie andere Beobachter Anfänge und Enden sehen und zurechnen.

Die theoretische Erklärung für diesen Umbau ist leicht zu liefern. Bei einem Anfang handelt es sich immer um das Wirksamwerden von Beschränkungen für anschließendes Operieren. Ein autopoietisches System muß aber alle Beschränkungen als durch es selbst spezifiziert einführen. Es kann daher den eigenen Anfang nicht vollziehen, sondern nur rückblickend als solchen erkennen; und es kann Anfänge eigener Prozesse nur mit eigenen Kriterien der Beschränkung markieren. Dabei ist es eine zweite Frage, ob diese Markierung ein Inaussichtnehmen des Endes erfordert, also zielorientiert erfolgt, oder ob es die Beschränkungen nur bis auf weiteres in Kraft setzt.

Für zahlreiche Funktionssysteme leuchtet diese Neuordnung von Anfang und Ende nach Maßgabe der eigenen Systemgrenzen ohne Schwierigkeiten ein. Die Erziehung muß jedoch, wie immer ausdifferenziert, am Menschen vollzogen werden. Man wird daher fragen können, ob mindestens in diesem Sonderfall doch ein naturgegebenes Anfangen und Enden den Prozeß bestimmt. Es wäre keine Theoriekatastrophe, wenn dies so wäre. Aber selbst wenn es so wäre, könnte

6 Siehe Reinhart Koselleck, Vergangene Zukunft: Zur Semantik geschichtlicher Zeiten, Frankfurt 1979.

man vermuten, daß sich Spuren der neuen Funktionssystemautonomie auch im Erziehungssystem abzeichnen in der Art, wie über Beginn und Ende intentionaler Erziehung im System disponiert wird. Wir vermuten, um es genauer zu sagen, daß in dem Maße, als Erziehung über Organisation, also über Schulen, ausdifferenziert wird, und in dem Maße, als die okkasionellen Eingriffe häuslicher Erziehung zu einem sich selbst aufbauenden Prozeß zusammengeschlossen werden, und in dem Maße schließlich, als für die Steigerung dieses Prozesses professionelle Gesichtspunkte entwickelt werden, Anfang und Ende eine spezifische Einschnitthaftigkeit annehmen; und wir vermuten ferner, daß diese Einschnitte Folgen haben, über die die Pädagogenschaft Rechenschaft ablegen kann – oder jedenfalls Rechenschaft ablegen sollte.

II

Wann fängt man mit der Erziehung an? Und wie fängt man mit der Erziehung an?

Am besten mittendrin, lautet die wohl einzig realistische Antwort. Sie reicht vollauf aus, wenn Erziehung nur eine Gelegenheitsaktivität in einem immer schon laufenden Sozialisationsprozeß ist. Sie reicht also für Familien aus. Man kann dann neben der Erziehung (educatio) immer noch für Unterricht (institutio) Vorsorge treffen und kann diskutieren, in welcher Sequenz der Unterrichtsstoff am besten beigebracht wird und ob man das Schreibenlernen besser mit einzelnen Buchstaben oder mit ganzen Worten beginnt.

Die ältere Lehre hatte gleichwohl nicht in diesem Sinne pragmatisch gedacht, sondern gefordert, mit Erziehung so früh wie möglich, ab ipsa infantia zu beginnen, um dem Entstehen unwillkommener Lebensgewohnheiten vorzubeugen.[7] Das 18. Jahrhundert hatte mit der Verlagerung der frühkindlichen Erziehung vom Vater (dem sie

7 Siehe z. B. für den Bereich der Oberschichtenerziehung einen mittelalterlichen Text, benutzte Ausgabe: Aegidius Columnae Romanus (Egidio Colonna), De Regimine Principum libri III, Roma 1607, Nachdruck Aalen 1967, S. 298 ff. (II, II Cap. V-VII) für Erziehung im Glauben, in den Sitten und in den schriftlich überlieferten Disziplinen. Oder drei Jahrhunderte später Levinus Lemnius, De miraculis occultis naturae, Antwerpen 1574, S. 481 f.: ab ineunte aetate salutarem eius doctrinam amplectere. Animus enim humanus ab ipsa infantia verbo Dei imbutus …

in der alten Oeconomia zugedacht war) auf die Mutter diese Maxime des frühen Anfangs zunächst noch radikalisiert. Gerade die Familienerziehung, die sich nun deutlicher gegen Schulerziehung differenziert, wollte man am liebsten mit der Ernährung des Neugeborenen durch die eigene Mutter beginnen lassen,[8] und für alles weitere fordert man: so früh wie möglich.[9] »L'éducation commence avec la vie«, meint Bonald, »et aussitot que l'homme est en état de voir.«[10] Mit »instruction« könne man dagegen erst beginnen, wenn Vernunft und Urteilskraft sich zeigen. Der Anfang scheint danach durch die Natur gegeben zu sein, und alles andere ist dann eine Frage der richtigen, ebenfalls naturgeleiteten Sequenzierung.

Das ändert sich jedoch und muß sich ändern in dem Maße, als der institutionelle und planerische Einsatz von Schulerziehung stärker reflektiert und auf die Gesamtbevölkerung ausgedehnt wird. Man könnte annehmen, daß gerade dies nun ein ausschließlich pädagogisches Problem gewesen ist. Ein Seitenblick auf andere Funktionsbereiche der Gesellschaft zeigt jedoch rasch, daß auch anderswo ein ähnliches Problematisieren des Anfangs stattfindet. Die alte Einheit von Anfang und Grund (arché) löst sich auf. Das Anfangen wird damit freigegeben für Systeme, die sich selbst begründen. In der Lehre vom sozialen und ästhetischen Gefallen (plaisir) betont man seit dem 17. Jahrhundert, daß »Neuheit« erforderlich sei, solle jemand oder etwas gefallen,[11] und folglich wird origo (Ursprung) zur Erwartung, ja Forderung von »Originalität« (gewissermaßen: Selbstursprünglichkeit von allem, was am Einzelnen bemerkenswert ist und gefällt). Die

8 Wenn nicht vor der Geburt. Vgl., bekannt für seine Extremposition in dieser Frage, Johann Heinrich Campe, Von den Erfordernissen einer guten Erziehung von seiten der Eltern vor und nach der Geburt des Kindes, in: ders. (Hrsg.), Allgemeine Revision des gesammten Schul- und Erziehungswesens von einer Gesellschaft praktischer Erzieher, 16 Bde. 1785-1792, Bd. I, Hamburg 1785, S. 125-232.

9 Das muß nicht heißen, daß erst in diesem Jahrhundert »das Kind entdeckt worden ist«: wohl aber wird die Frage akut, wann und womit die Erziehung anzufangen hat; und im Lichte der Fragestellung, die sich der beginnenden Ausdifferenzierung des Erziehungssystems verdankt, wird relevant, was denn das Kind von sich aus ist und anbietet.

10 Louis Gabriel Ambroise, Vicomte de Bonald, De l'éducation et de l'instruction, zit. nach Œuvres complètes, Bd. XI, Paris 1958, Nachdruck Genf 1982, S. 163-169 (165).

11 Wenngleich zunächst mit durchaus skeptischen Bedenken vor allem religiöser Art. Siehe etwa Jean Pierre Camus, Les Diversitez Bd. I, 2. Aufl., Paris 1612, S. 289 ff.

Wissenschaft entscheidet sich auf Grund der eindrucksvollen Plädoyers von Bacon und Descartes, nur noch als Wahrheit zu akzeptieren, was sie selbst geprüft und für richtig befunden hat – und nicht etwa Quellen oder Autoritäten zu folgen, die schon vorher wissen, was wahr ist. Sie akzeptiert eine deduktive oder »geometrische« Methodenlehre – aber dies zunächst noch gedacht als sicheres Fortschreiten Schritt für Schritt im Ausgang von evidenten Wahrheiten, mit denen man anzufangen hat.[12] In diesem Sinne repräsentieren noch für die Wissenschaft des 18. Jahrhunderts »Elemente« natürliche Vorgaben, auf die sich das Erkennen nur beziehen, die es aber nicht selber als Elemente von Wissenschaft konstituieren kann. (Hier besonders fällt die enge Parallele zu pädagogischen Methodenvorstellungen auf.) Erst viel später wird man diesem deduktiven Räsonnieren eine zirkuläre kybernetische Methodenvorstellung gegenüberstellen, die ihre Ausgangsannahmen zunächst auf gut Glück oder aus dem Fundus vorhandener Theorien akzeptiert und daraufhin »retrovalidiert«.[13]

Im Naturrecht gingen zwar gerade die theoretischen Neuorientierungen des 17. Jahrhunderts davon aus, daß der Begriff Natur zurückverweise auf Anfänge und Ursprünge, insbesondere auf das, was dem Menschen mit seiner Geburt sofort mitgegeben sei.[14] Aber schon in

12 Claude Buffier beispielsweise unterscheidet entsprechend zwischen premières véritez und véritez de conséquences (siehe die beiden Traités in: Cours de Sciences sur des principes nouveaux & simples, Paris 1732, Nachdruck Genf 1971). Die Methodenlehre findet sich dann bei den véritez de conséquences und hier als strikt gesichertes Fortschreiten von den evidenten Anfangswahrheiten zu ihren Konsequenzen. Ich zitiere die Methodenregeln, weil sie die Parallele zu dem, was die Pädagogen als Methode behaupten, besonders deutlich werden lassen (und Buffier ist ja auch Jesuit):
1) Commencer toujours à raisonner par les propositions les plus simples, & qui énoncent la vérité la plus évidente.
2) Continuer par les propositions les plus immédiates.
3) N'admettre aucun mot, auquel on n'attache une idée bien nette, & bien determinée.
4) Suspendre toujours son jugement, si l'on n'a pas observé les trois régles précédentes (a. a. O., Sp. 840).

13 Hierzu Nicholas Rescher, Cognitive Systematization: A Systems-Theoretic Approach to a Coherentist Theory of Knowledge, Oxford 1979, insb. S. 90 ff.

14 Siehe zum Beispiel auf Grund der Unterscheidung status naturalis/status adventitius Samuel L. B. A. Pufendorf, De iure naturae et gentium I, I § VII, zit. nach der Ausgabe Frankfurt – Leipzig 1744, S. 7 ff.; Nicolaus Hieronymus Grundling, Ius naturae ac gentium, 3. Aufl. Halle – Magdeburg 1736, Cap. III, § 6, S. 38.

der ersten Hälfte des 18. Jahrhunderts wurde die alte Lehre vom ursprünglichen Gemeineigentum im Naturzustand verdünnt zu der These, daß den Dingen von ihrer Natur her keine Zuordnung zu bestimmten Menschen mitgegeben sei.[15] Die gesamte Eigentumsordnung müsse deshalb aus der Natur des Menschen, und das hieß damals: aus ihrer Nützlichkeit, begründet werden – wie immer es angefangen hat. Seit der Mitte des 18. Jahrhunderts durchschaut die Rechtstheorie auch den Trick der Gesellschaftsvertragskonstruktionen, die die Bindungswirkung des Vertrages an Naturrecht anschließen und die vor allem den Souverän an den Vertrag zu binden versuchen, obwohl er gar nicht zu den Vertragschließenden gehört. Statt dessen setzt sich die Auffassung durch, daß das Recht aus der Gewalt oder aus der unbegründbaren Behauptung (Rousseau) entstehe, wenngleich es diesen Ursprung, da alle Gewaltausübung Recht schaffe, allmählich hinter sich lasse. Im Effekt fängt dann doch das Recht mit sich selbst an, und jede Rechtsänderung kann voraussetzen, daß sie durch das Recht, das im Moment nicht geändert wird, hinreichend diszipliniert wird.

Entsprechend weiß die Romantik, daß alle Liebe mit Selbstliebe beginnt, mit »Selbstumarmung« (Novalis),[16] sie ist damit »ehe- und familienfähig« und kann zu lieben beginnen, wenn der Zufall es fügt. Überhaupt hat die Romantik für Anfangen und Aufhören zwei jeweils sinnüberhöhte Begriffe zur Verfügung: Wille und Zufall; und sie verdeckt die Paradoxie des Zeitpunktes (der keine Zeit braucht und doch Zeit ist) dadurch, daß sie nicht jeden Willen als Willen und nicht jeden Zufall als Zufall anerkennt.[17]

15 Natura non dantur res singulorum, heißt es zur Erläuterung der primaeva rerum communio bei Christian Wolff, Jus Naturae methode scientifica pertractata, Halle – Magdeburg 1742, Nachdruck Hildesheim 1968, Pars II, Cap. I § 8, S. 6.

16 Fragment 1918 nach der Numerierung der Ausgabe von Ewald Wasmuth, Fragmente, Bd. II, Heidelberg 1957, S. 51 f.

17 Vergleiche aus den Fragmenten des Novalis noch Nr. 3044 (Wasmuth, Bd. II, S. 454 f.): »Man muß anfangen und aufhören können, wenn man will – aber man muß sich einen Willen anschaffen.« Und Nr. 417 (Wasmuth, Bd. I, S. 129): »Die Gegenwart ist das Differential der Funktion der Zukunft und Vergangenheit« – das heißt also: der Zeitpunkt, in dem die Distanz zur Zukunft und die Distanz zur Vergangenheit, also auch die Anforderungen an Prognose und an Erinnerung unendlich klein werden. Nach diesem Paradoxiebereinigungsvorschlag kann natürlich kein Moment der Schulkarriere und erst recht nicht ihr Anfang oder ihr Ende je Gegenwart sein – und ist es doch!

Die Wirtschaftstheorie betont bereits im 18. Jahrhundert die Jederzeitigkeit möglichen Anfangens – so wenn etwa Cantillon meint, ein Zyklus der Schaffung von zuviel Geld mit zunächst wohltätigen, dann durch Preissteigerungen absorbierten und deshalb negativen Auswirkungen könne jederzeit anfangen.[18] Seit dieser Zeit setzt auch die Produktionstheorie, besonders in ihren Gleichgewichtsmodellen, voraus, daß die an der Wirtschaft Beteiligten am Anfang der Modellrechnung über einen positiven Faktoreneinsatz, sei es Arbeitskraft, seien es Güter, sei es Geld, verfügen. Das System regelt dann aber selbst, unter welchen Bedingungen Faktoren verwendungsfähig, das heißt in Geld transformierbar sind und welche weiteren Verteilungen sich daraus ergeben. Die Prämisse der Summenkonstanz der Güter, die noch den Merkantilismus beherrscht hatte, ist aufgegeben; und deshalb hat es keinen Sinn mehr auf Ausgangslagen zurückzugreifen. Die politische Theorie tut denselben Schritt, indem sie die aktiv und passiv an Politik Beteiligten identifiziert und so voraussetzen kann, daß jeder Staatsbürger aktiv und passiv wahlberechtigt sei – ein Postulat, dessen Realisierung sich freilich bis in das 20. Jahrhundert hinzögern sollte. Wenn diese Voraussetzung erfüllt ist, kann politische Macht nur durch politische Macht konstituiert werden, und der Anfang ist, wie in den anderen Systemen auch, als jeweiliger Neuanfang einer Wahlperiode in das System selbst eingebaut. Auch das Medizinsystem schließt sich im Vollzuge seiner Ausdifferenzierung diesem Trend zur Selbstbestimmung und Homogenisierung des Anfangs an. Ethnologisch ist noch heute erkennbar, daß Krankheiten durchweg auf externe Ursachen zumeist magischer Art zurückgeführt werden, deren Beurteilung zugleich ein moralisches Urteil impliziert: auf eigenes Fehlverhalten, Hexerei, Ritualverstöße und dergleichen.[19] Erst die moderne Medizin führt die Krankheiten exklusiv auf jeweils spezifische Krankheitserreger zurück, also auf sich selbst.

Für die Kunst schließlich läßt sich Hegel als Zeuge anführen:[20] Es komme nicht auf den Anfang einer Handlung an, sondern auf eine sich daraus ergebende »große Situation«. Der Zusammenhang dieser

18 Richard Cantillon, Essai sur la nature du commerce en général, London 1755, zit. nach der Ausgabe o. O. 1952, S. 89 ff.

19 Vgl. George Peter Murdock, Theories of Illness: A World Survey, Pittsburgh 1980.

20 Siehe Vorlesungen über die Ästhetik, zit. nach der Werkausgabe Frankfurt 1970, Bd. I, S. 283 f.

Situation (Lehrer und Schüler werden ans Examen denken) betreffe »nur die empirische Einheit der Erscheinung«.

Wenn man diese unterschiedlichen Fälle in einem Induktionsschluß zusammenziehen darf, dann ist die Folgerung, daß die zunehmende Ausdifferenzierung und Autonomisierung einzelner Funktionsbereiche zu neuen Problemstellungen und zu einem verstärkten Einsatz von Theorien zur Lösung dieser Probleme führt. Dabei ist das Problem des »Anfangs« mit dem Problem der selbstreferentiellen Zirkularität der Systemoperationen verknüpft. In schärfster Abstraktion kann man sagen: Der Anfang ist immer dann gleichgültig, wenn ein System zirkulär gebaut ist. Dann kommt es nämlich nicht darauf an, wo man in den Zirkel eintritt und mit den Operationen beginnt. Jede Eintrittsstelle impliziert alle anderen. Für einen Beobachter haben solche Systeme eine paradoxe Konstitution, und auch für Paradoxien ist die Gleichgültigkeit des Anfangens kennzeichnend.[21] Da jede Operation im Zirkel den Zirkel, also alle anderen voraussetzt, die aber nicht alle zugleich vollzogen werden können, kann man nicht anfangen – es sei denn, daß die Zeit hinreichend Garantie für das jeweils Inaktuelle gibt. Die Entparadoxierung der Beobachtung des Systems setzt folglich Annahmen über Zeit voraus,[22] aber gerade nicht: Festlegung eines richtigen Anfangs.

Nicht einmal mit Beobachten kann man anfangen. Denn alles Beobachten erfordert ein Unterscheiden, das Anfangen des Beobachtens also ein Unterscheiden zwischen Anfangen und Nichtanfangen, also ein Bereits-Angefangen-Haben.[23] Man kann natürlich beobachten, daß andere anfangen; und man kann mit einfachen Operationen anfangen, ohne sie zu beobachten. Nur das Beobachtenanfangen ist paradox; aber genau dies ist das Problem der Funktionssysteme, die alle

21 Ob man die Aussage des Kreters zunächst für wahr hält oder für unwahr, ist gleichgültig, denn in jedem Fall führt eine Annahme auf den zweiten Blick zu ihrem Gegenteil. Vgl. dazu und zur Zeitstruktur von Paradoxien auch Klaus Krippendorff, Paradox and Information, in: Brenda Dervin/Melvin J. Voigt (Hrsg.), Progress in Communication Sciences 5 (1984), S. 45-71 (63 f.).

22 Eine der wesentlichen Einsichten in der Behandlung von Selbstreferenzproblemen bei George Spencer Brown, Laws of Form, 2. Aufl., London 1971.

23 Etwas komplizierter ausgedrückt: das Anfangen mit Unterscheiden wäre eine sich selbst voraussetzende Operation, ein »re-entry« der Unterscheidung in das Unterschiedene. Siehe dazu die entsprechenden Überlegungen für ein Beenden bei Ranulph Glanville, Distinguished and Exact Lies, in: Robert Trappl (Hrsg.), Cybernetics and Systems Research 2, Amsterdam 1984, S. 655-662 (657).

ihre Operationen über Selbstbeobachtung steuern. Wenn man auffordert (oder aufgefordert wird) anzufangen, hat es schon angefangen.

Will man diese Überlegungen auf eine allgemeine Formel bringen, kann man den aus der Gehirnphysiologie stammenden Begriff der »undifferenzierten Codierung« übernehmen.[24] Der Begriff besagt, daß nur geschlossene Systeme mit extrem geringem Außenkontakt (Beispiel: Gehirne), die von ihrer Umwelt gereizt, gestört, aber nicht determiniert werden, eine Eigenkomplexität aufbauen können, die dann wiederum Voraussetzung ist für ein hohes Maß an interner Differenziertheit in der Auswahl von Operationen, die das System reproduzieren. Der Begriff meint die sachlichen Beziehungen zwischen System und Umwelt. Wendet man ihn auf Zeitverhältnisse an, erhält man eine Bestätigung für das, was wir in unserem Kurzüberblick über die Entwicklung ausdifferenzierter Funktionssysteme schon gefunden haben. Solche Systeme können sich nicht davon abhängig machen, wann und wie etwas in ihrer Umwelt angefangen hat. Sie sind nicht bloße Fortsetzer von Prozessen, die in der Umwelt angefangen haben. Sie sind in bezug auf ihre Umwelt »undifferenziert« (oder besser: indifferent) codiert. Was für sie als Anfang zählt, ergibt sich aus der Anschlußfähigkeit interner Operationen und wird nach internen Kriterien festgelegt.

Diese theoretischen Überlegungen erlauben es, die verschärfte Thematisierung und Problematisierung des Anfangens im 18. Jahrhundert als ein Anzeichen dafür zu nehmen, daß die gesellschaftliche Evolution zur Ausdifferenzierung von zirkulär gebildeten, autopoietischen Funktionssystemen geführt hat. Systeme dieser Art können nicht anfangen wie die Landwirtschaft mit der Ausrottung von allem, was vorher da wuchs. Sie können nur anfangen, indem sie sich selbst voraussetzen. Ihr Anfang ist nur eine Artikulation ihrer Selbstreferenz. Ihr Anfang ist nichts anderes als die Jederzeitigkeit des Einsatzes der

24 Obwohl über hundert Jahre alt, wird die theoretische Tragweite dieses Begriffs erst heute erkannt. Vgl. Heinz von Foerster, Entdecken oder Erfinden: Wie läßt sich Verstehen verstehen?, in: Heinz Gumin/Armin Mohler (Hrsg.), Einführung in den Konstruktivismus, München 1985, S. 27-68. Zur »reizungsspezifischen« Arbeitsweise von Gehirnen und anderen »geschlossenen« (abgekoppelten) Systemen vgl. auch Gerhard Roth, Selbstorganisation – Selbsterhaltung – Selbstreferentialität: Prinzipien der Organisation der Lebewesen und ihre Folgen für die Beziehungen zwischen Organismus und Umwelt, in: Andreas Dress et al. (Hrsg.), Selbstorganisation: Die Entstehung von Ordnung in Natur und Gesellschaft, München 1986, S. 149-180.

für sie typischen Operationen. Das was für den jeweiligen Anfang jeweils Vergangenheit ist, wird durch das System selbst interpretiert: als gegebene Daten, als gegebene Rechtslage, als gegebene Faktorverteilung, als gegebene Machtlage.

Das Problem eines historischen Anfangs oder eines Uranfangs stellt sich deshalb nicht. Das 18. Jahrhundert hatte diese Frage mit dem Schema Naturzustand/Zivilisationszustand thematisiert, hatte mit dieser Semantik aber zugleich die selbstreferentielle Anfangsbestimmung aller Funktionssysteme vorbereitet. Phylogenese und Ontogenese wurden zwar unterschieden, aber unter übergreifenden Vorstellungen einer naturgesetzlichen Entwicklung zusammengefaßt.[25] Für die Rechtstheorie war der Naturzustand jene Ordnung der »natural rights« als »a perfect and universal liberty to do whatsoever can secure me or please me«.[26] Für die Wirtschaftstheorie war der Naturzustand der Zustand ohne Arbeitsteilung, also der Zustand der umweglosen ökonomischen Selbstbefriedigung. Für die politische Theorie lag er im Zustand der ungehemmten Gewalt. In allen Fällen war also der Anfang zwar nicht mehr, wie im Mittelalter, Moment des ordo temporum und damit für alle Zeiten verbindlich, wohl aber diejenige Problemlage, die es durch die Einrichtung des entsprechenden Funktionssystems zu bewältigen galt. Damit war der Anfang nichts weiter als eine Verdoppelung der Funktionsbeschreibung, und die Theorie konnte dann sehr rasch auf Natur verzichten und sich mit einer wie immer beklagten Zivilisation begnügen.

Eine Funktionsorientierung ist mit der Willkür des Anfangens der Prozesse kompatibel. Sie nimmt etwas zur Kenntnis, »sofern« es für sie relevant ist. Sie begnügt sich mit Selektion. Die Geschichte kann abgestoßen und ebendeshalb geschichtlich werden. Das sieht man nirgendwo deutlicher als bei Kant, und nicht zufällig am Ende des 18. Jahrhunderts. Dieser Effekt wird durch Regelorientierung verstärkt und operationalisiert. Immer wenn etwas nach einer Regel zu behandeln ist, geschieht dies; und nur die Regel kann regeln, wieweit

25 So sind zum Beispiel Pestalozzis »Meine Nachforschungen über den Gang der Natur in der Entwicklung des Menschengeschlechtes« zu verstehen, zit. nach Johann Heinrich Pestalozzi, Sämtliche Werke, Berlin und Leipzig 1927 ff., Bd. XII, und so noch heute: Günter Dux, Die Zeit in der Geschichte: Ihre Entwicklungslogik vom Mythos zur Weltzeit, Frankfurt 1989.

26 So Jeremy Taylor, Ductor Dubitantium (1660), zit. nach The Whole Works Bd. IX, London 1852, Nachdruck Hildesheim 1970, S. 280.

dabei die Herkunft von Belang ist. Es genügt also, auf die Regel zu achten. Die Bank gibt Kredit oder nicht, am Schalter oder in der Chefetage, nach diesen oder jenen Regeln, ohne dabei die Herkunft des Bedarfs als Herkunft zu erforschen. Auch für den Schulanfang, darf man vermuten, gilt als oberste Regel, die Regeln der Schule zu lernen, und dies unabhängig davon, ob die eigene Biographie dazu disponiert, gern zur Schule zu gehen, oder ob man am liebsten weglaufen möchte. Nichts anderes ist gemeint, wenn man sagt, daß jeder Regelgebrauch einen konventionell festgesetzten, an Vorgeschichte uninteressierten Anfang des zu regelnden Prozesses voraussetzt.

Neben der Etablierung des selbstreferentiellen Funktionsbezugs, der die Abhängigkeit von Anfängen löst, um sie selbst zu regeln, war in dieser neuen Ordnung das Problem der Inklusion zu lösen. Die Ausdifferenzierung solcher Funktionssysteme erfordert es, daß der gesamten Bevölkerung Zugang zu allen gesellschaftlichen Funktionen eröffnet wird – limitiert nur durch die Bedingungen, unter denen die Funktionssysteme selbst ihre Funktion bedienen. Dies Problem wurde im typischen Fall jedoch nicht durch die Semantik des Anfangs, sondern durch die Semantik von Gleichheit und Freiheit und durch entsprechende Zusatzeinrichtungen betreut. Zumindest in den Ausgangslagen sollte freier Zugang und Chancengleichheit gesichert sein, so daß alle Unterschiede der Rechtspositionen, des Wirtschaftsvermögens oder der politischen Durchsetzungschancen aus der Wirkungsweise der entsprechenden Funktionssysteme selbst zu begründen waren. Auch dies heißt jedoch nur, daß diese Funktionssysteme auf Grund selbstreferentieller Geschlossenheit fungieren und ihre eigene Leistung nicht als »Input« von außen akzeptieren. Die Kommunikationspositionen, die im System selbst zählen, werden im System selbst aufgebaut. Niemand kann etwas davon »von Hause« mitbringen, wenn er im System kommuniziert.

Der Anfang ist nicht Ausrottung, er ist Ausschließung des Dritten zur Einrichtung einer systemeigenen Logik. Er sichert das ungleiche Wachstum des Gleichen und eine mehr oder weniger gute Ernte. Aber Ausschließung, Eigenlogik, Gleichheit und Mehr oder Weniger sind künstliche Einrichtungen wie die Geometrie. Sie schließen das mit aus, was Pascal »cœur« genannt hatte und was heute zuweilen unter dem (dafür wenig geeigneten) Titel »Lebenswelt« behandelt wird.[27]

27 Vgl. nur Wilfried Lippitz, »Lebenswelt« oder die Rehabilitierung vorwissenschaftlicher Erfahrung: Ansätze eines phänomenologisch begründeten, anthropologi-

Kein Wunder, daß das Ausgeschlossene zurückzukehren versucht – und sei es als das Andere,[28] und sei es als Parasit,[29] in jedem Falle als »Rauschen«, das den Unterricht stört.

III

Die Unterscheidungen, mit denen Europa das 18. Jahrhundert betrat, waren noch ganz auf Natur bezogen. Dies konnte gar nicht anders sein, da die Ordnung der Stratifikation, also die Ordnung der Gesellschaft selbst, als Natur verstanden wurde. Dies war keineswegs, wie man rückblickend denken könnte, lediglich ein Kunstgriff des Außerfragestellens, lediglich eine Ideologie der Legitimation durch Herkunft. Vielmehr wurde die Gesellschaft viel stärker, als es heute üblich und möglich ist, als abhängig gesehen von strukturierenden Vorgaben der natürlichen (und im wesentlichen unveränderlichen) Weltordnung. Die von Gott geschaffene, als Natur gewachsene Weltordnung wurde überhaupt nicht als Umwelt der Gesellschaft erfahren. Die Worte »Umwelt«, »environment« werden erst am Anfang des 19. Jahrhunderts gebildet,[30] und vorher bestand offenbar nicht das Bedürfnis, etwas Derartiges zum Ausdruck zu bringen. Die Natur galt als die umfassende Ordnung, die mit den durch sie bedingten Differenzen in die Gesellschaft hineinreicht. Das heißt: die Unterscheidungen, mit denen die Gesellschaft zu rechnen hatte, galten in ihren wesentlichen Hinsichten als ihr vorgegeben. Die sich im 18. Jahrhundert durchsetzende Unterscheidung von Naturzustand und Zivilisation, die ihrerseits die alte Unterscheidung von Natur und Gnade

schen und sozialwissenschaftlichen Denkens in der Erziehungswissenschaft, Weinheim – Basel 1980; Achille Ardigò, Crisi di governabilità e mondi vitali, Bilogna 1980; Jürgen Habermas, Theorie des kommunikativen Handelns, Frankfurt 1981, insb. Bd. 2, S. 171 ff.; Ulf Matthiesen, Das Dickicht der Lebenswelt und die Theorie des kommunikativen Handelns, München o. J. (1983); Bernhard Waldenfels, In den Netzen der Lebenswelt, Frankfurt 1985, insb. S. 15 ff.; Richard Grathoff, Milieu und Lebenswelt: Eine Einführung in die phänomenologische Soziologie und sozialphänomenologische Forschung, Frankfurt 1989.

28 Siehe Hartmut Böhme/Gernot Böhme, Das Andere der Vernunft: Zur Entwicklung von Rationalitätsstrukturen am Beispiel Kants, Frankfurt 1983.

29 Siehe Michel Serres, Le Parasite, Paris 1980; dt. Übers. Frankfurt 1981.

30 Vgl. Leo Spitzer, Milieu and Ambiance: An Essay in Historical Semantics, Philosophy and Phenomenological Research 3 (1942), S. 1-42, 169-218.

verdrängt, dreht sich, wenn man so will, im Angelpunkt des Naturbegriffs aus der alten Natur-Semantik heraus, indem sie den Gegenbegriff Gnade durch den Gegenbegriff Zivilisation ersetzt. Aber darin liegt nicht sogleich ein radikaler Bruch. Die Zivilisation wird zunächst immer noch als bessere Ausnutzung natürlicher Unterschiede begriffen und in diesem Sinne als Fortschritt.

Erst im Laufe des 18. Jahrhunderts setzten sich Gesellschaftstheorien durch, die die Geschichte der bisherigen Gesellschaft stärker aufgliedern – vor allem in der schottischen Moralphilosophie.[31] Viele in der alteuropäischen Tradition prominente Unterscheidungen – etwa die von Vernunft und Passion, von Perfektion und Korruption, von ziviler Tüchtigkeit (virtus) und Hausverwaltung (oeconomia) – verblassen.[32] An ihre Stelle treten prominent historische Unterscheidungen, die die sich herausbildende »commercial society« als kontingentes Resultat der Geschichte erscheinen lassen und sie in jedem Falle von den Ursprüngen menschlicher Gesellschaft ablösen.

In einer Übergangszeit bleiben aber starke Traditionskomponenten erhalten und werden nur reformuliert. Die Vernunft wird noch als Natur, das Soziale als Moral thematisiert, aber auf dieser Gleitschiene werden die Unterscheidungsperspektiven gleichsam gedreht. Man sieht dies mit aller Deutlichkeit an der Behandlung des Themas der Arbeitsteilung in der wirtschaftswissenschaftlichen Theorie. Arbeitsteilung wird einerseits als Auszeichnung der Zivilisation im Verhältnis zum Naturzustand aufgefaßt, aber gleichwohl immer noch in alter Weise als Ausnutzung der natürlichen (und insofern in hohem Maße an der sozialen Schichtung ablesbaren) Unterschiede der Talente und Fähigkeiten des Menschen.[33] Turgot stellt in einer kaum merklichen Verschiebung, die im übrigen durch Vorformen eines Umweltbegriffs (Milieu, externe Bedingtheiten usw.) ermöglicht ist, heraus, daß erst die Geldwirtschaft (commerce) den Spielraum für die Entfaltung solcher natürlichen Unterschiede bietet. Damit sabotiert

31 Hierzu wichtige Beiträge in: Istvan Hont/Michael Ignatieff (Hrsg.), Wealth and Virtue: The Shaping of Political Economy in the Scottish Enlightenment, Cambridge Engl. 1983.

32 Zu einer gewissen Kontinuität vgl. vor allem John G. A. Pocock, The Machiavellian Moment: Florentine Political Thought and the Atlantic Republican Tradition, Princeton 1975.

33 Siehe noch Joseph Harris, An Essay upon Money and Coins, Bd. I, London 1757, S. 15.

der an Staatsreformen interessierte Autor bereits den Naturbegriff; denn was wäre der Status einer Natur, die unter den älteren gesellschaftlichen Bedingungen gar keine Chancen hatte, sich zu entfalten? Adam Smith braucht wenige Jahre später den Begründungszusammenhang nur noch umzukehren: Erst die commercial society erzeugt die Fähigkeitsunterschiede, auf die sie die Arbeitsteilung aufbaut.[34] Arbeitsteilung und Handel bilden einen wechselseitigen, zirkulären Steigerungszusammenhang, in dem keines als Anfang des anderen, keines also als Vorgabe der Natur ausgewiesen werden kann. Die immer schon anerkannten Vorzüge der Arbeitsteilung sind die Ursachen dafür, daß Fähigkeitsunterschiede ausgebildet oder auch annulliert werden, je nachdem, wie das System sich formiert. Das Funktionssystem Wirtschaft wird so beschrieben, als ob es autopoietisch funktioniert. Oder um es mit einer systemtheoretischen Unterscheidung zu formulieren: Die Beschreibung des System/Umwelt-Verhältnisses wird von couplage par input auf couplage par clôture umgestellt.[35]

Dies mußte bedeuten, daß der Erziehung die Orientierung an Schichtung genommen, sie aber nicht ersetzt wird durch eine entsprechend gefestigte Orientierung an Wirtschaft. Zwar wird die Wirtschaft Fähigkeiten nun nicht mehr aus der Natur, sondern vom Erziehungssystem beziehen müssen. Sie wird Fähigkeiten nicht mehr in der Form von Familienhaushalten, sondern über Rekrutierung für den Arbeitsprozeß »ausbeuten«. Beides richtet sich nun aber in qualitativer und in quantitativer Hinsicht nach der Eigendynamik der Wirtschaft, nach Marktverhältnissen und nach Konjunkturen. Die Wirtschaft ist also mehr als zuvor, und zwar in der ganzen Breite der arbeitsmäßigen Inklusion der Bevölkerung, auf differentielle Er-

34 Siehe zu diesem Übergang von Turgot zu Adam Smith Alfonso M. Iacono, Il Borghese e il Selvaggio: L'immagine dell'uomo isolato nei paradigmi di Defoe, Turgot e Adam Smith, Milano 1982, insb. S. 63 ff. Die in diesem Zusammenhang gebrauchte Formulierung »omogeneizzazione di partenza« (S. 67), bezogen auf die Theorien der Entstehung der Zivilisation, hat uns das Stichwort für unseren Titel gegeben.

35 Nach Francisco Varela, L'auto-organisation: De l'apparence au mécanisme, in: Paul Dumouchel/Jean-Pierre Dupuy (Hrsg.), L'auto-organisation: De la physique au politique, Paris 1983, S. 147-164. Zu den spezifisch wirtschaftswissenschaftlichen Schwierigkeiten mit dieser Unterscheidung vgl. aber auch Philippe Mongin, La théorie de la politique conjoncturelle et le problème de l'auto-organisation, in: Dumouchel/Dupuy, a. a. O., S. 504-517.

ziehungsleistungen angewiesen, gibt aber zugleich weniger Instruktionen für das, was gebraucht wird. Das Erziehungssystem muß infolgedessen auf »couplage par output« verzichten. Es beginnt seinerseits einen Prozeß der Ausdifferenzierung, der sich primär auf Schulen und Universitäten und auf die Karriererelevanz der dort absolvierten Erziehungsleistungen stützt. Dabei wird Karriere zu demjenigen Strukturmuster, das die Eigenselektion des Erziehungssystems mit der konjunkturellen Selektion des Wirtschaftssystems verknüpft. Solange fast alle Akademiker im Staatsdienst unterkommen und die Wirtschaft weitgehend am Arbeitsplatz ausbildet, ist dieses riskante System von zwei Seiten hinreichend wattiert. Auch bietet der Agrarsektor bis weit in dieses Jahrhundert hinein noch genügend Ausgleichsmasse. Erst heute beginnt man in recht spätem Erwachen zu ahnen, daß die durch Systemdifferenzierung diskontinuierten Karrierestrukturen ein inhärentes Dauerrisiko eines funktional differenzierten Gesellschaftssystems sein könnten, an dem auch die Politik nicht viel ändern kann.

IV

Die sich daraus ergebenden Probleme sollen hier jedoch nicht weiterverfolgt werden. Wir kehren zurück zum »Anfang«, um der Vermutung nachzugehen, daß sich auch im Erziehungssystem, wie im Wirtschaftssystem, eine Neustrukturierung durchsetzt, die man als *Homogenisierung des Anfangs* und als *Selbstzurechnung aller Differenzierungen* bezeichnen könnte. Diese Doppelbedingung läßt einen morphogenetischen Prozeß anlaufen, in dem Abweichungsverstärkungen Inhibierungen und Inhibierungen Abweichungsverstärkungen aufbauen und der Systemaufbau, gerade weil er zirkulär erfolgt, irreversibel wird.[36] Im Schulsystem, dem Kernsystem des ausdifferenzierten Erziehungssystems, ist dies auf organisatorischer Ebene besonders

36 In der systemtheoretischen Literatur finden sich eine Reihe von verschiedenen begrifflichen Fassungen für diese Doppelbedingung von Ausdifferenzierung und Eigendynamik. Theorien, die auf Zufallsanstöße, Bifurkation etc. abgestellt sind, drehen im übrigen die Beziehung zumeist um (weil sie ohnehin von einem homogenen Feld ausgehen) und sprechen von Selbstverstärkung (self-enhancement) und Hemmung (inhibition). Siehe z. B. Alfred Gierer, »Generation of Biological Patterns and Form: Some Physical, Mathematical, and Logical Aspects«, Progress in Biophysics and Molecular Biology 37 (1981), S. 1-47; ders., Socioeconomic inequalities: Effects of Self-Enhancement, Depletion and Redistribution, Jahrbuch für Nationalökono-

evident dadurch, daß man den Unterricht in Schulklassen mit Teilnehmern verschiedenen Alters, verschiedenen Reifegrades und verschiedenen Kenntnisstandes aufgibt[37] und zu homogenisierten Schulklassen übergeht.[38] Das betrifft nicht nur den Schulanfang schlechthin, sondern jeden Anfang innerhalb der Schulkarriere, also auch das Anfangen mit der Livius-Lektüre oder mit der Differentialrechnung. Das braucht hier nicht im Detail erörtert zu werden. Uns interessiert, daß auch die Wahrnehmung des Anfangs und der pädagogischen Probleme des Anfangens sich ändert; denn die Kinder kommen zwar an wie die Wilden, aber nicht (oder genaugenommen: ebensowenig wie die Wilden) als von Natur aus Gleiche.

Schon auf der einfachen Ebene der Verhaltenssteuerung stellen sich Probleme in zweifacher Hinsicht: Einerseits muß das Verhalten auf das schulisch Erträgliche und Förderliche reduziert und andererseits in der dadurch entstehenden zwangshaften Stille wieder in Gang gebracht werden. Oder aus der Sicht des Schulmeisters, der von seinen Aufgaben ausgeht: Es entsteht das Doppelproblem von »Zucht« und »Industrie«, nämlich des Eintreibens von Disziplin und des Austreibens von Faulheit.[39] In der Doppelbewegung des Weniger und des

mie und Statistik 196 (1981), S. 309-331; ders., Die Physik, das Leben und die Seele, München 1985, insb. S. 165 ff.

37 Vgl. zu den erheblichen Altersunterschieden und den Irregularitäten von Zugang und Abgang in älteren Schulsystemen etwa François de Dainville, Effectifs des collèges et scolarité aux XVIIe et XVIIIe siècles dans le Nord-est de la France, Population 1955, S. 455-488: Altersunterschiede bis zu 16 Jahren in einer Klasse!

38 Homogenisierung mußte im übrigen keineswegs zwingend den Übergang zum heute vorherrschenden System der Jahrgangsklassen bedeuten, in dem ein Schüler für ein Jahr nur einer Klasse angehören kann. Zunächst wurde denn auch in einem viel breiteren Rahmen diskutiert und experimentiert, ohne daß das Gebot der Homogenisierung als solches umstritten gewesen wäre. Vgl. etwa Martin Ehlers, Gedanken von den zur Verbesserung der Schulen nothwendigen Erfordernissen, Altona – Lübeck 1766, S. 201 ff.; anonym, Vorzug der Specialklassen vor den Generalklassen: Ein Beytrag zur Schulorganisationskunde, Archiv der Erziehungskunde für Deutschland 4 (1794), S. 67-78; Carl Friedrich Etzler, Beiträge zur Critik des Schulunterrichts, 2 Bde., Leipzig 1796-97, Bd. I, S. 126 ff.; Heinrich Stephani, System der öffentlichen Erziehung, Berlin 1805, S. 317 ff.; Eberhard Graff, Die für die Einführung eines erziehenden Unterrichts notwendige Umwandlung der Schulen, 2. Aufl. Leipzig 1818. Ganz überwiegend sprechen sich Pädagogen dabei gegen die starren Generalklassen aus, die sich später gleichwohl aus organisatorischen Gründen durchgesetzt haben.

39 Daß man in der heutigen, an Schule gewöhnten Gesellschaft mit schon auf Schule

Mehr wird die Anfangsmasse zubereitet, »mit der man arbeiten kann«. Selbst der Einzelzogling Emile bekommt, gewissermaßen als Ersatz für diese Prägung, durch Schulunterricht, Robinson Crusoe zu lesen: Erst Insel und dann selbstmotiviertes Arbeiten.[40] Diese Probleme zeigen an, daß der Schulanfang für die Kinder in ganz anderem Sinne ein Anfang ist als für den Lehrer, der genau dafür organisatorische Hilfen und schon eingeübte Routinen bereithält. Aber da der Schulunterricht nur als Interaktionssystem von Lehrer und Schülern in Gang gebracht werden kann, werden die Anfangsprobleme der Kinder zu Problemen des Lehrers; sie werden damit zu Systemproblemen des Erziehungssystems, und die in der zweiten Hälfte des 18. Jahrhunderts aufblühende Schulpädagogik sieht sich aufgefordert, darüber nachzudenken.

Im Wechsel der Systemebene, im Übergang von den Nöten der Schulmänner zur pädagogischen Reflexion, werden die Probleme zu Problemen der Methode. Der feste Halt an den Vorgaben, sei es der Religion, sei es der »gesitteten Stände«, tritt zurück.[41] An die Stelle tritt die Sequenzierung der pädagogischen Einwirkungen, die als Sequenz eine Ordnung und deshalb einen dafür geeigneten Anfang haben muß.[42] In diese Sequenz muß, und das ist neu, eine dauernd mitlaufende soziale Reflexivität eingebaut werden: der Lehrer muß Schritt für Schritt beobachten, was die Schüler beobachten, und dies in einer Situation, in der die Schüler so gut wie gezwungen sind, ihn, den Lehrer, zu beobachten. Der Lehrer wird somit über die Schüler zur Selbstbeobachtung genötigt, und deshalb scheint es der Pädago-

hin sozialisierten Kindern in beiden Hinsichten milder denkt, ist verständlich, zeigt sich aber auch an der Population, die in den Universitäten ankommt.

40 Als »le plus heureux traité d'éducation naturelle (!). Ce livre sera le prémier (!) que lira mon Emile«. Jean-Jacques Rousseau, Emile ou de l'éducation, zit. nach Œuvres complètes Bd. IV, éd. de la Pléiade, Paris 1969, S. 454.

41 Siehe noch Basedows Gesprächs- und Spielvorschläge im Elementarwerk, Bd. I (Hrsg. Theodor Fritzsch), Leipzig 1909, S. 22 ff.; 63 ff. Zur Rekonstruktion der religiösen Referenz bei Schleiermacher und Schelling siehe den Beitrag von Jürgen Oelkers, Vollendung: Theologische Spuren im pädagogischen Denken, in: Niklas Luhmann und Karl Eberhard Schorr (Hrsg.), Fragen an die Pädagogik, Frankfurt 1990, S. 24-72.

42 »Suche in jeder Kunst eine Stufenfolge der Erkenntnis zu reihen«, fordert Johann Heinrich Pestalozzi, Die Methode, in: Sämtliche Werke, Berlin – Leipzig 1927 ff. Bd. XIII, 1932, S. 101-125 (106). Vgl. auch den Gesichtspunkt der »lückenlosen Reihenfolge«, betont von Wolfgang Klafki, Das pädagogische Problem des Elementaren und die Theorie der kategorialen Bildung, Weinheim 1964, S. 49 ff.

gik zunächst zu genügen, sich mit dem Lehrer und seiner Methode zu befassen.

Die Unterscheidung von Lehrern und Schülern wird zur konstituierenden Unterscheidung des Erziehungssystems, und sie erzwingt deshalb ihren eigenen Anfang. Der Unterricht beginnt zwar von Schulstunde zu Schulstunde neu. Er kann und braucht sein Anfangen nicht reflektieren; aber das Erziehungssystem selbst ist immer schon da – als Funktionssystem, als Organisation, als professionelles Establishment – und muß daher die Eigenverantwortung dafür übernehmen, wie angefangen wird. Das so sich entfaltende Schuldrama soll deshalb durch Methode kontrolliert werden. Der Anfang ist Anfang nur insofern, als er dem Erziehungsprozeß zugehört, der sich selbst aufbaut. Der Anfang ist Anfang im Hinblick auf die Zukunft des Systems; er muß im System Zukunft in Aussicht stellen und einleiten können. Die soziale Reflexivität ist zu vermitteln mit der zeitlichen Reflexivität, mit der Vorstellung einer gegenwärtigen Zukunft und einer zukünftigen Gegenwart, in der die gegenwärtige Gegenwart Vergangenheit sein wird. Das Sich-an-die-Methode-Halten soll dann, trotz der immensen Komplexität all dieser Referenzen, beides ermöglichen: soziale und zeitliche Reflexivität. Das Problem des Anfangs zerlegt sich dadurch in Voraussetzungen und erste Schritte, die einen der Umwelt, die anderen dem System zugerechnet. Das Problem des Anfangs wird so zu einem Problem der Koordination von System und Umwelt, wobei das System in beiden Hinsichten das Zuzulassende kontrolliert. Damit wird das System auch in sachlicher Hinsicht reflexiv: es berücksichtigt die sachliche Differenz von System und Umwelt im System.

Die von Pestalozzi entwickelte Elementarmethode muß man deshalb verstehen als Absenken der Ansprüche auf das Niveau einer möglichen Koordination von Lehrer und Schüler, von Gegenwart und Zukunft und von System und Umwelt am jeweiligen Anfang der Operationen des Systems. Wie zum Abschied weist der Begriff des »Elementaren« noch einmal zurück auf den alten Sinn des Vorgegebenen, das nur »beizubringen« und nur zu kombinieren ist. Zugleich ist er jetzt aber auch Moment einer Methode, die im Blick auf ihre eigenen Ziele zu begründen, ja zu konstituieren hat, was für sie elementar ist. Begriffe wie »elementar« oder »einfach« bezeichnen also nicht eine Dekomposition der Stoffe und auch nicht eine Art tayloristische Zergliederung psychischer Funktionen, sondern die im Unterricht relativ voraussetzungslos kommunizierbaren Einheiten, also das, was der Schüler ohne weiteres auffassen kann.[43]

Die Methode richtet sich gegen das »zu früh« lernen Lassen und empfiehlt, in der Anschauung den richtigen Anfang zu suchen, in dem das Kind bereits versteht. Es wird, mit anderen Worten, ein funktionsspezifisches Anfangen gefordert. Im Ausgang vom Einfachen können die Anforderungen an das Begreifen (im Vergleich zu anderem) dann nach und nach erhöht werden. Die Einsicht ist, daß gerade dies Absenken der Ansprüche Voraussetzung ist für das Hochtreiben der Ansprüche des Systems an sich selbst. Insofern greifen auch hier Reduktion und Aufbau von Komplexität Hand in Hand.

Bei diesem Vorschlag setzt Pestalozzi die Unterscheidung von einfach und komplex als Instrument des Beobachtens und Bezeichnens voraus. Aber: wie kann man das? Und ist die Unterscheidung dann ihrerseits einfach? oder komplex?

Der traditionellen Denkweise entspricht es, vom Einfachen auszugehen und zum Komplexen fortzuschreiten. So lehrt es die Methode. Dann muß das Einfache als Element angenommen werden, das die Natur zur Verfügung stellt und das nicht weiter reflektiert werden muß – so wie ein Maurer Ziegel voraussetzt, ohne zu untersuchen, wie sie entstanden sind und aus was sie bestehen. Heute ist dagegen die umgekehrte Denkweise typisch. Man geht vom Komplexen aus und hält alles Einfache für eine abgekürzte, simplifizierte Komplexität. Gerade das Einfache ist also artifiziell, ist eine Reduktion von Komplexität, ist eine systemeigene Konstruktion; und man muß ein System auswählen und bezeichnen, wenn man beobachten will, was für wen einfach ist.[44]

43 »Nicht die zerlegten Teile, z. B. die Buchstaben, die Staubfäden etc., nicht die chemischen Grundstoffe, auch nicht die logischen Merkmale des Begriff, sind dieses Einfache, sondern das, was der Schüler als Einheit in seiner Vorstellung auffaßt; z. B. das lebendige Wort, die Blume etc.«, heißt es bei Friedrich H. C. Schwarz, Lehrbuch der Erziehungs- und Unterrichtslehre (1805), Neudruck auf Grund der 3. Aufl. von 1835, Paderborn 1968, S. 152. Zu korrigieren wäre, daß nicht die Einfachheit der Anschauung als solche zählt (denn die Anschauung selbst ist gerade niemals einfach), sondern die Einfachheit ihrer Kommunikation, das heißt: der Vergewisserung, daß verstanden wird, was kommuniziert wird. In jedem Falle: eine systemeigene Einheit im Erziehungssystem.

44 Vgl. hierzu neuere Untersuchungen über Lesen und Lesbarkeit, etwa Ernst von Glaserfeld, Wissen, Sprache und Wirklichkeit: Arbeiten zum radikalen Konstruktivismus, Braunschweig 1987, S. 3 ff.

Im semantischen Kontext, den Pestalozzi voraussetzen mußte, stand diese »konstruktivistische« Umkehrung der Unterscheidung von einfach und komplex noch nicht zur Verfügung – trotz Kant. Auch die Elementarmethode greift, um ihre eigenen Beschränkungen zu bezeichnen, wieder auf den Begriff der Natur zurück. Dieser erscheint aber in veränderter Funktion – nicht in der Funktion eines couplage par input, sondern in der Funktion eines couplage par clôture.[45] Er bezeichnet nicht eine Abhängigkeit der Spezifikation des Systems von Umweltbedingungen, sondern Gesetzmäßigkeiten seiner Selbstspezifikation, die offensichtlich nicht ohne Rücksicht auf Realitäten vor sich gehen kann. Der Begriff der Natur steht nun für die Geistesentwicklung des Menschengeschlechts im allgemeinen und andererseits für die Ausformung einer psychologischen Unterrichtsmethode zur Verfügung, weil beide »den nämlichen Gesetzen« unterworfen sind.[46] Pestalozzi nimmt diese Gesetze als Gesetze der »Anschauung« und konstruiert das »ABC der Anschauung«, um die Unterrichtsmethode nach der Natur von der Natur unabhängig zu machen. Die Disposition über den Anfang und über die Methode soll dann ermöglichen, daß das Resultat zur Natur wird. Aber wie? »Ich sehe mich bei den Anfangspunkten des Problems: ›Wie kann das Kind sowohl in Absicht auf das Wesen seiner Bestimmung, als in Absicht auf das Wandelbare seiner Lage und seiner Verhältnisse also gebildet werden, daß das, was im Laufe seines Lebens Noth und Pflicht von ihm fordern werden, leicht und wo möglich zur anderen Natur wird‹?«[47] Mit dem Bezug auf »Anschauung« wird, aus der Perspektive des Beobachtens von Beobachtungen oder der Kybernetik zweiter Ordnung,[48] eine Beschränkung der Umwelt in das System eingeführt, ohne daß das System dadurch von spezifischen Inputs abhängig gemacht würde. Es bleibt bei couplage par clôture. Aber der Erzieher kann sich gleichwohl nicht nach der Art einer Kraft begreifen, die das Unbestimmte formt. Und folglich ist der Anfang, bei aller schultechnisch erreichbaren Homogenisierung, keine tabula rasa. Man kann nicht beliebig anfangen und sich dann nach dem schon Geschehenen richten; das Anfangen selbst ist schon durch die Me-

45 Erneut die Begriffe von Varela. Vgl. oben Anm. 35.

46 Johann Heinrich Pestalozzi, Wie Gertrud ihre Kinder lehrt, in: Werke a. a. O., Bd. XIII, S. 180-389 (246).

47 A. a. O., S. 340.

48 Nach Heinz von Foerster, Observing Systems, Seaside Cal. 1981.

thode kontrolliert, denn schon am Anfang hat die Anschauung Form. Das heißt auch: daß sie nicht sieht, was sie nicht sieht. Der Beobachter selber kann dann zwar sehen, daß die Anschauung nicht sieht, was sie nicht sieht, und er kann daraufhin versuchen, ihre Form zu ändern. Aber auch er ist Beobachter, und auch er sieht nicht, was er nicht sieht. Die »absolute Methode« versagt sich dem System.

Das Auswahlprinzip der anschaulichen und deshalb unmittelbaren Verständlichkeit ist nicht die einzige Möglichkeit, den Anfang einer geregelten Reihenfolge zu setzen. In einem Aufsatz, in dem Herbart die Methode Pestalozzis vorstellt,[49] taucht ein anderer Gedanke auf. Wir können ihn als Prinzip der Anschlußfähigkeit bezeichnen. Man müsse diejenigen Kenntnisse und Fertigkeiten vorziehen, »deren Einfluß sich am weitesten erstreckt«; mit demjenigen also beginnen, »was in der Folge das meiste möglich macht«, denn »das verdient auch das Erste zu sein, damit das Folgende möglich werde«. Die Schule ziehe deshalb »das Allgemeinste vor, weil dadurch das meiste erleichtert wird«.[50] Obwohl Herbart es nicht auf eine Differenz zur Methode Pestalozzis abstellt: man kann leicht erraten, daß die Prinzipien der unmittelbar anschaulichen Verständlichkeit auf der einen und des Aufbauwertes und der Anschlußfähigkeit auf der anderen Seite in Kollision geraten können. Aber wie dem auch sei: das bleiben innerpädagogische Optionen und Kontroversen, denn in beiden Fällen geht es um die Eigenlogik pädagogischer Sequenzierung, für die ein Anfang bestimmt werden muß.

Von Zeitgenossen wurde dieses Betonen der Methode als Durchbruch zu etwas Neuem empfunden. Rückblickend ist es nicht ganz einfach, dies zu verstehen. In der Lehre von den Erkenntnismethoden und, parallel dazu, in der Lehre vom Erkenntniserwerb hatte man ja immer schon so gedacht, weil man Forschen und Lernen nicht unterschied.[51] Und auch vorher hatte man ja keineswegs dem Kind alles zugemutet, auch vorher hatte man schon Zäsuren und Sequen-

49 Johann Friedrich Herbart, Über Pestalozzis neueste Schrift: Wie Gertrud ihre Kinder lehrte (1802), zit. nach ders., Pädagogische Schriften Bd. II, 7. Aufl., Langensalza 1906, S. 65-80. Die Darstellung vermittelt im übrigen einen lebhaften Eindruck von der Künstlichkeit des methodisch durchgeführten Unterrichts.

50 Sämtliche Zitate a. a. O., S. 74. Hervorhebung durch Herbart.

51 Vgl. das Buffier-Zitat oben Anm. 12.

zen im Blick.[52] Ein Standardtopos war zum Beispiel, daß man sich zunächst nur um den Leib des kleinen Kindes kümmern könne (frische Luft, kaltes Wasser und ähnliche Rezepturen)[53], daß aber damit schon mächtige Einflüsse auf die Seele verbunden seien und daß erst daraufhin mit der eigentlichen Erziehung, nämlich mit der moralischen Erziehung begonnen werden könne. Auch die alte Pädagogik hatte schließlich gesehen, daß das Ende der Erziehung nicht als Erreichen eines idealen Zieles aufgefaßt werden könne. Sie hatte aus Endlichkeit aber nicht auf Selektion, sondern auf Approximation geschlossen.[54] Was das Stichwort Methode signalisiert, ist nur: daß man nicht einfach an der Natur entlang erziehen könne, sondern daß es eine Eigenlogik im Aufbau pädagogischer Schritte gebe, die nicht nur durch die Natur, sondern durch das zuvor Erreichte ihr Einsatzsignal erhalten. Und daraus folgt nicht zuletzt, daß die philanthropische Maxime des »so früh wie möglich« aufgegeben und durch ein Problembewußtsein ersetzt werden müsse; denn es könne, bezogen auf pädagogische Möglichkeiten, ein »zu früh« geben ebenso wie ein »zu spät«. Die methodische Diachronisierung erfordert eine Synchronisierung der Schüler, die zu bestimmten Zeitpunkten mit bestimmten Erzie-

52 Siehe etwa die Sequenzen 0-7, 7-14 und 14ff. Lebensjahr bei Egidio Colonna, a. a. O., S. 328 ff. – sicher nicht ohne ein damals noch mögliches Vertrauen in kosmische Äquivalente von Zahlen. Die Zeitfolge der möglichen Erziehungsmaßnahmen wird hier sehr detailliert mit dem natürlichen Wachstumsprozeß des Individuums koordiniert, und dies in einer Naturschematik, die aber auf individuelle Unterschiede Rücksicht nimmt (sunt abbrevianda & elonganda secundum diversitatem personarum, S. 331). Entsprechend gibt es keine Rücksicht auf Schulanfänge, Schulklassenorganisation etc., also keine durch Organisation erzwungenen Zäsuren.

53 Z. B. Isaac Iselin, Versuch eines Bürgers über die Verbesserung der öffentlichen Erziehung in einer republikanischen Handelsstadt, Basel 1779, zit. nach ders., Pädagogische Schriften nebst seinem pädagogischen Briefwechsel mit Joh. Cas. Lavater und J. G. Schlosser (Hrsg. Hugo Göring), Langensalza 1882, S. 137-197, insb. 140 ff. Daß auch nach Pestalozzi immer noch, und völlig richtig, so gedacht und geschrieben werden kann, ließe sich vielfältig belegen. Vgl. nur August Hermann Niemeyer, Grundsätze der Erziehung und des Unterrichts. 8. Aufl. 1824, neu herausgegeben von Wilhelm Rein, 2. Aufl., Langensalza 1882, S. 52 ff.

54 Siehe z. B. Matteo Palmieri, Vita civile, zit. nach der Ausgabe von Gino Belloni, Firenze 1982, S. 39 ff.: Approximation durch Entwicklung von mehreren Tugenden, die einander dann stützen können. Hier im übrigen auch die Lehre, daß man angesichts der Fülle des Stoffes die Themen ständig wechseln müsse, denn nur am Anfang sei der Schüler frisch und aufmerksam.

hungsprogrammen anfangen müssen. Die Differenzierung im Nacheinander erfordert eine Entdifferenzierung im Zugleich: eine Homogenisierung des Anfangs.

Wenn immer das System sich über Organisation und Methode auf Homogenisierung des Anfangs einstellt, kann es jederzeit anfangen, kann es willkürlich anfangen. Aller Anfang ist gleich und daher immer möglich. Ob es nun um Schulanfang geht oder um Anfang mit Englischunterricht, um den Anfang nach den Ferien oder um den Anfang einer Unterrichtsstunde: die vorausgesetzte Homogenität ersetzt den Rückblick auf das, was vorher war und in seinen natürlich gewachsenen Unterschieden Beachtung erheischt. Der Anfang ist sozusagen nur nach der einen Seite hin relevant: im Hinblick auf das, was er in Gang setzt. Er ist nicht der Realitätsschock, den ein Kind (wie ein Junglehrer) erlebt, wenn es (er) erstmals in die Schule kommt. Er ist nicht die Differenz von vorher und nachher mit ihrer oft schwierigen Diskontinuität. Er ist nur das Startzeichen für eine schon laufbereite Gruppe. Daher ist das System denn auch von Anfang an seinem Anfang nicht gewachsen. Es beginnt unter artifiziellen Bedingungen, die sehr rasch in eine Wiedereinführung von Unterschieden übergehen. Dennoch ist die Homogenisierung des Anfangs nicht nur eine bloße Fiktion. Denn sie versetzt das System, das sie einmal akzeptiert hat, in die Notwendigkeit, alle Differenzen, die danach zutage treten, sich selbst zuzurechnen.

V

Nach alter stoischer Lehre ist es eine Sache der Weisheit, nur das anzufangen, was man auch zu Ende bringen kann. Si qua finiri non possunt, extra sapientiam sunt; sapientia rerum terminos novit.[55] Wie kann man aber den Anfang homogenisieren, ihn undifferenziert codieren (alle Sechsjährigen!), wenn man noch gar nicht weiß, wie man es zu Ende bringen kann? Anfang und Ende sind korrelative Begriffe, müssen als eine Unterscheidung in Operation gesetzt werden. Man muß sich daher fragen, wie das Ende gedacht sein kann,

55 Seneca, Epistula 94, 16 zit. nach Philosophische Schriften, Bd. 4, 2. Aufl., Darmstadt 1987, S. 424. Oder als politische Weisheit: »En toute affaire, avant d'y entrer, il faut considérer comment on en pourra sortir« – Maximes de Cardinal de Richelieu, Paris 1944, S. 33.

wenn man den Anfang mit einer fast merkmalslosen Beschreibung markiert.

Die offizielle Version dürfte in einer Idealisierung des Endes liegen, in einer kantischen Zweckidee oder in der Vorstellung einer unendlichen Aufgabe, die stets nur approximativ erfüllt werden kann. Das sind dann, wenn man es realistisch sieht, beruhigende Ideale. Wenn man das Ideal nicht erreicht, kann man sich sagen: das war ohnehin nicht zu erwarten. Realistisch zählt nur der Leistungsvergleich. Der eine Schüler endet besser als der andere. Wenn man sich dann fragt warum?, liegt es nahe, die Ursache in den unterschiedlichen Leistungen der Schüler zu sehen, also Erfolg und Mißerfolg ihnen zuzurechnen. Sie haben unter gleichen Bedingungen angefangen, und der eine hat es besser gemacht als der andere. Man kann dann nochmals differenzieren (und so lehrt es die Attributionstheorie), ob es an konstanten oder an variablen Merkmalen liegt, an Begabung oder an Bemühung. Und erst diese genauer eingestellte Attribution läßt den Blick zurückspringen auf das, was im Unterricht vielleicht doch hätte anders gemacht werden können. Das Ende wird mithin nach dem systeminternen Code von »besser und schlechter« bewertet. Während die antike Teleologie, die aber bereits in der Renaissance nicht mehr akzeptiert wurde[56], angenommen hatte, daß das Ende (télos) die Perfektion sei und nur ausnahmsweise infolge der Korruption der Verhältnisse nicht oder nur defizient erreicht würde, kann die moderne Theorie dies schon gar nicht mehr verstehen. Die Zweckidee hat nur noch einen Orientierungswert für den laufenden Prozeß, definiert aber nicht mehr dessen Ende. Der Prozeß selbst endet termingemäß. Am Ende wird bilanziert, geprüft und zensiert. Und noch niemand ist auf die Idee gekommen, die Absolventen in ihrem Abstand vom Ideal der Bildung zu messen und daraus Schlüsse zu ziehen. Sie werden nur nach systeminternen Kriterien miteinander verglichen.

Das télos ist also ersetzt durch die Unterscheidung von Idee und Termin. An die Stelle der Einheit ist eine Differenz getreten, und auch das ist symptomatisch für den Umbau der Gesellschaft aus einem hierarchisch stratifizierten (Plätze zuweisenden) in ein funktional differenziertes (Differenzen prozessierendes) System.

Diesem strukturellen und semantischen Umbau entspricht der Einbau von Zeit. Auch früher hatte man natürlich mit Zeit gerechnet.

56 Vgl. den Hinweis auf Palmieri oben Anm. 54.

Jetzt wird aber mit dem System eine systemeigene Zeit ausdifferenziert. Die Abschottung der schulklassenförmigen Interaktion gegen die gleichzeitig turbulente Umwelt gibt den zeitlichen Sequenzen in der Klasse einen besonderen Aufmerksamkeitswert. Das Ende der Erziehung wird teleskopiert und in weite Ferne gerückt. Der »erziehende Unterricht« wird auf lange Zeit geplant. Am Anfang braucht man daher noch keine klaren Vorstellungen über das Ende; man muß nur wissen, daß es einmal kommen wird – wie der Tod.[57] Man hat also Zeit, darf sie aber nicht vergeuden. Das Ende erzeugt Zeitdruck, der durch Differenzierung der Zeit (Periodisierung) gesteigert werden kann.[58] Die Unterrichtsprogramme brauchen außerdem eine Orientierung durch die Idee der Erziehung (etwa: Bildung) und durch den Code von »besser und schlechter«. So wird die Differenz von Idee und Termin schon am Anfang in Gang gebracht; aber dies in einer Weise, die mit der Homogenisierung des Anfangs kompatibel ist und alles Weitere dem Prozessieren im System überläßt. Die Ambiguität von Idee/Termin betrifft freilich nur die Pädagogen. Die Schüler haben nach wie vor einen klaren Begriff vom Endziel der Erziehung: das Zeugnis.

Die Ausdifferenzierung von systematisch betriebener Erziehung erfolgt mithin als Ausdifferenzierung eines Zeitsegments mit datierbarem Anfang und Ende. Man kann diesen Vorgang als *Temporalisierung von Indifferenz* bezeichnen. Die Ausdifferenzierung aus der stets gleichzeitig mitlaufenden Umwelt wird verstärkt und wird symbolisiert durch eine Zeitgrenze, die den Anfang und das Ende der Verantwortung des Systems für sich selbst markiert. Zeitlich kann man ohnehin weder in die Vergangenheit zurückkehren noch in die Zukunft vorauseilen. Alles was geschieht, geschieht jetzt. Man kann sich mit Erinnerung und mit Sorge belasten – aber immer nur jetzt.

57 Der Vergleich belehrt zugleich über einen wichtigen Unterschied. Der Tod kann – besonders in der Orientierung älterer Gesellschaften – *jederzeit* eintreten. Man steht damit gewissermaßen *jederzeit* vor der möglicherweise *letzten* Möglichkeit, die Entscheidung zwischen Heil und Verdammnis zu beeinflussen. Auf dieser Art der Vergegenwärtigung der Zukunft beruhte bekanntlich die stoische und ebenso die jesuitische Mahnpraxis. Siehe nur Jean Eusebe Nierembert (S. J.), La balance du temps et de l'éternité, Le Mans 1676. Wie die Jesuiten, so haben erst recht die Pädagogen mit der (hier viel realistischeren) Annahme zu ringen, es genüge, kurz vor dem Examen anzufangen.

58 Vgl. den Beitrag von Karl Eberhard Schorr, Erziehung als Periode, in: ders. und Niklas Luhmann (Hrsg.), Fragen an die Pädagogik, a. a. O., S. 112-132.

Einst hieß die Auffüllung der Gegenwart mit Erinnerung und mit Sorge »prudentia«. Komplexer werdende Gesellschaften müssen aber einsehen, daß Weitsicht nicht immer weiter strapaziert werden kann. Man kann dies dem Buchdruck oder auch moderneren Speicher- und Kontrolltechniken überlassen. Dann kann man sich darauf einlassen, Anfang und Ende als Symbole der Indifferenz gegen das Vorher und das Nachher einzusetzen. Das muß, das kann auch nicht heißen, daß nichts in der Vergangenheit und nichts in der Zukunft interessiert. Indifferenz ist Bedingung spezifisch selektiven Verhaltens. Durch eigenes Anfangen und Enden ist es erst möglich, in der dadurch herausgeschnittenen Periode zu entscheiden, was aus der Zeit vor dem Anfang und aus der Zeit nach dem Ende als relevante Vergangenheit bzw. Zukunft in das System eingeführt wird. In diesem Sinne ermöglicht die Homogenisierung des Anfangs, Unterscheidungen zwischen gleich und ungleich an systemeigenen Kriterien zu orientieren, ja selbst Individualisierung zu betreiben. Es geht also durchaus nicht um Gleichmacherei, sondern um das Abgrenzen eines Freiraums für Andersseinkönnen. Dabei verringert eine rigide Zeiteinteilung die Unsicherheit, die anderenfalls als Folge der Ausdifferenzierung und der Abkopplung von externen Situationsbedingungen entstehen würde; man weiß wenigstens, wann was anzufangen und aufzuhören hat.

In dieser Weise reagiert das ausdifferenzierte Erziehungssystem auf eine Gesellschaft, in der ganz allgemein Herkunft kein brauchbarer Indikator für Zukunft ist, sondern alles darauf ankommt, was »zwischendurch« geschieht. Entsprechend stellt die Pädagogik sich von der Sorge (der Väter) für ihre Nachkommen um auf die Sorge (der Erzieher) für das Menschwerden (Idee) und die Karriere (Termine) der Kinder.[59] Und es geht nicht mehr darum, die gut Geborenen gegen die ständig (und vor allem in der schwachen und verführbaren Jugend) lauernden Gefahren der Korruption und Verderbnis zu sichern;[60] sondern es geht darum, die Kinder zu etwas anderem zu machen als zu dem, was sie sind und von sich aus werden würden. Im Effekt entsteht damit bei weit auseinandergezogenem Anfang und Ende ein immer stärker spürbarer Zeitdruck: Je mehr Zeit man hat, desto knapper wird die Zeit, in der etwas geschehen muß, damit anschließend etwas anderes geschehen kann.

59 Siehe dazu auch Konrad Wünsche, Die Endlichkeit der pädagogischen Bewegung, Neue Sammlung 25 (1985), S. 433-449.

60 Siehe erneut als ein Beispiel für viele Egidio Colonna, a. a. O. (1607), S. 287 ff.

VI

Es kann nützlich sein, nochmals vergleichend auf das System der Wirtschaft hinüberzublicken oder zumindest auf Theorieparallelen am Ende des 18. Jahrhunderts. Im Wirtschaftssystem wird dasselbe Problem des jederzeitigen selbstbestimmten Anfangenkönnens ebenfalls durch Ausdifferenzierung akut; aber es wird, wen würde das wundern?, anders gelöst. Hier ermöglicht, so jedenfalls die Theorie von Adam Smith, vermehrte Bereitstellung von verwendungshomogenisiertem Kapital (Akkumulation verfügbarer Geldmittel) eine Steigerung von Simplifikation und Differenzierung von Arbeit und damit das Erreichen der Vorteile von Arbeitsteilung. Dadurch hebt, wie bereits ausgeführt, das System von vorgefundenen Fähigkeiten ab und bestimmt die, die es braucht, selbst. Die Homogenisierung ist hier Sache des (in sich homogenen) Kapitals und der dadurch finanzierten Arbeitsorganisation. Die Aufregung, die das Phänomen des öffentlichen Kredits und der Spekulation am Anfang des 18. Jahrhunderts erzeugt,[61] hat auch mit der Unabhängigkeit von Anfängen zu tun: Man braucht Geld nicht mehr zu verdienen, man leiht oder erspekuliert es sich. Die Grenze liegt nicht in der Herkunft, sondern in der Verwendbarkeit (und sei es zunächst nur, wie Mandeville meinte, für Luxuskonsum). Der Kapitaleinsatz, der sich wirtschaftlich rentiert, hängt seinerseits von der Größe des Marktes ab, für den produziert wird, aber nicht von der Art, wie das Kapital erworben worden ist (ob sauer verdient oder geerbt, ob über Waschanlagen oder Kredite). Der Markt aber ist nichts anderes als das Wirtschaftssystem selbst, von innen gesehen. Diese Lösung ist nur erreichbar dank der besonderen Eigenschaften des Geldes, also auf Grund eines besonderen symbolisch generalisierten Mediums der Kommunikation. Dafür gibt es im Erziehungssystem keine Paralleleinrichtungen, und das ist der Grund, weshalb die Homogenisierung in ganz anderer Weise auf den Strukturen des Interaktionssystems Unterricht aufbauen muß. Natürlich heißt dies nicht, daß die Arbeitsteilung der Wirtschaft ohne Interaktion laufen könnte; aber die Motivegalisierung und die Bereitschaft, Weisungen zu akzeptieren, kann auf den Geldmechanismus abgeladen und damit in der Interaktion vorausgesetzt werden.[62]

61 Vgl. Peter G. M. Dickson, The Financial Revolution in England: A Study in the Development of Public Credit 1688-1756, London 1970.

62 Die mannigfachen Einschränkungen, unter denen dies gilt, sind oft herausgearbei-

Im Unterricht sind dagegen solche Externalisierungen nicht möglich, denn hier ist die Interaktion selbst Träger der Funktion.

Ein zweiter Vergleich kann sich darauf stützen, daß die ausdifferenzierten Systeme nicht mehr einfach vom Menschen ausgehen, sondern den Menschen als eine Beziehung zu sich selbst rekonstruieren, die so spezifiziert werden kann, daß die Funktionssysteme in ihren Operationen auf diese Beziehung einwirken. Im Falle des Wirtschaftssystems wird diese Selbstbeziehung oft, aber irreführend, als utilitaristisch bezeichnet.[63] In Wirklichkeit geht es darum, daß die Selbstbeziehung des Einzelnen allen sozialen Beziehungen vorgeordnet wird. Sie ist als Beziehung des Individuums zu seinem Nutzen, des Bedürfnisses zu seiner Befriedigung, des Zwecks zu den Mitteln immer schon gegeben, bevor es zu einer Einwirkung der anderen oder auf andere kommt. Die soziale Herkunft der Selbstbeziehung und der sie bestimmenden Variablen wird nicht berücksichtigt. Das soziale System entsteht, so gesehen, erst als Relationierung von (Selbst-)Relationierungen. Es entscheidet als Markt darüber, wie sich der Eigentümer zu seinem Nutzen verhält, für welchen Zweck sich ein wie hoher Mitteleinsatz lohnt. Dabei entsteht aber diese Dekomposition des Individuums in ein Selbst, das sich selbst zu seinem eigenen Nutzen verhält, erst als semantisches Korrelat der Marktwirtschaft.[64] Entsprechend führt der moderne Utilitarismus sich selbstreferentiell ein mit dem Argument, Kritiker könnten ihm allenfalls mangelnden Nutzen vorwerfen.[65]

tet worden. Siehe nur Oliver E. Williamson, Markets and Hierarchies – Analysis and Antitrusts Implications: A Study of the Economics of Internal Organization, New York 1975. Bei einem Vergleich zwischen Wirtschaftssystem und Erziehungssystem treten diese Probleme jedoch zurück.

63 Die ursprünglich schichtspezifische, der honestas des Adels entgegengesetzte Semantik der utilitas ist damit zwar aufgehoben; sie wird im 18. Jahrhundert ebenfalls »homogenisiert«. Dennoch bleibt an ihr ein gewisser Geruch des Kleinlichen haften, besonders wenn man die Größe des Geistes danebenhält, mit dem sich die um Bildung bemühte Erziehung befaßt. Oben im Text versuchen wir, diese Schieflage zu korrigieren.

64 Vgl. bereits Michael Polanyi, The Great Transformation (1944); dt. Übers. mit gleichem Titel Frankfurt am Main 1978; ferner Louis Dumont, Homo aequalis: Genèse et épanouissement de l'idéologie économique, Paris 1977, S. 13 f., 98 ff., 130 f. u. ä. Zu dem damit verbundenen Abbau herrschaftsmoralischer Ansprechbarkeit vgl. auch E. P. Thompson, The Moral Economy of the English Crowd in the 18th Century, Past and Present 50 (1971). S. 76-136.

65 So Jeremy Bentham, An Introduction to The Principles of Morals and Legislation (1789), zit. nach der Ausgabe New York 1948, S. 4 f.

Auch insofern bestimmt das geschlossene System die Art und Weise und vor allem die Semantik, mit der es seine Umwelt auflöst in Relationen, zu denen es sich dann in ein Verhältnis setzen kann.

Im Falle des Erziehungssystems erfüllt, man wird es erraten, die Semantik der Freiheit eine entsprechende Funktion. Was ihr an Kalkulierbarkeit fehlt, wird ihr an Humanität zugesetzt. Auch dies ist aber nur eine Form, in der zum Ausdruck kommt, daß das System der operativen Relationierung von Selbstbeziehungen autopoietisch operiert. Die Erziehung setzt Freiheit voraus, um sie erzeugen und ausbilden zu können. Erstaunte Beobachter fragen sich denn auch, wie man das wohl macht.[66] Man macht es, indem man das »Werk der Freiheit« als eine »absichtliche Wirksamkeit auf das Kind« auffaßt[67] und es statt der Freiheit der Methode unterwirft. Dann kann der Anfang, in bezug auf das Kind, als Einheit von Naturtrieb und Freiheit begriffen[68] und die Methode auf zunehmende Differenzierung von Natur und Freiheit und auf Regulierung der Freiheit hin angelegt werden. Die moderne Kybernetik selbstreferentieller Systeme würde dagegen antworten, daß ein solches System rekursive Operationen benutzt und weder nach der Logik der Deduktion noch nach empirischen Kausalgesetzlichkeiten begriffen werden kann.[69] Die Hypothese der Freiheit ist nur eine Chiffre für die Umweltbeziehungen des Systems. Sie besagt, daß das System nicht mit der Transformation von Natur in Natur befaßt ist, sondern mit dem Prozessieren der Konditionierung von Selbstbeziehungen. Das heißt aber nichts anderes, als daß das Erziehungssystem, wie auch das Wirtschaftssystem, sich selbst spezifiziert und dafür nicht auf vorgegebene Anfangsbedingungen angewiesen ist, obwohl es in einer kontinuierlich »rauschenden« Umwelt operiert.

66 Vgl. Karl Salomo Zachariae, Über die Erziehung des Menschengeschlechts durch den Staat, Leipzig 1802, S. 100 ff.

67 So Friedrich H. C. Schwarz, a. a. O. (1835/1968), S. 11.

68 Ob dies auch dem Kinde inmitten des Schulalltags und mit Vergleichsmöglichkeiten in Richtung auf sein Leben außerhalb der Schule so vorkommt, ist eine zweite Frage.

69 Vgl. erneut Heinz von Foerster, insb. The Cybernetics of Cybernetics, in: Klaus Krippendorff (Hrsg.), Communication and Control in Society, New York 1979, S. 5-8.

VII

Daß im Prinzip alle Funktionssysteme im Zuge ihrer Ausdifferenzierung ihre Abhängigkeit von externen Anfängen lösen und sich auf Selbstreferenz umstellen, muß nicht bedeuten, daß alle dies in gleicher Weise und in gleicher Radikalität tun. Es ist vielmehr zu erwarten, daß Unterschiede in der Art der Funktionen und Unterschiede im Grade der Technisierbarkeit der Operationen sich auswirken, und unter diesem Gesichtspunkt betrachtet weist das Erziehungssystem in der Tat Besonderheiten auf, weil es an den Lebenslauf der zu Erziehenden angeschlossen werden muß.

Im Ergebnis entsteht dadurch eine Differenz, die sich in dieser Schärfe in anderen Funktionssystemen nicht findet. Der Schulanfang ist für den Schüler ein ganz anderer Einschnitt als für den Lehrer, der wieder einmal eine neue Klasse mit Schulanfängern übernimmt. Für den Schüler ist es ein einmaliges Ereignis in seinem Lebenslauf, für den Lehrer eine hochgradig routinisierbare Wiederholung. Für den Schüler bringt der Schulanfang einen (wie immer durch Kindergarten, Vorschule etc. gemilderten) Bruch in seinem Lebensrhythmus, für den Lehrer allenfalls eine neue Generation von Schülern mit leicht variierten Merkmalen. Der Schüler muß das Problem ohne einschlägige Vorerfahrungen bewältigen, und zugleich hängt viel Zukunft für ihn davon ab, wie er dies Problem löst. Der Lehrer weiß schon, wie es zu machen ist, und lernt allenfalls minimal dazu. Nicht für den Schüler, sondern nur für den Lehrer handelt es sich also um einen »homogenisierten Anfang« und um eine wiederholte Anwendung von Regeln. Der Schüler hat eine individuelle Diskontinuität seiner Lebensführung zu bewältigen.

Diese Differenz ist vor allem deshalb von Gewicht, weil es sich nicht um eine einfache Verschiedenheit der Erlebnisweisen handelt. Es geht nicht nur darum, daß dies und auch das vorkommt, so wie es in der Schule Tische und Stühle, Türen und Fenster gibt. Vielmehr ist die Differenz ein Problem für die Einheit des Systems, und sie wird in der Aufgabenstellung des Lehrers reflektiert. Er muß in der Behandlung von Schulanfängern berücksichtigen, daß dies für sie in einem anderen Sinne ein Anfang ist als für ihn. Das aber überfordert ihn zwangsläufig, da er nicht wissen kann, wie in jedem Einzelfall der Anfang als Anfang wirkt. Auch für dieses Problem gibt es dann wieder nur Routinen und Rezepte oder auch hinreichend unbestimmtes »Problemgefühl«, ohne daß der Lehrer als Beobachter der Schüler hinreichende »requisite variety« aufbringen könnte, um die Differenzen des individuellen Differenzerlebens ausgleichen zu können. So nimmt das Schulschicksal seinen Lauf, und unmerkliche Unterschiede im Erleben des Anfangs können sich zu erheblichen Unterschieden in der Einstellung zur Schule auswachsen, die dann nur noch als persönliche Merkmale der Schüler registriert und sanktioniert werden können.

Es gibt, mit anderen Worten, im Erziehungssystem keine Instanz, die die Differenz des Anfangserlebens von Schülern und Lehrern als Einheit repräsentieren und die daraus resultierenden Probleme lösen könnte. Es gibt nur die Möglichkeit, die Differenz in das durch sie Differenzierte wiedereinzuführen – eine Art »re-entry« im Sinne von Spencer Brown.[71] In dieser Form wird die Differenz dann zunächst paradox, sie wird zu einem Teil eines Teils in sich selbst. Aber gerade dieser Umweg über eine Paradoxie der Selbstreferenz kann fruchtbar sein, weil er für die Operationen des Systems ein Dauerproblem schafft, das in der einen oder anderen Weise die Suche nach Lösungen stimuliert.

VIII

Bisher haben wir die Homogenisierung des Anfangs betont und nur pauschal zu erkennen gegeben, daß sie mit der Ausdifferenzierung der Funktionssysteme und speziell des Erziehungssystems korreliert. Aber was wird mit Ausdifferenzierung erreicht? Das 18. Jahrhundert hatte an die erkennbar werdende Autonomie, besonders von Wirtschaft, Wissenschaft und Erziehung, Rede,* und auch im historischen Vergleich ist nicht jedermann davon überzeugt, daß die Jugend heute besser erzogen wird als früher. Bei Kontinuitätsbrüchen, die die Differenzierungstypik der Gesellschaft betreffen, verbietet sich ein solcher Vorher/Nachher-Vergleich ohnehin. Denn die Kriterien dafür lassen sich nur derjenigen Gesellschaft entnehmen, die diesen Vergleich vollzieht, also heute der unsrigen; und wir sind natürlich durch die Verbreiterung der Schichtbasis aller höherwertigen Schulerziehung beeindruckt – eine »Errungenschaft«, die man in einer stratifizierten Gesellschaft weder für möglich noch für sinnvoll gehalten hätte. Ent-

* [Im Manuskript ist dieser Satz unvollständig, Anm. d. Hrsg.]

71 A. a. O. (1971).

sprechend loben wir das, was hier als Homogenisierung des Anfangs bezeichnet wird, als »Chancengleichheit«, und finden uns irritiert, wenn trotz hoher Ausdifferenzierung des Erziehungssystems eine volle Chancengleichheit nicht erreicht wird, weil die Umwelt sich nicht vollständig pulverisieren läßt.

Die überhitzte Diskussion der Probleme der Chancengleichheit hat mit dem Getöse der Gesinnungen von anderen, ebenfalls wichtigen Zusammenhängen abgelenkt. Wir greifen einen Effekt heraus, der sich in dem Maße einstellt, als Homogenisierung oder Chancengleichheit erreicht wird. Er besteht darin, daß nun alle Unterscheidungen, die das System verwendet, und alle Differenzen, die das System erzeugt, dem System selbst zugerechnet werden müssen. Natürlich importiert das System mit dem Wissen der Gesellschaft auch die dazu notwendigen Unterscheidungen. Die Unterscheidung von Sinus und Cosinus wird nicht im Erziehungssystem erfunden; aber dem Erziehungssystem wird zugerechnet, wann es von wem den Gebrauch dieser Unterscheidung verlangt und welchen Unterschied es macht, ob man sie kennt oder nicht kennt. Oder anders gesagt: das Erziehungssystem unterscheidet nicht zwischen Sinus und Cosinus, sondern zwischen dem, der diese Unterscheidung handhaben kann, und dem, der es nicht kann; denn nur davon hängen die weiteren Operationen des Erziehungssystems ab.

In einem sehr allgemeinen Sinne kann das Erziehungssystem daraufhin als ein Prozeß der Abweichungsverstärkung begriffen werden. Das ist nicht nur psychologisch bzw. psychiatrisch gemeint im Sinne gelernter Angst bzw. gelernten Könnens.[72] Es geht nicht nur um das Abweichen von einer vorausgehenden Uninformiertheit, Unkenntnis, Unfähigkeit oder von sonstigen Unheiten (wobei das Un- wiederum signalisiert, daß das Erziehungssystem selbst den Anfang setzt, denn natürlich gibt es keine Unbesetztheit psychischer Operationen). Während Pädagogen diese Art Abweichungsverstärkung intendieren, erzeugt das Erziehungssystem durch das soziale System des Unterrichts noch eine andere Art von Abweichungsverstärkung, nämlich die der Schüler untereinander.

Denn wenn der Anfang homogenisiert ist und alle unter gleichen Bedingungen beginnen, muß jeder auftauchende Unterschied dem

72 Vgl. dazu Paul H. Wender, Vicious and Virtuous Circles: The Role of Deviation Amplifying Feedback in the Origin and Perpetuation of Behavior, Psychiatry 31 (1968), S. 309-324.

System selbst zugerechnet werden. Das System findet sich so in einem ständigen Konflikt zwischen selbsterzeugten Unterschieden und Notwendigkeiten der Rehomogenisierung, um Boden für neuen Anfang zu gewinnen. Es negiert (auf Anraten der Pädagogen) Begabungsunterschiede, also unüberwindliche Unterschiede des Anfangs. Aber es erzeugt gute und schlechte Schüler. Es bemüht sich, die Gleichheit wiederherzustellen, sei es durch Nachhilfe, sei es durch differentielle Zuweisung zu Klassen oder Kursen. Aber das Bemühen um Wiederherstellung der Gleichheit markiert Ungleichheit. Es ist nicht so wie in der Beichte: jeder muß hin. Sondern man sieht: der hat es nötig.

Gerade wenn man von Homogenität ausgeht, fällt Heterogenität auf. Wenn dieselbe Frage an alle gestellt wird, zeichnet sich daraufhin ab, daß die einen sie beantworten können und die anderen nicht. Als Ausgangspunkt für Operationen erzeugt die Gleichheit, die sich nicht der Natur, sondern der Homogenisierung verdankt, Ungleichheit, und dies mit geradezu logischer Zuverlässigkeit. In Reaktion auf diese Bedingungen setzen codierte Operationen ein, die das Verhalten nach gut oder schlecht, nach vergleichsweise besser oder schlechter, nach richtig oder falsch, willkommen/unwillkommen, artig/unartig oder wie immer sortieren. Das System kommt nicht umhin, selbsterzeugte Unterschiede zu bemerken, darauf zu reagieren und für die Reaktion darauf eine Form zu finden. Nur das »wie« steht zur Wahl.

Unter diesen Vorgaben hat das Erziehungssystem einen binären Code entwickelt, an dem es zumindest im Unterrichtssektor, aber in dessen Ausstrahlungen weit darüber hinausreichend, seine Operationen orientiert. Rein formal stehen die Möglichkeiten des positiven und des negativen Beurteilens, des Lobens und Tadelns, des Zensierens bestimmter Leistungen, des aggregierenden Zensierens, des Bestehens bzw. Nichtbestehens von Prüfungen, des Versetzens oder Nichtversetzens bis hin zum Erreichen oder Nichterreichen des Abschlusses zur Verfügung; und die Einheit des Code realisiert sich in dem Maße, als diese verschiedenen Beurteilungen aufeinander abgestimmt werden. Die Erziehungsprogramme treten dann mehr und mehr in den Dienst des so codierten Systems, denn sie müssen den Bedingungen der Beurteilbarkeit von Resultaten genügen.[73]

73 Hierzu näher: Niklas Luhmann, Codierung und Programmierung im Erziehungssystem: Bildung und Selektion, in: Heinz-Elmar Tenorth (Hrsg.). Allgemeine Bildung: Analysen zu ihrer Wirklichkeit, Versuche über ihre Zukunft, Weinheim 1986, S. 154-182.

Mit einem Begriff, der ursprünglich aus der Linguistik stammt und die Entstehung von Sprechvarianten und Dialekten erklärt, kann man die damit eingeleitete Entwicklung, immer im Ausgang von einem homogenisierten Anfang, auch als Hyperkorrektion bezeichnen.[74] Das Können verlangt nach Ausdruck, und gelungener Ausdruck reizt zur Überbietung in der einmal eingeschlagenen Richtung. Auf diese Weise ergeben sich Übertreibungen und Verfeinerungen – nicht nur in den offiziellen Lehrprogrammen, sondern auch und gerade im expressiven Stil und im Sprachverhalten der Jugendlichen – in den Abweichungsverstärkungen, mit denen sie hyperkorrigieren, daß und wie sie sich voneinander unterscheiden. Es entsteht eine eigentümliche, auf Abweichung erpichte, von Moden bestimmte und durch Generationsdifferenzen von nur wenigen Jahren zäsierte Jugendkultur, die die Lehrprogramme und vor allem das Lehrerverhalten, mit dem man »ankommen kann«, unter Anpassungsdruck setzt.

Es soll natürlich nicht behauptet werden, daß dies alles durch die einfache »Ursache« der Homogenisierung des Anfangs »erklärt« werden kann. Was immer man von Erklärungen halten mag: entscheidend ist, daß das System über Homogenisierung des Anfangs genötigt ist, alles, was Ursache wird, selbst zu rekrutieren; alle Unterscheidungen, mit denen es arbeitet, selbst vorzusehen; und alles, was im System als Information fungiert, an eigenen Unterscheidungen auftauchen zu lassen. Die Umwelt läßt sich dadurch natürlich nicht ausschalten; sie erzeugt Rauschen, Störungen und nicht selten, zum Beispiel über Politik und Recht, auch Direktzugriffe auf Parameter des Systems. Aber solche Einwirkungen betreffen ein ausdifferenziertes, autonom operierendes System, und wie sie sich auf die Erziehung auswirken, entscheidet sich in diesem System.

Solange und soweit es um ein immer neues Wiederanfangen mit systeminternen Operationen geht, stellt das System sich unter die Forderung der Rehomogenisierung, sei es durch Neusortierung der Schüler, sei es durch Nachhilfe. Erst am Ende dessen, was das System als Erziehung verantwortet, steht die dokumentierte Heterogenität. Man wird mit oder ohne Zeugnis, mit guten oder mit weniger guten Zeugnissen entlassen. Und die Homogenisierung des Anfangs, ihres Anfangs, muß dann anderen Systemen überlassen bleiben.

74 Vgl., auf expressives Verhalten generell bezogen, Philippe van Parijs, Triadic Distributions and Contrepied Strategies: A Contribution to a Pure Theory of Expressive Behaviour, Journal for the Theory of Social Behaviour 7 (1977), S. 129-160.

Das Kind als Medium der Erziehung

I

Unter Erziehung versteht man üblicherweise die Änderung von Personen durch darauf spezialisierte Kommunikation. Man kann diese Vorstellung einschränken – etwa durch Beschränkung auf Kinder als Gegenstand der Erziehung, also durch Voraussetzung einer Altersdifferenz zwischen Erzieher und Zögling. Üblich ist (zumindest in Pädagogenkreisen) auch, daß man, etwa unter dem Namen Freiheit, die Selbstbestimmung des Zöglings in Betracht zieht – sei es als Ziel, sei es als Schwierigkeit für die Erziehung. All diese Modifikationen des Alltagsverständnisses von Erziehung ändern jedoch nichts daran, daß der Begriff psychische Auswirkungen von Kommunikation bezeichnen soll; und zwar, im Unterschied zu Sozialisation, absichtsvoll herbeigeführte, als Verbesserung gemeinte Veränderungen psychischer Systeme. Der Begriff bezeichnet, mit anderen Worten, einen Kausalnexus, der soziale Systeme (Kommunikation) und psychische Systeme (Bewußtsein) verknüpft, und zwar auf planmäßige, kontrollierbare, wenngleich nicht immer erfolgreiche Weise verknüpft.

Läßt man sich auf diese Voraussetzung ein, kann es kein symbolisch generalisiertes Medium für Erziehung geben. Man findet daher im Erziehungssystem kein genaues Pendant zu dem, was Geld für die moderne Wirtschaft oder Wahrheit für die moderne Wissenschaft bedeutet.[1] Kommunikationsmedien können immer nur an sich unwahrscheinliche Kommunikation trotzdem ermöglichen. Sie können keine Außenwirkungen der Kommunikation sicherstellen. Es gibt nur für Selektion, nicht aber für Erziehung einen binärer Schematismus.[2] Es gibt im Erziehungssystem keine Technologie, die es ermöglichen könnte, Kommunikation gegen die Strukturen des Interaktionssystems zu differenzieren und weitgehend unabhängig von ihnen laufen zu lassen.[3] Jede Gesellschaftstheorie muß derart ge-

1 Dazu Niklas Luhmann/Karl Eberhard Schorr, Reflexionsprobleme im Erziehungssystem, Neudruck mit Nachwort 1988, Frankfurt 1988, S. 54.

2 Vgl. Niklas Luhmann, Codierung und Programmierung: Bildung und Selektion im Erziehungssystem, in diesem Band, S. 23-47.

3 Zur Diskussion dieser Frage Niklas Luhmann/Karl Eberhard Schorr (Hrsg.), Zwischen Technologie und Selbstreferenz: Fragen an die Pädagogik, Frankfurt 1982.

wichtige Unterschiede zwischen dem Erziehungssystem und anderen Funktionssystemen im Auge behalten; und wenn nicht schon die Soziologie, so würde erst recht die Pädagogik darauf bestehen.

Dennoch sollte dieser Ersteindruck überprüft werden. Es könnte doch sein, daß, wenn man die Problemstellung hinreichend abstrahiert, sich Parallelen entdecken lassen, denn schließlich hat auch die Erziehung es – vorläufig sagen wir: irgendwie – mit unwahrscheinlicher Kommunikation zu tun. Zumindest der Bedarf für ein symbolisch generalisiertes Kommunikationsmedium oder für funktionale Äquivalente läßt sich also nicht leugnen.

II

Aber: wo liegt das Problem? Diese Frage muß zuerst geklärt werden.

Die alteuropäische Erziehungslehre hatte das Problem in der Verhinderung von Korruption und Verderbnis gesehen, denen das Kind, von Natur aus nach Perfektion strebend, besonders in zartem Alter ausgesetzt sei. Deshalb war Erziehung im Schutze des Hauses zu leisten, besonders unter Verantwortung und Fürsorge des Vaters. Dafür gab es sowohl religiöse als auch weltlich-adelige Versionen, die auf Seelenheil bzw. tüchtige Lebensführung abstellten. Sie schlossen sich wechselseitig nicht notwendig aus.

Im 18. Jahrhundert wird jedoch nach und nach deutlich, daß ein Kind ohne Vorbestimmtheit durch seine (ständische) Herkunft zu erziehen sei. Aus jedem Kind kann nun alles mögliche werden, und die Frage wird akut, wie in diesem Bereich offener Möglichkeiten Ordnung wiederzugewinnen sei. Die Pädagogik stellt sich von Herkunft auf Zukunft um, verliert ebendamit aber die Anhaltspunkte, die in der Herkunft für die Zukunft gelegen hatten. Die modernen Erziehungslehren stellen darauf ab, daß die Heranwachsenden für ein Leben in der Gesellschaft ausgerüstet werden müssen mit Kenntnissen und Fertigkeiten, die sie nicht von selbst und nicht in der Familie, sondern nur in Schulen erwerben können. Diese Lehren kulminieren in der Idee der Bildung, die besagt, daß diese Teilnahmemöglichkeit an Gesellschaft, ja an Welt, dem Einzelnen als Individuum vermittelt werden müsse und daß die Individualität des Einzelnen so entwickelt werden müsse, daß er frei darüber verfügen und Teilnahme als eigene verwirklichen könne.

Beide Versionen, die alteuropäische und die neueuropäische, übersetzen ein Problem der Erwachsenen in ein Problem für Kinder.[4] Die Welt ist nicht so, wie sie sein sollte, also muß man erziehen. Beide Versionen übergehen ein tieferliegendes Problem. Geht man von einer Theorie selbstreferentieller, autopoietischer Systeme aus, dann erscheinen sowohl psychische als auch soziale Systeme als operativ-geschlossene Einheiten, die ihre eigenen Operationen nur für die Selbstreproduktion des Systems, also nur intern, aber nicht für Ausgriffe in die Umwelt verwenden können.[5] Kein System kann ja außerhalb der eigenen Grenzen operieren, auch nicht teilweise. Jedes System kann die eigenen Strukturen nur mit eigenen Operationen aktivieren, spezifizieren, wiederaufrufen oder vergessen. Jedes System kann die eigenen Operationen nur in rekursiver Vernetzung mit eigenen Operationen produzieren und reproduzieren. Das gilt für soziale Systeme (Kommunikationssysteme) und psychische Systeme (Bewußtseinssysteme) gleichermaßen. Daher kann es auch keine operativen Überschneidungen zwischen diesen Systemen geben. Bewußt-aktuelle Aufmerksamkeit ist etwas völlig anderes als Kommunikation, obwohl jeder Beobachter feststellen kann, daß Kommunikation nicht ohne mitwirkendes Bewußtsein ablaufen kann und das Bewußtsein seine heutige Form und sein Komplexitätsvermögen nicht ohne Teilnahme an Kommunikation gewinnen könnte. Unbestritten gibt es also eine ständige strukturelle Kopplung von Bewußtseinssystemen und Kommunikationssystemen, die laufend wechselseitige Irritationen auslöst (Piaget würde sagen: zu Assimilation und Akkommodation führt), aber trotzdem keine gemeinsame Operation und auch kein übergreifendes System. Ein Bewußtseinssystem kann sich nur durch Bewußtsein spezifizieren, ein Kommunikationssystem nur durch Kommunikation; und die rekursiven Netzwerke, über die das geschieht und deren Aktivierung das System gegen seine Umwelt differenziert, bleiben völlig verschieden. Dies und nichts anderes ist gemeint, wenn

4 Siehe Klaus Prange, Bildung in dürftiger Zeit: Epochale Aspekte der pädagogischen Reflexion, Zeitschrift für internationale erziehungs- und sozialwissenschaftliche Forschung 5 (1988), S. 1-18.

5 Vgl. Niklas Luhmann, Soziale Systeme: Grundriß einer allgemeinen Theorie, Frankfurt 1984; ders., Die Autopoiesis des Bewußtseins, in: Alois Hahn/Volker Kapp (Hrsg.): Selbstthematisierung und Selbstzeugnis: Bekenntnis und Geständnis, Frankfurt 1987, S. 25-94; ders., Wie ist Bewußtsein an Kommunikation beteiligt?, in: Hans Ulrich Gumbrecht/K. Ludwig Pfeiffer (Hrsg.): Materialität der Kommunikation, Frankfurt 1988, S. 884-905.

die neuere Systemtheorie von Geschlossenheit, von Autopoiesis, von strukturdeterminierten Systemen spricht.

Legt man diese Annahmen zugrunde (und eine andere Theorie würde natürlich zu völlig anderen Realitätsannahmen und Konsequenzen führen), erscheint das Grundproblem der Erziehung in neuem Licht. Die Theorie operativ-geschlossener Systeme schließt die Annahme aus, man könne durch Kommunikation Bewußtseinsoperationen (-strukturen, -zustände usw.) spezifizieren. Das, was der Erzieher sich vornimmt, ist unmöglich. Wie kann dann aber trotzdem erzieherische Kommunikation in Gang gebracht werden und ihre eigene Autopoiesis fortsetzen? Und: gibt es dafür ein Medium?

III

Auch diese Frage bedarf einer begrifflichen Klärung. Auch sie gerät unter die verschärften Genauigkeitsansprüche, die sich ergeben, wenn man Systeme als operativ geschlossene, sich selbst produzierende Einheiten denkt.

Selbstverständlich ist nicht von Massenmedien die Rede. Aber auch die verbreitete Vorstellung, daß Medien einen Übertragungsvorgang vermitteln, muß aufgegeben werden. Es geht nicht darum, wie es möglich ist, etwas (zum Beispiel eine Information) von A nach B zu bringen. Es geht um Erzeugung und Reproduktion einer evolutionär unwahrscheinlichen Operationsweise, nämlich Kommunikation.[6] Es geht um Emergenz einer neuen Art von Realität auf der Grundlage eines vorauszusetzenden Materialitätskontinuums, das physisch-chemisch-biologisch und in unserem Falle dann auch sprachlich-gesellschaftlich vorgegeben ist. Es geht um Einzeichnen von Grenzen in dieses Kontinuum, um das Gewinnen von Form.[7]

6 Eine solche Wendung in der Kommunikationstheorie vollzieht auch Benny Shanon, Metaphors for Language and Communication, Revue internationale de Systémique 3 (1989), S. 43-59.

7 Vgl. hierzu Terry Winograd/Fernando Flores, Understanding Computers and Cognition: A New Foundation for Design, Reading Mass. 1986, insb. S. 76 f. (Dt. Übers.: Erkenntnis Maschinen Verstehen, Berlin 1989). Im Anschluß an Heidegger, Gadamer, Searle, Maturana werden hier zwar alle »rationalistischen« Vorstellungen zweckgerichteter Übertragungseffektivität aufgegeben; aber der Sinn von Kommunikation wird im Anschluß an Searle und Maturana dennoch primär in der Verhaltenskoordination bzw. in der Erzeugung von Bindungen (commitments) der betei-

Nach Vorgaben, die Fritz Heider für den Bereich der Wahrnehmungsmedien (also für operativ geschlossene psychische Systeme) formuliert hat, wollen wir den Begriff des Mediums (im Unterschied zu Form) gründen auf die Unterscheidung von lose gekoppelten und strikt gekoppelten Elementen.[8] Die lockere, weiche, formbare Struktur von Medien gibt Formen eine Chance, sich einzuprägen, sich durchzusetzen. Dabei bleibt das Medium erhalten. Es erscheint an der Form als auch anders mögliche Kopplung, als Kontingenz. Nur die Form läßt sich direkt beobachten, das Medium muß man erschließen – so wie man an den Fußspuren im Erdreich erst sieht, daß Füße fester zusammenhalten als Erde. Will man das Medium seinerseits beobachten, muß man es als Form beobachten und ein weiteres, dadurch geformtes Medium voraussetzen. Letztes, endgültig nichtbeobachtbares Medium wäre dann die Materie (im Sinne der alteuropäischen Tradition) oder, wie wir heute vielleicht sagen könnten, die Welt.

Diese Überlegungen zeigen schon, daß die Unterscheidung Medium/Form mehrfach angewandt werden kann, ja Hierarchien bildet in dem Sinne, daß das, was in einer Unterscheidung als Form fungiert, in einer anderen wieder Medium ist und höhere Formbildungen aufnehmen kann. (Ebendeshalb sind wir bei einer abstrakten Vorstellung der Unterscheidung an vage Begriffe wie [relativ] lose und [relativ] strikte Kopplung gebunden.) In diesem Sinne lassen sich zum Beispiel Worte der Sprache, obwohl selbst strenge Form in einem akustischen bzw. optischen Wahrnehmungsmedium, ihrerseits als Medium verwenden; denn sie lassen weithin offen, wie sie zu Sätzen zusammengefügt, also zu strengerer Form gekoppelt werden können. Und das Beispiel zeigt auch, daß die Formung das Medium nicht beseitigt oder verbraucht, sondern als immer neu formbar voraussetzt.

Für Sprache kann nach alldem gut verdeutlicht werden, daß sie als Form und als Medium zugleich fungiert. Diese geniale Eigenschaft befähigt Sprache dazu, als strukturelle Kopplung von je für sich geschlossenen Bewußtseinssystemen und Kommunikationssysteme zu dienen. Ins Bewußtsein dringt die Sprache als Formung des Wahrnehmungsmediums ein – zunächst akustisch, seit Erfindung der Schrift auch optisch. Im Zusammenhang gesellschaftlicher Kommunika-

ligten Individuen gesehen. Das käme dem Selbstverständnis der Pädagogen immer noch näher als die Variante von Systemtheorie, die wir im Text präsentieren.

8 Vgl. Fritz Heider, Ding und Medium, Symposium 1 (1926), S. 109-157.

tion verwendet die Sprache die für Wahrnehmungszwecke gestochen scharf geformten Worte als Medium zum Gewinnen neuer Formen, eben der Sätze, deren sich die Kommunikation bedient. Natürlich haben sich nicht erst Worte, dann Sätze, erst Bewußtseinssysteme, dann Gesellschaftssysteme entwickelt. Sprache ist Bedingung und Resultat der Coevolution von psychischen und sozialen Systemen. Das aber macht nur um so mehr deutlich, daß es sich um eine hoch unwahrscheinliche evolutionäre Errungenschaft handelt, die mit der Unterscheidung Medium/Form zwar entschlüsselt und beschrieben, damit aber noch nicht genetisch erklärt werden kann.

Dies alles ist vorausgesetzt, wenn symbolisch generalisierte Kommunikationsmedien entstehen. Im typischen Falle geschieht dies über binäre Codierung. Dem positiven Wert, der die Anschlußfähigkeit der Operationen bezeichnet,[9] wird ein anderer Wert, ein Negativwert, ein Reflexionswert, gegenübergestellt, der besagt, daß alle anschlußfähigen Operationen (alle Zahlungen, alle Machtsprüche, alle kollektiv bindenden Entscheidungen, alle Wissensfixierungen usw.) auch anders ausfallen könnten, *ohne daß dies die Autopoiesis des Systems beenden würde.* Binäre Codierung ist, mit anderen Worten, eine bedeutsame, ja die in der Gesellschaftsentwicklung führende Erfindung der Neukonstituierung eines Mediums über der immer schon in Formen und nur so benutzbaren Sprache.

Und wie macht es, wenn überhaupt, die Erziehung, wenn ihr keine Möglichkeit einer eigenen binären Codierung (außer für Selektionszwecke) zur Verfügung steht?

IV

Wie oben in aller Kürze angedeutet, steht die Erziehung vor dem Problem, daß sie nicht kann, was sie will. Sie hat es mit psychischen Systemen zu tun, die nur das tun, was sie tun. Ein Schüler, der grinst, grinst. Ein Schüler, der rechnet, rechnet. Man kann durch Tadel oder Lob darauf kommunikativ reagieren, aber es gibt keine Möglichkeit, die Bewußtseinsverläufe, die sich daraufhin ergeben, durch Kommu-

9 Gotthard Günther nennt ihn »Designationswert«. Siehe: Strukturelle Minimalbedingungen einer Theorie des objektiven Geistes als Einheit der Geschichte, in: Gotthard Günther, Beiträge zur Grundlegung einer operationsfähigen Dialektik, Bd. 3, Hamburg 1980, S. 136-182 (140 ff.).

nikation zu spezifizieren.[10] Überdies handelt es sich nicht um Trivialmaschinen, die nach der immer gleichen Transformationsfunktion reagieren, sondern um selbstreferentielle Maschinen, die durch eigene Operationen selbst bestimmen, wovon sie bei der anschließenden Operation ausgehen, also von Moment zu Moment immer neue Maschinen werden.[11] Mit alldem handelt es sich für den Erzieher außerdem um black boxes, die er nur in ihren Externalitäten beobachten kann. Das heißt nicht zulezt, daß der Versuch, zu kontrollieren, was hier vor sich geht, in einem Kontrolliertwerden durch diese Systeme endet.[12] Der Lehrer gerät, wenn er etwas erreichen will, in Zugzwang. Er muß, besonders wenn er nach einem Plan handeln will, ständig so reagieren, wie die Ereignisse es ihm vorschreiben. Und selbst wenn er sich gewisse Freiheiten nimmt, gilt das harte Gesetz, daß alle Kontrolle ein Kontrolliertwerden durch das Kontrollierte voraussetzt. Oder anders gesagt: Man kann nur *in* einem System Einfluß gewinnen und nur dadurch, daß man sich den Einflüssen in dem System unterwirft.[13] Und nun: wo gibt es hier Möglichkeiten, ein Medium zu bilden, das dank loser Kopplung durch die pädagogisch angestrebten Formen geprägt werden kann?

Die Antwort ist ebenso einfach wie überraschend, ebenso klassisch wie (in diesem Kontext) neuartig. *Das Medium ist das Kind.* Man muß nur davon absehen, daß es sich bei Kindern wie bei Erwachsenen, bei Babies und bei Heranwachsenden jeder Altersstufe ausnahmslos um strukturdeterminierte Systeme handelt. In allen Fällen nehmen diese Systeme nur die Zustände an, die sie sich selber verordnen, und führen nur die Operationen aus, die sie aufgrund ihrer momentanen Zustände ausführen. Das gilt für Babies mit der gleichen, ja vielleicht

10 Siehe dazu an Hand eines bekannten Textes. Alois Hahn, Das andere Ich: Selbstthematisierung bei Proust, in: Volker Kapp (Hrsg.): Marcel Proust: Geschmack und Neigung, Tübingen 1989, S. 127-141.

11 Hierzu mit einem Ausblick auf Erziehung von Heinz von Foerster, Sicht und Einsicht: Versuche zu einer operativen Erkenntnistheorie. Braunschweig 1985, S. 12 f., 21 f.

12 Hierzu Ranulph Glanville, Inside Every White Box There Are Two Black Boxes Trying to Get Out, Behavioral Sciences 27 (1982), S. 1-11, dt. Übers. in Glanville: Objekte, Berlin 1988, S. 119-147.

13 Vgl. Heinz von Foerster, Principles of Self-Organization – In a Socio-Managerial Context, in: Hans Ulrich/Gilbert J. B. Probst (Hrsg.): Self-Organization and Management of Social Systems: Insights, Promises, Doubts, and Questions, Berlin 1984, S. 2-24.

mit noch größerer Selbstverständlichkeit wie für Erwachsene. Es gilt ohne Ausnahme für jedermann.

Was heißt dann aber »Kind«? Wie es scheint, bezeichnet dieser Ausdruck die Erfindung des Mediums für Zwecke der Kommunikation. Seit Ariès'[14] bahnbrechender Publikation weiß man (oder: wagt man davon auszugehen), daß das Kind eine semantische Einheit ist, die man von den Organismen und den psychischen Eigentümlichkeiten der nachwachsenden Menschen unterscheiden muß. Das Kind ist, können wir daher auch sagen, Konstrukt eines Beobachters. Man hat diese Unterscheidung Kind/organisches und psychisches System benutzt, um historische Untersuchungen zur Semantik Kind/Kindheit zu ermöglichen. Die Sinnvariabilität dessen, was unter »Kind« explizit und implizit verstanden wird, läßt sich historisch belegen. Und wie immer umstritten die Einzelheiten sein mögen und wie immer unklar bleiben mag, seit wann es Kinder gibt: es liegt auf der Hand, daß diese Semantik für pädagogische Zwecke benötigt wird und also mit der Ausdifferenzierung von Erziehung – zunächst als Rollenbesonderheit (als einfache societas) in der schon komplexen häuslichen societas, sodann als Schulerziehung – korreliert. Mit der Auffassung, das Kind sei das Medium der Erziehung, wird für solche Untersuchungen eine systematische Theorie nachgeliefert.

Offensichtlich stützt die Semantik Kind sich auf leicht erkennbare Besonderheiten dieser Wesen im Unterschied zu Erwachsenen. Ohne diesen Unterschied, der an Körpergröße und Verhalten sichtbar wird, gäbe es keine Kinder. Kinder sind das Konstrukt einer Unterscheidung. Diese Unterscheidung ermöglicht die Bezeichnung der einen Seite als Kind, und die Externalitäten dieses black box ermöglichen eine Konstruktion dessen, was »drinnen« vor sich gehen mag. Die Unterscheidung: Kinder sind keine Erwachsenen, Erwachsene sind keine Kinder, ersetzt gewissermaßen die (unmögliche) Aufhellung dieses black box – und es ist hierfür zunächst gleichgültig, ob Kinder nach Maßgabe der Altkybernetik (mangels requisite variety) oder nach Maßgabe der Neukybernetik (als selbstreferentielle, historische Maschinen) unerkennbar und unkontrollierbar sind. Es genügt die Vorstellung Spencer Browns,[15] daß bei jeder Unterscheidung, also auch der zwischen Kindern und Erwachsenen, ein Unterschied an-

14 Philippe Ariès, L'enfant et la vie familiale sous l'ancien régime, Paris 1960. Dt. Übers.: Geschichte der Kindheit, München 1975.

15 Laws of Form, 2. Aufl. London 1971.

genommen, eine Grenze markiert ist, so daß man nur durch Überschreiten dieser Grenze (»crossing«) von der einen Seite zur anderen gelangen, also den Anschlußpunkt für weitere Operationen verlagern kann.

Der Vorteil der Unterscheidung Kinder/Erwachsene liegt in ihrer Offensichtlichkeit, und wie immer dient Offensichtlichkeit dazu, etwas zu verdecken. Verdeckt wird, daß man die Systeme gar nicht kennt und nicht kennen kann, die so bezeichnet werden. Verdeckt wird die andere Unterscheidung von Kind (bzw. Erwachsener) und organisch-psychischen Systemen. Erst einem Beobachter der Beobachter, die die Unterscheidung Kind/Erwachsener benutzen, erst einem Beobachter der Pädagogen fällt auf, daß das Kind im Angelpunkt *zweier* Unterscheidungen steht. Es wird vom Erwachsenen *und* von den organisch-psychischen Systemen unterschieden, die als Kind (im Unterschied zum Erwachsenen) nur bezeichnet werden. Erst in der Kybernetik zweiter Ordnung, erst in der Kybernetik beobachtender Systeme läßt sich klären, daß das Kind der Erziehung als Medium dient.

V

Um zu verdeutlichen, daß Kinder keine Kinder sind, selbst wenn sie so beschrieben werden, muß hier ein Exkurs eingeschoben werden, der Grundlagen einer Theorie der Sozialisation berühren wird. Die Bezeichnung Kind bezieht sich, wie zu Beginn des vorigen Abschnitts bereits angedeutet, auf eine Einheit, die sowohl über Leben als auch über Bewußtsein sich als autopoietisches System selbst reproduziert. Sowohl im organischen als auch im psychischen Sinne sind solche Systeme jeweils zustandsdeterminierte Systeme. Das heißt: sie setzen ihre eigenen Operationen im Ausgang von dem Zustand fort, in dem sie sich jeweils befinden, wobei dieser Zustand Resultat eigener vorheriger Operationen ist.[16] Und sie sind strukturdeterminierte Systeme

16 Gegenbegriff »Trivialmaschine« (Heinz von Foerster), die nach Maßgabe einer Transformationsfunktion Inputs in Outputs umsetzt und dies (ohne ihren jeweiligen Zustand damit zu beeinflussen) auf immer gleiche Weise tut, solange die Transformationsfunktion identisch bleibt. Organische und psychische Systeme sind keine Trivialmaschinen, sondern selbstreferentielle (historische) Maschinen – auch wenn Erzieher sich im Unterricht bemühen, sie in verläßliche (Fragen »richtig« be-

in dem Sinne, daß sie für den Fortgang von Operation zu Operation Strukturen benötigen, die den Bereich der Anschlußmöglichkeiten einschränken, so daß ein Beobachter ihre Einheit durch Beschreibung ihrer Strukturen (hier zum Beispiel: Einstellungen, Gewohnheiten, Charaktermerkmale) unterscheiden und bezeichnen kann.[17]

Diese Charakterisierung trifft für Menschen jeden Lebensalters zu, auch für noch ungeborene; und sie trifft ausnahmslos zu. Sie widerspricht offensichtlich der Semantik »Kind«, die deshalb dem zugeordnet werden muß, der sie entwirft und benutzt, um eigenes Denken oder um Kommunikation zu strukturieren. Will man erklären, weshalb Erziehung dann trotzdem erfolgreich funktioniert und sich nicht in der Welt ihrer eigenen Irrtümer festläuft, muß man bei den Systemmerkmalen zustands- und strukturdeterminierter autopoietischer Systeme und bei ihrer selbstreferentiellen Geschlossenheit ansetzen (und nicht: bei einer Hermeneutik des Sinnes von Kindheit).

Uns hilft in diesem Zusammenhang der Begriff der *strukturellen Kopplung*, hier: von Kommunikation und Bewußtsein. Selbstverständlich ist Kommunikation, obwohl in der eigenen Sequenz autopoietisch organisiert, nicht ohne Bewußtsein möglich. Bewußtsein kann zwar ohne Mitwirkung an Kommunikation operieren und sogar eigene Gedankensequenzen sprachförmig strukturieren;[18] aber es kann nicht (oder nur in sehr rudimentärer Form) zustande kommen, wenn es nie an sprachlicher Kommunikation mitgewirkt hat. Mit einem Begriff von Humberto Maturana kann ein solcher Zusammenhang als strukturelle Kopplung bezeichnet werden.[19] Strukturelle Kopplungen setzen ein Materialitätskontinuum physikalischer Art

antwortende) Trivialmaschinen zu transformieren. Hierzu auch Niklas Luhmann, Codierung und Programmierung a. a. O.

17 Dies hängt damit zusammen, daß die strukturelle Komplexität eines Systems geringer ist als die operative Komplexität und deshalb Beobachtungs- und Beschreibungsvorteile bietet. Vgl. Lars Löfgren, Complexity of Descriptions of Systems: A Foundational Study, International Journal of General Systems 3 (1977), S. 197-214.

18 Wer wissen will, wie das im Bewußtsein vor sich geht, wenn es, ohne aktuell an Kommunikation mitzuwirken, sprachförmig denkt, lese etwa Samuel Becketts »Comment c'est«, oder auch »L'innomable«.

19 Siehe Humberto R. Maturana, Erkennen: Die Organisation und Verkörperung von Wirklichkeit: Ausgewählte Arbeiten zur biologischen Epistemologie, Braunschweig 1982, S. 143 ff., 150 ff., 243 f., 251 ff.

voraus, das sie trägt und gemeinsames Sehen und Hören ermöglicht. Ihre Grundlage liegt damit in einem anderen Medium, das die Autopoiesis von Kommunikation und von Bewußtsein ermöglicht, ohne determinierend in sie einzugreifen. Strukturelle Kopplungen sind mithin, das ist ein wesentliches Merkmal des Begriffs, mit der Autopoiesis der gekoppelten Systeme kompatibel. Sie gehen auch nicht als Strukturmoment und damit als operatives Erfordernis in die Fortsetzung der Autopoiesis ein. Auf dem Bildschirm der beteiligten Systeme werden sie nur als *Irritation* erkennbar, und zwar als Irritation, die mit bestimmt, was darauf geschieht.

Irritation ist ein systemspezifischer Zustand, er kann, ähnlich wie zum Beispiel Überraschung, nur dank der rekursiven Vernetzung von Operationen und Strukturen auftreten, mit denen das System sich selbst reproduziert. Irritation ist, mit anderen Worten, nicht etwas, was in der Umwelt schon vorhanden ist und dann in das System überführt werden kann. Die Umsetzung von strukturellen Kopplungen (hier also: von Kommunikation und Bewußtsein) in Irritationen verknüpft mithin einen System/Umwelt-Zusammenhang, den nur ein Beobachter sehen kann, mit Eigenzuständen, auf die das System autopoietisch reagieren kann und, mehr oder weniger folgenreich, reagieren muß. Strukturelle Kopplung gibt Anstoß zu einer Art Dauerirritation der Systeme; und wenn sie mit einer gewissen Dauerhaftigkeit sich wiederholt und mit einer gewissen Typizität auf das System einwirkt (etwa als Sprache), ist anzunehmen, daß sie im System Strukturentwicklungen auslöst, die ein Beobachter als gerichtet, jedenfalls als nicht zufällig erkennen kann. In den Dauerirritationen, die im Bewußtsein auftreten, wenn es sich immer wieder und in wiederholbaren Formen (Sprache) an Kommunikation beteiligt, liegt der Schlüssel für das Problem der Sozialisation. Erklärt werden kann auf diese Weise (1), daß alle Sozialisation Selbstsozialisation ist, also nicht in der Form einer Übertragung zustande kommen kann; daß sie (2) eine über die Auslösebedingungen weit hinausgehende Vielfalt von systemeigenen Formen erzeugt, zum Beispiel in einer Familie trotz ähnlicher Bedingungen sehr verschiedene Kinder; daß sie (3) trotzdem in eine nicht zufällige Richtung führt, die es ermöglicht, daß Menschen trotz selbstreferentieller Geschlossenheit, trotz wechselseitiger Intransparenz und trotz hoher struktureller Unterschiedlichkeit sich aufeinander einstellen können; und daß (4) die Beteiligung an sprachlicher Kommunikation mit ihrer markanten, faszinierenden Formenwelt dafür das Schlüsselerlebnis ist – was immer das Einzelbewußtsein sich dabei denkt.

Sozialisation in diesem komplexen Sinne hängt vom In-Gang-Halten sprachlicher Kommunikation ab. Dafür müssen in komplexeren Gesellschaften gewisse Unwahrscheinlichkeitsschwellen überwunden werden, und dazu, nur dazu, dient im Falle von Erziehung das Medium Kind. Wenn dies so ist, wird sich kaum vermeiden lassen, daß das sogenannte Kind auf die Tatsache, daß es als solches behandelt wird, reagiert. Man sollte mehr darüber wissen, was im Bewußtsein daraufhin geschieht, wenn es registriert, daß es als Kind (oder jedenfalls: anders als Erwachsene) behandelt wird; also ob und wie die im Kontext dieser Semantik liegenden Erlaubnisse und Verbote, Freiheitskonzessionen und Vorstellungen des Könnens, Nichtkönnens, Nochnichtkönnens, Nochnichtkönnenmüssensaberdochschonkönnens, auf Strukturänderungen dieses Systems einwirken. Es wäre naiv, davon auszugehen, daß diese Effekte wie von selber der pädagogischen Intention entgegenkommen. Denn auch dann, wenn ein Bewußtsein lernt, sich selbst als Kind zu beschreiben und den kindlichen Part in der Kommunikation zu übernehmen, ist das, was daraufhin mit den Strukturen der Autopoiesis des Bewußtseins geschieht, etwas völlig anderes als das, was dadurch als Kommunikation ermöglicht oder erleichtert wird.

VI

Am Beginn der neueren Pädagogik stand der (heute verrufene) Begriff der tabula rasa, auf die gezeichnet werden müsse, was das Kind zu werden hat. Im historischen Kontext markiert er die Ablehnung von »angeborenen Ideen« und erst recht die Ablehnung der Moralphysik des Strebens nach Perfektion, das in der Natur angelegt sei und von Erziehern nur betreut, nur begleitet werden könne.[20] Nein, der Mensch ist zu machen. Das ist das Signal für mehr Bemühung und mehr Verantwortung, für Ausdifferenzierung der Erziehung.[21]

20 Was, wie man vermuten muß, in einer Gesellschaft plausibel sein mußte, in der die vom Vater beauftragten Erzieher zumeist niedrigeren Standes waren als der Zögling.

21 Daß freilich gerade die beginnende Pädagogik so viel Verantwortung auch nicht wollen kann, läßt sich im 18. Jahrhundert mit durchgehenden Rückgriffen auf Natur vielfältig belegen, und sie findet sich damit im Einklang mit allgemeinen Zeit-

Wir brauchen diese Diskussion nicht wiederaufzurollen, können sie aber gleichwohl als Vorgriff auf die hier gesuchte Bestimmung des Kindes ansehen. Niemand, nicht einmal Locke, hätte angenommen, daß der Mensch ein leerer Kasten sei, in den beliebige Inhalte eingefüllt werden könnten. Es ist eben nur ein schwarzer Kasten, mit dem ein Beobachter experimentieren kann. Das Kind ist Medium nur in dem Sinne, daß eine hinreichende lockere Kopplung seiner Gedanken und Vorstellungen unterstellt werden kann, die dann für Zugriffe, für formstrengere Kopplungen, insbesondere für »Wissen« zur Verfügung stehen. »Black box« heißt dabei nur, daß nicht durchschaut und nicht kontrolliert werden kann, wie das so Identifizierte intern funktioniert. Es gibt, mit anderen Worten, ihm gegenüber keine »requisite variety«, und erst recht kann kein anderes psychisches System und kein soziales System eine Eins-zu-eins-Beziehung seiner Elemente zu denen des black box herstellen, denn das hieße, die Systeme zu einem einzigen System zu verschmelzen. Und das gilt nicht nur für externe, sondern auch und erst recht für interne Beobachtung, für Selbstbeobachtung. Für *jeden* Beobachter, auch für sich selbst, ist und bleibt das System intransparent.

Die Offensichtlichkeit und Ausnahmslosigkeit dieser Intransparenz gibt der Erziehung die Chance, ein Medium zu konstruieren. Das Nichtkennenkönnen (und das schließt ein, daß das beobachtete System sich selbst nicht besser, nur anders kennen kann) macht den Erziehern Mut. Sie operieren in diesem fundamentalen Sinne unwiderlegbar – was natürlich nicht ausschließt, daß sie Erfahrungen sammeln, lernen, es besser oder schlechter machen können, soweit sie ein Gedächtnis haben. Das gilt für das psychische System der Erzieher. Das gilt um so mehr für das Kommunikationssystem der Erziehung. Intransparenz ist der take off für Differenzierung und damit für die Eigenbestimmtheit der sich differenzierenden Systeme. Oder, um es zu wiederholen: eine Eins-zu-eins-Beziehung der Elemente würde, wenn erreichbar, zur Bildung eines zusammenschließenden Systems führen.

stimmungen, die in der Rückbuchung auf Natur die schwindelerregende Vorstellung zu vermeiden suchen, daß die Gesellschaft ein sich selbst produzierendes (autopoietisches) System sei. »Il faut s'approcher des berceaux pour connoitre ce que veut la nature«, heißt es zum Beispiel bei Baudot de Juillet, Dialogues entre Messieurs Patru et d'Ablancourt sur les Plaisirs, Bd. 1, Amsterdam 1714, S. 92. In dieser Hinsicht ist denn auch Rousseau eher ein später, jedenfalls kein innovativer Autor.

Mit Rousseaus *Emile* wurde das Tabula-rasa-Konzept durch den realistischeren Begriff der Perfektibilität ersetzt.[22] Damit wird die als Natur postulierte Tendenz zur Perfektion aufgegeben und durch die bloße Bezeichnung einer Möglichkeit ersetzt. Darin ist Gelingen und Mißlingen vorgesehen, was immer als Erfolgskriterium eingeführt wird, und die utopische Inszenierung der Erziehung des Emile macht überdeutlich, wie unwahrscheinlich der Erfolg ist. Die Perfektibilität selbst garantiert ihn jedenfalls nicht.[23]

Die Pädagogen haben es anders gesehen.[24] Sie mußten im offenen Konzept der Perfektibilität einen Platz für sich selber finden, sie mußten es als ein Medium nehmen, in das man gute Absichten einpflanzen konnte. Für sie ist daher Perfektibilität die »Fähigkeit immer vollkommener zu werden als Ausstattung des Menschen im Unterschied zum Tier«.[25] So gefaßt erfüllt das Konzept eine Funktion für die Profession – ähnlich wie das Konzept der Erbsünde für die Theologen: Es ist schwierig, aber nicht unmöglich. Man kann Seelen retten oder junge Menschen bilden, allerdings nur mit professioneller Assistenz. Das Konzept ermutigt zu höheren Ansprüchen.

Daß die Bezeichnung Kind ein Konstrukt ist und nur so als Medium funktionieren kann, heißt also nicht, daß man beliebig vorgehen könnte. Nur muß man die Limitationen weniger in den als Kind bezeichneten organisch-psychischen Systemen suchen als in dem System, das diese Bezeichnung praktiziert und mit ihr Erfahrungen kondensiert. Man muß, will man wissen, wie die scheinbare Beliebigkeit der Konstruktion reduziert wird, den Beobachter beobachten

22 Der Ausdruck ist viel älter als im Historischen Wörterbuch der Philosophie s. v. Perfektibilität angegeben. Vgl. z. B. Aegidius Columnae Romanus, De Regimine Principum, 1277/79, zit. nach der Ausgabe Rom 1607, S. 52, bezogen auf Intellekt. Aber eine terminologische Breitenwirkung entfaltet er erst seit der Mitte des 18. Jahrhunderts.

23 Mit Recht hat man den Begriff deshalb mit dem das 18. Jahrhundert auch sonst faszinierenden Begriff der Materie verglichen: »La perfectibilité est la *matière* de la culture et de l'histoire et non son *ressort*«, liest man bei Jean Mosconi, Analyse et genèse: regards sur la théorie du devenir de l'entendement au XVIIIe siècle, Cahiers pour l'analyse 4 (1966), S. 47-82 (62).

24 Im übrigen auch die auf Rousseau folgenden Bildungsromane. Vgl. dazu Georg Stanitzek, Bildung und Roman als Momente der bürgerlichen Kultur: Zur Frühgeschichte des deutschen Bildungsromans, Deutsche Vierteljahrsschrift für Literaturwissenschaft und Geistesgeschichte 62 (1988), S. 416-450.

25 So August Hermann Niemeyer, Grundsätze der Erziehung und des Unterrichts, Halle 1796, Neudruck Paderborn 1970, S. 73.

und nicht das, was er beobachtet. Das Kind ist kein chemisches, kein biologisches, kein psychologisches Medium, es ist kein Kohlenstoff, kein Protein, keine Aufmerksamkeit. Es ist ein Medium nur im System der Erziehung, und die Veränderungen der Konzeption dieses Mediums erklären sich deshalb durch die Ausdifferenzierung eines gesellschaftlichen Funktionssystems für Erziehung. Die nächste Frage lautet folglich: wie geht das Erziehungssystem mit seinem Medium um?

VII

Einen ersten Einblick gewinnen wir, wenn wir auf die Zurechnungsprobleme achten, die bei allen symbolisch generalisierten Kommunikationsmedien auftauchen und jeweils unterschiedlich gelöst werden.[26] Hier stehen die Zurechnungsformen Handeln und Erleben zur Verfügung, je nachdem, ob ein an der Außenseite der black box erscheinendes Verhalten diesem System selbst oder seiner Umwelt zugerechnet wird. Für das Medium Kind ist bezeichnend, daß man als Erzieher die Zurechnungsform Erleben wählen muß, auch und gerade dann, wenn das Kind nach Meinung aller und nach eigener Meinung offensichtlich handelt.[27] Die Extravaganz (und Künstlichkeit) des Mediums Erziehung zeigt sich also darin, daß eine zunächst naheliegende Zurechnungsadressierung aufgegeben oder doch eingeklammert wird und ersetzt wird durch die Frage: wie erlebt das Kind, wenn es sich in bestimmter Weise verhält? Darin liegt nicht zuletzt eine Suspendierung des normalen moralischen Sanktionsmechanismus und die Schaffung eines Freiraums für erziehungsspezifische Sanktionen, die dann zur Ausbildung eines Selektionsmediums an Hand der Differenz von besseren oder schlechteren Leistungen füh-

26 Zur daran anschließenden Mediendifferenzierung vgl. Niklas Luhmann, Einführende Bemerkungen zu einer Theorie symbolisch generalisierter Kommunikationsmedien, in: ders.: Soziologische Aufklärung Bd. 2 Opladen 1975, S. 170-192.

27 Die Anregung zu dieser Präzisierung des Mediums Erziehung verdanke ich Klaus Gilgenmann, Die zunehmende Unwahrscheinlichkeit der intergenerativen Kommunikation, Osnabrücker Sozialwissenschaftliche Manuskripte 5/88, S. 24 ff. (Gilgenmann wählt für die gleiche Fragestellung einen anderen Ausgangspunkt in den zunehmenden Problemen der Kommunikation zwischen den Generationen und spricht von »Bildungsmedium« als Institutionalisierung der Lösung dieses Problems).

ren können. Wie alle funktionsspezifischen Medien setzt auch dieses Distanz zur Moral voraus; und die Ausrede lautet hier, daß das Kind für sein Tun »noch nicht« voll verantwortlich ist (im Unterschied zu Erwachsenen!).

Entlang der mehr oder weniger durchgehaltenen Absicht, das Kind von seinem Erleben her zu verstehen, scheint sich auch die historische Semantik der Kindheit entwickelt zu haben. Man nimmt mehr und mehr Einfühlvermögen in Anspruch, beobachtet das Kind als Beobachter der Welt und erkennt, daß die Welt des Kindes anders aussieht als die Welt der Erwachsenen. Das kommt zugleich der Notwendigkeit entgegen, Einwirkungsmöglichkeiten ausfindig zu machen und nicht in einer Weise zu erziehen, die das Kind weder aufnehmen noch verstehen kann. Aber während diese Einsicht auch in älteren Erziehungslehren auftaucht und sicher so alt ist wie die Reflexion der Erziehung schlechthin,[28] stimuliert die Ausdifferenzierung des Erziehungssystems und die sie begleitende Reflexion eine Perspektive à la »second order cybernetics«: ein Beobachten des Kindes als Beobachter und eine entsprechende Zurückhaltung von Handlungszurechnungen. Das Problem der Erziehung wird darin bestehen, nicht Handlung gegen Handlung zu setzen, sondern das Handeln nach Maßgabe des Erlebens des anderen zu wählen. Und während im Falle von Liebe das Handeln Egos so gewählt werden sollte, daß es das Erleben Alters bestätigt,[29] muß es im Falle der Erziehung nicht auf Bestätigung, sondern auf Korrektur abzielen.

Eine weitere Form des Entkoppelns dürfte darin liegen, daß der Erzieher das Lernen sieht und nicht das dazu nötige Verlernen oder Umlernen.[30] Der Erzieher unterscheidet im Unterricht Lernen vom Nichtlernen und erleichtert sich damit die Vorstellung seiner Aufgabe und die Kontrollen seiner Effekte. Im psychischen System (aber natürlich auch im Organismus, was zum Beispiel Körperhaltungen betrifft) kann dagegen Lernen und Verlernen nur als Einheit und damit

28 Madame de Sablé beispielsweise fordert, bei der Wahl von Beispielen auf das Auffassungsvermögen der Kinder Rücksicht zu nehmen »en s'accomodant à eux, par des exemples clairs, communs et proportionnez à leur âge et leur esprit naturel« (so im Traktat »Pour les Enfants qu'on ne veut pas faire étudier à fonds«, abgedruckt in: N. Ivanoff, La Marquise de Sablé et son salon, Paris 1927, S. 150 ff. (Zitat S. 150).

29 Vgl. Niklas Luhmann, Liebe als Passion: Zur Codierung von Intimität, Frankfurt 1982 S. 21 ff.

30 Vgl. aber auch Klaus Prange, Lernziel Lernen – Zur Kunst des Umlernens, Pädagogik und Schule in Ost und West 34 (1986), S. 84-90.

ununterscheidbar praktiziert werden. Alles Gelernte muß im weiteren Lernen revidiert werden.[31] Die Vorstellung kumulierbaren Wissens verdeckt diesen Sachverhalt, verdeckt die psychische Komplexität des Vorgangs und damit auch das, was zur Motivation oder Demotivation weiteren Lernens beitragen könnte. Aber ebendieses Abdecken von zuviel Information wird mit der Semantik des Kindes erreicht, und das ermöglicht dem Erzieher die Vorstellung, auf Zuwachs hin zu arbeiten.

Die Summe der Fertigkeiten, Kenntnisse und Reflexionen, die an diese Kunstgriffe anschließen, stimuliert gleichsam durch die damit geschaffene Ratlosigkeit, heißt im Selbstverständnis der Profession *Pädagogik.*

Damit ist einiges über das Medium ausgemacht, aber noch nichts über die Form der Form, mit der das Erziehungssystem seine Funktion erfüllt. Wir erinnern: Medium und Form sind korrelative Begriffe, zwei Seiten einer Unterscheidung, und der Unterschied besteht in der Frage, ob Elemente lose oder strikt gekoppelt sind. Die Formen, zu denen die Erziehung die Möglichkeiten ihres Mediums kontrahiert, kann man mit dem Begriff des *Wissens* bezeichnen.

In der Erziehung geht es um die Vermittlung von Wissen. Es wäre falsch (oder zumindest einseitig), wenn man mit »Wissen« eine bestimmte Einstellung zur Welt, etwa eine kognitive im Unterschied zu normativen, eine rationale im Unterschied zu emotionalen, eine passive im Unterschied zu aktiven, willentlichen bezeichnen wollte. Alle diese Wissensbegriffe kommen vor, wir lassen sie beiseite. Wissen soll hier ganz allgemein die Struktur bezeichnen, mit deren Hilfe psychische Systeme ihre Autopoiesis fortsetzen, also im Ausgang von ihrem jeweils aktuellen Zustand nächste Gedanken finden, anschließen, aktualisieren können. So gefaßt, ist der Wissensbegriff ein Begriff für Redundanz, für Nichtbeliebigkeit der operativen Anschlüsse im zeitlichen Vollzug der Autopoiesis des Systems.[32]

Da dynamisch-stabile Systeme dieser Art sich aktuell immer in einem Zustand befinden, der sich sogleich wieder ändert, kommt auch Wissen nur im Moment vor. Das ganze System besteht aus selbstproduzierten Ereignissen, also aus den jeweils aktualisierten Sinnbezü-

31 Ich meine das auch wörtlich: re-vidiert werden.

32 Andere Formen sind Entropie/Negentropie. Auch ist der Zusammenhang mit Problemen der Informationsverarbeitung und mit Bedingungen der Voraussehbarkeit (Grenzfall: Trivialmaschine) anmerkenswert.

gen. Alles andere ist für das Ereignis Situation, für das Sinnsystem Welthorizont.[33] Es gibt also keine Wissensbestände, und Gedächtnis ist nicht als »Speicher« zu begreifen, sondern als von Moment zu Moment neu aktualisierte Konsistenzprüfung.[34] (Daher brauchen wir nicht zu wissen, daß wir wissen und woher wir wissen und seit wann wir wissen, daß eine Tür mit dem Türgriff zu öffnen ist. Die Situation ist normalerweise redundant genug, das heißt: wir finden genug Anhaltspunkte für eine operationsleitende Konsistenzprüfung.) Nur ein Beobachter (aber das kann auch das operierende System selber sein) kann Wissen im Zeitschema vorstellen, also fragen und gegebenenfalls feststellen, ob man, wieso man, wie lange man schon etwas Bestimmtes weiß. Und nur ein Beobachter kann Vorstellungen über die Weiterverwendung von Wissen in künftigen Fällen bilden – aber auch er tut dies nur in dem Moment, in dem er dies tut, also nur im Vollzug der eigenen Autopoiesis. Wenn Lehrer also annehmen, daß das Wissen, das sie ihren Schülern vermitteln, in deren Zukunft nützlich sein wird, ist das ihr (nur allzu verständliches) Beobachterwissen; und sie wissen es nicht, wenn sie mit etwas anderem beschäftigt sind, also etwa nachmittags ihren Garten umgraben. Alles Wissen hat eine nur temporale Aktualität, und inaktuelles (aktualisierbares) Wissen kann nur als aktuelles Wissen eines Beobachters existieren.

Mit dieser Realität dynamisch-stabiler Systeme hat es auch die Erziehung, hat es auch die Schule zu tun. Aber sie sieht davon ab. Und sie kann davon absehen, weil sie mit einer für sie spezifischen Unterscheidung von Medium und Form operiert (beobachtet). In der Erziehung und im Schulunterricht stellt man sich vor, daß Kinder Wissen erwerben und behalten oder (was sie nicht sollen) vergessen können. Wissen ist, so gesehen, die Kontraktion des Mediums auf bestimmte,

33 Die Sinnform »Situation« bzw. »Welt« ist, das sei noch angefügt, genau darauf abgestimmt, daß sie nur in Momenten (aber auch: in jedem Moment) benötigt wird, in denen das System seine Autopoiesis realisiert. Deshalb diese Grenzbegriffe, die sich im Erleben beliebig verschieben; deshalb diese formlosen Formen, die keine Außenseite mehr kennen. Siehe dazu aus kybernetischer und differenztheoretischer Sicht auch Ranulph Glanville, Objekte a. a. O., insb. S. 149 ff. und S. 167 ff.

34 Siehe hierzu – übrigens auf Grund der Ausgangsvorstellung des Kindes als eines »leeren Behälters« (angeîon kenón) – die Unterscheidung von Wissen Besitzen und Wissen Haben (wie immer man kektêsthai/échein übersetzen will) bei Platon Theaetet 197 B ff. Im einen Falle geht es um das Resultat eines Erwerbs, im anderen Falle um das aktuelle Benutzenkönnen.

fest gekoppelte Formen, und man unterstellt, daß die zu erziehenden Kinder damit umgehen können (oder dies zumindest lernen sollten), wann immer es in Betracht kommt. Weitgehend wird deshalb Wissen wie eine in Situationen abrufbare Transformationsfunktion vorgestellt mit der Folge, daß, immer wenn Aktualisierungsanlaß gegeben ist, dieses Wissen sinngemäß und richtig benutzt wird. Das heißt nichts anderes, als daß Kinder dazu gebracht werden sollen, Trivialmaschinen zu sein, was sie nicht sein und nicht werden können.[35] Offensichtlich steht die Erziehung damit im Dienste sozial verlangter Zuverlässigkeit, denn nur Trivialmaschinen sind zuverlässige Maschinen, die (wenn sie nicht kaputt sind) in immer gleicher Weise Inputs in Outputs umwandeln.

Das Schema beständigen Wissens, gesehen als Form und Bindung von Möglichkeiten des Kindes, hat zahlreiche Eigenheiten, die nur deshalb übersehen werden, weil die Beständigkeit (das »Habenkönnen«) des Wissens als »offensichtlich« behandelt wird. Besondere Aufmerksamkeit verdient in diesem Zusammenhang die Bedeutung von Schrift. Hier geht es nicht nur um das Schreiben- und Lesenlernen im Sinne einer täglich zu brauchenden Fertigkeit, sondern um die Frage, wie diese eigentümliche Form des Wahrnehmens wirkt; und nicht nur darum, daß sie selbst als Differenz zu anderen optischen Wahrnehmungen auffällt so wie gesprochene Sprache im Medium der Akustik, sondern darum, daß sie als Form für Formbildungen, also ihrerseits als Medium dient. Schrift erschließt einen für keinen Einzelnen mehr ausschöpfbaren Möglichkeitsraum, der stabil bleibt, auch wenn die Inhalte wechseln; zwar nicht den Himmel der Himmel, aber die Form der Formen, die als Kultur dienen. Schrift »potentialisiert« Kultur, indem sie auch Nichtgeschriebenes aufbewahrt als etwas, was man bei Bedarf schreiben könnte.[36] (Dies gilt in nochmals gesteigertem Maße für phonetische Schriften, die jede Illusion einer geschlossenen Welt zerstören, sobald ihre Präsenz durch Buchdruck universell wird.) Das erzwingt Selektionsmethodik, erzwingt Konsequenzenlernen, erzwingt den Übergang von situativen zu systematischen Relevanzen. Und zugleich verdecken diese Auswirkungen, weil sie der Medium-Funktion (und nicht nur der Form) von Schrift ver-

35 Hierzu auch Niklas Luhmann, Erziehender Unterricht als Interaktionssystem, in diesem Band, S. 11-22.

36 »Potentialisiert« im Sinne von Yves Barel, Le paradox et le système: Essai sur le fantastique social, 2. Aufl. Grenoble 1989, S. 71 f., 185 f., 302 f.

dankt sind, das, was als Formen generierende Form in das Kind eingelassen wird.[37]

Hinzu kommt die über Erziehung oktroyierte (ihrerseits schriftabhängige) Relevanz von Wahrheit. In der psychischen Autopoiesis funktioniert Wissen, wenn überhaupt, unabhängig davon, ob es sich nach Meinung von Beobachtern um wahres oder um unwahres Wissen handelt (so wie ja auch das Gehirn für wahre und für unwahre Vorstellungen nicht verschiedene neurophysiologische Prozesse bereithält). Im Unterricht wird dagegen Wert darauf gelegt, daß man nur wahres Wissen lehrt und lernt (aber auch dies funktioniert als kommunikative Operation genau gleich und ebenso gut, wenn es sich um unwahres Wissen handelt). Operationen sind eben immer indifferent dagegen, ob ein Beobachter den gemeinten Sinn mit Hilfe der Spezialunterscheidung wahr/unwahr als wahr oder als unwahr bezeichnet.[38] Und man muß sagen: Zum Glück! Denn im anderen Falle würde das Schema wahr/unwahr die Autopoiesis des operierenden Systems bei nächster Gelegenheit, nämlich bei einer »unwahren« Operation mangels Anschlußfähigkeit stoppen und das System würde aufhören zu existieren. Längst wären alle Gehirne, alle Bewußtseinssysteme und erst recht alle Unterrichtssysteme verschwunden, wenn es so wäre.

Zumindest in den Schulen mutet man dem Schüler aber zu, als wahr geprüftes Wissen zu lernen. Man kann es ihm zumuten, weil man ihn als Kind (Heranwachsenden usw.) ansieht. Für die Auswahl des Stoffes genügt die Legitimation durch Wissenschaft. Wissenschaft garantiert dem Wissen aber nicht die Form, in der es psychisch und situativ eingesetzt werden kann. Daraus erklären sich frappierende Diskrepanzen zwischen Alltagskompetenz und schulischem Können. Dies gilt nicht nur für den Fremdsprachenunterricht (für den es durchaus Korrektive gibt), sondern zum Beispiel auch für den Umgang mit Algorithmen. Die Forschung hierzu steckt in den Anfängen, zeigt aber bereits deutlich, daß die Alltagskompetenz (wenn Kinder sozusagen

37 Nach diesen Klarstellungen liegt auf der Hand, daß Platons Unterscheidung von Wissen Besitzen/Wissen Haben (s. o. Anm. 34) auf die alphabetische Schrift reagiert.

38 Zur Künstlichkeit und zur historischen Genese dieser Zweitbeobachtung des Wissens mit Hilfe der Unterscheidung wahr/unwahr siehe Yehuda Elkana, Das Experiment als Begriff zweiter Ordnung, Rechtshistorisches Journal 7 (1988), S. 244-271.

wie Erwachsene in Anspruch genommen sind) weit höher liegen kann als das, was in Schulen als Rechnen vorgeführt und honoriert wird.[39] Kinder können in Spielen, auf der Straße oder in Jobs, Rechenoperationen durchführen, die sie in der Schule mit dort gelehrter Arithmetik nicht reproduzieren können.

Ferner kann das Oktroyieren von Formen in einem Medium immer nur selektiv erfolgen. Es nutzt bestimmte Möglichkeiten aus und stellt dadurch, daß diese bevorzugt werden, andere in den Schatten. Alles Lernen in der Schule setzt daher korrespondierende Lernverbote voraus; und angesichts der Offenheit eines Mediums muß natürlich sehr viel mehr Lernen verboten als durch Lehre freigegeben werden.[40]

Schließlich diskreditiert das Wissenlernprogramm eine an sich segensreiche Einrichtung dynamisch stabiler Systeme, nämlich das Vergessen. Wenn Wissen in nichts anderem besteht als in seiner aktuellen Verwendung zur Organisation der Autopoiesis, liegt auf der Hand, daß es je nach den Sequenzen der Zustandsveränderungen, je nach der Geschichte der Systeme wiederbenutzt oder nicht wiederbenutzt wird. Je nachdem, wo es langgeht, unterliegt das Wissen also einer natürlichen Selektion. Was wiederbenutzt wird, kondensiert zu Erfahrung und nimmt damit eine Form an, die sich aller exakten Beschreibung entzieht. Was nicht wiederbenutzt wird, ist schließlich nicht mehr abrufbar – wie alle Erfahrungen mit Alphabetisierungskampagnen in Entwicklungsländern lehren. Eine für unseren Zusam-

39 Siehe in einem allgemeineren Kontext der Frage nach situationspraktischem Umgang mit Quantitäten Jean Lave, The Values of Quantification, in John Law (Hrsg.): Power, Action and Belief: A New Sociology of Knowledge? London 1986, S. 88-111. Speziell zu Untersuchungen an Kindern bzw. Schülern Terezinha Nunes Carraher/David William Carraher/Analúcia Dias Schliemann, Mathematics in the Streets and in Schools, British Journal of Developmental Psychology 3, (1985) S. 21-29; Terezinha Nunes Carraher/Analúcia Dias Schliemann: Computation Routines Prescribed by Schools: Help or Hindrance?, Journal for Research in Mathematics Education 16 (1985), S. 37-44; Terezinha Nunes Carraher/David William Carraher/Analúcia Dias Schliemann: Written and Oral Mathematics, Journal for Research in Mathematics Education 18 (1987), S. 83-97; dies., Mathematical Concept in Everyday Life, in: G. B. Saxe/M. Gearhart (Hrsg.), Children's Mathematics, San Francisco 1988, S. 71-87.

40 Siehe hierzu Jürgen Diederich, Didaktisches Denken: Eine Einführung in Anspruch und Aufgabe, Möglichkeiten und Grenzen der Allgemeinen Didaktik. Weinheim 1988, S. 42 ff., insb. S. 58 ff.

menhang wichtige Konsequenz ist: daß Erwachsene sich nicht daran erinnern können, wie es gewesen war, Kind zu sein. Sie müssen die »Welt des Kindes« am Gegenüber neu erfinden.

Das Versinken des Nichtwiederholten erfolgt unbemerkt (Bemerken wäre Wiederholen) und hat eine wichtige Funktion für Systeme, die als strukturdeterminierte Systeme funktionieren müssen. Im Schema Medium/Form oder Kind/Wissen wird dagegen Vergessen dispräferenziert oder gar als Unheil gefürchtet und scharf zensiert.

All diese Überlegungen zeigen, daß das Medium der Erziehung eine extrem artifizielle Beobachtungsweise institutionalisiert. Deshalb ist es schwierig, damit umzugehen. Und deshalb hat die Lehre von den Möglichkeiten, es trotzdem zu tun, besondere Namen. Sie heißt auf der Seite des Mediums, wie schon gesagt, *Pädagogik*, auf der Seite der Form dagegen *Didaktik.*

VIII

In der naturalen Pädagogik der Tradition werden Kinder nach Alter und Reifegrad unterschieden. Deshalb hatte man sie in (von heute her gesehen) relativ frühen Jahren bereits für erwachsen gehalten. In der neueren Pädagogik setzt sich dagegen heimlich eine andere Unterscheidung durch. Sie besteht in der Frage, ob Kinder lesen können oder nicht. Dabei kommt es nicht allein, das macht den Durchblick schwierig, auf die Frage an, ob Kinder die Fertigkeit des Lesens gelernt haben oder nicht oder noch nicht. Entscheidend für die Möglichkeit, an dieser Stelle zu diskriminieren, ist vielmehr der Buchdruck und die Verfügbarkeit von Büchern für das Selbstlesen vor und nach dem Unterricht.

Traditionelle Schriftkulturen kannten natürlich auch aufgeschriebenes Wissen, aber sie benutzten es generell nur als Hilfsmittel für mündliche Kommunikation. Mündliche Kommunikation konnte sich, im Leben wie in der Schule, auf schriftlich fixierte Texte beziehen.[41] Sie konnte in Kenntnis und Verständnis dieser Texte Lehrautorität gewinnen. Die Lehre war als ein Übertragungsprozeß gedacht. Lernen war mechanisches Annehmen, und Verstehen des Gelehrten

41 Für ein Erziehungssystem, das noch gegen Ende des 19. Jahrhunderts in dieser Weise operierte, siehe Amanda F. Wood, Knowledge Before Printing and After: The Indian Tradition in Changing Kerala, Delhi 1985.

war ein später Lohn und Bestätigung des Erwachsenseins.[42] Dies ändert sich grundlegend mit dem Buchdruck.[43] Bücher empfehlen sich zum »Selbstlernen«. Für die Schule bedeutet das, daß der Unterricht Selbstlernfähigkeiten entwickeln und dann damit rechnen kann. Lehren und Lernen sind nun völlig verschiedene Operationsweisen, und ihre trotzdem anzustrebende Integration wird zum Problem. Die daraufhin reformulierte Pädagogik mißt sich nicht mehr nur am Herüberkommen des Stoffes in die Köpfe der Kinder, sondern an der Entwicklung von Lernfähigkeit. Die »Paukschule« gerät in Verruf. Die Schule ist nun als Bildungsinstitution gefragt. Entsprechend wird die naturale, den Alternsprozeß begleitende Erziehung nur noch für eine Anfangsphase empfohlen, in der die Kinder noch Kinder sind. Und darauf folgt die Phase des Schulbesuchs und des Studiums, in der Bildung gefördert wird im Sinne einer möglichst frühen Selbständigkeit im Umgang mit der Lektüre.

Die Zäsur des Lesen- und Selbstlernenkönnens revolutioniert die Semantik der Kindheit. Sie entscheidet nicht nur darüber, was in der Schule oder in der Universität mit ausreichend entwickelten Kompetenzen geschieht. Sie wird in einer Art Rückwärtsprojektion auch auf die frühkindliche Erziehung angewandt. Auch hier soll es nun nicht mehr einfach um Dressur gehen, sondern um Lernen im educativen (darf man sagen: educagenen?) Milieu. Das Gesamtmedium Kind wird transformiert. Das Medium Kind, wie wir es heute kennen, ist ein Resultat des Buchdrucks und insofern dann auch ein genuin soziales Medium.

IX

Ein gutes, für Funktionssysteme brauchbares Medium setzt voraus, daß es durch Formbildung nicht verbraucht, sondern zugleich erneuert wird. Parsons nennt das mit einer gewagten Metapher »Zirkulation«. So macht sich der Machthaber durch Machtgebrauch in

42 Siehe Wood a. a. O., S. 5 ff.

43 Und zwar in Europa aufgrund von primär marktwirtschaftlichen Mechanismen der Verbreitung von Büchern bereits im frühen 16. Jahrhundert. Vgl. dazu Michael Giesecke, Der Buchdruck in der frühen Neuzeit: Eine historische Fallstudie über die Durchsetzung neuer Informations- und Kommunikationstechnologien, Habilitationsschrift Bielefeld 1988.

der Form kollektiv bindender Entscheidungen sichtbar und stellt mit der Durchsetzung von Entscheidungen andere, ebenfalls durchsetzbare Entscheidungen in Aussicht. So verbraucht sich das Geld nicht, indem es für bestimmte Zwecke in bestimmter Höhe ausgegeben wird (also Form annimmt), sondern erneuert seine mediale Potenz im Zahlungsvorgang selbst. So sind Wahrheitsgewinne wie Unwahrheitsgewinne in der modernen Wissenschaft besonders geschätzt, wenn sie zu weiteren Forschungsfragen Anlaß geben, und wo das nicht der Fall ist, wird die Wahrheit bzw. Unwahrheit rasch uninteressant. Und im Fall der Erziehung?

Solange von »Bildung« die Rede war (oder es noch ist), war keine Lösung dieses Problems in Sicht, und das heißt immer: keine Lösung, also kein Problem. Dies gilt offensichtlich für den Fall einer am Lesestoff kanonisierten Bildung, bei der es im Erziehungssystem genügt, die Kinder in die dadurch bestimmte Form zu bringen. Aber auch wenn man mit Klafki den Bildungsbegriff für historisch aktuelle, also wechselnde gesellschaftliche Probleme öffnet,[44] ist damit nicht geklärt, wie sich das Medium trotz Formbildung regenerieren kann. Der Anstoß für Formänderungen, also Änderungen der Bildungsinhalte und Unterrichtsthemen, wird von der gesellschaftlichen Umwelt des Erziehungssystems erwartet. Das ist ein nicht zu unterschätzender Beitrag zur Erklärung der Dynamik des Systems (wenn man einmal davon absieht, daß er im Kontext von Bildung in wertbegrifflicher Fassung formuliert ist). Der Seitenblick auf andere Medien wie Macht, Geld und Wahrheit, die selbst für ihre Regenerierung sorgen können, also eine Eigendynamik des Systems auslösen, läßt aber die Frage aufkommen, ob nicht auch das Medium des Erziehungssystems über entsprechende Möglichkeiten verfügt.

Und in der Tat: man muß nur die Formel Bildung durch die Formel Lernfähigkeit ersetzen,[45] um solche Möglichkeiten in den Blick zu bekommen. Die Formel Lernfähigkeit postuliert ein Prinzip der Selektion von Wissensformen, das an den Lernmöglichkeiten ausgerichtet ist, die sie vermitteln. Und Lernmöglichkeit heißt eben, daß neue, noch nicht bestimmte Kopplungsmöglichkeiten erzeugt werden. So lernt das Kind den aufrechten Gang, um auf diese Weise noch unbe-

44 Siehe Wolfgang Klafki, Die Bedeutung der klassischen Bildungstheorie für ein zeitgemäßes Konzept allgemeiner Bildung, Zeitschrift für Pädagogik 32 (1986), S. 455-476.

45 Vgl. Luhmann/Schorr, Reflexionsprobleme a. a. O., S. 84 ff., 103 ff.

stimmte Lernmöglichkeiten zu gewinnen. Dergleichen durch Sprachlernen und durch Lesenlernen. Dergleichen durch alle Arten professioneller Kompetenz, die zwar nicht bestimmen, wie man sich in Situationen verhalten wird (der alte Irrtum der Suche nach anwendbarem Wissen), wohl aber situative Beobachtungen so vorstrukturieren, daß man rasch lernen und daher auch leicht auf vorgefaßte Meinungen (strikte Kopplungen) verzichten kann. Man wird darum nicht notwendigerweise bis ins hohe Lebensalter von »Kindern« sprechen.[46] Das Medium bleibt an die Unterscheidung von Kindern und Erwachsenen gebunden, aber es kann die Terminologie »Kind« durch andere ergänzen (Schüler, Studenten oder schließlich: Lernende). Das ist letztlich nur ein Problem der Benennung. Entscheidend ist, daß mit Lernfähigkeit als Ziel zugleich die Wiederherstellung des Mediums durch seinen Gebrauch postuliert ist. Und wenn es zutrifft, daß man einen Wandel der Kontingenzformeln des Erziehungssystems von naturaler Perfektion über eine (nur transitorisch sinnvolle) Bildungsformel zu Lernfähigkeit hin beobachten kann,[47] dann ist das ein deutlicher Indikator dafür, daß das Erziehungssystem die eigene Ausdifferenzierung nicht nur auf struktureller Ebene (relative, durch strukturelle Kopplungen limitierte Autonomie), sondern auch auf operativer Ebene (Autonomie als selbstreferentielle Geschlossenheit) erreicht.

X

Das Medium Kind ist nicht binär codierbar. Kinder unterscheiden sich zwar von Erwachsenen und damit auch von dem, was sie selber als Erwachsene sein werden. Das Kindsein selbst ist aber keine strikt zweiwertige Angelegenheit, die dritte Werte ausschließt. Wenn es zu einer zweiwertigen Beurteilung kommt (gute/schlechte Kinder, bestandene/nichtbestandene Prüfungen, gute/schlechte Zensuren), geschieht dies aus Gründen der Selektion, nicht aus Gründen der Er-

46 Aber auch dies scheint möglich zu sein. Vgl. Dieter Lenzen, Mythologie der Kindheit: Die Verewigung des Kindlichen in der Erwachsenenkultur: Versteckte Bilder und vergessene Geschichten, Reinbek 1985.

47 Und an dieser Beobachtung (siehe o. Anm. 45) möchte ich trotz der gegenwärtig zu bemerkenden Renaissance von »Geisteswissenschaften« und Bildungsbegrifflichkeit festhalten.

ziehung; und die Pädagogen reagieren mit pädagogischen Bedenken auf diese ihnen vermeintlich aufgezwungene Notwendigkeit.

Der Grund für dieses Codierdefizit liegt nicht in der organisch-psychischen Komplexität des mit »Kind« bezeichneten Systems, denn solche Unangepaßtheiten findet man in allen binär codierten Systemen ebenfalls. Der Grund liegt in der Semantik, mit der die lose Kopplung dieses Mediums vorgestellt wird. In der Unterstellung von Lernfähigkeit/Lernwilligkeit wird die organisch-psychische Komplexität als offene, noch unbestimmte (oder unterbestimmte) Komplexität angenommen, aber die damit freigesetzten Möglichkeiten lassen sich nicht eindimensional schematisieren. Das wird mit Begriffen wie Freiheit, Selbsttätigkeit usw. honoriert und als pädagogisch unverzichtbarer Wert gehandelt. Mit Recht. Andererseits fehlt dem System damit aber die übliche Form, in der Funktionssysteme ihre Autopoiesis garantieren – eben die Zweiwertigkeit.

Das hat weitreichende Konsequenzen. Die binäre Codierung von Medien und Funktionssystemen stellt nämlich sicher, daß es auf alle Fälle weitergeht. Anders als bei teleologischen Systemen ist das eigene Ende (télos) nicht einprogrammiert, sondern offengelassen. Man kann mit dem Positivwert (etwa Wahrheit), aber auch mit dem Negativwert (etwa Unwahrheit) etwas anfangen. Zwar ist nur der Positivwert im System anschlußfähig, aber der Negativwert kann spezifizieren, unter welchen Bedingungen (hier: Theorien) dies der Fall ist. Binär codierte Systeme sind daher immer eigendynamische, autopoietische Systeme, die ihr eigenes Ende nie mit ihren eigenen Operationen herbeiführen können. Da diese Bedingung für Pädagogen nicht gegeben ist, denken sie tendenziell teleologisch – sei es, daß sie ihre Ziele erreichen, sei es, daß sie sie abschwächen oder gar als im Einzelfall unerreichbar aufgeben müssen. Auf jeden Fall finden die Bemühungen um Erziehung irgendwann einmal ihr Ende.

Die Mediensemantik »Kind« garantiert jedoch hinreichend, daß damit das System Erziehung nicht am Ende ist. Es wachsen immer neue Kinder nach. Außerdem wird durch Organisation sichergestellt, daß sie eingeschult werden und pünktlich zum Unterricht erscheinen. Man hat keine Zweifel, daß im nächsten Jahr wieder eine neue Klasse für Schulanfänger eingerichtet werden kann, und über Organisation kann man sich auch demographischen Schwankungen anpassen. Daß überhaupt Kinder geboren werden, wird als so sicher unterstellt, daß das Erziehungssystem sich nicht auf den Ausfall kompletter

Geburtsjahrgänge einstellen und sich insofern auch nicht als umweltdeterminiert beschreiben muß. Die Autopoiesis des Systems wird über Organisation hinreichend gewährleistet. Zwar ist diese Abhängigkeit von Organisation unter dem Namen »Bürokratie« ein laufendes Ärgernis für an Kindern (und nicht nur an ihren »Stellen«) interessierte Pädagogen; aber das sind dann gleichsam die Kosten für den strukturell erzwungenen Verzicht auf binäre Codierung. Während andere Funktionssysteme sich über binäre Codierung ausdifferenzieren und Organisation (etwa in der Form von Produktionsbetrieben, staatlichen Verwaltungen, Sportvereinen, Gerichten, Museen etc.) nur an systematisch später Stelle, nur als Bedingung für ausreichende Komplexität einführen müssen (und dann freilich auch davon abhängig werden), ist im Falle des Erziehungssystems die Ausdifferenzierung selbst von Organisation abhängig.

XI

Mit alldem sind nur erste Schritte getan zu einer Klärung der Frage, ob und in welchem Sinne man von einem Medium des Erziehungssystems sprechen kann. Im allgemeinen Kontext einer Theorie symbolisch generalisierter Kommunikationsmedien fallen nun gewisse Ähnlichkeiten auf, aber auch eklatante Unterschiede. Der auffälligste Unterschied dürfte im Fehlen einer binären Codierung liegen, die im Erziehungssystem zwar für Zwecke der Selektion, nicht aber für Erziehung im eigentlichen Sinne ausgebracht werden kann. Das erklärt einerseits den von Pädagogen immer wieder bedauerten und abgelehnten Einfluß des Selektionscodes auf das Erziehungsgeschehen. Zweiwertigkeit hat eine unbestreitbare Faszination, der auch der Schulunterricht mehr oder weniger erliegt. Trotzdem kann das Problem, das heißt die Unwahrscheinlichkeit erzieherischer Kommunikation, nicht durch den Selektionsmechanismus allein angegangen werden. Das Problem liegt in der kommunikativen Unerreichbarkeit psychischer Systeme. Diese operieren faktisch als strukturdeterminierte Systeme, als zwar strukturell über Sprache gekoppelte, aber durch nicht spezifizierbare Systeme, als selbstreferentielle Systeme, als operativ geschlossene Systeme; und es ist nicht nur eine theoretische Frage, wenn man überlegt, wie Erziehung dann trotzdem möglich ist, das heißt: woher sie den Mut nimmt, sich für möglich zu halten und mit Kommunikation zu beginnen. Eine Antwort auf diese Frage liegt in dem Konstrukt des Kindes, jenes sichtbar noch nicht erwachsenen Wesens, das, wie man meinen kann, der Erziehung bedarf. Die evidente Offensichtlichkeit dieser Beobachtung verdeckt all das, was entgegensteht. Und wenn Erziehung, und besonders: wenn Unterricht einmal anläuft, kommt ein autopoietisches System eigener Art in Gang, das die Elemente, nämlich die kommunikativen Operationen, aus denen es besteht, sich selber verdankt.

Daß das Erziehungsmedium technisch nicht annähernd so leistungsfähig ist wie beispielsweise Geld, ist durch das Fehlen einer binären Codierung leicht zu erklären. Auch fehlt jede Parallele zu jenen hochentwickelten Formen ökonomischer Rationalität, die sich aus der Reduktion auf die Entscheidung über Zahlungen oder deren Unterlassen bei gegebenen Preisen ergeben. Der Rationalitätsdefekt, der im Vergleich zum Geldmedium auffällt, wird dann nur allzu schnell durch Emphase, Überschwang und Enttäuschung ausgeglichen. Vor allem erklärt dieser Unterschied die hohe Interaktionsintensität der Erziehung, verglichen mit den extrem reduzierten Interaktionsformen, die die Geldwirtschaft allenfalls noch braucht. In diesem Vergleich gesehen, müssen die Medien-Defekte der Erziehung durch Interaktion unter Anwesenden ausgeglichen werden; und zwar durch Interaktion deshalb, weil dies die einzig angemessene Form des Umgangs mit »Kindern« ist.

Diese spektakulären Unterschiede von Wirtschaft und Erziehung (und man könnte zum Vergleich auch Wissenschaft, auch Politik, auch Recht heranziehen) sollten nicht verdecken, daß es in all diesen Fällen um die Ausdifferenzierung von autonomen, operativ geschlossenen Funktionssystemen geht. Es scheint, daß für eine solche Evolution die Entwicklung spezifischer Kommunikationsmedien eine unerläßliche Bedingung ist, denn wie anders könnten systemspezifische Formdifferenzen entstehen und den jeweiligen Funktionen zugeordnet werden? In all diesen Fällen realisiert sich die Differenzierungstypik der modernen Gesellschaft; und nur die Art und Weise, in der das ermöglicht wird, variiert von Funktionssystem zu Funktionssystem.

System und Absicht der Erziehung

I

Woran erkennt man Erziehung? An der Absicht zu erziehen, wird man antworten, und das schließt aus: an äußerlich wahrnehmbaren Merkmalen wie Uniformen oder Räumen. Aber woran erkennt man die Absicht zu erziehen? Am Erzieher vielleicht? Aber dann befände man sich in einem Beobachtungszirkel, der irgendwelche äußere Anhaltspunkte braucht, Kontexte zum Beispiel, mit deren Hilfe man den Zirkel unterbrechen oder auch diesen Zirkel von anderen Zirkeln unterscheiden kann.

Erzieht eine Frau, die auf der Straße, von einem Kind versehentlich angerempelt, einige entrüstete oder mahnende Worte findet? Erziehe ich, indem ich zur Belehrung der Welt diesen Text in meine Maschine tippe? Offenbar braucht man Kinder, um glaubhaft sagen zu können, man erziehe. Und es muß sich um eine gewisse Kontinuität von aufeinander aufbauenden, sich an ihren Resultaten orientierenden Aktivitäten handeln, wenn man einen Kontext erkennen will, in dem die Einzelaktivität als Erziehung beobachtet werden kann. Erziehung ist also nur als System identifizierbar, wie immer locker und diskontinuierlich die Einzelaktivitäten miteinander verbunden sein mögen. Aber wenn es sich in der einen oder anderen Weise, als Familie oder als Schule, um ein System handeln muß: ist dann die Absicht zu erziehen nicht entbehrlich? Genügt es nicht, daß das Erziehungssystem sich selber beschreibt, sich selber identifiziert, sich selber von seiner Umwelt unterscheidet?

Bereits mit diesen einfachen Fragen haben wir uns, und anders könnte man gar nicht anfangen, auf Unterscheidungen eingelassen. Wir haben von Erziehung gesprochen mit der Unterstellung, daß es auch andere Arten von Tätigkeit gibt: von Absicht in der Annahme, daß es auch andere Absichten oder gar Unbeabsichtigtes gibt. Der Kontext setzt einen Text voraus, das System eine Umwelt, und der Unterschied von Lehrern und Schülern ist eine unabdingbare Voraussetzung des Schulbetriebs. Achtet man aber darauf, daß implizit oder explizit immer irgendwelche Unterscheidungen vorausgesetzt sind, führt das auf Fragen eines anderen logischen Typs, auf Metafragen. Man findet in der Schule Lehrer und Schüler. Aber wo findet man den Unterschied von Lehrern und Schülern? Der Unterschied hat, liest man bei Bateson, keine Ortsbestimmung.[1] Er kommt nur dann vor, wenn er einen Unterschied macht, wenn er zur Zustandsveränderung eines Systems führt, wenn er Information erzeugt. Erst diese Information macht den Unterschied zu einem Unterschied, er wird rekursiv und zeitlich rückwirkend erst das, was er ist. Erst dadurch, daß jemand als Lehrer oder Schüler bezeichnet, beobachtet, beschrieben wird oder mit einer impliziten Selbstbeschreibung diese Rolle für sich in Anspruch nimmt, kommt es auf diesen Unterschied an. Alles, was im System als Unterschied fungiert, um die Operationen des Systems an die eine oder die andere Seite der Unterscheidung anzuschließen, wird im System selbst erzeugt. Unterschiede sind Eigenkonstrukte des Systems.

Das könnte auf den Gedanken bringen, Konstruktionen seien beliebig möglich, seien solipsistisch angefertigte Produkte. Indes gibt es in der realen Welt keine Beliebigkeit, so wenig wie es unbedingten Zufall gibt. Alles, was produziert wird, wird im Hinblick auf begrenzte, rasch auffindbare Anschlußmöglichkeiten produziert, und diese sind durch die Systemgeschichte vorstrukturiert. Das Signal »beliebig« heißt also nichts anderes als: beobachte, beschreibe, analysiere das System, dessen Operationen du auf Grund deiner Kenntnis seiner Umwelt nicht voraussagen kannst. Dabei dient die Zurechnung auf Absichten zunächst vor allem der Vereinfachung des Beobachtens – und dies unabhängig von aller psychologischen Plausibilität.[2] Wenn man wissen will, wie und wozu pädagogische Absichten konstruiert werden, muß man also das Erziehungssystem beobachten – sei es von außen, sei es in der Perspektive seiner Selbstbeschreibung von innen.[3]

Aber damit sind wir wieder am Anfang angelangt und stehen wieder vor der Frage: woran erkennt man Erziehung?

1 So Gregory Bateson, Geist und Natur: Eine notwendige Einheit, Frankfurt 1982, S. 122.

2 Deshalb werden auch Tieren, ja neuerdings selbst komplexen, datenverarbeitenden Maschinen bewußtseinsähnliche Zustände und Absichten unterstellt. Vgl. Henri Atlan, A tort et à raison: Intercritique de la science et du mythe, Paris 1986, S. 85 ff.

3 Zum Oszillieren zwischen diesen beiden Möglichkeiten vgl. für den Fall eines anderen Funktionssystems Michael Hutter, Die Produktion von Recht: Eine selbstreferentielle Theorie der Wirtschaft, angewandt auf den Fall des Arzneimittelpatentrechts, Tübingen 1989, S. 37 ff.

II

Soll es für die Beantwortung dieser Frage auf »Absichten« ankommen, wird man zunächst sehen wollen, was man darüber schon weiß. Fragt man, der Rangordnung folgend, zunächst die Philosophie, so findet man eine nie wieder übertroffene Theorieposition von »Intentionalität« bei Husserl. Husserl hatte bekanntlich postuliert, daß das Bewußtsein sich immer zugleich mit Phänomenen beschäftigt und weiß, daß es dies bewußt tut. Ins Systemtheoretische übersetzt, heißt dies, daß das Bewußtsein Fremdreferenz und Selbstreferenz immer zugleich prozessiert und nie auf das eine zugunsten des anderen verzichten kann. Im Kreuzpunkt dieser beiden Referenzen findet man den Begriff der Intention. Das Bewußtsein prozessiert, könnte man auch sagen, eigene Intentionen und gewinnt damit zugleich eine zeitliche Struktur seines Operierens, in der Erfüllung und Enttäuschung lauern und die Zukunft nur über Anschlußintentionen gesichert bleiben kann, für die dasselbe gilt.

Husserl hatte diesem Zusammenhang von Fremdreferenz, Selbstreferenz, Zeitlichkeit und Intentionalität einen transzendentalen Status zugeschrieben. Das entbindet von empirischen Beweislasten. Verzichtet man aber auf diese transzendentale Absicherung, kommt die Psychologie zum Zuge, die fragen darf: ist es wirklich immer so? Auch Philosophen (was immer dieser Ausdruck dann noch bedeutet) nehmen Kurs auf Psychologie.[4] Dann aber wird man besser tun, die Psychologen selbst zu fragen. Die Psychologie benutzt, jedenfalls in ihren heute bereits klassischen Forschungen, den Begriff der Intention, um Kognition und Motivation (je für sich sehr komplexe Begriffe) zu kombinieren. Daß man sich durch Erwartungen motivieren läßt, zeigt sich am Zustandekommen von Intentionen. Abstrahiert man von diesem Ausgangspunkt,[5] kommt man zu dem, was Soziologen

4 Und, wenn man Searle folgen will, noch darüber hinaus in Richtung auf eine materielle Basierung von Intentionalität. »Gemäß dieser Auffassung gehören Bewußtsein und Intentionalität genauso zur Biologie des Menschen wie Blutkreislauf und Verdauung«, meint der amerikanische Philosoph. Siehe John R. Searle, Intentionalität: Eine Abhandlung zur Philosophie des Geistes, dt. Übers. Frankfurt 1987, S. 11.

5 Vgl. in Fortsetzung von Forschungen, die durch Edward C. Tolman, Purposive Behavior in Animals and Men, New York 1932, angeregt waren, Francis W. Irwin, Intentional Behavior and Motivation: A Cognitive Theory, Philadelphia 1971. Siehe auch Kenneth J. Gergen, Correspondence versus Autonomy in the Language of Understanding Human Action, in: Donald W. Fiske/Richard A. Shweder (Hrsg.), Me-

(mit Berufung auf Max Weber[6]) Handlungstheorie nennen. Dann hat man wieder leichtes, quasi begriffsfreies Spiel. Offensichtlich stehen Handlungen und Absichten in einem engen sachlichen Zusammenhang. Ein Handeln ohne Absichten ist kaum denkbar, ein solcher Sachverhalt würde jedenfalls den üblichen Begriff des Handelns nicht treffen. Es würde sich um bloßes Verhalten handeln.[7] Ebenso verlöre der Begriff der Absicht seinen Sinn, wenn die Absicht nicht auf ein beabsichtigtes Handeln bezogen wäre. Die Intention wertet sozusagen das Verhalten auf zum Handeln.

In diesen Formulierungen kann man den Begriff der Absicht auch durch den Begriff des Motives ersetzen. Wo immer eine Handlung beobachtet wird, wird sie als motiviert beobachtet. Nur mit Hilfe von Motivkonstruktionen kann ein Beobachter Handlungen unterscheiden – voneinander, von bloßem Verhalten oder auch von irgend etwas anderem. Das gilt auch für den Handelnden selbst, der, wenn er überhaupt Anlaß hat, sich als Handelnden zu beobachten, sich in Situationen hineindenken muß, in denen er über sein Handeln Rechenschaft zu legen hat – also in kommunikative Situationen. Entsprechend muß es für jemanden, der Handeln verstehend beobachten will, Konstruktionshilfen geben in der Form von typisierten, standardisierten, kommunikationsfähigen, schon bekannten Motiven.[8] Nie

tatheory in Social Science: Pluralisms and Subjectivities, Chicago 1986, S. 136-162 (140 ff.). Fachintern wird man unschwer erkennen, daß dieser Platz von Intention am Kreuzpunkt von Kognition und Motivation in der Sozialpsychologie heute durch den Begriff der Attribution eingenommen wird.

6 Und auch Webers Interesse an Intentionen (Zwecken) war bekanntlich ein kombinatorisches, nämlich eine Verbindung herzustellen zwischen (geisteswissenschaftlichen) Sinndeutungen und (quasi naturwissenschaftlichen) Erklärungen – für ihn ein Erfordernis des Anspruchs der Soziologie auf Wissenschaftlichkeit.

7 Vgl. zu diesem Unterschied Carl F. Graumann, Verhalten und Handeln: Probleme einer Unterscheidung, in: Wolfgang Schluchter (Hrsg.), Verhalten, Handeln und System: Talcott Parsons' Beitrag zur Entwicklung der Sozialwissenschaften, Frankfurt 1980, S. 16-31.

8 Für Max Weber lag in dieser Einsicht der Zusammenhang der Handlungstheorie mit der Genese neuzeitlicher Rationalität. Für die daraus entstandene Diskussion vgl. etwa Alfred Schütz, Der sinnhafte Aufbau der sozialen Welt: Eine Einleitung in die verstehende Soziologie, Wien 1932; C. Wright Mills, Situated Actions and Vocabularies of Motive, American Sociological Review 5 (1940), S. 904-913; Anselm Strauss, Mirrors and Masks: The Search for Identity, Glencoe Ill. 1959, S. 45 ff.; Alan F. Blum/Peter McHugh, The Social Ascription of Motives, American Sociological Review 36 (1971), S. 98-109.

kann es sich dabei um eine komplette Einsicht in die laufende Realisierung psychischen Geschehens handeln.

Trotzdem, und gerade wegen dieser begrifflichen Komplikationen, vermag eine handlungstheoretische Darstellung pädagogischer Absichten kaum zu befriedigen. Zunächst dürfte es schwierig sein, die beiden Merkmale Absicht und Handlung empirisch zu trennen, also Absichten als einen unabhängig von (ausgeführten oder doch geplanten, überlegten) Handlungen bestehenden Sachverhalt überhaupt festzustellen. Absichten fungieren im sozialen Verkehr (und daraus abgeleitet dann auch psychisch) als Konstruktionen, die eine Zurechnung von Handeln auf Personen ermöglichen; und dies schon aus Zeitgründen ohne sorgfältige Klärung des tatsächlichen Zustandes, in dem das psychische System, dem eine Absicht zugeschrieben wird, sich tatsächlich befindet. Man wird sogar fragen müssen, ob es so etwas wie Absichten unabhängig von einer Interpretation als Absicht überhaupt gibt; also unabhängig von einer Interpretation, die durch eigene Beschränkungen und Plausibilitätsbedingungen sich führen läßt.[9] Absichten sind verkehrsnotwendige Fiktionen.[10] Es sind, weniger hart ausgedrückt, kurzschlüssige, aber alltagstaugliche Erklärungen für Handlungen, die jemandem, und anderen vielleicht nicht, einleuchten. Das heißt natürlich nicht, daß es im Belieben des Einzelnen steht, für eigenes oder fremdes Handeln Absichten zu erfinden. Im Gegenteil: die Forschung interessiert sich auf Grund ihrer attributionstheoretischen und im weiteren Sinne konstruktivistischen Ausgangsannahme für die Bedingungen, die solche Zurechnungen plausibel machen, seien es Bedingungen der Wahrnehmung von Kausalzusammenhängen, seien es Bedingungen der Plausibilität der Kommunikation über beabsichtigte und unbeabsichtigte Konsequenzen des Handelns. Absichten muß man erzählen (aber nicht notwendiger-

9 Fragen im Stile von Stanley Fish, Doing What Comes Naturally: Change, Rhetoric, and the Practice of Theory in Literary and Legal Studies, Oxford 1989.

10 Im Kontext der sog. Attributionsforschung gibt es denn auch genaueres Wissen über die Bedingungen, die eine Zurechnung auf Absicht begünstigen. Siehe z. B. Edward E. Jones/Kenneth E. Davis, From Acts to Dispositions: The Attribution of Process in Person Perception, in: Leonard Berkowitz (Hrsg.), Advances in Experimental Social Philosophy Bd. 2, New York 1965, S. 219-266; Mary D. Maselli/John Altrocchi, Attribution of Intent, Psychological Bulletin 71 (1969), S. 445-454. Parallel dazu haben sich auch in der Soziologie Distanzierungen zu einem psychisch gehaltvollen Motivbegriff entwickelt. Siehe die oben Anm. 8 angeführte Literatur.

weise erklären) können.[11] Das Forschungsthema ist dann nicht: ob eine Absicht tatsächlich vorliegt oder nicht, sondern: wie es zu erklären ist, daß man Absichten unterstellen und für solche Unterstellungen relativ rasch Konsens finden kann.

Handeln durch Absichten zu erklären, das funktioniert in konkreten Fällen ganz gut, und zwar als Auslöser von Kommunikation. Ein Junge fragt seinen Vater: »Warum liest du immer diese merkwürdigen Zahlen in der Zeitung?« Der Vater kann dann nicht gut antworten: »Aus Versehen«. Er wird vielleicht erklären: »Das sind Börsenberichte, das interessiert mich.« Und wenn gefragt wird: »Warum?«, wird er vielleicht noch sagen: »Die Börse kann nicht lügen.« Es bleibt rätselhaft, aber der Kontext, das Milieu (Grathoff) hat Struktur, und die ist der Tatsache verdankt, daß man nicht gut bestreiten kann, das, was man tut, absichtlich zu tun, auch wenn man Absichten falsch deklarieren und Absichten durch vorgetäuschte Absichten verbergen kann.[12]

Dies Verfahren einer quasi-tautologischen Erklärung, die funktioniert, weil sie als Tautologie angelegt ist, kann ebendeshalb spezifiziert werden, und damit sind wir bei der Absicht zu erziehen. So weit, so gut. Aber bisher haben wir nur eine Darstellung gegeben, die auf alles Handeln und auf alle Absichten paßt. Handeln ist eben auf Absichten zugerechnetes Verhalten. Wenn wir aber genauer wissen wollen, was es speziell mit der »Absicht zu erziehen« auf sich hat, müssen wir auf eine andere Aggregatebene überwechseln. Handlungen und Absichten können, eben wegen ihrer Funktion in kommunikativen Kontexten, nur in sozialen Systemen konstituiert werden. Absichten und Handlungen entstehen, auch psychisch gesehen, als Vorbereitung auf das Gefragtwerden oder auch in der Sicherheit, daß Fragen gar nicht erst gestellt werden, weil sie trivial wären. Wir müssen die Pro-

11 Hierfür gibt es dann verschiedene wissenschaftliche Rahmenerzählungen. Kenneth Burke, A Grammar of Motives (1945) und A Rhetoric of Motives (1950), beides neu gedruckt Cleveland 1962, hätte von Drama gesprochen. Richard Grathoff, Milieu und Lebenswelt: Einführung in die phänomenologische Soziologie und die sozialphänomenologische Forschung, Frankfurt 1989, nennt die Bedingungen für solche Erzählungen Milieus.

12 Nichts anderes wird gemeint gewesen sein, als Aristoteles eine teleologische Theorie des Handelns vorschlug, wenngleich er ihr einen Bezug auf Natur mitgab. »Jedes praktische Können und jede wissenschaftliche Untersuchung strebt nach einem Gut, wie allgemein angenommen wird«, so beginnt die Nikomachische Ethik. Man könne nicht ohne ein Gut vor Augen handeln, man könne sich allenfalls irren und etwas Schlechtes für etwas Gutes halten.

blemstellungen daher verschieben und überlegen, was es für das Erziehungssystem bedeuten mag, daß man die Absicht zu erziehen unterstellen kann.

Von handlungstheoretischen Ausgangspunkten her kommt man nicht zu Problemen, die die Einheit eines Systems betreffen. So hat eine traditionell handlungs- oder entscheidungstheoretisch ansetzende Wirtschaftstheorie keine Theorie des Geldes und keine Theorie des Marktes zustande gebracht. Und ebensowenig kann man die Einheit des Erziehungssystems dadurch erklären, daß erzieherisches Handeln durch die Absicht zu erziehen erklärt wird. Jede Spezifikation dieser Absicht, jede Festlegung auf etwas, was erreicht werden soll, kann im Erziehungssystem beobachtet und bestritten werden, mag man auf Gewinn von Einsicht, auf frei praktizierte Verantwortung, auf Können, auf Selbständigkeit, auf Bildung abstellen. Immer geht es, in der einen oder anderen Weise, um Anschluß an Reflexionstheorien des Systems; oder ohne jede universalistische Intention um eine unter vielen anzustrebenden Fertigkeiten. Auch die Tatsache, daß das Handeln des Zöglings mit der Absicht, ihn zu erziehen, nicht erklärt ist, sollte bedenklich stimmen. Und erst recht gilt das für das im vorigen Abschnitt angedeutete Problem, was der *Unterschied* von Erzieher und Zögling oder von Lehrer und Schüler zur Herstellung und laufenden Reproduktion der Einheit des Systems beiträgt.

III

Wie bringt ein System seine eigene Einheit zustande? Diese Frage ist schwieriger zu stellen und schwieriger zu beantworten, als es auf den ersten Blick scheint.

Ein Beobachter kann vieles als Einheit ansehen, sofern er in der Lage ist, es von anderem zu unterscheiden. Das gilt für Beobachtung von außen ebenso wie für Beobachtung von innen (Selbstbeobachtung). Ein Politiker etwa kann das Erziehungssystem anhand seiner Organisationen (Schulen) vom politischen System, vom Wirtschaftssystem, vom Medizinsystem usw. unterscheiden. Aber auch das Erziehungssystem kann sich selbst beobachten, indem es die eigenen Aktivitäten von denen unterscheidet, die es der Umwelt zurechnet, also etwa von Politik, von wirtschaftlichem Gewinnstreben, von Religion, von Kunst. Anderenfalls könnte es gar nicht auf die Idee kommen, über Politik, über Kunst usw. Unterricht zu erteilen. Im Kontext von Beobachtung ist das, was als Einheit bezeichnet wird, aber immer Moment einer Unterscheidung, immer die eine Seite einer Form, die auch eine andere Seite hat – also zum Beispiel System und nicht Umwelt. So kommt es zur Vorstellung von Einheit auf einem Umwege: Es wird Überschuß produziert, der dann reduziert wird; es wird eine Zwei-Seiten-Form konstituiert, von der aber nur die eine Seite für die Bezeichnung der gemeinten Einheit in Anspruch genommen und als Ausgangspunkt für weitere Operationen benutzt wird. Will man wissen, was als Einheit beobachtet wird, muß man deshalb den Beobachter beobachten, um festzustellen, welche Unterscheidungen er benutzt und welche Seite der jeweiligen Unterscheidung er – Spencer Brown würde sagen: als die Innenseite der Form[13] – markiert.[14]

Aber diese Relativierung auf den Beobachter hilft uns in einer wichtigen Hinsicht nicht weiter. Sie führt in einen Zirkel. Denn der Beobachter kann nur beobachten, indem er eine Vielzahl von Beobachtungen rekursiv verknüpft. Er kann nur beobachten, indem er Beobachtungen *als Operationen* ausführt und sich durch die rekursive Reproduktion seiner Operationen als operativ geschlossenes System ausdifferenziert. Das geschieht, wenn es geschieht, und zwar auch dann, wenn das System (wie es für lebende Systeme bezeichnend ist) den Vollzug nicht mit Hilfe der Unterscheidung von System und Umwelt beobachtet und kontrolliert. Wir stehen also erneut vor der Frage: wie wird die Systemeinheit produziert, ganz abgesehen von der weiteren Frage, ob diese Produktion mit Hilfe der Unterscheidung von System und Umwelt mitlaufend beobachtet wird oder nicht.

Dabei ist zu bedenken, daß die Einheit des Systems weder im System noch in der Umwelt vorkommen kann. Sie hat keinen Ort. Die Tradition hatte sich mit der Idee der Repräsentation (repraesentatio identitatis im Unterschied zur bloßen Vertretung) geholfen. Diese Lösung steht heute nicht mehr zur Verfügung. Wir würden es kaum akzeptieren, wenn man sagen würde, daß die Lehrer (oder noch enger: die Professoren der Pädagogik oder irgendein sonstiges pädago-

13 Vgl. George Spencer Brown, Laws of Form, Neudruck New York 1979.

14 Auch die Linguistik arbeitet mit der Unterscheidung marked/unmarked, um zu markieren (!), daß immer nur eine von zwei Seiten dazu dient, Aufmerksamkeit zu provozieren und Zweifel, Widerspruch, überlegte Reaktionen freizugeben. Vgl. etwa John Lyons, Semantics Bd. 1, Cambridge Engl. 1977, S. 305 ff.; Steve Fuller, Social Epistemology, Bloomington Ind. 1988, S. 155 ff.

gisches Establishment) das Erziehungssystem repräsentieren.[15] Auch eine durch »Partizipation« korrigierte Idee der »Repräsentation« (die Begriffe gehören seit dem Mittelalter in einen Zusammenhang wechselseitiger Ergänzung) reicht nicht aus. Wir sind zu sehr daran gewöhnt, Ansprüche dieser Art zu beobachten und mit »kritischen« Blicken zu zersetzen. Aber wir können uns vorstellen, daß es Symbole gibt, die im System verwendet werden, um einen Bezug aller Operationen, die dazugehören, auf die Einheit des Systems zu vermitteln.

In vielen Fällen erfüllen binäre Codes diese Funktion, indem sie zugleich als Differenz von positivem und negativem Wert und als Einheit ebendieser Unterscheidung fungieren – als Differenz, die zur Entscheidung zwischen positivem und negativem Wert zwingt, und als Einheit des jeweiligen Code, die als Symbol für Systemzugehörigkeit fungiert. Immer wenn zwischen Haben/Nichthaben oder Zahlen/Nichtzahlen unterschieden wird, um Transaktionen zu ermöglichen, die die Zuteilung der entsprechenden Werte verändern, handelt es sich um Wirtschaft.[16] Immer wenn zwischen Wahrheit und Unwahrheit unterschieden wird, um die Produktion neuen Wissens zu beobachten, handelt es sich um Wissenschaft.[17] Systeme erkennen Operationen, die ihren Code benutzen, als zugehörig, als anschlußfähig, als verarbeitungsbedürftig, und bleiben entsprechend indifferent, wenn ein anderer Code oder gar kein Code benutzt wird. Das kann sie dann zwar irritieren (so wie es irritieren kann, daß Zahlungen angeboten werden für Forschungen, die man eigentlich gar nicht durchführen wollte oder die man für wenig aussichtsreich hält); aber es kann sie nicht so wie eigene Operationen im eigenen Reproduktionskontext weiterbringen. Die Orientierung am eigenen Code dient als Erkennungssignal für Systemzugehörigkeit, für Anschlußfähigkeit, für autopoietische Relevanz; und dies auch dann, wenn

15 Diese Absage schließt es nicht aus, nach der Funktion eines solchen Establishments zu fragen. Und man könnte sie darin sehen, den Prozeß der Selbstreflexion des Systems in Gang zu halten und ihn unter dauernd sich ändernden gesamtgesellschaftlichen Bedingungen mit Variation, mit Neuanpassungen oder auch mit aktualisierten Protesten zu versorgen. Siehe dazu Niklas Luhmann/Karl Eberhard Schorr, Reflexionsprobleme im Erziehungssystem, 2. Aufl. Frankfurt 1988, insb. S. 343 ff.; dies., Strukturelle Bedingungen von Reformpädagogik: Soziologische Analysen zur Pädagogik der Moderne, Zeitschrift für Pädagogik 34 (1988), S. 463-488.

16 Vgl. Niklas Luhmann, Die Wirtschaft der Gesellschaft, Frankfurt 1988.

17 Vgl. Niklas Luhmann, Die Wissenschaft der Gesellschaft, Frankfurt 1990.

diese Leitunterscheidung so dominiert, daß das System nicht zugleich sich selbst im Unterschied zur Umwelt beobachten muß. Die Praxis wird dann durch den Code determiniert, und es wird zur Frage einer weiteren Reflexion, ob und wie das System im Anschluß daran die eigene Autonomie beschreibt.

Aus Gründen, die hier nicht erneut diskutiert werden können,[18] kann das Erziehungssystem sich mit dieser Form nicht zufriedengeben. Es benutzt zwar einen Selektionscode, um Personen auf bessere oder schlechtere Positionen innerhalb und außerhalb des Systems zu verteilen, aber die Erziehung selbst kann nicht mit einem einfachen positiv/negativ-Schema etwa nach dem Muster gelungen/mißlungen strukturiert werden. Dafür ist der Bewertungshorizont zu komplex und vor allem der Individualisierungsgrad zu hoch, der in der modernen Gesellschaft unausweichlich konzediert werden muß. Man könnte auch sagen, daß die in anderen Funktionssystemen mögliche Trennung von binärer Codierung und Programmierung hier nicht funktioniert. Wenn aber nicht am Code, wie anders unterscheidet das Erziehungssystem Ereignisse als zugehörig/nichtzugehörig? Welches Erkenntnissignal wird benutzt, um operative Geschlossenheit und beschränkte Anschlußfähigkeit zu erzeugen?

IV

Die Absicht zu erziehen dient dem Erziehungssystem anstelle eines eigenen Code als dasjenige Symbol, das Operation mit Operation verknüpft und dadurch die Einheit des Systems symbolisiert. Dazu ist es, ebenso wie im Falle der Codes, nicht notwendig, daß die Einheit des Symbols beobachtet, das heißt: unterschieden und bezeichnet wird. Es genügt, daß sie die Herstellung eines rekursiven, auf vergangene und künftige Operationen zurück- und vorgreifenden Zusammenhanges ermöglicht. Die pädagogische Absicht hat eine ausschließlich soziale Existenz. Ihre psychischen Korrelate werden unterstellt, werden aber weder geprüft noch verifiziert. Es kommt nicht dar-

18 Siehe für die Argumente Niklas Luhmann, Codierung und Programmierung: Bildung und Selektion im Erziehungssystem, in: Heinz-Elmar Tenorth (Hrsg.), Allgemeine Bildung: Analysen zu ihrer Wirklichkeit, Versuche über ihre Zukunft, München 1986, S. 154-182; in diesem Band S. 23-47; auch in: Niklas Luhmann, Soziologische Aufklärung Bd. 4, Opladen 1987, S. 182-201.

auf an, ob Lehrer in Wirklichkeit nur an ihrem Gehalt und ihrer Rente oder an ungestört gelingender Schaustellung, an Demonstration ihres Könnens interessiert sind. Es kommt auch nicht darauf an, ob und wie man die »wahren Motive« überhaupt feststellen kann, ja ob es sie in irgendeinem empirisch faßbaren Sinne überhaupt gibt. Es genügt jene quasi-tautologische Einheit von Motivzuschreibung und Handlungszurechnung, und der Sinn dieser symbolischen Konstruktion liegt ausschließlich in der operativen Kopplung von Kommunikationen im Sozialsystem der Erziehung.

Mit Parsons kann man auch sagen, daß symbolische Generalisierungen im System zirkulieren. Mit ihrer Hilfe organisiert das System Zeitbindungen. Indem es festlegt, daß etwas zum Zwecke der Erziehung geschieht, werden die sinnvoll anschließbaren Operationen eingeschränkt. Weder eine Natur noch ein Wesen der Erziehung, weder ein normatives Gesetz noch ein kultureller Wert wie etwa Bildung erzeugen das, was auf operativer Ebene geschieht. Vielmehr erzeugt das System sich selbst durch einen Prozeß der Selbstbindung, der Verpflichtung auf Fortsetzung oder Rekonstruktion des Angefangenen. Aber die Symbolik der Absicht ist unbestimmt genug, um neue Anregungen oder Zufälle, Störungen oder Gelegenheiten aufzugreifen und dem Gang der Dinge hin und wieder eine unerwartete Wendung zu geben. Mit »Absicht« meint das System nichts anderes als sich selbst; aber dies in einer Weise, die operativ als Handlung interpretierbar ist.

Ebenso wie einen zeitlichen hat die Symbolik der erzieherischen Absicht auch einen sozialen Sinn. Sie übergreift nicht nur die zeitliche Asymmetrie von vorher und nachher, indem sie das Symbol zirkulieren läßt; sie übergreift auch die soziale Asymmetrie der Rollen des Erziehers und des Zöglings oder in organisatorischen Kontexten: des Lehrers und des Schülers. Zwar wird die Absicht nur dem Lehrer zugeschrieben, sie wird also nur auf der einen Seite der Unterscheidung (der Innenseite der Form) verankert. Der Schüler findet sich dieser Absicht ausgesetzt. Immerhin honoriert auch er sie, und sei es durch Stillhalten, und beteiligt sich damit an ihrer Fortschreibung von Situation zu Situation. Man erkennt die Beteiligung an einem Vergleich mit der Lehrlingsausbildung in Betrieben, die weitgehend in einer Inanspruchnahme von Dienstleistungen aller Art besteht, denen niemand ernstlich eine pädagogische Absicht unterstellt.

Gleich wie ein binärer Code ist auch die erzieherische Absicht eine Blankett-Form, die noch nicht festlegt, welche Operationen ablaufen (sondern nur: welche Operationen zugeordnet werden können). Die Codes bedürfen deshalb einer Ergänzung durch Programme (Investitionsprogramme, Budgets, Theorien, Methoden, Rechtsgesetze, Krankheitstypen usw.). Die erzieherische Absicht muß sich in konkreten Kommunikationen manifestieren, also in diesem oder jenem Lehr- und Lernprogramm, in Kritik und Korrektur bestimmten Verhaltens. Dabei bleibt die Absicht zu erziehen ein und dieselbe, auch wenn sie ihre Themen wechselt. Und insofern übergreift sie auch sachliche Unterschiede des Sinnes der Kommunikationen im Erziehungssystem.

V

Erziehung setzt jemanden voraus, der sie nötig hat. Der pädagogischen Absicht entspricht die Vorstellung eines hilfsbedürftigen Gegenüber. Diese Vorstellung ist, wie man seit Ariès sagen kann, durch die kulturelle Erfindung des Kindes realisiert worden. Das Kind ist in dieser Sicht ein für Formen aufnahmefähiges Medium, eine strukturierte (und dadurch limitierte), aber nicht determinierte Einheit; zwar nicht eine tabula rasa, aber auch nicht eine Maschine.[19]

Man wird bestreiten können, daß dies eine psychologisch realistische Beschreibung ist. Aber auch wenn es eine zweckmäßige Selbstillusionierung des Erziehungssystems wäre, hätte es zweifellos beabsichtigte und unbeabsichtigte Konsequenzen, wenn unter dieser Vorstellung ein soziales System den Mut findet, sich selbst in Gang zu bringen. Es mag sich um einen Fall des Thomas-Theorems handeln, wonach eine Situationsdefinition in ihren Konsequenzen zur Realität wird. Oder es ist eine self-fulfilling prophecy, die die Bedingungen ihrer Verwirklichung selbst erzeugt. Jedenfalls sind »Kinder« nach Durchlaufen der Schule nicht das, was sie ohne Schule geworden wären. Sie lernen tatsächlich und verändern sich unter den im Erziehungssystem gesetzten Bedingungen, auch wenn man immer wieder fragen muß, was eigentlich in der Schule wirklich gelernt wird.

Der Absicht der Erziehung entspricht die Vorstellung, daß das Kind das, was es lernen soll, entweder lernt oder nicht lernt. Es macht seine Aufgaben – oder nicht. Es ist ein guter oder ein schlechter Schü-

19 Dazu ausführlicher Niklas Luhmann, Das Kind als Medium der Erziehung, Zeitschrift für Pädagogik 37 (1991), S. 19-40; in diesem Band S. 159-186.

ler. Diese Vorstellung reicht dem Erziehungssystem, um mit den Realitäten zurechtzukommen und um sich in dem, was es als Absicht in den Kommunikationsprozeß eingibt, selbst zu bestätigen. Man muß mit einer Mißerfolgsquote rechnen, Nachhilfe geben, Methoden verbessern, Didaktik überprüfen und vor allem: mit immer neuen Kindern immer wieder neu anfangen. Die Stoffe gehen nicht aus, die Kinder auch nicht.

Trotzdem darf man fragen, was nicht gesehen wird, wenn es so gesehen wird. Ich beschränke mich auf zwei Gesichtspunkte. Der eine wird unter dem falschen (und daher irreführenden) Titel »soziales Lernen« diskutiert.[20] Es wird nach einem »heimlichen Lehrplan« gelernt, und nach diesem Lehrplan kommt es vor allem darauf an, mit der Schule selbst zurechtzukommen.[21] Wer die Schule »geschafft hat«, hat etwas fürs Leben gelernt. Aber was?

Der zweite, damit eng zusammenhängende Gesichtspunkt betrifft die Möglichkeit einer kontextfreien Verwendung von Gelerntem. Die Möglichkeit eines solchen Transfers wird heute zunehmend skeptisch beurteilt, selbst in bezug auf einfache Rechenarten, bei denen man zunächst keine Zweifel haben würde (wer rechnen kann, kann rechnen).[22] Tatsächlich verfährt man in Situationen des täglichen Lebens nicht nach Schulrezepten, sondern viel stärker mit Hilfe konkret stimulierter Gedächtnisleistungen sowie auf Grund eines zirkulären Verhältnisses von Problem und Problemlösung. Man rechnet (spricht, aktiviert Wissen usw.) besser als in der Schule je nach Vertrautheit mit der Situation und vor allem auf Grund der Freiheit, sich den Problemen zu stellen, die man lösen kann, und andere zu vermeiden.

20 Zur Begründung der terminologischen Ablehnung mag der Hinweis auf eine grammatische Fehlkonstruktion genügen, die Pädagogen ihren Kindern nicht durchgehen lassen würden. Das Lernen selbst ist immer sozial. (Randfälle kann man übergehen.) Gemeint ist das Lernen sozialer Kompetenzen.

21 Sinn und soziale Funktion solchen Lernens werden recht unterschiedlich eingeschätzt. Für eine eher optimistische Version siehe Robert Dreeben, On What is Learned in School, Reading Mass. 1968; dt. Übers. Frankfurt 1980.

22 Dazu eindrucksvoll auf Grund von Beobachtungen der Rechenoperationen in Supermärkten und bei ähnlichen Gelegenheiten Jean Lave, Cognition in Practice: Mind, Mathematics and Culture in Everyday Life, Cambridge Engl. 1988. Vgl. auch Terezinha Nunes Carraher/David William Carraher/Analúcia Dias Schliemann, Mathematics in the Streets and in Schools, British Journal of Developmental Psychology 3 (1985), S. 21-29; dies., Written and Oral Mathematics, Journal for Research in Mathematics Education 18 (1987), S. 83-97.

Heute wird man sagen können, daß diese Sachverhalte bekannt sind oder doch zur Kenntnis genommen werden könnten. Aber was besagt das? Und genauer: was kann es besagen, wenn die Schule ihre Selbstbeobachtungen am Zirkel Erziehungsabsicht/Kind orientiert. Diese Beobachtungsdisposition kann sich nur an den Voraussetzungen bestätigen und reproduzieren, auf die man sich mit ihr immer schon eingelassen hat: daß das Kind (wenn es nur will und hinreichend begabt ist) das lernen kann, was zu lernen ihm absichtlich zugemutet wird. Zu Lernendes wird dann am Kind befestigt: als Eigenschaft, als verfügbarer, mit dem Kind von Situation zu Situation bewegbarer Besitz.

Dem entsprechen eine Reihe von in Theorieform gebrachten Annahmen – etwa die eines kontextfrei möglichen Wissenstransfers sowie die dazu passende Annahme, das Gedächtnis sei eine Art Vorratskammer für erworbenes und dann besitzbares Wissen, auf das man bei Bedarf zurückgreifen könne. Auch wenn solche Annahmen wissenschaftlich unhaltbar wären (und sie sind drauf und dran, es zu werden), könnten sie nicht ohne weiteres aufgegeben werden, solange das Erziehungssystem in seinen Operationen und Beobachtungen auf sie angewiesen ist. Und die personbezogene Begrifflichkeit von »Absicht« und »Kind« läßt dazu, im Augenblick jedenfalls, keine Alternative erkennen.

Wollte man dieser Semantik ein Wissen aufdrängen, das an sich verfügbar, aber mit ihr inkompatibel ist, würde man sie zerstören. Denn dann würde herauskommen, daß die Absicht etwas beabsichtigt, was gar nicht in ihrer Macht liegt. Die Pädagogik, die die guten Absichten der Erzieher pflegt, muß deshalb eine eigenständige Wissenschaft oder, wenn nicht dies, jedenfalls eine Reflexionstheorie des Erziehungssystems bleiben, um das Symbol zu schützen, das erkennbar macht, was zum System gehört und was nicht.

Aus demselben Grund bleibt die Absicht zu erziehen im System inkommunikabel. Sie markiert nicht besondere Handlungen neben anderen, etwa neben dem Unterrichten, Ermahnen, Belehren, Vormachen usw. auch noch Erziehen. Wird man gedrängt, den Gesamtsinn zum Ausdruck zu bringen, kann man natürlich sagen: es geht um Erziehung. Aber jede Spezifikation, die dann zur Erläuterung notwendig wird, führt als Kommunikation in die Bifurkation, entweder angenommen oder abgelehnt zu werden – und *beides* im Namen eines »eigentlichen« Begriffs von Erziehung. Was anderwärts in der Differenz von Codierung und Programmierung zum Ausdruck kommt, nämlich die Unpraktikabilität der Kommunikation der Codewerte, findet sich auch hier. Denn man wird ja auch von einem Künstler, den man fragt, was er da macht, nicht die Antwort erwarten: etwas Schönes.

VI

Soll erzieherische Absicht als Zentralsymbol des Erziehungssystems fungieren, muß sie für alle Operationen des Systems zugänglich sein, denn anderenfalls wären Operationen nicht als zugehörig erkennbar, sondern würden in der Umwelt des Systems ablaufen. Für alle Operationen zugänglich – damit sind auch Operationen der Selbstbeobachtung und der Selbstbeschreibung des Systems gemeint, die wir im Begriff der Reflexion zusammenfassen.[23] Allerdings werden sich Operationen der Selbstreflexion von normalen Operationen, etwa Kommunikationen im Unterricht, durch einen höheren Grad an expliziter Referenz auf Einheit unterscheiden; denn schließlich ist es ihr Sinn, die Einheit des Systems im System zu bezeichnen. Wir stehen damit vor der Frage, wie das Einheitssymbol der erzieherischen Absicht im Kontext von Selbstbeobachtungen und Selbstbeschreibungen des Erziehungssystems behandelt wird.

Wenn auch hier unsere Voraussetzung gilt, daß jede Beobachtung und jede Beschreibung eine Unterscheidung benutzen muß, um das, was sie bezeichnet, gegen anderes abzugrenzen, ist zunächst nach den Unterscheidungen zu fragen, die hierfür in Betracht kommen. Die Unterscheidungen kolorieren gleichsam das Reflexionsbild, das das System von sich selbst entwirft. Dadurch, daß etwas Bestimmtes als Absicht markiert wird, werden auch andere Möglichkeiten, obwohl nicht markiert, mitkonstituiert und zugänglich gemacht. Man kann sich dann immer mitvorstellen oder auch darauf hinweisen, daß die Absicht nicht das ist, was sie zu sein schien, sondern daß hin und wieder auch die andere Seite der Unterscheidung Bedeutung gewinnt.

Nach den Hauptlinien der erziehungssysteminternen (und in diesem Sinne pädagogischen, nicht erziehungswissenschaftlichen) Diskussion zu urteilen, konkurrieren hier zwei verschiedene Unterschei-

23 So ausführlich Luhmann/Schorr a. a. O. (1988).

dungen. Wir wollen sie die moralische und die technologische Unterscheidung nennen.

Die eine geht davon aus, daß die Absicht zu erziehen eine gute Absicht ist. Es wird dabei unterstellt, daß die Erziehung dem Zögling bekommt; daß der Schüler das im Unterricht Gebotene sinnvoll verwenden und in einen selbstgewollten Sinn seines Lebens einfügen kann; daß Erziehung und Unterricht die Freiheit des Schülers respektieren und, sei es voraussetzen, sei es pflegen und entwickeln. Als gute Absicht ist die erzieherische Absicht zugleich der Legitimationsmythos des Systems. Und alle Erzählungen, die im Zusammenhang damit konstruiert werden, bestätigen dies – auch und gerade in der Behandlung von Entgleisungen und Korruptionen. Ganz offensichtlich handelt es sich bei dieser Form von Reflexion um eine Beschreibung, die dazu bestimmt ist, im System selbst verwendet zu werden. Ihr wissenschaftlicher Status steht dabei nicht im Vordergrund, und erst wenn diese Legende akademisch gelehrt und Pädagogik eine wissenschaftliche Disziplin sein soll, werden begriffliche Überarbeitungen erforderlich, etwa unter Übernahme von Konzepten wie Kultur oder Geist, die ebenfalls gute, fast möchte man sagen »nette« (nice) Begriffe sind, wie man leicht feststellen kann, wenn man versucht, sich für ihr Gegenteil zu engagieren.

Die kausaltechnologische Unterscheidung geht ganz anders vor. Sie zieht – ein begrifflich sehr problematisches, aber übliches Manöver – die Wirkungen des Handelns in den Handlungsbegriff hinein. Schließlich richtet sich die Absicht ja auf Wirkungen, auch wenn sie selbst nicht ihre Wirkung ist. Man kann dann zwischen beabsichtigten und unbeabsichtigten Wirkungen unterscheiden. Auch hier besetzt die Absicht, auf die es ankommt, die eine Seite der Unterscheidung (die Innenseite der Form), muß aber konzedieren, daß es auch eine andere Seite gibt, nämlich die Menge der unbeabsichtigten Wirkungen. Man stößt dann auf ein Planungsproblem. Je weiter, sachlich und zeitlich gesehen, der Horizont beachtenswerter Folgen ausgedehnt wird (und Erziehung ist eine sachlich komplexe, zeitlich weitreichende Angelegenheit), desto stärker beginnen die unbeabsichtigten Wirkungen zu dominieren, desto frustrierender werden pädagogische Lebensplanungen,[24] und um so mehr empfiehlt es sich, Erziehungsplanungen durch Prüfungen oder ähnliche Zäsuren zu interpunktieren.

24 Dies ist natürlich auch ein Problem der Gesellschaftsstruktur, also abhängig davon, ob die Herkunft dem Einzelnen seine Zukunft vorzeichnet und nur Versagen oder

Wie immer das Problem aufgebläht und eingeschränkt wird, es bleibt bei der Frage: Wie kann Erziehung so geplant werden, daß keine unbeabsichtigten Wirkungen eintreten oder allenfalls solche, die nachträglich in Kauf genommen werden können. Wie kann man eine Planung unter Bedingungen von Zukunftsunsicherheit so anlegen, daß »postdecisional regret« vermieden wird.

Daß dies ein dauernder Kampf mit der Komplexität der Situationen und der Heterogenität von Kriterien und Präferenzen ist und daß eine erfolgreiche Lösung nur bei sehr kurzfristigen Zeithorizonten möglich ist, lehrt jeder Blick in die Diskussion über Möglichkeiten und Schranken der Planung. Auch kennt man inzwischen Strategien des Umgangs mit »postdecisional regret«, vor allem die Umdeutung der Absicht und eine entsprechende Rekonstruktion der Vergangenheit. Dies alles kann uns hier nicht mit der notwendigen Ausführlichkeit beschäftigen.[25] Es kommt nur darauf an, daß der Einbau von Absicht in die Selbstbeschreibung des Systems zu ganz verschiedenen Konsequenzen führt, je nachdem, ob der moralische oder der technologische Unterscheidungsstil der Darstellung von Absichten zugrunde gelegt wird.

Mit Max Weber (und zugleich mit einer nicht weiter geklärten Verwendung des Terminus »Ethik«) kann man entsprechend zwischen Gesinnungsethik und Verantwortungsethik unterscheiden. Damit wäre die Alternative jedoch auf eine Frage der Option reduziert, für die keine weiteren Kriterien angegeben werden können. Stellt man sich dagegen vor, daß die Einarbeitung des Zentralsymbols »erzieherische Absicht« in die Selbstbeschreibung des Systems unumgänglich ist, fällt auf, daß dieses Problem auf zwei verschiedene Formen umgesetzt wird, die dann zwangsläufig beginnen, einander wechselseitig zu interpretieren. Aus moralischer oder geisteswissenschaftlicher Sicht ist Technik eine Angelegenheit bloßer Mittel und daher sekundär gegenüber der Qualität der Absicht. Die Planungstheorie muß dagegen das Sich-Begnügen mit guten Absichten als verantwortungslose Naivität behandeln oder als Nichtausnutzen von Möglichkeiten rationaler Entscheidung. Nichts zwingt dazu, es bei dieser bloßen Entgegensetzung zu belassen. Aber die Kombination der beiden Unterscheidungs-

Schicksalsschläge zu befürchten sind oder ob in dieser Hinsicht alles offen ist und von der Schulkarriere sowie von sich später bietenden Gelegenheiten abhängt.

25 Siehe nur J. Richard Harrison/James G. March, Decision Making and Postdecision Surprises, Administrative Science Quarterly 29 (1984), S. 26-42.

formen führt zunächst in die bekannte Paradoxie, daß gute Absichten schlimme Folgen haben können und deshalb moralisch nicht ohne weiteres zu empfehlen sind; oder auch in das Problem, daß die Erweiterung der Folgenberücksichtigung zwangsläufig die Sicherheit und Eindeutigkeit des moralischen Urteils gefährdet. Manches spricht dafür, daß sich in der Konfrontation die technologische Perspektive als stärker erweist, aber zugleich auch als hilfloser in ihren eigenen Problemen.

VII

Diese Überlegungen tragen zugleich zu einer Klärung des Symbolbegriffs bei. Sie verdeutlichen zumindest die Rolle, die er in einer differenztheoretisch ansetzenden Theorie übernehmen kann. Wir kommen damit auf die einleitenden Überlegungen zum operativen Stellenwert von Unterscheidungen zurück.

Ein logisch besonnener Beobachter, der vor dem Problem steht, wie das Unterschiedene zugleich als different und als Einheit einer Unterscheidung begriffen werden kann, wird sich versucht fühlen, in eine logische Typenhierarchie auszuweichen, das heißt: für die Formulierung der Einheit der Unterscheidung eine Metaebene zu bemühen. Daß damit das Problem nicht gelöst ist, sondern nur auf eine weitere Unterscheidung, nämlich die von Typen oder Ebenen verschoben wird, ist leicht zu erkennen. Symbole ersparen diesen Ausweg, der nur in das Problem zurückführt. Sie dienen, einem alten Sprachgebrauch zufolge, der Vergegenwärtigung der Zusammengehörigkeit des Getrennten (paradigmatisch: von Gast und Gastgeber). Sie bringen die Paradoxie der Einheit des Differenten in die Form eines Zeichens oder besser: einer Marke,[26] die operativ eingesetzt werden kann, um einen Verweis auf die Einheit des Unterschiedenen von Operation zu Operation mitlaufen zu lassen. Sie sind wie Geldmarken oder wie Ausweise, die zwischen Identität und Zweifel vermitteln, unmittelbar einsatzfähig. Sie bewähren sich nicht in der Logik, sondern in der Zeit. Sie sind Mystifikationen (Novalis), invisibilisierte Paradoxien oder auch, wie in unserem Falle der Absicht zu handeln, entfaltete Tautologien, die einen Sachverhalt zweimal bezeichnen, um eine tragfähige Erklärung vorzutäuschen.

26 Im Englischen wäre token, nicht sign, das angemessene Wort. Denn es geht gerade nicht um ein Zeichen, das etwas anderes bezeichnet.

Wenn man nach den Bedingungen der Möglichkeit solchen Symbolgebrauchs fragt, stößt man letztlich auf eine artifizielle Setzung, auf Verabredung, auf Gewohnheit, auf ein Produkt der Selbstbindung des Systems. Symbole bezahlen für die Kurzschließung der logischen Probleme ihres Operierens mit Konventionalität. Sie können keine intrinsische Qualität aufweisen, die sie zur Leistung befähigt. Will man sie verstehen, muß man das System kennen, das sich auf ihren Gebrauch verständigt hat. Und damit kommt es fast unausweichlich zum Mitsehen anderer Möglichkeiten, zu dem unabweisbaren Verdacht, es könnte auch anders sein.

Erstmals hat die Romantik diesen Zusammenhang von Kontingenz und Symbolisierung, von Artifizialität und Mystifikation, von Unendlichkeit und Kritik formuliert – zunächst am gesellschaftlich eher harmlosen Fall der Kunst. Hegel ist es nicht gelungen, diese durchgehaltene Ambivalenz in die Abschlußformel Geist aufzulösen. Aber ebensowenig ist es gelungen, daraus eine Theorie der Gesellschaft zu entwickeln. Das Problem des Umgangs mit Unterscheidungen ist geblieben und damit die ständige Irritation, daß die Einheit des Unterschiedenen nur als Paradox beobachtet werden kann. Aber ein Paradox irritiert ja nur den, der es beobachtet. Es verhindert nicht, daß Systeme ihre Operationen fortsetzen und daß man beschreiben kann, wie das geschieht.

VIII

Das Konzept des zirkulierenden symbolischen Mediums widerspricht nicht der Annahme, daß Erziehung es mit Personen zu tun hat. Das kommt allein schon dadurch zum Ausdruck, daß wir die Formen dieses Mediums als beabsichtigt und das Medium selbst als Kind beschrieben hatten. Das sind Bezeichnungen, die ohne Referenz auf Personen nicht zu verstehen, nicht zu benutzen sind. Aber was sind, wenn man diesen Kontext voraussetzen darf, Personen? Und wie kann der Begriff der Person so gefaßt werden, daß er sich hier einpassen läßt?

Jedenfalls nicht als (sich selbst zugrunde liegendes) Subjekt. Und jedenfalls nicht als ein auf der Basis von Bewußtsein operierendes psychisches System. Wir müssen realistischerweise davon ausgehen, daß psychische Systeme (und wieviel mehr würde das für lebende Systeme, für Gehirne, Organismen, Zellen usw. gelten!) für sich selbst intransparent und für andere unzugänglich sind.[27] Wenn es die vieldiskutierten Analogieschlüsse von Ego und Alter überhaupt gibt, dann also von Intransparenz auf Intransparenz. Personen sind demgegenüber nichts weiter als *individuell attribuierte Einschränkungen von Verhaltensmöglichkeiten.*[28] Dabei geht es sowohl um die Verhaltensmöglichkeiten der Personen selbst als auch um die Verhaltensmöglichkeiten ihnen gegenüber. Je individueller die Einschränkung sich einzuspielen hat, desto mehr Zeit erfordert der Prozeß des Sich-Kennenlernens und desto wichtiger können spezifische Kontexte sein – unter ihnen die Schule. Selbstverständlich gibt es aber in der modernen Gesellschaft zahllose Kontakte, die keinen Bedarf für – und daher auch keine Gelegenheit zu – Personalisierungen bieten. Ebenso wie es umgekehrt Systeme mit psychisch schwer erträglichen, kommunikativ schwer zu bewältigenden Überpersonalisierungen gibt, vor allem in Familien und Intimbeziehungen.[29]

Person ist demnach immer und nur Referenz und nie ihrerseits ein autopoietisches System. Diese Einsicht hält sich in der Nähe der Unterscheidung von I und me (G. H. Mead) oder ähnlicher Analysen Simmels, aber sie muß komplizierter formuliert werden, weil wir zusätzlich noch zwischen dem Referierverhalten psychischer und sozialer Systeme unterscheiden müssen und außerdem alles Referieren als Beobachten mit Hilfe der Unterscheidung von Selbstreferenz und Fremdreferenz definieren. Sowohl psychische als auch soziale Systeme verfügen intern über diese Distinktion innen/außen und oszillieren daher ständig zwischen Selbstreferenz und Fremdreferenz. Im sozialen System ist dabei die Person immer ein Fall von Fremdreferenz, bezeichnet also nie das operative Betätigen der Unterscheidung von Selbstreferenz und Fremdreferenz, also auch nie das referierende System. Die Kommunikation kann sehr wohl Personen bezeichnen –

27 Hierzu siehe die Proust-Interpretation von Alois Hahn, Das andere Ich: Selbstthematisierung bei Proust, in: Volker Kapp (Hrsg.), Marcel Proust: Geschmack und Neigung, Tübingen 1989, S. 127-141.

28 Das schließt an alten Sprachgebrauch an, mit dem sich auch gut nachzeichnen läßt, daß der Grad an Individualisierung und, wenn man so formulieren darf, Entkörperlichung dieser Einschränkung seit dem Hochmittelalter zunimmt. Vgl. Hans Rheinfelder, Das Wort »Persona«: Geschichte seiner Bedeutungen mit besonderer Berücksichtigung des französischen und italienischen Mittelalters, Halle 1928.

29 Siehe Niklas Luhmann, Sozialsystem Familie, und ders., Glück und Unglück der Kommunikation in Familien: Zur Genese von Pathologien; beides in: Soziologische Aufklärung Bd. 5, Opladen 1990.

sei es als Thema, sei es als Adressaten der Kommunikation. Aber dieses Bezeichnen bleibt immer ein nach außen gerichtetes Referieren, während zugleich die ablaufende Kommunikation auch zu erkennen gibt, daß sie abläuft, und die Frage zuläßt, wieso und wozu. Nichts anderes gilt für psychische Systeme, und dies selbst dann, wenn sie sich selbst als Person vorstellen; denn auch dann ist das, was vorgestellt wird, nicht die Operation, die das Vorstellen durchführt und dabei die Unterscheidung von Selbstreferenz und Fremdreferenz praktizieren muß. Man kann sich mit sich selbst nur identifizieren, nicht aber die damit vollzogene Autopoiesis in die Selbstbeschreibung einholen.

In der erzieherischen Kommunikation, und wir bleiben jetzt bei dieser Systemreferenz, können daher psychische Systeme gar nicht erreicht werden. Sie sind zwar über strukturelle Kopplungen mit ihrer Aufmerksamkeit beteiligt, und das hat Effekte, ja nicht selten und vor allem auf Dauer gravierende Effekte für das, was sie aus sich machen. In diesem Sinne ist es unvermeidbar, daß auch die erzieherische Kommunikation sozialisiert. Aber das sind unsteuerbare Außenwirkungen. In sich selbst transformiert die Kommunikation immer nur die in ihr traktierten Unterscheidungen, sie prozessiert eigene Informationen im Sinne von Unterschieden, die für sie einen Unterschied machen (Bateson). Sie verändert damit unaufhörlich, solange sie läuft, ihre eigenen Referenzen – sich selbst und das, wovon die Rede ist oder was als Adressat bezeichnet wird. Sie kann dabei Personen benutzen, Namen und körperliche Präsenzen, vorherige oder erwartete Teilnehmer an kommunikativer Aktivität; und sie kann Personen vor allem benutzen, um psychische Systeme zu unterscheiden. Die Rede ist von Hans, nicht von Matthias. Herr Müller gibt gute, Frau Bösig schlechte Zensuren. Aber diese Unterscheidungen strukturieren wiederum nur den Kommunikationsprozeß. Was sie für die bewußt Beteiligten psychisch bedeuten, ist damit weder ausgemacht noch durch Kommunikation zu ermitteln. Wer gefragt wird, der lügt.

Durch diese Klarstellungen begrifflich gerüstet, können wir jetzt sagen, daß das Einheitssymbol des Erziehungssystems, nämlich die Absicht zu erziehen, durch Bezug auf Personen respezifiziert wird. Und ebenso wird das Medium der Erziehung, das lernbedürftige Kind, als Person markiert, so daß man es von anderen unterscheiden kann. Die Absicht markiert die Selbstreferenz, die Personen markieren die Fremdreferenz des Systems im System. Symbolische Qualität hat die Absicht zu erziehen deshalb, weil sie die Fremdreferenz einbezieht, weil sie sich selbst am Widerstand der Personen, an Lernschwierigkeiten, an der Unruhe in der Klasse als Absicht erkennt. Alles Weitere (die Einführung von Lernstoffen, die Auseinandersetzung mit der Bürokratie etc.) nimmt auf diese Grundrelation von Selbstreferenz und Fremdreferenz Bezug. Die Unvermeidbarkeit des gleichzeitigen Prozessierens beider Referenzen – so wie man in der Wirtschaft nur gegen Geldzahlungen *Bedürfnisse* befriedigen kann – bildet das Selektionsprinzip, von dem aus gesehen anderes in der Welt als relevant oder irrelevant beurteilt werden kann.

Namen und optische Außenflächen, Sitzplätze und Verwaltungsregistraturen und vor allem Wiederholungen, Wiederholungen, Wiederholungen tragen das Ihre bei. Aber diese unterstützenden Leistungen funktionieren nur, wenn sie durch die Identitäten der Personen und die Absicht, sie zu erziehen, organisiert werden. Es darf keine Doppelgänger geben, und schon Zwillinge stiften Verwirrung. Die Ab-Teilungen der Personen tragen die Ordnung. Deshalb sind die Personen der Pädagogik heilig. Was psychisch geschieht, bleibt unerklärbar mit der Möglichkeit, Unerklärbarkeit als Freiheit zu interpretieren. Am Ende kommt dabei dann die Lebenslüge der Pädagogik heraus: die guten Absichten zu loben und die Gestaltbarkeiten der Individuen als deren Freiheit zu feiern.

Das Erziehungssystem und die Systeme seiner Umwelt

Von »System« kann man nicht sprechen, ohne daß die Umwelt des Systems mit in den Blick kommt. Daraus haben sich zahlreiche Diskussionen und theoretische Modellvorstellungen ergeben, etwa die Darstellung der Umweltbeziehungen mit Hilfe der Unterscheidung von Input und Output oder das Konzept der (nur) relativen Autonomie. Die erstgenannte Theorie führt zu einem eher technischen Systembegriff, wobei man die Transformationstechnik entweder mit mathematischen Funktionen beschreibt oder im Konzept des »black box« als unbekannt und nur indirekt erschließbar voraussetzt. Der Begriff der relativen Autonomie ist nur eine Leerformel, da er nur zwei Randfälle ausschließt: das komplette Aufgehen des Systems in der Umwelt und die Selbsterhaltung ohne jede Beziehung zur Umwelt.[1] Diese beiden ausgeschlossenen Fälle fallen aber ohnehin nicht unter den Begriff des Systems, der immer eine Differenz, immer eine Form mit zwei Seiten meint, nämlich das jeweils bezeichnete System *und* die jeweils nicht bezeichnete Umwelt. Oder einfacher gesagt: Systembildung setzt immer *positive* Weltsachverhalte voraus, die sie aus dem System *ausschließt* und dann nur noch in der Form der *Anwesenheit des Ausgeschlossenen* repräsentieren kann.

Diese Vorbemerkungen versorgen uns mit den Schwierigkeiten, von denen wir im folgenden profitieren wollen.

I

Seitdem die pädagogische Diskussion von der häuslichen Erziehung zur öffentlichen Erziehung in Schulen, also zu organisierter Erziehung umgeschwenkt ist (seit der zweiten Hälfte des 18. Jahrhunderts also), steht auch der öffentliche Bedarf und der öffentliche Nutzen der Erziehung im Vordergrund der Diskussion. Zwar werden humane Legitimationsformeln wie menschliche Perfektion oder Bildung noch mitgeführt, wenn es darum geht, die (relative) Autonomie der Schulerzie-

1 Das gilt allerdings nur für einen Beobachter erster Ordnung, der »relative Autonomie« als eine objektive Welttatsache beschreibt, und nicht für einen Beobachter (oder Selbstbeobachter) zweiter Ordnung.

hung zu begründen. Aber der Einsatz öffentlicher Mittel und ebenso die Rücksicht auf die gesellschaftliche Lebensführung der Individuen verlangen eine Thematisierung von Erziehungszielen, die darüber hinausgeht.

Es ist heute bereits schwierig geworden, das Problem zu erkennen, das das 18. Jahrhundert bewogen hat, so viel Hoffnung auf Erziehung zu setzen. Wir vermuten, daß es sich um eine sehr genau zu bezeichnende Paradoxie gehandelt hatte. Einerseits hatte man »den Menschen« als Individuum entdeckt (oder: »erfunden«), um mit dieser Figur die alten Einteilungen der Schichtung, der Regionen und Nationen, der Patron/Klient-Verhältnisse, der Berufe und der Konfessionen und Sekten aufzulösen. Sowohl in den Erkenntnistheorien als auch im Bereich der Künste und im Bereich der Moral hatte man, Locke folgend, die Vorstellung angeborener Ideen aufgegeben und damit auch auf die Möglichkeit verzichtet, Geburt als differenzierendes Kriterium für das Erkennen des Guten und Richtigen anzunehmen. Das mußte jedoch dazu zwingen, *jeden Rückgriff auf unbedingt geltende Standards aufzugeben.* Denn solche Kriterien hätten dazu geführt, Meinungskonflikte für rational entscheidbar zu halten mit der weiteren Konsequenz sozialer Diskriminierung. Einige wissen und können es besser als andere,[2] – aber wie das, wenn alle Individuen sind und von der Natur als frei und gleich ausgestattet sind? Kurz gesagt: Absolute Kriterien des Wahren, Guten und Schönen setzen als Sozialform stratifikatorische Differenzierung voraus (was natürlich nicht ausschließt, daß es in jeder Schicht Versager gibt). Die Logik des modernen Individualismus erfordert deshalb den Verzicht auf solche Kriterien. Genau das konnte man aber im 18. Jahrhundert weder sehen noch zugeben.

Die Lösung suchte man einerseits mit neuen Unterscheidungen, etwa Lust/Unlust oder Nutzen/Schaden, die das Kriterienproblem hinausschoben und die Vermutung zuließen, es könne empirisch gelöst werden. Es gab außerdem, etwa in der schottischen Moralphilosophie, die Figuren des common sense, der geschichtlichen Bewäh-

2 »If absolute standards existed and men were equiped to recognise those standards, then plainly a divergence of opinion indicated that some people functioned better than others«, bemerkt Iain Pears, The Discovery of Painting: The Growth of Interest in the Arts in England, 1680-1768, New Haven 1988, S. 32 f., bezogen auf Fragen des guten Geschmacks im Urteil über Verhalten (manners, morals) und Kunstwerke.

rung und des guten (zivilisierten) Geschmacks, die ihre eigene Legitimation in sich trugen, obwohl man zugeben mußte, daß von ihnen falscher Gebrauch gemacht werden konnte. Sie wurden später unter Bezeichnungen wie »culture« oder »cultivation« ausgebaut und dem bürgerlichen Gewinnstreben entgegengesetzt.[3] Und es gab schließlich die Hoffnung auf Erziehung. Was an qualifizierender Geburt aufgegeben war, konnte in der Form von Erziehung wiedereingeführt werden. Gerade weil die Menschen nicht durch angeborene Ideen und Qualitäten, sondern allenfalls durch entwicklungsfähige »Anlagen« bestimmt sind, lag in der Erziehung die Möglichkeit, verfeinerte Kriterien *sozial* zu realisieren. Die »Aufklärung« ersetzt die alte Sozialdisziplinierung durch Disziplinierung durch zugemutete Rationalität. Traditionslasten werden jetzt als Vorurteile (prejudices) angesehen, von denen nur der noble Wilde und der aufgeklärte Bürger, also nur der Anfang und das Ende der Geschichte frei sind. Und da es sich um einen universalen, jeden Menschen einbeziehenden Individualismus handelte, entsprach dem zugleich ein Vorwurfsmuster: wer sich nicht bemühte, der blieb mit Recht zurück. Die alte kosmische und soziale Hierarchie der Wesen und Qualitäten wird ersetzt durch einen bildungsbürgerlichen Universalismus, der sich dadurch begründet, daß er seinen eigenen Selektionseffekt in die Form von Vorwürfen oder Versagenserklärungen kleidet.

Man kann diesen Gedankengang auch semiotisch bzw. linguistisch formulieren. Der liberale Text erzeugt einen Widerspruch, der den Text schließlich »dekonstruiert«. Individualismus und unbedingt geltende Kriterien sind unvereinbare Annahmen. Und wenn es in der täglichen Kommunikation zu Meinungsverschiedenheiten kommt auf der Ebene der Wahrheit, der Moral oder des ästhetischen Urteils (also im Bereich der drei Kritiken Kants), dekonstruiert jede Kommunikation den Text. Denn sie muß dann eine Entscheidung anbieten und sich selbst dafür autorisieren, was sie aber nicht kann, wenn sie Individuen ernst nimmt, wie ihr Text es ihr vorschreibt. Kants Vorschlag, in jedem Bewußtsein nach a priori einsichtigen Kriterien zu suchen, hat genau dieses Problem im Sinn, verlagert es aber auf die dafür nötige Unterscheidung von Kausalität und Freiheit bzw. empirischer und transzendentaler Sinngebung. Wie immer eindrucksvoll die theoretische Ausarbeitung: man sieht sofort, daß hier eine neue Unter-

3 Dazu Belege, vor allem aus dem 19. Jahrhundert, bei Raymond Williams, Culture and Society 1780-1950, Harmondsworth, England, 1961.

scheidung das Problem zu übernehmen hat – eine Unterscheidung, nach deren Einheit dann nicht gefragt werden darf.

Unterstützung findet diese Neuorientierung in der Abwendung von religiösen Vorgaben. Diese waren als Anlässe zu zahllosen gewaltsamen Konflikten erfahren worden. Gegen Ende des 17. Jahrhunderts (nach Durchsetzung des internen Frieden garantierenden Territorialstaates) werden sie durch Ablehnungsbegriffe wie »Fanatismus« oder »Enthusiasmus« markiert. Nicht nur angeborene Ideen, sondern auch Direktinspirationen aus undurchsichtigen Quellen werden abgelehnt. Genie wird zum Naturtalent erklärt. Die »Schöpfung« der Welt, also ihr Ursprung in Gott, wird vorerst nicht bestritten, aber sie wird nicht mehr als Schöpfung von (aufeinander abgestimmten) Wesen, als ordinata concordia begriffen, sondern als Schöpfung von Gelegenheiten, Neigungen, Tendenzen. Und wie solle man, meint Hobbes[4] und nach ihm Locke, Hume und fast alle, göttliche Inspiration von Einflüsterungen des Teufels unterscheiden – es sei denn durch Gebrauch der eigenen Vernunft. Allenfalls in der sozial folgenlosen Kunst bleiben Inspiration und Enthusiasmus erträglich[5] – aber unter der Voraussetzung eines Genies, *das sich selber diszipliniert.*

In moderner kybernetischer Terminologie formuliert: der Mensch ist keine durch Natur programmierte und angetriebene Trivialmaschine, die, wenn nicht »korrumpiert«, zu immer den gleichen richtigen Ergebnissen kommt. Sondern er ist eine nicht-triviale Maschine, die immer Selbstreferenz einschaltet, um ad hoc über Ziele und Effekte zu entscheiden.[6] Wenn man mit der gebotenen Radikalität weiterdenkt, heißt das, daß man zur Beobachtung zweiter Ordnung übergehen, das heißt beobachten muß, wie andere beobachten.[7] Das 18. Jahrhundert hatte für diese Zwecke die »öffentliche Meinung«

4 Hobbes sichert sein Argument biblisch ab mit der Unterscheidung von wahren und falschen Propheten – aber letztlich ganz unbiblisch mit der Frage, wer sich als Autorität in der Kommunikation durchsetzen kann. Siehe Thomas Hobbes, Leviathan ch. VII: Of the Ends, or Resolutions of Discourse.

5 Siehe zur Trennung von Religion und Dichtkunst in dieser Frage Susie I. Tucker, Enthusiasm: A Study of Semantic Change, Cambridge Engl. 1972.

6 Siehe zu dieser Unterscheidung und zum Übergang zu einer Theorie der Beobachtung zweiter Ordnung, die sie erzwingt, Heinz von Foerster, Wissen und Gewissen: Versuch einer Brücke, dt. Übers. Frankfurt 1993, z. B. S. 244 f.

7 Oder beobachtet, wie man selbst beobachtet, wie man selbst beobachtet. So Henry Adam (Autor) über Henry Adam (Erzähler) über Henry Adam (als Held des Textes, der davon handelt, wie eine unbestimmte Welt ein unbestimmtes Wesen erzieht) in:

erfunden, und den Markt, und für Zwecke der Erziehung das »Kind« mit einer sehr besonderen, aber entwicklungsfähigen, perfektiblen Beobachtungsweise. Wir sind bei Rousseau oder, wenn man sich traut, Beobachtung als Arbeit an Lebenssinn zu definieren, bei Maria Montessori. Keine Pädagogik wird diesen Gewinn an Komplexität und Reflexion wieder aufgeben können. Aber wird sie auch das dazugehörige Komplement akzeptieren können: daß dies zum Verzicht auf Unverzichtbarkeiten, zum Verzicht auf vorgegebene Kriterien zwingt?

Man weiß heute, daß alle Konstruktionen in die durch sie verdeckten Paradoxien aufgelöst, das eben heißt: dekonstruiert werden können. Aber das zwingt keineswegs dazu, daß man dies in allen Fällen auch tun muß. Auch zum Begriff der Paradoxie gehören noch Unterscheidungen, also Gegenbegriffe wie zum Beispiel »Invisibilisierung« oder »Entfaltung« der Paradoxie durch im Moment besser funktionierende, eher überzeugende Unterscheidungen, deren Dekonstruktion, deren différance (Derrida), deren Reparadoxierung keine akzeptablen Ergebnisse liefern würde. Paul Watzlawick würde vielleicht von weniger schmerzlichen Konstruktionen mit geringeren Leidenserfahrungen sprechen. Aber treten damit professionell erfahrene Therapeuten an die Stelle, die einst das Bildungsbürgertum für sich reklamiert hatte?

In der sozialen Wirklichkeit übernimmt die Erziehung das Problem, Individuen mit Kriterien zu versorgen. Man ahnt zwar, daß damit das Problem des diskriminierenden Effekts von Kriterien nicht gelöst ist, und spätestens die Französische Revolution und ihre Folgen werden dies deutlich machen. Aber solange das Erziehungssystem mit seiner eigenen Entwicklung und mit der Legitimation seiner Autonomie beschäftigt ist, verdecken die praktischen, pädagogischen und institutionellen Probleme die letztlich paradoxe Form des Gesamtunternehmens. Und auch nach dem Aufbau der komplex vernetzten Großorganisationen einer langfristigen Erziehung der Gesamtbevölkerung treten andere Funktionen in den Vordergrund. Wir vermuten, daß sie heute weniger in dem gesellschaftlichen Anspruch der Erziehung liegen, zugleich Individualität und Kriterienkonsens zu erzeugen, sondern daß man sie besser zu sehen bekommt, wenn man nach dem Verhältnis des Erziehungssystems zu anderen Funktionssystemen der Gesellschaft fragt.

The Education of Henry Adams: An Autobiography (1907), zit. nach der Ausgabe Boston 1918.

II

Ihre wohl wichtigsten Ziele sucht die Erziehung (was immer die Pädagogik davon halten mag) im Verhältnis zum Wirtschaftssystem. Nur damit läßt sich eine semantische Basis für die Kooperation aller Beteiligten (Eltern, Kinder, Heranwachsende, Lehrer) gewinnen. Als erstes ist hier zu registrieren, daß die Perspektive auf dieses Problem sich seit der Durchsetzung der Schulpflicht für die gesamte Bevölkerung grundlegend verschoben hat, und zwar, bezogen auf das Erziehungssystem, von Input zu Output. Denn im 18. und weithin noch im 19. Jahrhundert war es das Hauptproblem gewesen, ob die Ökonomie es überhaupt zuließ, daß Kinder in die Schule geschickt werden.[8] Das wurde mit Hilfe des staatlichen Rechtszwanges, aber auch auf Grund der zunehmenden Karriereabhängigkeit der Lebensschicksale in allen Bevölkerungskreisen relativ rasch zugunsten der Schule durchgesetzt. Aber damit verlagerte sich das Problem dieses Intersystemverhältnisses in die Ziele der Erziehung, also an ihre Outputgrenze. Diese Ziele suchen eine Kopplung von Erziehungssystem und Wirtschaftssystem. Seitdem es zum Normalfall geworden ist, daß die Zukunft nicht mehr durch die Herkunft ausreichend garantiert ist (sofern nicht Unglücke oder moralisches Versagen dies verhinderten), muß die Erziehung auf eine eigenständige, familienunabhängige Berufstätigkeit vorbereiten. Dies stellt in vielen Hinsichten sehr spezifische Anforderungen, die durchaus erfüllt werden können. Hier teilen sich Schulerziehung und einführende Ausbildung am Arbeitsplatz die Aufgabe, und die Schwerpunktsetzungen können variieren, je nachdem, was zu lernen ist. Die Anforderungen organisieren das Erforderliche. Sobald man jedoch die Beziehungen von Erziehungssystem und Wirtschaftssystem als Ganzes betrachtet, verschwimmen die deutlichen Konturen. Daß Wirtschaft aus der Sicht der Erziehung nur als System der beruflichen Arbeit gesehen wird (also nicht in ihren Zentralproblemen geldlicher Vermittlung von Transaktionen), reduziert zwar das, was im Erziehungssystem zu beachten ist. Aber die Reduktion reicht nicht aus. Typisch werden dabei zwei einander entgegengesetzte Konzepte empfohlen, so daß man, wie bei paarweise

8 Vgl. Neil J. Smelser, The Contest Between Family and Schooling in Nineteenth-Century Britain, in: Jeffrey C. Alexander/Paul Colomy (Hrsg.), Differentiation Theory and Social Chance: Comparative and Historical Perspectives, New York 1990, S. 165-186.

auftretenden Sprichwörtern, immer eines findet, auf das man sich berufen kann.[9] Sowohl Generalisierungen als auch Spezialisierungen werden empfohlen – und jeweils mit guten Gründen. Einerseits sind die beruflichen Anforderungen für ein langes Leben nicht voraussehbar, auch wenn die Ausbildung die Grundlage für die Berufswahl bildet. Also empfehlen sich Vielseitigkeit, Umstellbarkeit, Lernfähigkeit und in der höheren Ausbildung auch Theorie- und Methodenkenntnisse als Ziele der Erziehung. Andererseits stellt jeder Arbeitsplatz (und man arbeitet ja nicht auf allen oder vielen zugleich) immer sehr spezifische Anforderungen, in die man sich nur auf Grund von Spezialvorkenntnissen schnell hineinfindet. Die Eigenlogik beider Konzepte ist angesichts der Differenziertheit und der raschen strukturellen Änderungen des Wirtschaftssystems nicht zu bestreiten, und in der Wirtschaft selbst wird das auch nicht als Widerspruch erfahren. *Wohl aber im Erziehungssystem.* In den Lehrplänen müssen Entscheidungen getroffen werden, die den Unterricht auf die eine oder die andere Linie festlegen. Was sich im Wirtschaftssystem aus den eigenen Konditionierungen gleichsam natürlich ergibt, wird für das Erziehungssystem zur Paradoxie. Man muß generalisierend *und* spezialisierend ausbilden.[10]

9 Siehe für Beispiele Herbert A. Simon, The Proverbs of Administration, Public Administration Review 6 (1946), S. 53-67.

10 Würde man die Systemreferenz wechseln und das Wirtschaftssystem beobachten, wäre allerdings auch hier ein letztlich paradoxes Umweltverhältnis zu beobachten. Intern operiert die Wirtschaft in ihren Organisationen nach Maßgabe eines (wie immer unvollkommenen) Optimierungskalküls. Zugleich war aber seit dem 19. Jahrhundert immer auch die Reproduktion von Arbeit als Funktion der Wirtschaft gesehen worden, und zwar in der Form der Reproduktion der Arbeitsfähigkeit von Menschen. Dieser Aspekt entzog sich immer schon einem Optimierungskalkül. Erst recht gilt heute nicht nur die Produktion und Verteilung von Produkten, sondern auch die Beschaffung von Arbeit als Funktion der Wirtschaft. So kommt es zu einem ständigen Oszillieren zwischen Produktlogik und Bereitstellung von Arbeitsplätzen, wofür finanztechnische Probleme zwar Rahmenbedingungen, aber keine übergreifende Optimierungsregel anbieten.
Wechselt man erneut die Systemreferenz und beobachtet die Gesellschaft als umfassendes System, dann fallen demographische Probleme, nämlich Vermehrung/Verminderung der Bevölkerung, Altersaufbau und Migrationen in den Blick. Und dann sieht man, daß weder das Erziehungssystem noch das Wirtschaftssystem diese Umwelt des menschlichen Lebens kontrollieren können. Die Paradoxie der Gesellschaft scheint dann darin zu liegen, daß man einerseits humanistische Leitvorstellungen pflegt und andererseits unter der Unordnung leidet, die sich aus den demographischen Fluktuationen ergibt.

Paradoxien symbolisieren zunächst einmal kognitive Inkompetenz. Das heißt aber nur, daß die *Einheit des Systems* nicht widerspruchsfrei zu formulieren ist. Das schließt ein, daß es keine auf Dauer invariante Präferenzordnung zwischen diesen Anforderungen geben kann. Das muß Planer nicht zur Verzweiflung und zur Einstellung aller Bemühungen treiben. Man kann mal dem einen, mal dem anderen Ziel den Vorzug geben. Etwas schärfer kann man sogar formulieren: *gerade weil* der Widerspruch von Generalisierung und Spezialisierung eine *strukturelle Unentschiedenheit* darstellt, kann man darüber laufend *entscheiden.* Die Unterscheidung (hier Generalisierung/Spezialisierung), mit der die Paradoxie *entfaltet* wird, macht die Paradoxie als Einheitsformel des Systems *unsichtbar.* Man kann sie vergessen, weil man ohnehin nur Spezialisierung *oder* Generalisierung fordern und betreiben kann.

Gewiß wird versucht, beide Desiderate in den anspruchsvolleren Ausbildungsgängen zusammenzubringen. So kann man in der Medizin und in manchen anderen therapeutischen Berufen auf Kenntnis der Symptome und der Pharmazeutika Wert legen, aber zusätzlich auch Theorie lehren, um einen Blick für komplexere Zusammenhänge zu vermitteln. Ähnliche Probleme stellen sich auch im Bereich hochriskanter, störträchtiger Technologien, bei denen Symptomkenntnisse oft nicht rasch genug zur Diagnose auffälliger Ereignisse führen. Während aber eine Symptomatologie standardisiert werden kann, ist es für Theoriewissen eher bezeichnend, daß es nur selten direkt angewandt werden kann und im übrigen als Kenntnis von Zusammenhängen sehr komplexe, im Einzelfall seltene Probleme zu betreuen hat. Wie immer die Ausbildung, in der Praxis wird sich dann eher ein kasuistisches Wissen durchsetzen, das auf Erinnern des häufiger Vorkommenden und auf Vergessen der seltenen, nie gesehenen Kombinationen beruht. Wollte man das aber in der Ausbildung antezipieren, würde das auf eine dezidiert »praxisnahe« Ausbildung zum Spezialisten hinauslaufen.

Vor allem bietet der Unterschied von spezialisierenden (»praxisnahen«) und generalisierenden (eher theorieorientierten) Ausbildungen einen Daueranlaß für Kritik und Reform, also für die Selbstbeschäftigung des pädagogischen Establishment.[11] Alles, was festgelegt wird,

11 Hierzu auch mit weiterem Material Niklas Luhmann/Karl Eberhard Schorr, Strukturelle Bedingungen der Reformpädagogik: Soziologische Analysen zur Pädagogik der Moderne, Zeitschrift für Pädagogik 34 (1988), S. 463-488.

kann sofort als reformbedürftig reproblematisiert werden. Das Paradox wird aus der Sachproblematik in eine Zeitproblematik umgewandelt. Die Regel lautet dann: immer anders als vorher. Und in der Sozialstruktur bedient man sich der Differenz von nichtunterrichtenden Reflexions- und Planungseliten auf der einen Seite und dem Unterrichtsgeschehen (das sich sehr wohl gegen Reformen zu immunisieren weiß) auf der anderen. Paradoxien sind Probleme für die Beobachtungen, nicht für die Operationen des Systems.

Das mag als Beschreibung bekannter Sachverhalte plausibel sein, leistet aber noch wenig für ein theoretisches Verständnis. Um weiterzukommen, gehen wir von der Frage aus, wie ein System überhaupt das Verhältnis von System und Umwelt beobachten kann. Sicher nicht als *Einheit*, denn das würde das Instrument der Beobachtung, eben die Unterscheidung von System und Umwelt, auflösen und die Frage hinterlassen, wovon denn diese Einheit unterschieden wird. Auch nicht als lineare Kausalität oder als ein Störungen absorbierendes Gleichgewicht,[12] denn Differenzierung heißt gerade: Diskontinuität, Erhaltung von gleichgewichtsfernen Zuständen, Unprognostizierbarkeit. Das System kann, und muß, sich vielmehr der Figur eines »re-entry« der Unterscheidung in das Unterschiedene bedienen.[13] Es kann als Prämisse interner Operationen Selbstreferenz und Fremdreferenz unterscheiden. Das führt aber nur vor die Notwendigkeit, die eine Referenz im Unterschied zur anderen zu explizieren, und dies auf beiden Seiten der Unterscheidung.

Ein anderer Weg ist der, den wir soeben beschrieben haben. Das System kann die unbeobachtbare Einheit der Differenz von System und Umwelt in eine paradoxe, aber intern auflösbare Form bringen. Das unsichtbare Paradox, eben die Einheit der konstitutiven Differenz, wird durch ein sichtbares Paradox ersetzt. Und damit kann

12 In der Literatur, die sich auf aktuellem Forschungsstand bewegt, ist dies heute wohl unbestritten. Siehe nur Fenton K. Robb, Cybernetics and Suprahuman Autopoietic Systems, Systems Practice 2 (1989), S. 47-74 mit weiteren Hinweisen.

13 Siehe dazu George Spencer Brown. Laws of Form, Neudruck New York 1979, S. 56 ff., 69 ff., der mit diesem Begriff zugleich die Grenze des arithmetisch-algebraischen Kalküls, die Grenze der Erwartbarkeit eindeutiger Resultate markiert. In durchaus vergleichbarer Weise hatte bereits die Romantik, vor allem in der Dichtung, auf den Zusammenbruch wohlgeordneter Weltvorstellungen reagiert. Siehe dazu Earl R. Wasserman, The Subtler Language: Critical Readings of Neoclassic and Romantic Poems, Baltimore 1959.

man dann umgehen. Um es erneut an unserem Fallbeispiel zu belegen: Wenn Erziehungssystem und Wirtschaftssystem einmal im Gefolge der Logik funktionaler Differenzierung zu je eigener Autonomie ausdifferenziert sind, ist es nicht mehr möglich, sie als Einheit, das heißt: als dasselbe, zu begreifen (so wie in der alteuropäischen Familienökonomie Erziehung eine Aufgabe der oeconomia domestica gewesen war, weil man die Situation aus der Differenz von politischer und häuslicher Gesellschaft begriff und nicht aus der Differenz der modernen Funktionssysteme). An die Stelle der jetzt unvorstellbaren Einheit von Erziehung und Wirtschaft tritt die Möglichkeit, die Anforderungen der erzieherischen Rücksicht auf Wirtschaft paradox zu formulieren und die daraus folgende Unentschiedenheit dann intern in Entscheidungen zu überführen.

III

Die klassische Zukunftsorientierung der Funktion der Pädagogik legt es nahe, Umweltbeziehungen der Erziehung primär im Verhältnis zur Wirtschaft zu sehen, die die Personen nach Abschluß ihrer Ausbildung aufnehmen wird. Aber die Wirtschaft ist sicher nicht das einzige System in der innergesellschaftlichen Umwelt des Erziehungssystems, das für Erziehung relevant ist. Wir müssen daher überlegen, ob es auch andere Außenbeziehungen gibt, die intern nur in der Form einer (auflösungsbedürftigen) Paradoxie präsentiert werden können. Und das ist in der Tat der Fall. Es scheint, wenn sich diese Vermutung bestätigen läßt, eine allgemeine Regel zu geben, daß die Einheit der Differenz von System und Umwelt im System nicht beobachtet werden kann und deshalb zunächst die Form einer intern konstruierten Paradoxie annehmen muß, um dann Versuche der Entfaltung der Paradoxie, Versuche ihrer Umformatierung in brauchbare Unterscheidungen zu motivieren.

Es liegt nahe, daß man neben der Zukunft der im System erzogenen Personen auch deren Vergangenheit berücksichtigen muß. Dann fragt man nach dem Verhältnis des Systems schulischer (organisierter) Erziehung zu den Familien. Zwar wird auch in den Familien absichtsvoll erzogen, und insofern könnte man die Familien als Teilsysteme des Erziehungssystems ansehen. Aber Erziehung ist hier nur ein Moment der allgemeinen Verdichtung personaler Verhältnisse, nur Ausdruck des umfassenden Interesses aller Teilnehmer für die anderen,[14] was dazu führt, daß den Eltern an der Zukunft der Kinder gelegen sein muß. Im übrigen erfolgt Erziehung hier eher sporadisch, eher okkasionell, eher aus Anlaß erkennbarer Fehlleistungen, und die Persönlichkeitsentwicklung wird ganz dominant durch Sozialisationsprozesse bestimmt.

Wenn die Kinder in die Schule kommen, sind sie also immer schon sozialisiert und natürlich unterschiedlich sozialisiert. Die Schule findet diese Unterschiede vor, und es wäre vergebliche Mühe, wollte sie versuchen, an den einzelnen Kindern Sozialisationseffekte und (angeborene) persönliche Begabung zu unterscheiden. Unter neueren Bedingungen kommt hinzu, daß auch die erkennbaren Muster schichtspezifischer Sozialisation/Erziehung verblassen und die Unterschiede der Sozialisationseffekte zwischen den einzelnen Familien zunehmen.

Einerseits unterscheiden sich also die Kinder – und nicht nur so, wie alle Individuen sich unterscheiden, sondern auch ganz speziell in ihrem Vorbereitetsein auf Mitkommen und Erfolg in der Schule. Andererseits behandelt die Schule alle Kinder als gleich oder ist zumindest gehalten, ihnen allen gleiche Chancen zu geben. Man versucht, mit anderen Worten, alle vorgegebenen Begabungs- und Sozialisationsunterschiede zu neutralisieren, um dann alles, was als ungleiche Leistung erscheint, auf die Schule selbst zurechnen zu können. Kinder werden daher als gleich gesehen und behandelt, werden als homogenisierte Population vorausgesetzt[15] (was strukturell auf Indifferenz gegenüber Herkunft und Umwelt hinausläuft), damit für die Zurechnung von Erfolg und Mißerfolg in der Schule allein das zählt, was auf Teilnahme am Unterricht zugerechnet werden kann.

Achtet man aber wieder darauf, daß dies in ein und demselben System geschieht (und nicht nur, gleichsam ontologisch, als Registrierung tatsächlicher Unterschiede der Kinder vorliegt), wird auch hier die Form der Paradoxie deutlich: Das Erziehungssystem behandelt Ungleiches gleich, um die Auflösung dieser Paradoxie, die Erzeugung schulleistungsbedingter Ungleichheiten, sich selbst zurechnen zu können. Es entspricht damit dem allgemeinen, im 18. Jahrhun-

14 Siehe Niklas Luhmann, Sozialsystem Familie, in ders., Soziologische Aufklärung Bd. 5, Opladen 1990, S. 196-217.

15 Siehe Niklas Luhmann, Die Homogenisierung des Anfangs: Zur Ausdifferenzierung der Schulerziehung, in: Niklas Luhmann/Karl Eberhard Schorr (Hrsg.), Zwischen Anfang und Ende: Fragen an die Pädagogik, Frankfurt 1990, S. 73-111.

dert in der Form von »Menschenrechten« durchgesetzten Gebot, von Gleichheit der Menschen auszugehen und alle Ungleichheiten (1) auf Funktionssysteme zu beschränken und (2) als kontingent und als temporär zu behandeln. Die *Umwelt* des Systems wird also systemintern als *Gleichheit* präsentiert, die systeminternen Resultate dagegen als *Ungleichheit*. Betrachtet man die Differenz von System und Umwelt als Einheit (weil sie vom System konstruiert wird und nur so zustande kommen kann), beobachtet man die Paradoxie der *Ungleichheit des Gleichen*. Aber diese Paradoxie enthält zugleich eine Auflösungsanweisung, nämlich Regeln zur »gerechten«, im System kontrollierten Herstellung von Ungleichheit – also Standards für Leistungsbeurteilungen, Zensierung, Selektion für Schulen und Schulklassen, kurz: die Codierung (besser/schlechter) und Programmierung der Selektion.

Die normale Auflösung dieser Paradoxie findet man mithin in der Unterscheidung von Erziehung und Selektion als zwei verschiedenen Aufgaben der Schulen und Hochschulen. Die Erziehung soll die Zöglinge gleichbehandeln und ihnen gleiche Aussichten eröffnen. Die Selektion soll dagegen erreichte Ungleichheiten konstatieren. Die Trennvorstellung geht so weit, daß man laute Klagen darüber hört, wie sehr das Zensuren- und Prüfungswesen die Schüler, aber auch die Lehrer belaste und das Geschäft der Erziehung beeinträchtige; schließlich lerne man nur noch für Zensuren und Prüfungen. Die Vorstellungen einer Trennbarkeit ist gleichwohl illusorisch und verdeckt eine zugrundeliegende Einheit, die wiederum nur als Paradox beobachtet werden kann. Denn schon die Absicht zu erziehen kann gar nicht verkündet, gar nicht sichtbar gemacht werden, ohne daß der Erzieher sich zu einer Differenz von besser und schlechter bekennt;[16] und dann geht es in der Leistungsbeurteilung, im Korrigieren, Loben und Tadeln und all den daran anschließenden Selektionen nur noch um Fragen der Konsistenz, also um Gerechtigkeit.

Man kann hinzufügen, daß ohne Rückgriffe und Vorgriffe auf Selektionen das Erziehungssystem gar kein Gedächtnis hätte, also sich auch nicht über Zeitdistanzen hinweg an sich selber orientieren könnte. Auch liegen die wichtigsten Reformimpulse, bis hin zum laut proklamierten Abschaffen der Prüfungen, im ständigen Oszillieren zwischen Erziehung und Selektion. Und nochmals anders for-

16 Siehe hierzu Giancarlo Corsi, Reform als Syndrom: Organisatorischer Wandel im deutschen Erziehungswesen 1965-1975, Diss. Bielefeld 1995.

muliert: Erziehung scheint auf eine allmähliche, kaum merkliche Bereicherung der Fähigkeiten abzuzielen, die im einzelnen nicht beobachtet werden kann und allenfalls in Überraschungen zum Ausdruck kommt, wie ein eigendynamisches, nicht-linear operierendes psychisches System sie produziert; Selektion beruht dagegen auf Feststellungen. Die Differenz kann also auch in der Sprache der Computer-Ingenieure mit der Unterscheidung analog/digital formuliert werden. Und immer wieder: man kann mit logischen und theoretischen Mitteln nicht ausschließen, daß die Frage nach der Einheit der gerade aktualisierten Unterscheidung gestellt wird und daß man damit auf das zugrundeliegende Paradox der Einheit des Verschiedenen stößt – oder gestoßen wird.

Außerdem fällt auf, daß die Kritik der aufgezwungenen sozialen Selektion zugleich eine Kritik der Gesellschaft ist, die auf karrierewirksame Markierungen Wert legt und unabhängig von solchen Indikatoren kaum in der Lage ist, die »Qualität« von Individuen zu beurteilen. Die Kritik der sozialen Selektion ist zugleich Kritik am eigenen Gedächtnis des Erziehungssystems und auch insofern paradox, denn an das, was in den Schülern und Studenten vor sich geht, kann das System sich nicht erinnern. Es sieht mithin so aus, als ob auf der Ebene der unmittelbaren Operationen des Systems (oder: in ihrem Namen) ständig gegen das rebelliert wird, was es überhaupt erst möglich macht, sukzessive Zusammenhänge zu ordnen.

Schließlich ist es auch hier bemerkenswert, daß die Paradoxie einen Ausweg in »Reformen« sucht. Die neueren Reformbemühungen des Erziehungssystems (Stichwort: Gesamtschule) haben es fast ausschließlich mit dem Problem der sozialen Selektion zu tun. Sie suchen bessere organisatorische Formen für die Option für Erziehung und gegen Selektion. Was immer dabei herausgekommen ist: jedenfalls wird die Paradoxie neu formatiert, etwa in der Bekundung, daß die Schule zwar die *Unterschiedlichkeit* der Interessen und Leistungen honorieren und fördern will, aber nicht deren *Ungleichheit.*

Was für Gleichheit gilt, gilt auch für Freiheit (Autonomie) der Kinder aus unterschiedlichen Familien. Erziehen kann man nicht, ohne in einem den Erziehungszielen entsprechenden Umfange Eigenverantwortlichkeit, also Autonomie zu unterstellen. Autonomie kann man aber nur beobachten, wenn man zugleich Heteronomie unterstellt. Kinder müssen schon sozialisiert, schon geprägt sein, damit man sehen kann, über welchen Spielraum für die Wahl eigenen Verhaltens sie verfügen;[17] denn Autonomie ist nur die eine, sozusagen die verwendbare Seite einer Form, deren andere die Heteronomie ist. Wenn aber Autonomie sich gegen Heteronomie profilieren muß, um beobachtbar zu sein: wie wird die Schule dann damit fertig, daß die Sozialisation (Freiheitsbeschränkung = Freiheitsbedingung) von den Familien abhängt?

Und auch hier verschiebt sich im Erziehungssystem das Problem dadurch, daß es als ein Verhältnis von Freiheit und Kausalität begriffen wird. Dann geht es nicht mehr um die Einheit der Form Autonomie/Heteronomie, sondern um die (ebenfalls paradoxe) Frage, ob und wie man – und jetzt rein schulintern (!) – Freiheit bewirken, in Freiheit zur Freiheit erziehen könne. Dann läßt sich das Problem unabhängig von Familieneinflüssen formulieren. Es erscheint als individueller Charakter der Kinder, die gegebenenfalls für Unterrichtszwecke unterschiedlich klassifiziert und gruppiert werden müssen.

IV

Seit der Etablierung eines ausdifferenzierten Erziehungssystems in der Form einer organisierten Interaktion (»erziehender Unterricht«) ist das Erziehungssystem vom Staate abhängig – zumindest insofern, als der Staat (oder die ihm verantwortlichen Kommunen) Organisation und Personal für Erziehung bereitstellt. Im 19. Jahrhundert war in politischen Auseinandersetzungen und besonders im »Kulturkampf« der Einfluß des Staates zurückgedrängt worden auf formale Regulierungen, während sich die Ausbildungsinhalte teils aus den Selbstverständlichkeiten des klassischen Kanons, teils aus beruflichen Anforderungen ergaben, die im Bereich der »höheren Bildung« wiederum weitestgehend in den Staatsdienst (vor allem: Schuldienst) zurückführten. Dies hat sich im 20. Jahrhundert tiefgreifend geändert. Einerseits haben sich die Bestände des gesellschaftlich nutzbaren, anforderungsreichen Wissens derart vermehrt, daß eine entsprechende Selektion und Diversifikation nicht nur der Universitätsfächer, sondern auch des Schulunterrichts unausweichlich geworden ist. Ande-

17 Siehe dazu Claudio Baraldi, Socializzazione e autonomia individuale: Una teoria sistemica del rapporto tra communicazione e pensiero, Milano 1992. Vgl. auch ders., Condizioni dell'autonomia individuale: forme sociali e psychiche, Rassegna Italiana di Sociologia 33 (1992), S. 337-367.

rerseits sind im Soge der »Demokratisierung« des politischen Systems neben den Staat weitere politische Organisationen getreten, vor allem politische Parteien, aber auch Interessenorganisationen der vielfältigsten Art, zum Beispiel Lehrerverbände. Die Konkurrenz um politischen Einfluß ist damit institutionalisiert (das heißt: nicht mehr nur eine Frage von »factions«, persönlichen Netzwerken, »Camarillas« etc.). Diese Veränderungen wirken auf das Verhältnis von Erziehungssystem und politischem System zurück. Deshalb stellt sich auch hier die Frage, welche Formen der Repräsentation dieses Verhältnisses im Erziehungssystem entwickelt worden sind.

Aber auch hier kann die Einheit der Differenz von System und Umwelt nur als Paradoxie beobachtet werden. In diesem Falle geht es um die Einheit von Unabhängigkeit und Abhängigkeit. Das Erziehungssystem betont seine Unabhängigkeit in der Form von Autonomie. Es beruft sich auf die Eigenständigkeit seiner Funktion oder auch auf die Besonderheiten des Wertes Bildung; und dabei ist klar, daß Erziehung und Bildung nicht Direktresultate des normalen alltäglichen Operierens der Politik sein können. Auch ist es völlig undenkbar, daß das Unterrichtshandeln des Lehrers oder die Aufmerksamkeit des Schülers als politische Aktivität aufgefaßt würden, also dem Spektrum der politischen Parteien und der jeweiligen Konstellation von Regierung und Opposition zugeordnet werden müßten. Funktionale Differenzierung der Gesellschaft heißt auch, daß Politik und Erziehung getrennt operieren müssen. In diesem Sinne ist Systemautonomie auf operativer Ebene (in anderen Worten: operative Geschlossenheit der Systeme[18]) ein strukturell zwangsläufiges Resultat der funktionalen Differenzierung des Gesellschaftssystems.

Auf den ersten Blick muß deshalb überraschen, daß Autonomie trotzdem als ein Desiderat des Erziehungssystems und besonders der Lehrerschaft und des pädagogischen Establishments vertreten, ja (besonders in der ersten Hälfte des 19. Jahrhunderts) geradezu erkämpft wird. Dies erklärt sich aber, wenn man sieht, daß Autonomie nicht nur eine strukturelle Selbstverständlichkeit (Autonomie = operative Geschlossenheit) ist, sondern außerdem auch im Sinne von Unabhängigkeit die Komponente einer Paradoxie bezeichnet, mit der

18 Zur Begrifflichkeit und ihrem biologischen Entstehungskontext vgl. Francisco Varela, Principles of Biological Autonomy, New York 1979; ders., L'auto-organisation: de l'apparence au mécanisme, in: Paul Dumouchel/Jean-Pierre Dupuy (Hrsg.), L'Auto-organisation: De la physique au politique, Paris 1983, S. 147-164.

das Erziehungssystem sein Verhältnis zum politischen System beobachtet.

Aber wieso Paradoxie? Die Paradoxie besteht darin, daß das Erziehungssystem einerseits auf Selbstbestimmung Wert legt, andererseits aber von der Politik Entscheidungen verlangt, mit denen Fragen der Schulorganisation, der Ressourcenzuweisung, des relativen Gewichtes von Fächern und »Stoffen« in kollektiv bindender Weise entschieden bzw. solche Entscheidungen, die vorliegen, geändert werden.[19] Die politische »Militanz« der Lehrerverbände bezieht sich keineswegs nur auf Besoldungsfragen. Sie greift tief in Fragen der Programmierung des Erziehungssystems, ja selbst in Fragen der Organisation und sogar der Personalrekrutierung im zuständigen Ministerium ein. Wer aber Entscheidungen verlangt und bekommt, macht sich von ihnen abhängig.

In etwas anderen Worten: das Erziehungssystem verlangt vom politischen System Autonomie. Es kann aber die eigenen Kontroversen (vor allem mit Bezug auf den Dauerbrenner »Reform«) nicht selber politisch, also nicht in der Form kollektiver Verbindlichkeit lösen. Auch mit der Auslagerung von selbsterzeugten Problemen in Reformprojekte macht das Erziehungssystem sich von Politik abhängig, denn es kann Reformen nicht im eigenen System (mehrheitlich?) entscheiden und durchsetzen. Pädagogen haben Übung darin, »mehr Demokratie« und zugleich Emanzipation von politischer Herrschaft zu verlangen, so als ob Demokratie als Unabhängigkeit von der politischen Demokratie zu verstehen sei und die Mehrheitsregel des politischen Systems durch »vernünftigen Konsens« im eigenen Haus ersetzt werden könne. Aber das ist nur eine andere, vielleicht schon abklingende Mode, die Paradoxie zu formulieren, die darin besteht, daß man Unabhängigkeit und Abhängigkeit vom politischen System zugleich anstrebt.

Im Verhältnis zur Politik steht die Autonomie des Systems vor

19 Für einen anderen Fall eines solchen »dilemma tra autonomia e dipendenza«, nämlich reformorientierte psychiatrische Dienste, siehe Giovan Francesco Lanzara, Capacità negativa: Competenza progettuale e modelli di intervento nelle organizzazioni, Bologna 1993, S. 202 ff. Dies Beispiel legt die Vermutung nahe, daß reformorientierte Einrichtungen eher unter dieser Paradoxie leiden und sie in widersprüchliches Verhalten umsetzen, während Organisationen, die im Bereich des Üblichen bleiben, auch hier das Problem durch Regulierung, Differenzierung, Spezifikation usw. zu lösen suchen.

allem in der Form der symbolischen Anerkennung der gesellschaftlichen und kulturellen Bedeutung von Schulen und Universitäten auf dem Spiel. Die Ressourcenzuteilungen, aber auch das zentral regulierte System der Prüfungen und Benotungen, haben weniger eine instrumentelle als vielmehr eine symbolische Relevanz – und können ebendeshalb zum Gegenstand heftiger Auseinandersetzungen werden, so als ob durch knappe Zuteilungen oder durch primär am Recht orientierte Regulierungen dem Erziehungssystem die Anerkennung, auf die es Anspruch hat, verweigert würde. So kehrt denn auch die Außendarstellung des Systems hervor, daß man dem gesellschaftlichen Auftrag gerecht zu werden versucht – und es auch könnte, wenn die politisch-bürokratische Strangulierung unterbliebe. An symbolischer Präsentation im kulturellen Rahmen, den die Gesellschaft vorgibt, kann man nur *gemeinsam* arbeiten. Aber zugleich erzeugt die Schwierigkeit, Ressourcenzuteilungen in ihrer Effizienz zu beurteilen[20] und Prüfungen in ihren pädagogischen Auswirkungen zu verantworten, laufend *Kontroversen*, die dadurch noch erhitzt werden, daß sie im Kontext eines gemeinsam akzeptierten symbolischen Rahmens ausgetragen werden müssen.

Auch im Verhältnis des Erziehungssystems zum politischen System hängt die Form, in der die Einheit der Differenz System/Umwelt zur Paradoxie wird, von den Möglichkeiten ab, die Paradoxie aufzulösen und damit als Paradoxie unsichtbar zu machen.[21] Die Rettungsformel heißt relative Autonomie.[22] Es bildet sich ein modus vivendi, ein historischer und veränderbarer Kompromiß in der Frage, welche Probleme

20 Dies muß nicht heißen, daß Ressourcenzuteilungen ohne Auswirkungen blieben. Siehe dazu Adam Gamoran/Robert Dreeben, Coupling and Control in Educational Organizations, Administrative Science Quarterly 31 (1986), S. 612-632. Das gilt vor allem für die Zuteilung von Zeit auf Fächer. Die Schwierigkeiten liegen in dem unklaren Zusammenhang von *Unterschieden* in der Zuteilung mit *Unterschieden* des Erfolgs.

21 Auch für diese Außenbeziehung möchte es sich lohnen, nach dem Gegenparadox auf seiten des politischen Systems zu fragen. Es scheint sich hier um das Paradox von Regulierung und Deregulierung zu handeln, wobei es immer um dieselben Probleme geht. Je nachdem, was vorher, und wie man jetzt meint: zu stark, projektiert worden war, geht man dann zum Gegenmodell über. So hält sich auch das politische System auf Dauer reformbereit, indem es im eigenen Paradox oszilliert.

22 Nochmals sei an den Unterschied der Autonomiebegriffe erinnert. In der Frage der operativen (autopoietischen) Geschlossenheit gäbe ein Begriff wie »relative Autonomie« keinen Sinn; denn es versteht sich von selbst, daß ein System seine eigenen Operationen nur im System und nicht in der Umwelt durchführen kann.

einer politischen Lösung bedürfen und welche nicht politisiert werden können. Getragen und verändert wird dieser Kompromiß nicht zuletzt durch das Netzwerk des pädagogischen Establishments selbst, das in die Ministerialbürokratie, in die politischen Parteien und in die pädagogische Publizistik hineinreicht und hier jeweils definiert, was »relative Autonomie« bedeutet.

Auf seiten des politischen Systems haben sich noch keine angemessenen Reaktionsweisen ausgebildet. Das Desiderat wäre: »divide power, support variety, and legitimate disorder«.[23] Faktisch findet man ein immer enger gehäkeltes Netz von bürokratischen Regulierungen, das aber die basalen Operationen des Unterrichts und, in Universitäten, der Forschung überhaupt nicht erreicht. Es fehlt im Erziehungssystem wie auch in der Wissenschaft an einer basalen Technologie, die im Prinzip auf immer dieselben Impulse immer dieselben Leistungen erbringt und es damit ermöglichte, die Effekte von Ressourcenzuteilungen vorauszusehen und Fehler zu erkennen und durch Lernen aus vergangenen Fällen zu vermeiden.[24] Auch auf dieser Seite also ein Paradox: eine nur als Zeremoniell funktionierende Aufsicht, die sich in feinmaschigen Regulierungen äußert.

Auch auf seiten des politischen Systems findet man aber ein Gegenparadox. Probleme, die lange Zeit durch mehr Regulierung gelöst werden sollten, werden heute durch Deregulierung gelöst und vorzugsweise durch Orientierung an Märkten also an Nachfrage – selbst dort, wo es dafür gar keine Märkte gibt.[25] Das Paradox erkennt man, sobald man sieht, daß es sich um dieselben Probleme handelt, die durch Regulierung/Deregulierung bearbeitet werden sollen. Offensichtlich dienen auch hier unlösbare Probleme dazu, in jeder Situation Möglichkeiten zu bieten, sich mit Reformen zu beschäftigen.

23 So Burton R. Clark, The Higher Education System: Academic Organization in Cross-National Perspective, Berkeley Cal. 1983, S. 264. Vgl. auch James G. March/Johan P. Olsen, Ambiguity and Choice in Organizations, Bergen, Norwegen, 1976.

24 Siehe ausführlicher Niklas Luhmann/Karl Eberhard Schorr, Das Technologiedefizit der Erziehung und die Pädagogik, in: dies. (Hrsg.), Zwischen Technologie und Selbstreferenz: Fragen an die Pädagogik, Frankfurt 1982, S. 11-40. Vgl. auch die Unterscheidung von trivialen und nicht-trivialen Maschinen bei Heinz von Foerster a. a. O. (oben Anm. 6).

25 Siehe nur Rainer Koch, Senior Civil Servants as Entrepreneurs: Towards the Impact of New Public Management Concepts on Personal Management, Beiträge zur Verwaltungswissenschaft Nr. 26, 2. Aufl. Hamburg 1994.

V

Der letzte Fall, der hier vorgeführt werden soll, betrifft das Verhältnis von Erziehungssystem und Wissenschaftssystem. Auf den ersten Blick mag man hier mehr Harmonie und weniger Interessengegensatz vermuten als in den bisher behandelten Umweltbeziehungen. Es gibt zum Beispiel kein Verlangen nach Autonomie der Erziehung im Verhältnis zur Wissenschaft. Im Gegenteil: die Erziehung stützt sich seit ihrer Ablösung aus einem durch Religion bestimmten Kontext gerade auf wissenschaftlich bewährte Wahrheiten. Und in der Tat: woran sollte sich die Lehre denn orientieren, wenn nicht an wahrem Wissen?[26]

Sieht man etwas genauer hin, findet man jedoch auch hier einen strukturell vorgezeichneten Konflikt, und zwar den von *Wahrheit* und *Effektivität.* Am deutlichsten läßt dieser Konflikt sich im 16. und frühen 17. Jahrhundert erkennen, also in der Entstehungszeit der modernen mathematisch-experimentellen Naturwissenschaft.[27] Sowohl Geschichte als auch Wissenschaft, sowohl Philosophie als auch Dichtung erhoben damals Anspruch auf einen Beitrag zur Erziehung und gerieten darüber in Konflikt. Der Streit trennte im Kontext einer noch lebendigen, ja erneuerten rhetorischen Tradition die Welt des wahren, bewährten Wissens und die Welt des schönen Scheins. Zur letzteren zählten List, Durchsetzungsvermögen, Täuschung (Dissimulation) und Durchschauen der Täuschung, und dies nicht nur im Bereich der schönen Künste, sondern auch und vor allem im Bereich der Moral (science de mœurs).[28] Das heißt: Der Wahr-

26 Was die Universitätsgeschichte betrifft, so verlief die Entwicklung komplizierter. Der alte Anlehnungskontext Religion wurde in der Frühmoderne zunächst durch den Anlehnungskontext des neu entstandenen Territorialstaates ersetzt, und erst das 19. Jahrhundert stellt die Primärorientierung auf Wissenschaft um. Für die Übergangsphase siehe vor allem Rudolf Stichweh. Der frühmoderne Staat und die europäische Universität: Zur Interaktion von Politik und Erziehungssystem im Prozeß ihrer Ausdifferenzierung, Frankfurt 1991.

27 Heute findet man eine ähnliche Diskussion eher unter dem Gesichtspunkt, wie es Wissenschaft bzw. Literatur mit der Referenz ihrer Aussagen halten. Siehe z. B. Arthur C. Danto, Philosophy as/and/of Literature, in ders., The Philosophical Disenfranchisment of Art, New York 1986, S. 135-161. Aber das ist viel weniger überzeugend, da auch die Wissenschaft im Zuge der Verallgemeinerung semiotischer und konstruktivistischer Theorieangebote ihr eigenes Referenzproblem hat.

28 Siehe hierzu Gerhart Schröder, Logos und List: Zur Entwicklung der Ästhetik in der frühen Neuzeit, Königstein/Ts. 1985.

heit selbst wurde kein Durchsetzungsvermögen, keine soziale Effektivität zugetraut. Aber umgekehrt wurde auch der Effektivität von Lektüre mißtraut, wie man einer Lektüre (!) des Don Quijote entnehmen konnte, die dann freilich ihrerseits als Doppeltäuschung, als täuschende Enttäuschung der Täuschungen des Ritterromans effektiv wirken sollte. Die Höfe dachten an Staatsräson, der Adel optierte gegen Gelehrsamkeit, gegen die Pedanterie des Vorzeigens von Wissen. Für praktische Orientierungen empfahl Gracián, davon auszugehen, daß die Wahrheit das Gegenteil von dem sei, als was sie sich zeige; aber immerhin, das war dann noch eine Regel, die zur fast mechanischen Orientierung taugen solle.[29] Der Gebrauch von Zeichen jeder Art war jetzt nicht mehr durch die Welt legitimiert. Die Welt konnte mit der Metapher des Theaters beschrieben werden, der Zeichengebrauch wurde zur Sache der aufrichtigen/unaufrichtigen Kommunikation.[30] Der Konflikt Wahrheit/Effektivität innerhalb der rhetorischen Tradition fand seine endgültige Darstellung in den Schriften von Baltasar Gracián – bezogen auf Ästhetik, Politik, Erziehung und gesellschaftliche Kommunikation. Bald darauf übernahm jedoch die auf unendlichen Fortschritt setzende Wissenschaft die Führung und zog die Pädagogik in ihren Bann. Dies konnte um so mehr gelingen, als im 18. Jahrhundert auch die Philosophie und die Philologien, ja sogar die Geschichtsforschung Wissenschaftsanspruch erhoben und so einen selbstbeglaubigten Anspruch auf universale Zuständigkeit für alle Themen begründen konnten.[31] Die Wissenschaft von der »Materie« und nicht anders die Wissenschaft vom Subjekt setzen

29 Vgl. Baltasar Gracián, Criticón, oder: Über die allgemeinen Laster des Menschen, dt. Übers. Hamburg 1957, oder, etwas milder, ders., El discreto, zit. nach der Ausgabe Buenos Aires 1960.

30 Siehe Jean-Christophe Agnew, Worlds Apart: The Market and the Theater in Anglo-American Thought, 1550-1750, Cambridge England 1986. Vgl. auch Hans Ulrich Gumbrecht, Sign Conceptions in European Everyday Culture Between Renaissance and Early Nineteenth Century, in: R. Posner/K. Robering/T. A. Sebeok (Hrsg.), Semiotik: Ein Handbuch zu den zeichentheoretischen Grundlagen von Natur und Kultur, Berlin (im Druck).

31 Zwar nicht im offiziellen Kontext der Wissenschaftstheorie, wohl aber bei Autoren, die Distanz zum Wissenschaftsbetrieb suchen, findet man aber auch heute wieder die Einsicht, daß die Wissenschaft selbst für effektive Kommunikation ihrer Wahrheiten sorgen müsse, für ein »rhetorical implement«, liest man bei Kenneth J. Gergen, Toward Transformation in Social Knowledge, New York 1982, S. 102 f.: »Its chief function is to lend power (persuasive impact, appeal, felicity) to the theoretical language«.

auf eine offene, gestaltungsfähige Zukunft.[32] Und dazu paßt dann sehr gut als Komplement der Bedarf für Bildung und Erziehung.

Gleichzeitig hatte aber die neue Orientierung der Pädagogik an Schulunterricht (an »erziehendem Unterricht«) die alte Unterscheidung von Erziehung (educatio) und Unterricht (institutio) aufgehoben und die Frage der Effektivität als ein Methodenproblem begriffen. Die Bezeichnung Didaktik ging auf diesen Problembereich über. Man konnte, wenn auch in einem gegenüber der rhetorischen Tradition sehr begrenzten Bereich, erneut zugestehen, daß die Wahrheit sich nicht von selber lehrt und daß es auch nicht genügt, sie schlicht auf unvorbereitete Gemüter auszugießen.

Dabei mochte man zunächst glauben, daß der Didaktik eine rein instrumentelle Funktion zukomme und daß es ihre Aufgabe wäre, die Methoden zu klären, mit denen junge Menschen mit den wissenschaftlich signierten Wahrheiten vertraut gemacht werden. Im Laufe des 19. Jahrhunderts hat sich dann aber (zumindest für den heutigen Rückblick) herausgestellt, daß dies nicht ausreicht. Es gibt schon nichteuklidische Geometrien, aber der Schulunterricht hält sich an Euklid. Die Atome werden (noch heute) als kleine Kügelchen oder Hütchen veranschaulicht. Vor allem aber schafft das Erziehungssystem sich »Klassiker«, also Fünf-Sterne-Helden der Tradition, an denen die in Schulklassen verwendeten Bücher (die »libri classici«) sich orientieren können. Es kommt zu einer »Pädagogisierung« des Wissens (Bachelard), mit der das Erziehungssystem für sich selbst auf die Paradoxie des Widerspruchs von Wahrheit und Effektivität reagiert.

Von Paradoxie kann man deshalb sprechen, weil es kein übergreifendes (»dialektisches«) Einheitskonzept gibt, sondern das System sich hin und her orientieren muß. Es geht nicht nur (wie in der Wissenschaft selbst) um ein Problem der Selektion von Forschungsthemen und der zunehmenden Spezialisierung, sondern die Berufung auf Wahrheit muß um ihrer Effektivität willen mit Wahrheitsverzerrungen bezahlt werden.[33] Und auch hier finden wir, daß die Paradoxie durch die Unterscheidung Wahrheit/Effektivität, die sie entfaltet,

32 Siehe für den Sonderfall Chemie Gaston Bachelard, Le matérialisme rationnel, Paris 1953, 3. Aufl. 1972, S. 4 ff.

33 Die vergleichbare Paradoxie im Wissenschaftssystem könnte sein, daß alle Forschung mit Prämissen vom Typ ceteris paribus, also mit offenkundig unwahren Prämissen arbeiten muß, um die Welt für Forschungszwecke zu fraktionieren.

invisibilisiert wird. Das Erziehungssystem sieht nicht, daß sein Verhältnis zur Wissenschaft nicht Einheit, sondern Differenz ist, und daß es die Entlastungsvorteile von Differenz mit dem Verzicht auf die Beobachtung der Einheit der Differenz bezahlen muß. Statt dessen arbeitet man, vermeintlich paradoxiefrei, an der didaktischen Umsetzung von wissenschaftlichen Wahrheiten in »Stoffe«, an denen sich der Unterricht orientieren kann. Und das geht ganz gut.

VI

Als operativ geschlossenes System kann das Erziehungssystem nur im System und nicht in der Umwelt tätig sein. Aber das schließt es nicht aus, systemintern Beschreibungen anzufertigen, die sich auf die Umwelt des Systems beziehen. Probleme, die, von außen gesehen, sich in den Beziehungen zwischen System und Umwelt ergeben, werden als Irritationen erfahren und auf systeminterne Konten umgebucht. So kommt es zu einer operationsbasierten Welt- und Gesellschaftskonstruktion, die jedoch im System für die Realität genommen wird. Einem externen Beobachter mag dies als Paradoxie erscheinen, etwa als Paradoxie des re-entry der Unterscheidung in das Unterschiedene. Für den systemeigenen Gebrauch wird eine andere Form gewählt, nämlich die Form von Problem und Problemlösung, die es erlaubt, geeignete Mittel zu testen und gegebenenfalls zwischen funktional äquivalenten Problemlösungen hin und her zu pendeln. Das System nimmt dann die Diskrepanz zwischen der eigenen Umweltkonstruktion und dem, wie andere Systeme sich selbst bestimmen, nicht mehr wahr. Es weist sich selbst in einer schon vorab pädagogisierten Gesellschaft einen Platz zu – so wie bei einer religiösen Weltsetzung intern dann noch einmal zwischen Priestern und Laien oder zwischen dem Sabbath und anderen Wochentagen unterschieden und dabei vergessen wird, daß schon die Differenz selbst durch das eigene System vorgegeben ist. Oder es reagiert mit Appellen und Schuldzuweisungen (wir bekommen nicht genug Geld!), die an andere Systeme adressiert werden, aber deren Selbstbeschreibung nicht Rechnung tragen.

Auf diese Weise werden polyzentrische (oder in der Terminologie von Gotthard Günther: polykontexturale[34]) Welt- und Gesellschafts-

34 Vgl. Gotthard Günther, Life as Poly-Contexturality, in ders., Beiträge zur Grundlegung einer operationsfähigen Dialektik Bd. III, Hamburg 1979, S. 283-306.

beschreibungen möglich, die nicht mehr zu einer einheitlichen (in der Form von Ontologie bezeichenbaren) Beschreibung summiert, sondern nur noch funktionssystemspezifisch reflektiert werden können.[35] Wenn sich über sehr verschiedene Teilsysteme der Gesellschaft hinweg ähnliche Strukturen nachweisen lassen, deutet das darauf hin, daß wir es nicht nur (aber auch) mit den Besonderheiten der einzelnen Funktionsbereiche, ihren spezifischen Werten und Zielen, Normen und Institutionen zu tun haben, sondern mit Formen, die gesamtgesellschaftlich bedingt sind. In der modernen Welt kann die Gesellschaft nicht mehr als Hierarchie dargestellt werden, in der die Erziehung nach Maßgabe des gesellschaftlichen Ranges der Familien ihrer Zöglinge und nach vorgegebenen Prioritäten des Wissens (etwa in der Hierarchie der artes oder in der Überordnung des religionsbezogenen Wissens über alles andere Wissen) ihren Platz findet. Auch fehlt ein Bezugspunkt wie »Weisheit«, der durch den Stil der Lebensführung des Weisen authentifiziert wird. Statt dessen wird, weil man sich auf Sozialisation immer weniger verlassen kann und die Zukunft der Individuen unabhängig von ihrer Herkunft sichergestellt werden muß, ein Sondersystem für Erziehung ausdifferenziert und die Durchführung der Aufgabe diesem System mit einem Riesenbetrieb organisierter, personal- und zeitintensiver Interaktionen überlassen, ohne daß eine externe, geschweige denn zentrale Kontrolle über das, was hier geschieht, möglich wäre.

Wenn das im großen und ganzen so ist: wie findet dann eigentlich die Zugehörigkeit dieses Systems zur Gesellschaft Ausdruck? Durch Gebrauch der Sprache, die überall gesprochen wird, durch Kommunikation also. Aber das reicht nicht aus, da die Sprache ja offenläßt, ob Kommunikationen akzeptiert oder abgelehnt werden. Wie kommt es dazu, daß die Ausdifferenzierung von Erziehung, die doch in der Gesellschaft vollzogen wird, in der Gesellschaft bleibt, gesellschaftliche Kommunikation reproduziert und nicht dazu führt, daß Zumutungen normalerweise abgelehnt werden?[36] Anders gefragt: wie wird

35 Zu ähnlichen Ergebnissen kommt, auf ganz anderen Wegen, nämlich für Diskurse und nicht für Systeme, Jean-François Lyotard, vor allem in Le différend, Paris 1983. Aber auch Lyotard kann nicht vermeiden, das für ihn eigentümliche Paradox – zu ignorieren. Siehe dazu William Rasch, In Search of the Lyotard Archipelago, or: How to Live with Paradox and Learn to Like It, New German Critique 61 (1994), S. 55-75.

36 Daß eine solche Entwicklungstendenz nicht nur rein theoretisch vorstellbar ist, son-

in der modernen Gesellschaft die Ordnungsform der Hierarchie ersetzt?

Die vorstehenden Analysen deuten eine mögliche Antwort auf diese Frage an. Der Verzicht auf das Leitmodell der Hierarchie führt nicht zum Verzicht auf gesellschaftliche Ordnung, nicht zum Zerfall der Gesellschaft in berührungslos operierende Teilsysteme. Die funktionale Differenzierung des Gesellschaftssystems erfordert und ermöglicht zwar eine operative Schließung und in diesem Sinne Selbstorganisation und autopoietische Autonomie der Teilsysteme. Aber damit wird die soziale Umwelt für die Teilsysteme nicht irrelevant. Vielmehr findet jedes Teilsystem in sich die Notwendigkeit, die Differenz von System und Umwelt intern zu reformulieren. Die Differenz von System und Umwelt wird in das System hineincopiert und dort so zum Ausdruck gebracht, daß das System damit etwas anfangen kann.[37] Dies kann nur, und kann zugleich nicht, in der Form eines Paradoxes geschehen. Denn die Unterscheidung von System und Umwelt kann nicht als Unterscheidung gebraucht und zugleich als Einheit, als Unterschiedslosigkeit des Unterschiedenen, beobachtet werden. Erziehung muß sich von wissenschaftlicher Forschung *unterscheiden* und kann deshalb nicht zugleich wissenschaftliche Forschung *sein.* (Im Rückblick zeigt sich zum Beispiel, daß Humboldts Idee einer Universität genau diesen Platz besetzen und als Kulminationspunkt aller Erziehung auszeichnen sollte, der einer Paradoxie vorbehalten bleiben muß.)

dern eine durchaus reale Möglichkeit darstellt, zeigt ein Blick auf die Protestbewegungen der letzten Jahrzehnte, die ihre Motive vor allem unter Jugendlichen und unter der akademischen, in den Universitäten verbliebenen Intelligenz rekrutiert hatten. In einem ähnlichen Zusammenhang hatte Parsons von einer dritten Revolution, nach der politischen und der industriellen von der erziehungsbedingten Revolution gesprochen und sie auf das zu lange Verbleiben in Schulen und Universitäten zurückgeführt. Vgl. Talcott Parsons, The System of Modern Societies, Englewood Cliffs N. J. 1971, S. 94 ff.

37 Man könnte an eine Anwendung der mathematischen Kategorie des »re-entry« einer Form in die Form, das heißt: einer Unterscheidung in das durch sie Unterschiedene denken. Dazu George Spencer Brown, Laws of Form, Neudruck New York 1979, S. 56 f., 69 ff. Das besagt freilich nicht, daß man einen Kalkül zur Bewältigung des Problems in Aussicht hätte; wohl aber, daß man es hier mit einem reformulierten Paradox und mit imaginären Räumen (Welten) zu tun hat, also mit einer Mathematik, die dem Umstande Rechnung zu tragen sucht, daß jede Einführung einer Unterscheidung in die Welt zwangsläufig die zugrundeliegende Einheit, also die Welt selbst, unbeobachtbar macht.

Die moderne Gesellschaft scheint einen Ersatz für die hierarchische Einheitsvorstellung im Wiederholen, Multiplizieren und Reflektieren der Differenz von innen und außen zu finden, und zwar sowohl für die Gesellschaft selbst als auch auf der Ebene ihrer einzelnen Teilsysteme.[38] Im Zuge dieser semantischen Umdisposition wird das, was der deutsche Idealismus nochmals als (regulative) Idee, nämlich als Einheit oberhalb aller Unterscheidungen, zu fassen versuchte, ersetzt durch die Form der Paradoxie, das heißt durch die Einsicht, daß man eine Unterscheidung nicht zur Bezeichnung der einen (und nicht der anderen) Seite benutzen *und* sie zugleich als Einheit (als Selbigkeit des Unterschiedenen) beobachten kann. Die Faszination des modernen postontologischen Denkens von Nietzsche über Heidegger bis Derrida durch Paradoxien scheint mithin gesellschaftsstrukturelle Wurzeln zu haben.

Das heißt keineswegs, daß jetzt Willkür die Losung des Tages sei. In der wirklichen Welt gibt es überhaupt keine Willkür. Und man kann auch zeigen, daß der Prozeß der Blockierung und Entblockierung des Beobachtens durch Paradoxien und deren Entfaltung durchaus systemspezifischen Bedingungen folgt.[39] Allerdings bleibt dem geläufigen Denken diese Paradoxie-Orientierung fremd, da es immer mit Unterscheidungen zu tun hat, die die Beobachtung der Einheit des Unterschiedenen bereits verdeckt und invisibilisiert haben. Auf dieser Ebene werden dann aber auch die Funktionssysteme unvergleichbar, da jedes sich an den eigenen, intern bearbeitbaren Unterscheidungen orientiert und es dabei beläßt. Nur in einer gesellschaftstheoretischen Perspektive wird erkennbar, daß es überall diese Form

38 Anzumerken ist, daß eine allgemeine Tendenz zur Umstellung der gesellschaftlichen Leitdifferenz von oben/unten auf innen/außen bereits in der subjekttheoretischen Reflexion zu beobachten ist, die mit Descartes beginnt und sich im 18. Jahrhundert dann auch literarisch, im Roman, ihren Weg bahnt. Solange diese Umstellung auf das als Subjekt begriffene Bewußtsein beschränkt blieb, konnte daraus jedoch keine Gesellschaftstheorie entstehen. Soziales konnte allenfalls als eine Art von externer Konditionierung von Erkenntnis, Willenstätigkeit und Urteilsvermögen begriffen werden mit der Folge, daß die Subjektheit des Bewußtseins auf die (in allen Menschen gleichen) transzendentalen Bedingungen der Möglichkeit solcher Operationen zurückgenommen werden mußte. Das hat jedoch zu keiner Gesellschaftstheorie geführt, weil in diesem Kontext der theoretische Status von *Inter*subjektivität ungeklärt bleiben mußte.

39 Niklas Luhmann, The Third Question: The Creative Use of Paradoxes in Law and Legal History, Journal of Law and Society 15 (1988), S. 153-165.

der Blendung durch Paradoxien und der Substitution von brauchbaren, identischen Sinn fixierenden Unterscheidungen gibt. Und das könnte damit zusammenhängen, daß es in dieser Gesellschaft weder eine Spitze noch ein Zentrum für die verbindliche Festlegung einer »Metaerzählung« (Lyotard) gibt.

Die jetzt allgemein geltende Form, die die aristotelische Theorie der natürlichen Zwecke ablöst, besteht in der Unterscheidung von Problem und Problemlösung.[40] Diese Unterscheidung muß deshalb als Unterscheidung reproduziert werden. Es muß, mit anderen Worten, dafür gesorgt werden, daß die Probleme nicht gelöst werden können, denn das würde die Differenz von Problem und Problemlösung aufheben. Die Situationen müssen also, und wieder begegnen wir einer reformulierten Paradoxie, so konstruiert werden, daß man laufend an Problemlösungen arbeitet und damit verhindert, daß die Probleme gelöst werden. Dies ist zum Teil schon dadurch plausibel zu machen, daß der Lehrer immer neu anfangen muß, weil er es mit immer neuen Schülergenerationen zu tun hat. Die Pädagogik unterstützt aber auch ihrerseits die Reproduktion unlösbarer Probleme durch Idealisierungen der Ziele der Erziehung und der Absichten des Lehrers. Auf diese Weise gewinnt die Paradoxie, unerkennbar geworden, ein handliches, alltägliches Format. Es muß nur noch Stöhnen erlaubt und Entmutigung verhindert werden.

Das erklärt uns eine empirisch leicht zu beobachtende Differenz zwischen Reden und Handeln, wie sie zum Beispiel Nils Brunsson am Fall des politischen Systems beobachtet hat.[41] Das Establishment befaßt sich mit Ideen, die sich leicht verbalisieren und fast wider-

40 Die semantischen Implikationen dieser Umstellung lassen sich immer noch schwer abschätzen. Zwecke werden zu bloßen Vorstellungen ohne natürliche (statt dessen nur technische) Garantie der Normalität ihrer Verwirklichung. Zwecke werden also wählbar. Also muß zwischen Zwecken und Motiven bzw. Interessen unterschieden werden. Die alte Unterscheidung von Theorie und sinnlicher Erfahrung (Theorie als Fernberichterstattung, Erfahrung als Nahberichterstattung und beide an Erinnerung gebunden) wird ersetzt durch die Unterscheidung von Theorie und Praxis. Solche Umbrüche begleiten den Verzicht auf Herkunft als Garantie differentieller Erziehbarkeit. Man muß sich dies vergegenwärtigen, will man das Ausmaß unserer Distanz zur alteuropäischen Welt- und Gesellschaftskonstruktion erkennen.

41 Siehe Nils Brunsson, The Organization of Hypocrisy, Chichester 1989; ders., Ideas and Actions: Justification and Hypocrisy as Alternatives to Control, Accounting Organizations and Society 18 (1993), S. 489-506.

standslos kommunizieren lassen. Ein Betätigungsfeld dafür sind Anregungen zu Reformen.[42] Auf dieser Ebene ist man flexibel und, unter Inkaufnahme biographischer Identitätsprobleme, änderungsbereit. Man kann sich daher auch der ständig anfallenden Erfahrung stellen, daß die Wirklichkeit nicht so reagiert, wie man es erwartet hatte. Und man lernt nicht, man vergißt. Man lebt von dem Irrtum, unlösbare Probleme für lösbare Probleme zu halten. Die Wirklichkeit der Schulen und Hochschulen, in denen Erziehung in Interaktion umgesetzt werden muß, sieht ganz anders aus. Aber sie ist, wie in allen Systemen mit re-entry, intransparent. Und genau das schützt die Welt des »talk«, der Ideen, der guten Absichten; denn nie kann es dazu kommen, daß die Realität sich gegen die Ideen durchsetzt. Es mag bessere Beschreibungen geben, aber auch das nur in der Form von Abstraktionen, die dann theoretischen Interessen dienen.[43] Die Symbiose von Reden und Handeln entfaltet das Identitätsparadox des Systems – und unter heutigen Bedingungen sehr viel wirksamer, als dies eine hierarchische Ordnung könnte. Und so dienen Reformen nicht der Lösung, sondern der Erhaltung der Probleme.

VII

Das Erziehungssystem kann die eigene Form nur erzeugen, wenn es sich von seiner Umwelt unterscheidet. Es kann, so hatten wir weiter gesagt, der Einheit der Differenz von System und Umwelt systemintern nur in der Form von Paradoxien Rechnung tragen, deren jeweilige Form davon abhängt, um welchen Umweltausschnitt es jeweils geht. Was können wir, so die nächste Frage, über die Weiterbehandlung dieser Paradoxien ausmachen? Wie werden sie entfaltet, aufgelöst, in unterscheidbare Identitäten überführt?

Es gibt mehrere Möglichkeiten, sich dieser Frage zu nähern. Die eine besteht in dem Zugeständnis, daß das System über keine ausreichende Selbstkontrolle verfügt. Mit einem am Menschen erprobten Begriff könnte man auch von Akrasie sprechen.[44] Eine zweite, da-

42 Vgl. Nils Brunsson/Johan P. Olsen, The Reforming Organization, London 1993.

43 Oder in der Form von »metaphorical redescriptions«, um es mit Mary Hesse, Models and Analogies in Science, Notre Dame 1966, S. 157 ff. zu formulieren.

44 Hierzu auch Niklas Luhmann, Strukturelle Defizite: Bemerkungen zur systemtheoretischen Analyse des Erziehungswesens, in: Jürgen Oelkers/Heinz-Elmar Tenorth

mit eng zusammenhängende Frage betrifft die Möglichkeiten der Selbstbeschreibung des Erziehungssystems. Das Erziehungssystem beschreibt seine eigenen Aufgaben, seine gesellschaftliche Stellung, die daraus folgenden Ansprüche auf Respektierung seiner Eigenart, auf Autonomie, auf Hilfe typisch in der Form von Reflexionstheorien.[45] Die Theorieform erlaubt es, von Pädagogik als Wissenschaft zu sprechen, also von strukturellen Kopplungen mit dem Wissenschaftssystem zu profitieren. Andererseits wird, zur Verdeckung des prinzipiell aporetischen, nur als Paradoxie faßbaren Fundaments und zur Reproduktion lösbarer/unlösbarer Probleme mit Idealisierungen gearbeitet. Das Selbstkonzept des Erziehungssystems kann daher mit der Schulwirklichkeit nicht übereinstimmen; und die Diskrepanz ist so offensichtlich und so stark, daß ihr auch auf der Ebene von Reflexionstheorien nicht Rechnung getragen werden kann, weil dies die Vorstellung der Einheit des Systems sprengen würde.[46] Das Alltagsverhalten in Schulen muß deshalb in offener Diskrepanz zu den Selbstbeschreibungen des Systems praktiziert – und kommuniziert werden. Es kann sich nicht einem Test der Eignung der Mittel für das Erreichen eines Zwecks wie zum Beispiel humane Perfektion oder Bildung oder Lernen von Lernfähigkeit stellen. Und offensichtlich gibt es Formen, die Schüler wie Lehrer befähigen, diese Diskrepanz auszuhalten und in Kommunikation umzusetzen.

Hier wären theoretisch geführte empirische Untersuchungen nötig, deren Resultate nur im groben zu antezipieren sind. Zweifellos gibt es eine Art »Schülerkultur«, die sich mit gepflegter Distanz über Schule und Lehrerpersonen mokiert. Was als Sinn der Schule vorgegeben wird, eignet sich immer wieder zu Kommentaren über die Realität. Solange die eigene Zukunft nicht prinzipiell ungewiß ist, kann man als Schüler die Schule auf Komik hin beobachten, die Marotten der Lehrer kommentieren. Mit der Institution selbst hat man nur temporär zu tun und ist ihr nicht auf Gedeih und Verderb ausgeliefert. Das mag anders werden, wenn die Kopplung von Vergangenheit und Zu-

(Hrsg.), Pädagogik, Erziehungswissenschaft und Systemtheorie, Weinheim 1987, S. 57-75.

45 Ausführlicher Niklas Luhmann/Karl Eberhard Schorr, Reflexionsprobleme im Erziehungssystem, 2. Aufl. Frankfurt 1988.

46 Für eine parallel laufende Analyse von Gerichten siehe Klaus A. Ziegert, Courts and the Self-concept of Law: The Mapping of Environment by Courts of First Instance, Sydney Law Review 14 (1992), S. 196-229.

kunft ganz in der Form von Karrieren erfolgt, die Schule und Beruf verbinden, und in der Schule Versäumtes später nicht oder nur schwer auszugleichen ist; oder auch, wenn man von einem Wohlstandsniveau auszugehen hat, dessen Kontinuität in Zweifel gerät und Abstiege wahrscheinlich werden.

Auf seiten der Lehrer wird man völlig andere Einstellungen und völlig andere Formen der Kommunikation zu gewärtigen haben. Hier geht es, auf fatale und zugleich rettende Weise, um Arbeit, um Pensen, um Durchhalten; und eventuell um supererogatorische Werke, die ihren eigenen Lohn in sich tragen, aber auch im Verhältnis zum sonst Üblichen auffallen. Die relative Isolierung der Unterrichtstätigkeit und die geringe Bereitwilligkeit, darüber auch noch eingehend zu diskutieren, mag dann als ein Schutz dienen. Auch wenn man weiß, wie es ist, braucht man darüber nicht zu reden, oder nur in engstem Kreise des kollegialen Tratsches. Die von Eiferern gesuchte Verstärkung der Kommunikation und des »Erfahrungsaustausches« wird unter diesen Umständen nicht sehr weit kommen und eher dazu führen, daß Initiativen dieser Art persönlich zugerechnet und als Unerfahrenheit gegengebucht werden. Von Kommunikation profitieren immer nur einige – und andere nicht.[47]

Eine weithin typische Kommunikationsform, mit der die Diskrepanzen zwischen Idealisierungen und Realitäten überbrückt werden, ist das (vergleichsweise harmlose) Verlangen nach Verbesserungen – auf den unteren Ebenen des Schulunterrichts das Verlangen nach Ausstattungs- und Besoldungsverbesserungen; auf den höheren Ebenen des nicht selbst unterrichtenden Establishment das bereits erwähnte Verlangen nach Reformen. Auch Desiderate dieser Art haben einen Doppeleffekt: sie bestätigen die Ernsthaftigkeit der Bemühungen, die den Idealen oder doch dem eigentlichen Sinn des Unternehmens Schule nahezukommen suchen, und sie erklären zugleich, weshalb die Dinge so sind, wie sie sind. Angesichts überfüllter Schulklassen ist ein pädagogisch qualifizierter Unterricht nicht möglich. Bei zu weiten Schulwegen sind die Kinder zu müde, um dem Unterricht zu folgen. Die Ausstattung mit Unterrichtsmaterial läßt zu wünschen übrig. Und auf anspruchsvollerem Niveau: Man müßte Gelegenheiten haben, mit Reformschulen zu experimentieren. Lehrer bedürfen einer wissenschaftlichen Ausbildung, was Professorengehälter für die an

47 Vgl. Stephan Fuchs, The Stratified Order of Gossip: Informal Communication in Organizations and Science, Soziale Systeme I (1995), S. 47-72.

den entsprechenden Instituten Unterrichtenden nach sich zieht. Dem Prinzip der Verbesserung sind keine stichhaltigen Grenzen gesetzt. Es kann immer jene Zwei-Seiten-Funktion erfüllen: das Interesse an der Sache kommunikativ zu dokumentieren und zugleich von der Verantwortung für den Zustand zu entlasten, der ohne tiefergreifende Änderungen nicht zu ändern ist.

Sobald für die Durchführung von Erziehung Organisationen geschaffen sind, sind auch Reformen möglich. Reformen sind gleichsam das Überdruckventil für Systeme, die sich mit Ideen belasten, denen sie ex definitione nicht gerecht werden können. Aus einer Vielzahl von Studien über Reformbemühungen in Organisationen gewinnt man den Eindruck, daß Reformen wenig dazu beitragen, das faktische Verhalten zu ändern, wohl aber dazu, Reformanliegen in immer neuen Varianten zu reproduzieren.[48] Reformen dienen, könnte man sagen, der Anpassung des Systems an sich selber. Sie können scheitern und dann, wenn dies vergessen ist, Wiederholungen ermöglichen. Sie können strukturelle Variationen auslösen, die dann ihrerseits Anlaß zu Gegenreformen bieten. Sie können intern als Erfolge beschrieben werden, wenn es gelingt, die Reformideen dem bisher üblichen Verhalten anzupassen, so daß die Systemzustände vor und nach der Reform sich nicht wesentlich unterscheiden. Die ständige Aktivierung von Reflexionsschleifen aus Anlaß von Reforminitiativen ist gleichwohl nicht ohne Bedeutung und nicht ohne Folgen. Ihre Ergebnisse können zwar nicht in der Form von »Evaluierungen« gemessen werden, die im Sinne eines empirischen Vergleichs von Intentionen und Resultaten praktisch denn auch kaum unternommen werden. Aber sie dient der Entfaltung jener gesellschaftlich oktroyierten Paradoxie, einem Abbüßen der Strafe für Ausdifferenzierung nach dem alten Schema von Überforderung, Sünde und Aussicht auf Erlösung. Das Resultat ist denn auch keineswegs ein statisches, sich mit sinnlosen Wiederholungen amüsierendes System des »posthistoire«. Wie die Gesellschaft selbst ändert sich auch das Erziehungssystem, aber in beiden Fällen in der Form von Evolution, wofür Reformplanungen nur eine im System akzeptable Selbstbeschreibung andienen.

Von der Organisationstheorie selbst ist gegenwärtig wenig Hilfe zu erwarten.[49] Sie bestätigt eher unsere Analyse, wenngleich sie im Be-

48 Siehe auf Grund von Untersuchungen in Wirtschaftsunternehmen und in Organisationen der öffentlichen Hand Brunsson/Olsen a. a. O. (1993).

49 Immerhin gibt es auch auf dieser Ebene Untersuchungen, die auf Paradoxien gesto-

reich der Unternehmensberatung auch mit immer neuen Begriffsvorschlagen, mit strategic planning, flexible Spezialisierung, Wertewandel und Unternehmenskultur experimentiert, um das Konzept eines durch den Kausalbegriff festgelegten, auf effectiveness und efficiency bezogenen Begriffs von Rationalität nicht aufgeben zu müssen. Daß es nur »bounded rationality« (Simon) geben kann, scheint akzeptiert zu sein. Schwieriger dürfte es sein, die Vorstellung von Durchgriffskausalität aufzugeben und sich ganz auf »loose coupling« einzustellen.[50] Oder zu akzeptieren, daß es, wie die Chaos-Theorie lehrt, nur unvorhersehbare, fallweise dann aber heftig wirkende Auslösekausalität geben kann. Die Rückzugspositionen einer »technology of foolishness«[51] oder eines »re-punctuating the problem«[52] oder des Versuchs einer neueren Habilitationsschrift, Organisationen nicht am Erreichen ihrer Ziele zu messen, sondern an dem Abfall, den sie in ihrer ökologischen und ihrer individuellen Umwelt produzieren,[53] – all das mag zur zusammenfassenden Erklärung empirischer Befunde nützlich sein, hilft aber nicht, wenn es um Orientierungshil-

ßen sind, nämlich auf *zugleich* angewandte, *gegensätzliche* Empfehlungen. Als eine Untersuchung im Universitätsbereich mit dem Ergebnis: Effektivität erfordert paradoxe Strategien, siehe Kim S. Cameron, A Study of Organizational Effectiveness and Its Predictors, Management Science 32 (1986), S. 87-112. Siehe auch Robert E. Quinn/Kim S. Cameron (Hrsg.), Paradox and Transformation: Toward a Theory of Change in Organization and Management, Cambridge Mass. 1988. Im übrigen fallen jedoch seltsame Widersprüche auf: Während die Familientherapeuten paradoxe Kommunikation als unheilstiftend ansehen und dies gleichsam homöopathisch durch Gegenparadoxie zu kurieren suchen, scheint in bezug auf Organisationen noch die optimistische Vorstellung zu herrschen, daß paradoxe Kommunikation direkt kreative Innovationen auslösen würde. Aber das mag ja am Paradox selber liegen, daß es Heil und Unheil bewirken kann.

50 So gerade für Organisationen des Erziehungssystems Karl E. Weick, Educational Organizations as Loosely Coupled Systems, Administrative Science Quarterly 21 (1976), S. 1-19.

51 So James G. March in: ders. und Johan P. Olsen, Ambiguity and Choice in Organizations, Bergen, Norwegen 1976.

52 So überschreibt Karl E. Weick, Re-Punctuating the Problem, in: Paul S. Goodman/ Johannes M. Pennings et al., New Perspectives on Organizational Effectiveness, San Francisco 1977, S. 193-225, seinen Versuch, die Effektivität von Organisationen anders als bisher zu erklären, und zwar durch die Annahmen, sie seien (1) garrulous, (2) clumsy, (3) superstitious, (4) hypocritical, (5) monstrous, (6) wandering, and (7) grouchy.

53 So Theodor M. Bardmann, Wenn aus Arbeit Abfall wird: Aufbau und Abbau organisatorischer Realitäten, Frankfurt 1994.

fen für Insider geht. Daraufhin ist man auf den besser klingenden Begriff der »Organisationskultur« verfallen, der aber, wie man seit eh und je weiß, undefinierbar ist und nicht diskriminiert, also nur die jetzt lang und breit erörterte Verlegenheit anders bezeichnet.

Die Verschiebung der Analyseebene von der Gesellschaft und ihren Funktionssystemen zu formal organisierten, über Mitglieder verfügenden Sozialsystemen bringt also nicht viel, sie zeigt nur dasselbe Problem in einer anderen Gestalt. Vielleicht läßt die Organisationsanalyse deutlicher erkennen, welche Funktion ein professionsethisch gepflegter Illusionismus gehabt hatte[54] und was zu erwarten ist, wenn die Orientierung an der Profession, wie absehbar, mehr und mehr zurücktritt gegenüber der Orientierung an der (jeweiligen) Organisation und an der Erhaltung ihrer Arbeitsplätze. Aber letztlich geht es auch auf der Ebene der Organisationen um die Möglichkeiten, die Differenz von System und Umwelt intern zu thematisieren, wenn man auf die Annahme einer linearen Durchgriffskausalität verzichten muß.

Man wird diese internen Modi nicht ohne weiteres als Verarbeitung von Dauerirritation durch die Umwelt erkennen. Sie sind es gleichwohl. Gerade weil die Umwelt das System nicht determinieren, ja ihm nicht einmal sagen kann, was sie verlangt, wirkt sie im System von innen heraus. Die Ausdifferenzierung eines Systems für Erziehung hat die Doppelwirkung einer Verhinderung durchlaufender Determinationen und einer daraus folgenden immensen Steigerung von Kommunikationsmöglichkeiten und Entscheidungsnotwendigkeiten im System. Wenn dies dem System gleichsam zufällt, weil gesamtgesellschaftliche Differenzierungsprozesse es auf diesen Weg funktionaler Ausdifferenzierung drängen, kommt es zu Prozessen interner Sinnsuche. Andererseits ist das System, und gemeint ist ja: die Gesamtheit der immer gleichzeitig ablaufenden Erziehungsereignisse und ihrer rekursiven Vernetzungen, für sich selbst intransparent. Reflexion kann also niemals Tatbestandsaufnahme sein. Das führt zur Akrasie und zu Selbstkonzepten, die Maßstäbe setzen, die nicht erfüllt werden können. In diese interne Welt werden Konstruktionen eingefädelt, die das Verhältnis des Systems zu seinen verschiedenen Umwelten betreffen. Paradox sind die darauf reagierenden Konzepte nur für Beobachter, die sich darauf kaprizieren, immer die Frage nach der Einheit der Differenz, nach der Selbigkeit des Unterschiedenen zu stellen.

54 Lanzara a. a. O. S. 137 spricht mit Bezug auf Reformprojekte von illusione soggestiva e autoconsolatoria degli esseri humani.

Das kann man (und wird man im typischen Falle) vermeiden. Es ist aber fruchtbar, diese Fragestellung beizubehalten, weil man dann sieht, daß und wie Sinnfestlegungen, Identitäten, Unterscheidungen solchen Paradoxien aus dem Wege gehen und ebendadurch zusammenhängen. Die Rückfrage nach der Einheit des Systems kommt ohne diese Perspektive nicht zum Ziel. Aber sie bleibt dabei auch nicht stehen, sondern kann im Anschluß daran um so besser erkennen, welche Kaskaden von Supplementen, Reparadoxierungen, devianzbereiten Idealisierungen oder Reformforderungen jeweils eine temporäre Plausibilität erreichen.

VIII

Das Erziehungssystem hat eigene Formen des Umgangs mit Paradoxien entwickelt.[55] Es nennt sich zu diesem Zwecke »Bildungssystem«. Dabei geht es vor allem darum, die Paradoxien zu entstören und sie so weit zu invisibilisieren, daß sie unbemerkt bleiben können. Oder anders gesagt: die unergiebige Kurzzeitoszillation im Paradox muß ersetzt werden durch Problemstellungen, die mit Hoffnung auf Lösung der Probleme ausgestattet sind.

Die spezifisch deutsche »geisteswissenschaftliche« Tradition stellt dafür eine relativ komplexe Semantik zur Verfügung, die im Deutschland des 19. Jahrhunderts zugleich auch den Nationalstaat und damit die fehlende organisatorische Zentrierung des Schul-/Hochschulsystems ersetzen mußte.[56] Sie benutzt anspruchsvolle Begriffe, die

55 Das Problem scheint in der Frage zu liegen, ob die Systemtheorie dem Differenzierungsvermögen pädagogischer bzw. transzendentalkritischer Unterscheidungen gerecht wird, wenn sie diese pauschal als Formen der Entfaltung von Paradoxien behandelt. Das könnte nur in Einzelanalysen geklärt werden, die das Ausgangsmaterial mit systemtheoretischen »redescriptions« vergleichen. Jedenfalls behauptet die Systemtheorie weder Überlegenheit noch auch nur Gleichwertigkeit ihrer Darstellung: wohl aber, daß (wozu auch immer) mehr Kontingenzen sichtbar gemacht werden können, als die Pädagogik auf geisteswissenschaftlichen oder transzendentaltheoretischen Grundlagen einräumen könnte. Ob mit »transzendental-*kritisch*« Ansprüche angemeldet sind, die über das hinausgehen, was eine Transzendental*theorie* als Begründung anbieten könnte, ist mir nicht klargeworden.

56 Vgl. Jürgen Schriewer, Pädagogik – ein deutsches Syndrom? Universitäre Erziehungswissenschaft im deutsch-französischen Vergleich, Zeitschrift für Pädagogik 29 (1983), S. 359-389.

ihren eigenen Zauber entfalten und sich nur schwer resümieren lassen. Achtet man jedoch nicht auf ihre *thematische* Ausarbeitung, sondern auf ihre *Funktion* der Stabilisierung eines Reflexionszusammenhanges, dann kann man die Darstellung auf drei Begriffe beschränken:

- einen Begriff der *Vernunft*. Vernunft ist ein anderer Ausdruck für Ahnungslosigkeit in bezug auf die Widersprüche im Schema der Zwecke und Mittel;
- einen Begriff des *Geistes*, der voraussetzt, das der Geist anderswo ist und gesucht, gefunden, interpretiert, verstanden werden muß;
- einen Begriff der *Bildung*, der erklärt, daß und wie der Geist selbsttätig angeeignet werden kann.

Vernunft → Geist → Bildung, das scheint eine Kette von Supplementen im Sinne von Jacques Derrida zu sein, die davon lebt, daß das ursprüngliche Versprechen der Präsenz nicht erfüllt werden kann: Vernunft als ursprüngliche, dem Subjekt in sich selbst zugängliche Tatsache; Geist als Obsubjekt oder Subobjekt im Sinne Jean Pauls;[57] und Bildung schließlich als Resultat der Bemühungen der Zunft der Pädagogen. Die Pädagogik hat es dann, gestützt auf die Vernunft, mit der freien, selbsttätigen Aneignung des Geistes zu tun. Und das soll in Schulen und Hochschulen geschehen.

Die Probleme zentrieren sich damit auf den Begriff der Aneignung. Er markiert einerseits eine Parallele zur »bürgerlichen« Gesellschaft des Eigentums, meint aber nichts Materielles, sondern etwas Geistiges. Nicht wie man etwas bekommen, sondern wie man etwas einsehen kann, ist das Problem. Dafür sind Schulen und Hochschulen der geeignete (»ge-eignete«) Ort, an dem Lehrer sich bereithalten, um als Erzieher zu wirken. Die Wiederholung des »eigen« in: »Eigentum«, »Aneignung«, »geeignet« garantiert die Vorherrschaft der Innen/Außen-Differenz als primary distinction, also, historisch gesehen, die Ablehnung einer Präformierung durch das Oben/Unten-Schema der Hierarchie. Damit sind auch göttliche, natürliche, metaphysische oder politische Vorgaben zurückgewiesen. Sie bleiben den dafür geeigneten Spezialsystemen der Religion und der Politik überlassen. Aber ein Problem, eine tiefliegende Paradoxie konnte auf diese Weise nicht beseitigt werden. Es drängt sich um so zwingender auf, als andere Ordnungsgarantien, nämlich die der Hierarchie und die der

57 Clavis Fichtiana seu Selbgeberiana, zit. nach Werke Bd. 3, München 1961, S. 1011-1056 (1014); Flegeljahre: Eine Biographie, Werke Bd. 1, München 1959, S. 567-1065 (641).

»natürlichen« Unterscheidung von Arten und Gattungen, entfallen waren. Wie sollte in den Schulen, die als Zwangsanstalten eingerichtet waren und nur so die Gesamtbevölkerung erfassen konnten, in Freiheit zur Freiheit erzogen werden?

Kant hatte sich, nach einer radikalen Kritik der ontologischen Kosmologie, entschließen müssen, die sichtbar gewordenen Antinomien durch eine Ersatzunterscheidung aufzulösen: durch die Unterscheidung des Empirischen vom Transzendentalen, des Reichs der Kausalität vom Reich der Freiheit. Das blieb jedoch Philosophie. In den Schulen konnte man damit nicht arbeiten. Das transzendentale Subjekt geht nicht zur Schule und legt keine Prüfungen ab. Um den Schulen gerecht zu werden, mußte das kantisch/fichtesche Subjekt reanthropologisiert werden; es muß, wie man heute sagen würde, als Körper erscheinen können.[58] Damit wurde das menschliche Individuum zum Subjekt bzw. das Subjekt zum Individuum. Der auf Zeit institutionalisierte Kontext der Schule bot jedoch die Möglichkeit, die Auflösung der Paradoxie in die Zeitdimension zu verschieben. Der Übergang vom Zwang zur Freiheit war dann ein Problem der Sukzession oder, vom Lehrer her gesehen, ein Problem der Methode. Wie weit man zwingen, drohen, zensieren müsse und wie weit man schon auf die Selbsttätigkeit der Heranwachsenden setzen könne, blieb damit der Situation und der Beobachtung der Situation durch den Lehrer überlassen.

Daß diese Auflösung des Paradoxes in Probleme der Zeit und der Sukzession, der Methode und der Beobachtung, der Situationen und der Geschicklichkeit unter institutionellen und professionellen Gesichtspunkten überzeugen konnte, daß sie sozusagen alltagstauglich war, kann und soll nicht bestritten werden. Vielleicht läßt sich auf dieser Ebene gar keine andere Lösung denken.

Wenn man das Paradox so formuliert! Aber man könnte ja auch auf diese Fassung des Paradoxes und die sie tragende Unterscheidung

58 Für den Übergang waren vor allem die Untersuchungen des späten Husserl zur Konstitution von Räumlichkeit wichtig. Siehe Edmund Husserl, Die Frage nach dem Ursprung der Geometrie als international-historisches Problem, Revue internationale de Philosophie 1 (1938/39), S. 207-225; ders., Umsturz der kopernikanischen Lehre: Die Erde, als Ur-Arche bewegt sich nicht, in: Marvin Farber (Hrsg.), Philosophical Essays in Memory of Edmund Husserl, Cambridge Mass. 1940, S. 307-325; ders., Notizen zur Raumkonstitution, Philosophy and Phenomenological Research 1 (1940/41), S. 21-37, 217-226.

von Freiheit und Zwang zugehen und fragen: müssen wir überhaupt Freiheit von Zwang unterscheiden? Geht das überhaupt noch – nach Freud? Man weiß nun, daß die Schule des Lebens das Ich mit Überich vollstopft und daß dies eher zwanglos geschieht, sich dann aber als Selbstzwang auswirkt. Wäre dann die Erziehung mit einem ganz anderen Begriff von Freiheit nicht besser bedient, nämlich mit der Frage, wie es überhaupt möglich ist, in einer gegebenen, durch ihre Vergangenheit bestimmten Welt Alternativen zu sehen? Freiheit wäre dann, und das käme dem Unterricht in Schulen und Hochschulen sicher entgegen, in erster Linie ein Problem der Kognition. Es käme darauf an, etwas zu sehen, was nicht da ist, um damit die Möglichkeit zu gewinnen, eine Entscheidung zu treffen und die Entscheidung sich selber zuzurechnen. Damit würde man allerdings gegen alle vernünftige und moralische Präformierung rebellieren. Es würde auch den »Witz des Gefangenen, mit welchem er nach Mitteln zu seiner Befreiung sucht«[59] miteinschließen. Man mag sich fragen, ob die Pädagogik als Reflexionstheorie des Erziehungssystems einen solchen Freiheitsbegriff akzeptieren, ihre eigene Systemautonomie so weit ausspielen kann. Das muß hier nicht entschieden werden. Es muß uns genügen, zu sehen, daß jede Paradoxie auch anders konstruiert werden und damit andere Möglichkeiten der Entfaltung durch Anschlußunterscheidungen freigeben kann.

59 So Friedrich Nietsche, Menschliches, Allzumenschliches 1, 56.

Takt und Zensur im Erziehungssystem

I

Die Pädagogik wird es kaum zugeben können, daß psychische Prozesse und soziale Prozesse völlig getrennt operieren. Aber das Bewußtsein der Individuen kann mit eigenen Operationen andere Individuen nicht erreichen. Es kann wahrnehmen, kann Wahrgenommenwerden wahrnehmen und kann den eigenen Körper so zu beeinflussen versuchen, daß aus dem Wahrgenommenwerden kein Schaden entsteht. Es kann sich sehen und hören lassen und die Selbstdarstellung in gewissem Umfange kontrollieren. Aber wenn Kommunikation zustande kommen soll, muß ein ganz anderes, ebenfalls geschlossenes, ebenfalls autopoietisches System in Tätigkeit treten, nämlich ein soziales System, das Kommunikationen durch Kommunikationen reproduziert und nichts weiter tut als dies.

Die Pädagogik, die die Bedingungen der Möglichkeit von Lehr-/Lernprozessen zu vertreten hat, wird sich schwertun, diese Theorie zweier geschlossener Systeme zu akzeptieren. Sie geht von kommunikativem Handeln aus und fragt nach den Bedingungen seiner Wirksamkeit. Ihr Paradox ist nicht die Systemdifferenz, sondern das Verhältnis von Kausalität und Freiheit.[1] Sie ist an Intensivierungen und Spezialisierungen der sozialen Kontakte in der Schule interessiert und daran, Lehrer und Schüler von den Aussichten des Unternehmens Erziehung zu überzeugen. Die Theorie einer operativen Schließung der Systeme, also ihrer vollständigen Trennung, könnte entmutigend wirken und nachweisen, daß ihre Reflexionsziele unerreichbar sind.

Und trotzdem könnte es sinnvoll sein, Pädagogen mit einer andersartigen Theorie zu konfrontieren – und sei es nur, um ihnen zu ver-

1 Dazu findet man eine stärker ausgearbeitete Formulierung im Rahmen einer subjektiven Entscheidungstheorie bei G. L. S. Shackle, Imagination and the Nature of Choice, Edinburgh 1979, z. B. S. 50: »There is a seeming paradox. Without uncause there can be no freedom; without freedom there can be no beginning; without beginning there can be no cause; without cause there can be no effectiveness of choice.« Zur spezifisch pädagogischen Tradition vgl. auch Dieter Lenzen, Zwischen Stabilisierung und Differenzierung: Paradoxien im Erziehungssystem, in: Niklas Luhmann/Karl Eberhard Schorr (Hrsg.), Zwischen System und Umwelt. Fragen an die Pädagogik, Frankfurt 1996, S. 256-278.

deutlichen, daß ihre eigenen Normalvorstellungen auf einer Option beruhen, und sie einzuladen, zu überlegen, wie eine »redescription«[2] ihrer eigenen Theorie mit Hilfe einer anderen sich auf ihre eigene Theorie auswirkt. Der Gewinn könnte in einer neuen Beweglichkeit in der Handhabung von Formen liegen, die als kontingent bewußt werden, und dies könnte auf die Frage nach Begründungen hinauslaufen, die den traditionellen Rahmen der Geisteswissenschaften sprengen.

Ob solche »redescriptions« gelingen, kann natürlich vorweg nicht ausgemacht und auch methodologisch nicht garantiert werden. Es kommt auf den Versuch an.

II

Zur pädagogischen Technik des Umgangs mit dem Paradox von Kausalität und Freiheit gehört eine Form der Kommunikation, die man als *taktvolle* Kommunikation bezeichnen könnte, wenn man eine taktvolle Bezeichnung wählen will; aber auch als *paradoxe* Kommunikation, wenn man auf ein Problem aufmerksam machen will. In der Sache geht es um den Versuch, Einfluß zu nehmen, ohne die freie Selbstbestimmung des anderen offensichtlich in Frage zu stellen. Es kann sich zum Beispiel um Darstellung von Wissen in rein *kognitiver* Form handeln, das aber gelernt werden *soll.* Oder um Bewertung des Kenntnisstandes von Personen nach dem Schema richtig/falsch, das aber überdies Lob oder Tadel impliziert, je nachdem, ob richtige oder falsche Antworten gegeben worden sind. Es kann sich um paradoxe Kommunikationen im engeren Sinne der Double-bind-Theorie handeln, die auf der Ebene der expliziten Kommunikation wohlmeinende Absichten zum Ausdruck bringen, zugleich aber Verärgerung,

2 »redescription« im Sinne von Mary Hesse, Models and Analogies in Science, Notre Dame 1966, S. 157ff. Auch in der neueren Kunsttheorie wird dieser Begriff verwendet, um zu betonen, daß neu auftauchende Kunststile nicht einfach beliebig geschaffen werden, sich aber auch nicht mit einer bloßen Negation von Vorgängerstilen begnügen, sondern sich über deren »redescription« im Kunstsystem verankern, ebendamit aber wählbar machen, was vorher als Rahmen vorausgesetzt war. So Michael Baldwin/Charles Harrison/Mel Ramsden, On Conceptual Art and Painting, and Speaking and Seeing: Three Corrected Transcripts, Art-Language NS 1 (1994), S. 30-69 (31). Redescription heißt demnach: kontingenzerweiternde Fortsetzung eines Diskurses.

Ungeduld oder die Absicht, Schlechtleistungen vorzuführen, mitanklingen lassen. Es kann sich um moralische Appelle oder um ethische Ermahnungen handeln, die erkennen lassen, daß man mit der Befolgung nicht sicher rechnet.

Die gleiche Ambivalenz findet man im Verhalten der Schüler. Sie reagieren scheinbar sachlich auf die Anforderungen des Unterrichts, indem sie sich auf das Spiel des richtigen bzw. falschen Wissens bzw. zureichenden oder unzureichenden Könnens einlassen; aber es ist unübersehbar, daß es für sie zugleich um Selbstdarstellungen geht, um oft geradezu akrobatische Kunststücke im Vorführen positiver und im Verdecken negativer Leistungen. Und dies »Können« scheint denn auch das zu sein, was man in Schulen fürs Leben lernt.[3]

Mit einem Ausdruck von Chris Argyris kann man solch ein kommunikatives Verhalten auf beiden Seiten als »designed inconsistency« bezeichnen.[4] Die Ambivalenz ist dem Bewußtsein bewußt; sie kann aber im Kommunikationssystem (und auch dies ist dem Bewußtsein bewußt) nicht thematisiert werden. Sie wird in der Kommunikation als inkommunikabel behandelt. Sie produziert für Zwecke der weiteren Kommunikation ausreichend präzise Mitteilungen, zum Beispiel hinreichend bestimmte Fragen und hinreichend bestimmte Antworten. Aber sie läßt unterschwellige Verweisungen mitlaufen, und zwar erkennbar mitlaufen, die in der weiteren Kommunikation nicht behandelt werden können. Die Kommunikation bleibt eindeutig mehrdeutig und wirkt auch so; aber als Prozeß oder auch als System gesehen, schließt die Kommunikation diese spezifische (nicht natürlich: jede) Ambivalenz aus den Themen aus, die sie behandeln kann. Und wenn dies versehentlich oder absichtlich doch geschieht, gibt es ausreichende Reserven, auch damit in derselben Weise paradoxer Kommunikation umzugehen. Die Kommunikation schützt sich selbst mit einer Art Technik des by-passing gegen Einsichten, die im Bewußtsein durchaus vorhanden sein können. Oder auch nicht, aber auch dies kann in der Kommunikation nicht überprüft

3 Frei nach Robert Dreeben, On What Is Learned in School, Reading Mass. 1968; dt. Übers. Frankfurt 1980. Die weitere Diskussion lief unter dem Titel »heimlicher Lehrplan«.

4 Siehe Chris Argyris, Crafting a Theory of Practice: The Case of Organizational Paradoxes, in: Robert E. Quinn/Kim S. Cameron (Hrsg.), Paradox of Transformation: Toward a Theory of Change in Organization and Management, Cambridge Mass. 1988; S. 255-278.

werden, weil die Thematisierung unterdrückt wird. In logischer Terminologie könnte man von einem Einschließen des Ausschließens von Umweltphänomenen sprechen, die sich für kommunikative Behandlung nicht eignen.

Taktvolle Kommunikation führt ganz allgemein das Problem mit sich, daß sie als taktvoll erkennbar ist und man deshalb wissen kann, daß sie nicht ganz so gemeint ist, wie sie sich darstellt. Den Beteiligten wird ein abweichendes Bewußtsein freigestellt. Hauptsache ist, daß diese Ambivalenz nicht in die Oberflächenstruktur der Kommunikation eindringt, nicht selbst zum Thema wird, weil das die Beteiligten zwingen würde, darauf »digital« im Schema von Ja/Nein zu reagieren. »Avoid to make anyone uneasy in conversation«, empfiehlt bereits Locke als ein Thema der Erziehung – ohne es freilich auf die erzieherische Kommunikation selbst anzuwenden.[5] Das setzt freilich relativ folgenlose, gesellige Konversation voraus, wie sie vorwiegend in der Literatur des 17. und 18. Jahrhunderts behandelt wird. Die Übertragung auf Kommunikation innerhalb von Funktionssystemen, also auch innerhalb des Erziehungssystems wird deshalb als problematisch erscheinen, weil hier etwas davon abhängt, wie die Kommunikation stilisiert wird. Man hört in der Pädagogik denn auch wenig von einer Vorschrift, Lehrer und Schüler sollten einander »taktvoll« behandeln. Eher kommt es zu Empfehlungen sozialer Sensitivität und Rücksichtnahme auf Empfindlichkeiten, Vermeidung peinlicher Bloßstellung und dergleichen. Damit wird dasselbe Problem aber nur anders formuliert, und die Frage bleibt, welche Folgen es hat, wenn die Erziehung über geplant inkonsistente Kommunikation läuft, die im weiteren dann aber konsistent als konsistent behandelt werden muß, so daß dem Unbehagen an der Unaufrichtigkeit kein Platz gelassen wird, an dem es sich melden könnte. Es bleibt nur der Trost, daß jeder nach denselben Regeln mitspielen kann.

Vergleicht man die pädagogische Kommunikation, besonders in Schulen, mit geselliger Kommunikation, so fallen mindestens zwei Besonderheiten auf. Die paradoxe Kommunikation dient dazu, das Grundparadox der Erziehung, nämlich: auf Freiheit einzuwirken,

5 Siehe John Locke, Some Thoughts Concerning Education (1690), 143, zitiert nach Works, London 1823, Neudruck Aalen 1963, Bd. IX, S. 1-205. An neuerer Literatur siehe etwa Tom Burns, Friends, Enemies, and the Polite Fiction, American Sociological Review 18 (1953), S. 654-662; Erving Goffman, Embarassment and Social Organization, American Journal of Sociology 62 (1956), S. 264-271.

um Freiheit zu bewirken, zu camouflieren. Auf eine je nach Altersgruppe verschieden »taktvolle« Weise wird Freiheit fingiert und Wirksamkeit gesucht. Oder man externalisiert das Problem des Zwanges, der Freiheit einschränkt, in der Form des Wissens, das, unter der Strafe des Mißerfolgs, so anzuwenden ist, wie es nun einmal richtig ist. Außerdem besteht ein Unterschied darin, daß viel davon abhängt, wie man in der Schule mit der Schule zurechtkommt. In der Schule, wenn nicht schon früher, beginnt eine Karriere, die zu korrigieren im weiteren Zeitlauf immer schwieriger wird. Der dunklen, diabolischen Seite der Kommunikation entspricht eine dunkle, diabolische Seite der Karriere.[6] Denn Karriere heißt: daß man begehrte Positionen erreichen oder auch nicht erreichen kann und daß dies für die nächsterreichbaren Positionen in jedem Moment der Karriere ungewiß ist.

Die paradoxe Kommunikation ist gleichsam nur ein Mittelglied in einer Kette von Transformationen, die ein Paradox in ein anderes verwandeln und mit jeder geformten, auf einer bestimmten Unterscheidung beruhenden Paradoxie andere Effekte verbinden. Die Einschätzung paradoxer Kommunikation ist auf Grund einer nachhaltigen Forschung und therapeutischen Praxis im Bereich gestörter Familien durchweg negativ.[7] Sie gilt als Ursache psychischer und sozialer Störungen, die nur schwer und jedenfalls nicht durch »Aufklärung«, sondern nur durch ebenfalls paradoxe Strategien zu kurieren oder vielleicht auch nur in weniger schmerzhafte Kommunikationsformen zu transformieren sind. Diese Einschätzung kann jedoch nicht ohne weiteres aus den Familiensystemen in andere Teilsysteme der Gesellschaft übertragen werden. Denn mehr als anderswo gilt für Familien, daß hier die Individuen Liebe mit Anerkennung ihrer gesamten Persönlichkeit erwarten, so daß eine in dieser Hinsicht ambivalente und als Kommunikation unbeantwortbare Kommunikation Sinn und Funktion des Systems untergräbt. Die Erfahrungen der Familientherapeuten mögen auch für das System schulischer Erziehung eine Warnung sein. Das gilt auch und besonders für die Schwierigkeiten, die Selbstversiegelung dieser Kommunikation mit therapeutischen Techniken aufzubrechen. Dennoch scheint in Schulen eine gelassenere, zur Routine geronnene Form paradoxer Kommunikation

6 Hierzu Giancarlo Corsi, Die dunkle Seite der Karriere, in: Dirk Baecker (Hrsg.), Probleme der Form, Frankfurt 1993, S. 252-265.

7 Dazu und zu den darauf bezogenen Interventionsstrategien L. A. Seltzer, Paradoxical Strategies in Psychotherapy, New York 1986.

vorzuherrschen, und man wird hier eher bereit sein, offenzulassen, was der andere wirklich meint, sofern nur gesichert ist, daß er es nicht sagt. Man kann das Problem gleichgültiger angehen als in den Familien, wenn auch nicht so gleichgültig wie in der geselligen Konversation.

III

Mit alldem ist noch nicht geklärt, weshalb es überhaupt zu paradoxer Kommunikation kommt. In der Systemtherapie scheint die Ansicht vorzuherrschen: es kommt vor, und wenn es zu pathologischen Konsequenzen führt, muß der Therapeut eingreifen und die Formen paradoxer Kommunikation in dem jeweils zu behandelnden System genauer analysieren, um entsprechend gezielte Interventionsstrategien einsetzen zu können. Für praktische Zwecke mag dies genügen. In theoretischer Sicht bleibt jedoch unbefriedigend, daß man auf die Entstehung von Pathologien wie auf eine Art Eskalation, die möglicherweise durch Zufälle oder Bagatellereignisse ausgelöst wird, warten muß. Für ein derart generelles und, wenn man vom Gewicht der Folgen im Einzelfall absieht, universelles Problem müßte es eine generelle Erklärung geben.

Der Ansatz für eine Erklärung liegt in der zunächst unwahrscheinlich klingenden, allem sozialen Humanismus widersprechenden These, daß es sich bei psychischen ebenso wie bei sozialen Systemen[8] um operativ geschlossene, autopoietische Systeme handelt, die mit ihren eigenen Operationen ihre eigenen Operationen reproduzieren, aber nicht ihre Grenzen überschreiten können, weil dies heißen würde: in der Umwelt das eigene System zu reproduzieren.[9] Die Theorie operativer Geschlossenheit leugnet jedoch keineswegs, daß es kausale Beziehungen zwischen dem geschlossenen System und seiner Umwelt geben kann (denn Kausalität setzt ja keineswegs Formgleichheit der Operationsweisen voraus). Geschlossene Systeme sind durch Systeme ihrer Umwelt irritierbar, wenngleich nicht determinierbar – so das Gehirn durch physikalische oder photochemische Reize, so

8 Und im Hinblick auf Maturana sei noch hinzugefügt: auch bei organischen (lebenden) Systemen.

9 Hierzu ausführlicher Niklas Luhmann, Probleme mit operativer Schließung, in ders., Soziologische Aufklärung Bd. 6, Opladen 1995, S. 12-24.

das Bewußtsein durch Resultate neurophysiologischer Rechnungen, so die sozialen Systeme der Kommunikation durch Bewußtseinssysteme. Damit stellt sich die Frage, wie operativ geschlossene Systeme, die ihre Umwelt mit eigenen Operationen nicht erreichen können, also auch kognitiv geschlossen operieren, der ständigen Irritation durch eine für sie intransparente Umwelt Rechnung tragen können. Und *paradoxe Kommunikation ist eine der Antworten auf diese Frage.*

Denn paradoxe Kommunikation ist als Operation durchaus möglich, so wie ja auch paradoxe Denkfiguren bewußtseinsmäßig realisiert werden können. Die Paradoxie entsteht, wenn das System an die Innenseite seiner Systemgrenzen stößt, die aber nicht überschritten werden können, obwohl die Form der Grenze besagt, daß es eine Außenseite und damit eine Umwelt gibt. Grenzen signalisieren dem System den Einschluß des Ausschlusses von all dem, was jenseits der Grenzen liegt. Der Einschluß des Ausgeschlossenen ist selbst eine Paradoxie, und paradoxe Kommunikation fügt diese Paradoxie dann in operationsfähiger Form in die Autopoiesis des sozialen Systems ein.

Mit einem weiteren Abstraktionsschritt können wir uns des Formenkalküls von George Spencer Brown bedienen, der, wenngleich mit stark einschränkendem Bezug auf Mathematik (Arithmetik, Algebra und dann Gleichungen zweiter Ordnung), Fragen des Prozessierens von Formen (= Unterscheidungen) behandelt.[10] In unserem Problembereich geht es offensichtlich weder um ein Prozessieren von Konstanten (wie Arithmetik) noch um ein Prozessieren von Variablen (wie Algebra, aber auch wie die übliche empirische Sozialforschung). Vielmehr ist die Paradoxie eine *im System selbst erzeugte Ungewißheit.* Solche Fälle konstruiert Spencer Brown mit der Figur des »re-entry« einer Form in die Form (einer Unterscheidung in das durch sie selbst Unterschiedene).[11] Das paßt sehr genau auf unser Problem, wenn man nicht nur (wie Spencer Brown) die primäre Unterscheidung marked/unmarked zugrunde legt, sondern eines ihrer Derivate: die Unterscheidung System (marked) und Umwelt (unmarked). Und dann werden auch die mathematischen Konsequenzen eines solchen re-entry für unser Problem interessant.

Die paradoxe Kommunikation ist eine der Möglichkeiten, die lau-

10 Siehe George Spencer Brown, Laws of Form, zitiert nach dem Neudruck der 2. Aufl., New York 1979. Vgl. auch Dirk Baecker (Hrsg.), Kalkül der Form, Frankfurt 1993.

11 Siehe a. a. O., S. 56 ff., 69 ff.

fend reproduzierte Differenz von System und Umwelt in das System (also in die Differenz selbst) wiedereintreten zu lassen. Was in den Bewußtseinssystemen der Umwelt geschieht, wird in der Kommunikation nur als unbestimmbarer Verdacht mitgeführt, der aber in der Kommunikation selbst nicht aufgegriffen werden kann, weil die Umwelt unzugänglich bleibt und die Kommunikation selbst die Kommunikation des Verdachtes wiederum paradox, nämlich als bestimmte Unbestimmtheit, weiterbehandeln würde.

Das bestätigt insoweit nur unsere bisherigen Analysen. Die Überlegungen von Spencer Brown führen jedoch einige Schritte darüber hinaus. Die erste Folgerung liegt in der Annahme einer im System selbst erzeugten, mit den zugelassenen Operationen des Systems nicht auflösbaren Unbestimmtheit.[12] Manche sprechen auch von »Überdetermination«. Diese Unbestimmtheit geht nicht darauf zurück, daß das System, wie eine ältere Generation von »Kontingenz«-Theoretikern angenommen hatte, von unvorhersehbaren Einwirkungen einer übermäßig komplexen, turbulenten Umwelt abhängt. Sie kann also nicht im Schema von unabhängigen und abhängigen Variablen abgebildet werden. Vielmehr reagiert das System in der Form des re-entry auf die Notwendigkeit, mit der Differenz von System und Umwelt *intern* zu rechnen und die erforderlichen Determinierungen *selbst* vorzunehmen. Dazu benötigt es Zeit.[13] Das heißt: es benötigt ein Gedächtnis, das Vergangenes nur hochselektiv erinnert, und zwar an Hand von Identifikationen, die als wiederverwendbar erscheinen. Erinnert wird die beleuchtete, explizit kommunizierte und nicht die abgedunkelte, Mutmaßungen überlassene Seite der Kommunikation. Und es benötigt eine in der Gegenwart und durch sie noch nicht bestimmte Zukunft, die durch eine oder mehrere Oszillator-Funktionen bestimmt wird. In der Logik könnte dieses Oszillieren durch Wahrheitswerte präsentiert werden. Bei einer stärker generalisierten Analyse, die sich auf Logik nicht verlassen mag, kann das System nur als bistabil charakterisiert werden. Der Oszillator erzeugt Zeit durch eine Art flip/flop-Verfahren. Selbst bei noch so stabilen Präferenzen kann keine Festlegung für den nächsten Moment ihr Gegenteil aus-

12 »unresolvable interdeterminacy« – Spencer Brown, a. a. O., S. 57.

13 Zur Bedeutung von Temporalisierung als Lösung der hier angesprochenen Problematik vgl. auch eine der ersten Rezensionen der »Laws of Form« von Heinz von Foerster in: The Whole Earth Catalogue 1969, S. 14, dt. Übersetzung in Baecker, Kalkül der Form, a. a. O. S. 9-11.

schließen. Die Einheit des flip/flop ist wiederum die Paradoxie; aber sie erscheint als Paradoxie nur, wenn man von Zeit abstrahiert.[14]

IV

Unter den besonderen Bedingungen ausdifferenzierter, in Schulen organisierter Erziehung nehmen die zeitbezogenen Extensionen des jeweils gegenwärtigen Operierens eine besondere Form an, die an die Funktion der gesellschaftlichen Selektion gebunden wird. Immer wenn erzieherische Kommunikationen vorgeben, die Zöglinge zu »verbessern«, fallen spezifische Unterscheidungen an. Die Absicht zu erziehen kann nicht kommuniziert werden ohne die Absicht zu diskriminieren. Das gilt rein formal und ganz unabhängig von den Kriterien bzw. Programmen, die die Erziehung dirigieren. Das Erziehungssystem braucht einen binären Code, der es ermöglicht, Schüler im Hinblick auf bessere bzw. schlechtere Leistungen zu unterscheiden. Im Grunde und in der Praxis ihrer Kommunikation sind also Erziehung und Selektion aneinander gebunden. Wer die Aufgabe eines Erziehers übernimmt und dann Beurteilungen verweigert, kommuniziert, wie man sagt, einen performativen Selbstwiderspruch. Er macht sich selbst unglaubwürdig. Er handelt so, als ob er nicht wüßte, auf was er hinauswill. Er kommuniziert erkennbar paradox und erzeugt, als Reaktion auf paradoxe Kommunikation, den Verdacht auf nichtmitteilbare Hintergedanken.

Trotzdem sind Erziehung und Selektion keineswegs dasselbe, denn sonst wäre auch eine Kommunikation, die Erziehung betont und Selektion verweigert, nicht paradox, sondern nur einfacher Ausdruck guten Willens. Die Erziehungsfunktion vertritt die Einheit des Ziels unter Gesamtformeln wie menschliche Perfektion, Bildung, Eignung für gesellschaftlich gestellte Aufgaben, Erzeugung von Lernfähigkeit für noch unbekannte Situationen. Die Selektionsfunktion wird dagegen binär codiert. Sie stellt Erziehungsziele vor und stellt dann fest, ob sie erreicht sind oder nicht. Das mag in der Hoffnung auf Besserung zunächst nahezu bewertungsfrei geschehen, wird aber in der

14 So versteht man auch, daß in den förmlichen Definitionen des Begriffs der Paradoxie häufig die Gleichzeitigkeit unvereinbarer, aber unwiderlegbarer Positionen auftaucht oder das praktisch zeitlose Oszillieren nach dem Muster: wenn wahr, dann unwahr; wenn unwahr, dann wahr.

Kommunikation so gut wie zwangsläufig als Lob und Tadel verstanden. Der Lehrer mag versuchen, dieser Auffassung entgegenzuwirken; aber das wird dann sehr rasch als paradoxe Kommunikation aufgefaßt, die das verschweigt, worauf es ihr eigentlich ankommt, und dies Verschweigen als guten Willen camoufliert, um die dies bezweifelnde Kommunikation zu blockieren. Aber geglaubt wird es trotzdem nicht, und Schüler sind wohlberaten, wenn sie sich darauf einstellen, daß das Ganze letztlich doch auf Selektion hinausläuft.

Die Unterscheidung guter und schlechter Leistungen, pädagogisch dosierte Anerkennung oder Kritik, Lob und Tadel – all diese Vorformen strikter Binarisierung sind noch keine Zensurgebung, und Zensurgebung ist noch keine Entscheidung über Versetzung, über Möglichkeiten weiterer Förderung oder über Abschlüsse. Aber die Kommunikation gerät, wenn sie überhaupt binär digitalisiert, unter Konsistenzdruck. Der Lehrer gerät, gerade wenn er es mit einer Klasse und mit sehr unterschiedlichen Leistungen zu tun hat, unter die Anforderung, gerecht zu sein. Anderenfalls wird erkennbar, daß er planmäßig inkonsistent verfährt, und das wirkt, auch wenn pädagogische Gründe vorgegeben werden, auf die Glaubwürdigkeit seiner pädagogischen Absicht zurück. Er mag sich in den Anfangsformen der bloßen Beurteilung von Leistungen der paradoxen Kommunikation bedienen, um Bloßstellungen oder Entmutigungen zu vermeiden und Empfindlichkeiten zu schonen. Aber dem sind Grenzen gezogen, wenn jedermann weiß, daß letztlich doch zensiert und versetzt oder nicht versetzt werden muß. Man mag den Einsatz offizieller Sanktionsmittel hinauszögern, um den Schülern Zeit zu lassen, ihre eigenen Leistungen und Leistungsbereitschaften zu überprüfen und an die Anforderungen anzupassen. Aber gerade das setzt ja voraus, daß schon kenntlich gemacht ist, worauf es letztlich ankommt.

Diese Analysen laufen nicht auf die These hinaus, daß es in der Erziehung »letztlich« doch nur um gute Zensuren und um das Bestehen von Prüfungen geht. Aber ebenso falsch wäre die weit verbreitete Gegenmeinung: daß ein Erzieher Selektion nach Möglichkeit vermeiden solle, weil sie ihm das Geschäft verderbe und die Aufmerksamkeit der Schüler auf unwesentliche Äußerlichkeiten ablenke. Wie in jedem Funktionssystem müssen auch hier Funktion und binäre Codierung unterschieden werden. Nur beides zusammen ermöglicht eine funktionsspezifische Ausdifferenzierung. Auch das Rechtssystem kann nicht nur gerecht sein, sondern muß außerdem noch zwischen

Recht und Unrecht unterscheiden; denn anders wäre es nicht in der Lage, gleiche Fälle gleich und ungleiche Fälle ungleich zu behandeln. Es wäre auch falsch, die schulische Selektion als aufgezwungenen Dienst an gesellschaftlichen Interessen abzuwerten und die Pädagogen zu einem dauernden Rebellieren gegen diesen Zwang aufzurufen. Externe Einflüsse mögen sich auf die Ziele und Kriterien auswirken, die der Erziehung und der Selektion zugrunde liegen (etwa: viel Turnen macht gute Soldaten). Auf dieser Ebene stellen sich Fragen der Autonomie. Die binäre Codierung selbst entspricht dagegen der internen Logik des Systems schulischer Erziehung. Sie kann nicht aufgegeben werden, ohne auch die Erziehung selbst zu untergraben und sie in einen unkontrollierbaren Sozialisationsprozeß zurückzuverwandeln.

V

Die jede Erziehung fundierende, die Ausdifferenzierung eines Erziehungssystems ermöglichende Symbiose von Erziehung und Selektion findet demnach ihren primären und unausweichlichen Ausdruck in paradoxer Kommunikation, die Takt in Anspruch nimmt und sich damit dem Verständnis als »nur pädagogische«, wohlmeinend-hinterhältige Kommunikation aussetzt. Zugleich bietet diese Ausgangslage aber auch Möglichkeiten der Entschärfung des »double-bind« paradoxer Kommunikation. Während paradoxe Kommunikation zu jener unlösbaren Unbestimmtheit führen würde, die mit der eigenen Operationsweise, eben mit pädagogischer Kommunikation nicht aufgehoben, sondern nur als unangreifbar, als inkommunikabel versiegelt werden kann, bietet die binäre Codierung der Selektion einen Ausweg. Sie löst zwar das Problem nicht, indem sie es zum Verschwinden brächte, aber sie entschärft es; und zwar in genau der Weise, die Spencer Brown für eine paradoxiebezogene, die Grenzen der Arithmetik und der Algebra überschreitende Mathematik fordert: durch Temporalisierung. (Es muß wohl nicht nochmals betont werden, daß es uns nicht um eine mathematische Lösung eines mathematischen Problems geht und erst recht nicht um eine Erlösung der Pädagogik von ihren eigenen Problemen durch Anleihen bei der Mathematik. Die These ist vielmehr, daß rekursive Temporalisierung ein sehr allgemeines Verfahren ist, das dazu verhelfen kann, Paradoxien aufzulösen.)

Wenn das Erziehungssystem auf nicht aktuelle Zeithorizonte, sei es

Vergangenheit, sei es Zukunft, zurückgreift bzw. vorausgreift, so benutzt es dafür vor allem seine Selektionsmechanismen.[15] Die Vergangenheit wird in der Form von registrierten Beurteilungen erinnert – offensichtlich hochselektiv und mit Vergessen der meisten Aspekte von Situationen, auch wenn sie pädagogisch relevant gewesen waren. Mit dieser Form des Gedächtnisses wird laufend zwischen Vergessen und Erinnern diskriminiert und durch Vergessen Kapazität freigemacht für ein laufendes Neuerleben von Situationen und Leistungen. Dem entspricht, daß die so erinnerte Vergangenheit die Zukunft nicht festlegt, sondern ein Oszillieren ermöglicht – nur im Rahmen des Codes und seiner Zensuren, aber immerhin: von schlechter zu besser oder von besser zu schlechter. »Memory function« und »oscillator function« im Sinne von Spencer Brown[16] greifen so ineinander und sorgen dafür, daß Vergangenheit und Zukunft getrennt bleiben, also unterschieden werden können. Das System legt sich nicht, wie es über die Identifikation von Personen leicht passieren kann und auch im Erziehungssystem immer wieder passiert, auf eine Kontinuitätslinie fest, nur weil die Personen dieselben bleiben, sondern es hält sich, im Prinzip jedenfalls, für eine andere Zukunft offen. Das System ist somit konstitutionell bereit, sich überraschen zu lassen und etwa anfallende Veränderungen der Leistungen (auch ohne weitere Erklärung[17]) ins Gedächtnis zu überführen.

15 Die Einschränkung »vor allem« läßt offen, ob es noch andere Formen der Erinnerung und der Antezipation gibt. Dabei ist zum Beispiel an die Identifikation von Personen, seien es Lehrer, seien es Schüler, zu denken, die auch unabhängig davon, wie sie zensieren oder zensiert werden, über längere Zeitstrecken hinweg mit Namen, körperlicher Erscheinung usw. erinnert werden. Sie repräsentieren Vergangenheit insofern, als man sich ein Urteil über sie auf Grund hochselektiver Erfahrungen immer schon gebildet hat. Sie repräsentieren Zukunft insofern, als man hofft, sie durch geeignete Kommunikation beeinflussen, also oszillieren lassen zu können. Wir können dem hier nicht weiter nachgehen. Wenn es aber diese funktionalen Äquivalente für Gedächtnis und Oszillation tatsächlich gibt, müßte man die Frage stellen, ob es im Laufe einer geschichtlichen Entwicklung der modern organisierten Großschulen eine Gewichtsverschiebung von Personen auf Selektionsregister und -kriterien gegeben hat und wie eine solche Depersonalisierung und »Objektivierung« sich auf die Fernsteuerung des Selektionsprozesses auswirkt.

16 A. a. O., S. 60 f.

17 Damit ist zugleich gesagt, daß hierfür kein Zurechnungskonsens erforderlich ist. Sowohl Lehrer als auch Schüler können eine Leistungsverbesserung sich selbst zurechnen und eine Leistungsverschlechterung externalisieren, also den Umständen oder dem schlechten Schüler bzw. dem schlechten Lehrer zuschreiben.

Das Systemgedächtnis dient also keineswegs nur der Bewahrung und dem Wiederaufrufen einer unabänderlich gewordenen Vergangenheit. Es ist so gebaut, daß es unter laufend variierten, neu beeindruckenden Umständen Vergangenheit mit Zukunft verknüpft;[18] und so, daß dies möglich ist, ohne dadurch die Zukunft festzulegen. Dabei muß freilich, und dies vor allem leistet das Zensurenschema, die Vergleichbarkeit von Vergangenheit und Zukunft gewährleistet sein. Das Schema selbst muß identisch bleiben, um die Selektivität der Erinnerung mit einem Oszillieren in der Zukunft verknüpfen zu können. Oder anders gesagt: die Unterscheidungen, die den Code besserer und schlechterer Leistungen ausdefinieren, müssen auch den Oszillationsrahmen für künftige Beurteilungen festlegen. Das sind einschneidende Beschränkungen, wenn man sie mit der offenen Komplexität des persönlichen Urteils über Personen vergleicht. Aber wenn dies gesichert ist, läßt das Gedächtnis in der Projektion künftiger Vorkommnisse sowohl Kontinuität (Wiederholung) als auch Abweichung (Überraschung) zu.

Folgt man diesen Überlegungen, führen sie zu erheblichen Korrekturen an einer verbreiteten Aversion der Pädagogen gegen Zensuren und Prüfungen. (Wir hatten oben eine »redescription« in Aussicht gestellt.) Das übliche Urteil beklagt die aktiv und passiv personabhängigen Verzerrungen des angeblich »objektiven« Urteils beim Zensieren und Prüfen. Sicher mit Recht. Die funktionale Äquivalenz eines über die Identifikation von Personen und eines über Zensuren organisierten Gedächtnisses läßt eine vollständige Trennung nicht zu. Aber wenn das zugegeben ist, führt das keineswegs zum Verzicht auf diese Zweigleisigkeit. Der Verzicht müßte zur Folge haben, daß das Geschäft der Erziehung in vollem Umfange der taktvollen, sozial sensitiven und das heißt: paradoxen Kommunikation überlassen bleibt.

VI

Wir waren von der Unvermeidlichkeit paradoxer Kommunikation ausgegangen. Sie kann als taktvoll, sozial sensitiv, schonend, pädagogisch überlegt und hilfreich gelobt werden. In der Wirklichkeit hat

18 Siehe hierzu Heinz von Foerster, Was ist Gedächtnis, daß es Rückschau *und* Vorschau ermöglicht?, zit. nach der deutschen Übersetzung in ders., Wissen und Gewissen: Versuch einer Brücke, Frankfurt 1993, S. 299-336.

sie jedoch unvorhersehbare Folgen. Im Familienleben oder in sonstigen Intimbeziehungen befürchtet man »double-bind« und pathologische Entwicklungen. Die klassische Rhetorik sah in hochstilisierten Paradoxen eine Art Geistestraining des Redners. Die heutige Organisationstheorie erhofft Anstöße zu kreativen Innovationen.[19] Mit alldem bewegt man sich auf empirisch wenig gesichertem Terrain. Es kann sein – oder auch nicht. Es gibt solche Auswirkungen – und auch gegenteilige, oder gar keine, wie es in der Logik des Paradoxes liegt. Jedenfalls gibt es keine Sicherheit für planbare lineare Kausalitäten. Eher kann man im Sinne der heutigen Chaostheorie nichtlineare Entwicklungen erwarten mit Abweichung steigernden oder verschluckenden, positiven oder negativen, kreativen oder destruktiven Verläufen. Vielleicht Auslösekausalität, aber keine Durchgriffskausalität. Wenn man dies auf eine Formel bringen will, könnte man sagen, daß das System im Horizonte *selbsterzeugter Ungewißheit* operiert und damit von Situation zu Situation immer wieder neu gefordert ist, sich selbst zu reproduzieren. Autopoiesis!

Geht man von diesem Problem aus, dann erkennt man die korrigierende Funktion des Zensierens. Zensuren können nicht taktvoll, aber natürlich auch nicht taktlos zugeteilt werden. Sie sind formal eindeutige Kommunikationen, und zu diskutieren ist dann allenfalls noch, ob sie berechtigt und im sozialen Vergleich gerecht gegeben werden oder nicht. Über Prüfungen und Zensuren füllt das System die selbsterzeugte Ungewißheit mit selbsterzeugter Gewißheit aus. Das reduziert den Bereich paradoxer Kommunikation. Man kann noch so behutsam vorgehen, aber ausgesprochen oder unausgesprochen wird man dabei von einem Zensurenspiegel oder von Tatsachen wie »bereits einmal durchgefallen« ausgehen. Das System erinnert sich. Und selbst wenn die Kommunikation das Systemgedächtnis beiseite schieben wollte, wird genau das als paradoxe Kommunikation verstanden; denn die Kommunikation stellt dann ihr eigenes Wohlwollen bzw. eine Absicht der Bagatellisierung solcher Formalien zur Schau, *von der man weiß oder ahnt, daß sie im System nicht durchzuhalten ist.* Was gesagt werden kann, ist eigentlich nur: daß aus vergangenen Zensuren nicht auf künftige geschlossen werden soll. Das System ist oszillationsbereit und bekennt sich dazu.

Die taktvoll-paradoxe Kommunikation besetzt die jeweils aktuelle

19 Speziell hierzu Quinn/Cameron, a. a. O.

Gegenwart ohne Kontrolle über ihre Folgen. Das Zensieren aktualisiert einen weiter ausgreifenden, zugleich aber hochselektiven Zeitbezug. Es benutzt ein extrem reduktives Gedächtnis, um Vergessen und Erinnern zu ordnen. Und es rechnet mit einer unbekannten Zukunft, indem es Oszillationsmöglichkeiten im Verhältnis von besseren und schlechteren Leistungen bereitstellt. Die Verknüpfung der so verschieden konzipierten Zeithorizonte Vergangenheit und Zukunft gelingt jedoch nur über eine Codierung, die garantiert, daß im gleichen Schema beurteilt wird.

Im übrigen ist auch der Selektionscode letztlich eine aufgelöste Paradoxie. Das Schema Ja/Nein (zum Beispiel in bezug auf das Bestehen von Prüfungen) oder besser/schlechter (in bezug auf frühere Leistungen oder Klassendurchschnitte) läßt es nicht zu, nach der Einheit der Differenz zu fragen, also zu fragen: was ist »dasselbe« im Unterschied von bestanden/nichtbestanden oder im Unterschied von besser/schlechter. »Dasselbe« im Unterschiedenen: das wäre der »blinde Fleck«[20] der Unterscheidung, den man nicht sehen kann, weil man durch ihn sieht. »Dasselbe« – das wäre das Paradox der Einheit des Verschiedenen. Dasselbe – das wäre dann wohl der Sinn von Schule.

Wenn diese Analyse sich als eine »redescription« der Schulwirklichkeit und ihrer pädagogischen Thematisierung anbieten will, dann muß sie die zunächst vorgegebenen Sinnformen auf ihr Paradox zurückführen – sei es für die Operationen paradoxer Kommunikation; sei es für die Struktur der binären Codierung. Dadurch sieht man, daß im System das System vorausgesetzt werden muß, weil anders die Operationen und Strukturen dem System nicht zugeordnet werden können. Das schließt nicht aus, daß man von sehr verschiedenen Standpunkten aus über den Sinn der Schule diskutieren kann, etwa im Vergleich zu den drängenden Pubertätsproblemen oder im Vergleich zu der Möglichkeit, eine Arbeit aufzunehmen und Geld zu verdienen. Aber das heißt dann nur, daß man eine andere Unterscheidung wählt und dann deren Einheit nicht beobachten kann.

20 Siehe nur Heinz von Foerster, Über das Konstruieren von Wirklichkeiten, in: ders., a. a. O. (1993), S. 25-49 (26 ff.); ders., Das Gleichnis vom blinden Fleck: Über das Sehen im allgemeinen, in: Gerhard Johann Lischka (Hrsg.), Der entfesselte Blick: Symposion, Workshops, Ausstellung, Bern 1993, S. 14-47.

Erziehung als Formung des Lebenslaufs

I

Wer versuchen wollte, einen Überblick zu gewinnen über all das, was heute im sogenannten »Bildungssystem« stattfindet, würde rasch bemerken, daß es keine Beschreibungen, geschweige denn Theorien gibt, die alles, was man finden kann, abdecken. Es gibt nicht nur Schulen und Universitäten, man findet auch Kindergärten und Volkshochschulen, Fortbildungsveranstaltungen und »Bildungsreisen«, berufsspezifische und allgemeinbildende Angebote. Auch der weitgehend staatlichen Finanzierung scheint kein Konzept zugrunde zu liegen, wenn man den Ausbau oder den Rückbau vorhandener Einrichtungen nicht als Konzept gelten läßt. Jede Terminologie, von Erziehung über Bildung, von Pädagogik bis Schulung, erfaßt allenfalls einen Teil der Bemühungen. Es scheint sich um ein historisch gewachsenes Konglomerat zu handeln, das sich an den guten Absichten seiner Träger und ihres Personals legitimiert. Wenn man es mit konkreten Schwierigkeiten zu tun hat, muß dieser Mangel an theoretischen Dachbegriffen nicht stören. Verfolgt man dagegen gesellschaftstheoretische Interessen, drängt sich die Frage nach der Einheit dieser Vielheit und nach ihrer Eigenart als eines von vielen Funktionssystemen auf.

Diese Frage nach der Einheit und der spezifischen Operationsweise des Systems kann auf verschiedene Bruchstellen bezogen werden, zum Beispiel auf die Unterscheidung Allgemeinbildung/Berufsbildung, die dann aber Kindergärten und Fahrschulen schwer einbeziehen könnte. Im folgenden wollen wir uns an einer anderen, ebenfalls sprengkräftigen Differenz orientieren, nämlich der von Kindern und Erwachsenen.

Sofern es auf diesen *Unterschied* ankommt, ist Kindsein und Erwachsensein ein Konstrukt. Das gilt aber auch für jede andere Unterscheidung – zum Beispiel wenn man zunächst fragen muß, welcher Familie und welchem sozialen Stand die Kinder bzw. Erwachsenen als bewegliche Objekte unterscheidet, die sich von dem Ort lösen können, an dem sie sich gerade befinden. Es gibt, anders gesagt, keine unterscheidungsfreie und damit nichtkonstruierte Realität, kein »Kind an sich«. Die Frage, ob es Kinder bzw. Erwachsene »gibt«, generalisiert daher zu stark.[1] Die Frage kann nur sein, welche Unterscheidungen verwendet werden, um Kinder bzw. Erwachsene zu identifizieren.

Die Theorie der Erziehung ist zunächst kindbezogen als »Päd«-agogik entwickelt worden. Daher hat sie offensichtlich semantische, wenn nicht theoretische Probleme, wenn es darum geht, Erwachsenenbildung einzubeziehen. Erziehung wird denen zugemutet, die es nötig haben. Auf Erwachsenenbildung läßt man sich ein, wenn man Zeit und Interesse dafür erübrigen kann. Wenn Bemühungen um Erziehung sich selbst reflektieren, nennen sie das Pädagogik. Das Ziel ist es, wie der Name sagt, Kinder ins Erwachsenenalter zu führen. Wenn dies erreicht ist, und Humboldt meinte bekanntlich, daß diese Zäsur den Zugang zu Universitäten bestimme und ein selbständiges Lernen ermögliche, hört die Erziehung auf. Die »Reifekriterien« und die »Reifezeugnisse« markieren die Grenze. Inzwischen scheinen diese eindeutigen Zäsuren zu verschwimmen. Da wir immer älter werden, werden wir immer jünger;[2] noch Dreißigjährige gelten als jung und machen Ansprüche auf Erziehung oder zumindest auf finanzielle Unterstützung ihrer Erziehung geltend. Reifekriterien sind zu kognitiven Kriterien, zu Wissensvoraussetzungen degeneriert. Aber irgendwie fühlen wir uns doch gehindert, Menschen in der Mitte ihres Lebens als Kinder oder als Heranwachsende zu bezeichnen. Wir können von Studenten sprechen, solange sie die entsprechenden Ausweise mit sich führen, aber selbst das reicht nicht aus, um den Bereich der Erwachsenenbildung oder gar den der Seniorenarbeit miteinzubeziehen.

Das mögen zunächst nur terminologische Schwierigkeiten sein. Wenn wir angesichts des Lebensalters nicht mehr von Erziehung sprechen mögen, steht, zumindest im Deutschen, »Bildung« zu Gebote. Außerdem ist auch der Begriff des Lernens nicht an ein bestimmtes Alter gebunden. So gilt lebenslanges Lernen als wünschenswert – teils weil die Verhältnisse sich heute rasch ändern und die Wissensbestände veralten, teils weil man damit rechnen muß, Falsches gelernt zu haben, und später in Umstände gerät, in denen man es wieder verlernen oder doch umlernen muß. Mit rein terminologischen Korrekturen

1 Dies zu Rolf Nemitz, Kinder und Erwachsene: Zur Kritik der pädagogischen Differenz, Berlin 1996, S. 9 ff. Immerhin kann man darauf hinweisen, daß es dem Bewußtsein relativ leichtfällt, Kinder und Erwachsene wahrnehmungsmäßig zu unterscheiden, und daß man dies bei allen weitergehenden sozialen Unterscheidungen voraussetzen kann.

2 Vgl. Gilles Deleuze, Logique du sens, Paris 1969, S. 9 ff., 50 ff.

verstellt man sich jedoch den Zugang zu Theorieproblemen. Man wird dann von der Erziehung der Kinder und von Erwachsenenbildung sprechen. Dann wäre aber zu erklären, ob und wieso beides demselben sozialen System (sei es Erziehungssystem, sei es Bildungssystem genannt) zugeordnet wird. Wir sollten deshalb nach den Operationen und den Strukturen fragen, die es rechtfertigen könnten, Kinder und Erwachsene als Klienten desselben Systems zu behandeln. Wir nehmen diese Differenz Kind/Erwachsener also als Ausgangspunkt für eine theoretische Bemühung, und wir nehmen sie insofern ernst. Aber es scheint keine systemsprengende Differenz zu sein. Bei allen auffallenden Unterschieden in methodischer und in organisatorischer Hinsicht: es könnte Gründe geben, Schulerziehung und Erwachsenenbildung im selben Funktionssystem ablaufen zu lassen. Und es wird um mehr gehen als nur um eine gutgemeinte Verwendung öffentlicher Gelder.

II

Eine Möglichkeit (neben vielen anderen) besteht darin, nach dem *Medium* zu fragen, das das Erziehungssystem benutzt, um *Formen* zu bilden. Die Anregung zu dieser Problemstellung stammt aus der Psychologie des Wahrnehmens. In einem lange vergessenen Aufsatz hatte Fritz Heider die Bedingungen der Möglichkeit von Wahrnehmung mit Hilfe der Unterscheidung von Medium und Ding zu klären versucht.[3] Wahrnehmung findet ihre Formen (und dies nicht in der Außenwelt, sondern im wahrnehmenden System selbst), indem sie eine riesige, nicht ausschöpfbare Menge von Kombinationsmöglichkeiten voraussetzt und in dem dadurch gegebenen Möglichkeitsraum nach überzeugenden Kombinationen sucht. Und überzeugend ist dann vor allem das, was Wiederholungsmöglichkeiten verspricht und damit das Verhältnis von Vergessen und Erinnern reguliert. Jede

3 Siehe Fritz Heider, Ding und Medium, Symposion 1 (1926), S. 109-157. Im Unterschied zur transzendentaltheoretischen Tradition wird die Frage nach Bedingungen der Möglichkeit von Erkenntnis nicht mit einer Suche nach synthetischen Regeln oder Prinzipien beantwortet, sondern auf die Frage nach einer Differenz umgestellt, die genügend dynamisches Potential freisetzt, das dann dauernd zur Suche nach bewährbaren Formen motiviert. Gute Ausgangspunkte auch für eine empirisch-psychologische Theorie des Gedächtnisses und des Lernens.

wiedererkennbare Form (bei Heider: jedes »Ding«) bestimmt dann zugleich, was vergessen werden kann, ja vergessen werden muß, weil es für das Wiedererkennen nicht wesentlich ist, sondern dabei nur stört oder irritiert.

In ähnlichem Sinne kann auch Sprache als ein Medium begriffen werden, das ausreichend große Mengen von Worten bereithält, die nach Bedarf zu Sätzen kombiniert werden können. Gelernt und erinnert werden die wiederholt gebrauchten, kombinationsgünstigen Worte (gleichviel, ob sie eine bestimmte Außenweltdifferenz festhalten oder nicht). Bei neuem Bedarf können neue Worte hinzugefügt werden. Wir widersprechen also der sogenannten Whorf/Sapir-Hypothese, daß die Sprache als solche schon einschränke, was gesagt werden kann, und ersetzen sie durch eine Art Gebrauchstheorie, die erklärt, daß und wie ein sozial evoluierender Kommunikationsbedarf psychisch implementiert werden kann.

Wahrnehmung und sprachliche Kommunikation lassen sich zu einer allgemeinen Theorie des sinnhaften Erlebens und Handelns zusammenfassen. Sinn wäre danach das allgemeinste Medium, dessen sich sowohl psychische als auch soziale Systeme bedienen müssen, um zu einer dynamischen Ordnung ihrer eigenen autopoietischen Prozesse zu finden; das Medium auch, das Rekursivität ermöglicht, also Rückgriffe und Vorgriffe auf einen Formbestand, der auch sonst verwendet werden kann. Das paßt bruchlos zu einem phänomenologischen Sinnbegriff, der die ständige Mitproduktion eines Überschusses an Verweisungen auf anderen Sinn betont hatte. Übersetzt in die hier benutzte Begrifflichkeit besagt dies, daß mit jeder Formenwahl zugleich das Medium reproduziert wird, das die Wahl von Bestimmtheiten als Auswahl aus ungezählten anderen Möglichkeiten oktroyiert und damit für den externen Beobachter unvorhersehbar macht.

Diese allgemeinen Medien lassen sich spezialisieren und auf die besonderen Bedürfnisse bestimmter Funktionssysteme zuschneiden. Der bekannteste Fall ist sicher das Medium der Wirtschaft, das Geld, das erst mit konkreten Zahlungen eine quantitativ bestimmte Form gewinnt, aber damit zugleich Zahlungsmöglichkeiten reproduziert. Für andere Funktionssysteme lassen sich vergleichbare Sachverhalte nachweisen. So akzeptiert die Wissenschaft bei weitem nicht alles, was sprachlich eindrucksvoll gesagt werden kann. Sie schneidet sich mit Hilfe von Theorien und Methodenprogrammen ein besonderes

Medium zurecht, das einerseits mehr und andererseits weniger Kombinationsmöglichkeiten bereitstellt, als in der Alltagssprache formulierbar wären.[4] Das gleiche gilt für das Medium der Kunst.[5] Die Kunst läßt Kunstformen entstehen, die ihrerseits auf verschiedene Weisen ausgearbeitet werden können und damit Spielraum geben für sehr unterschiedliche ästhetische Realisationen.[6] Erst mit der funktionalen Differenzierung gesellschaftlicher Subsysteme und ihrer jeweils besonderen Medien entsteht jene Dynamik, die die moderne Gesellschaft auszeichnet, eine Dynamik der Ausweitung durch Einschränkung, des Aufbaus von Komplexität durch Reduktion von Komplexität, und vor allem eine Dynamik der Reproduktion der Medien durch ständigen Wechsel der Formen, deren Bildung sie zulassen.

Im Bereich des Erziehungssystems wird man zunächst an das Kind denken, das als Potential für sehr verschiedene Fähigkeiten vorausgesetzt werden muß, obwohl es sich körperlich und psychisch immer schon in einem bestimmten Zustand befindet, der so ist, wie er ist, und nicht anders.[7] Das Medium Kind wird also in einen gegebenen, durch die Vergangenheit definierten Zustand hineingelesen, um Möglichkeiten der Bildung von Formen gewinnen zu können, obwohl die Vergangenheit nicht mehr geändert werden kann.[8] Schon diese sehr kursorischen Überlegungen lassen ahnen, daß es gesellschaftsstrukturelle Kontextbedingungen geben könnte, die dazu ermutigen (oder

4 Siehe Niklas Luhmann, Die Wissenschaft der Gesellschaft, Frankfurt 1990, S. 181 ff.

5 Dazu Niklas Luhmann, Die Kunst der Gesellschaft, Frankfurt 1995, S. 165 ff.

6 Siehe für den Fortschritt von den archaischen zu den klassischen Skulpturen Griechenlands, einen Fortschritt zu Körperformen mit sehr unterschiedlichen Gewichtsverteilungen, Tonio Hölscher, Tradition und Geschichte: Zwei Typen von Vergangenheit am Beispiel der griechischen Kunst, in: Jan Assmann/Tonio Hölscher (Hrsg.), Kultur und Gedächtnis, Frankfurt 1988, S. 115-149.

7 Hierzu ausführlicher Niklas Luhmann, Das Kind als Medium der Erziehung, Zeitschrift für Pädagogik 37 (1991), S. 19-407, auch in diesem Band, S. 159-186.

8 Eine solche imaginäre Rekonstruktion des unabänderlich Vergangenen findet man auch in anderen Zusammenhängen. So ist jede Entscheidung darauf angewiesen, in eine Welt, die so ist, wie sie ist, »Alternativen« hineinzukonstruieren. Kulturgeschichtlich bedeutsam auch die Lehre von der Vergebung der Sünden: Die Sünden können, obwohl begangen, vergeben werden, und die Vergebung kann dann konditioniert werden, was zu einer nicht unproblematischen (institutionalisierungsbedürftigen) Doppelung der Moral führt. In jedem Falle setzt diese Art von rekonstruktiver Imagination voraus, daß Vergangenheit und Zukunft unterschieden werden können und die Zukunft nicht als eine bruchlose Verlängerung der Vergangenheit erfahren wird.

auch nötigen), Beweglichkeit im Verhältnis von Vergangenheit und Zukunft zu unterstellen, ja die Differenz unter Umständen zu verschärfen, wenn man herausbekommen kann, wie man damit umgehen, wie man die Lücke füllen oder in unserem Falle: wie man ein Kind erziehen kann.

Wenn man sich für Erwachsenenbildung interessiert, stößt diese Antwort auf die Frage nach dem Medium der Erziehung jedoch an eine Grenze. Der Begriff des Kindes wird durch den Gegenbegriff des Erwachsenen definiert, schließt also das Erwachsensein aus. Er ist nur auf Familienerziehung und auf Schulerziehung anwendbar. Schon die Erziehung an Universitäten (wenn es denn Erziehung ist) und erst recht alle daran anschließenden Bemühungen um Erwachsenenbildung, Weiterbildung, Schulungskurse, Seniorenprogramme fielen dann nicht mehr in die Kompetenz des Erziehungssystems. Die offizielle, in Politik und Verwaltung gebrauchte Sprachregelung spricht denn auch konsequent nicht von Erziehung, sondern von Bildung, von Bildungssystem, von Bildungspolitik. Der Bildungsbegriff bezeichnet jedoch nur die »innere Form«, die das Individuum sucht und annimmt. Das läßt die Frage unbeantwortet, was denn das Medium dieser Form ist – das Medium, in dem und durch das sie gebildet werden kann; das Medium auch, das durch die Formbestimmungen reproduziert wird. Die Frage ist, allgemeiner formuliert, ob man sich mit diesem Theoriebruch auf Grund der Unterscheidung Kind/Erwachsener abfinden und damit auf eine allgemeine Theorie der Erziehung verzichten muß oder ob sich das Medium des Erziehungssystems abstrakter beschreiben läßt in einer Weise, die sowohl für Kinder als auch für Erwachsene instruktiv ist.

III

In den Monaten vor seinem überraschenden Tode hatte sich Karl Eberhard Schorr intensiv mit der Frage nach den theoretischen Grundlagen der Erwachsenenbildung beschäftigt. Ein Ausgangspunkt lag für ihn in den Auswirkungen der Massenmedien, die in allen Bereichen gesellschaftlicher Kommunikation spürbar sind. Die Massenmedien erzeugen, wie man heute gern sagt, eine »Wissensgesellschaft«, in der alle Informationen einerseits kontextualisiert auftreten und andererseits den Blick auf andere Möglichkeiten anbieten. Nichts steht mehr von sich aus fest. Alles scheint dem Vergleich mit anderen Möglichkeiten ausgesetzt zu sein. Auch Rückschlüsse des Einzelnen auf sich selber werden dadurch verunsichert. Die Frage: wer bin ich? bleibt ohne Antwort – es sei denn, man macht sich zu etwas und kann sich dann als sein eigenes Produkt begreifen.

Von da aus begann die Suche nach einem Transformationsbegriff, der, auf Individuen zugeschnitten, verdeutlichen kann, was dies für den Einzelnen bedeutet und wie man unter solchen Bedingungen Möglichkeiten finden kann, sich an sich selbst zu orientieren. Daß der Leitbegriff der 40er und 50er Jahre, die soziale Rolle, dafür nicht ausreicht, bedarf heute keiner Begründung mehr. Aber auch »Identität« ist ein unzureichendes Konzept, denn identisch ist man sowieso und kann auch nicht noch identischer werden, als man ohnehin ist. Der Begriff wird vorwiegend in der Sozialdimension aufgelöst und rekombiniert[9] und enthält keinen Platz für eine offene Zukunft, und wenn er trotzdem als noch unbestimmt interpretiert wird, wird sein semantischcr Gehalt überfordert. Die damit entstehende Ambivalenz verdeckt nur ein begrifflich ungelöstes Theorieproblem.

An dieser Stelle bot sich der Begriff des Lebenslaufs an. Im Unterschied zu »Biographie« enthält er eine noch nicht geschriebene Seite. Der Lebenslauf mag, so kann man annehmen, zu einer ständigen Neubeschreibung der eigenen Biographie führen. (Man sieht spät, wenn nicht zu spät, daß man mehr auf seine Gesundheit hätte achten sollen. Man muß schließlich einsehen, daß man bestimmte intellektuelle Moden zu intensiv und zu öffentlich mitgemacht hat und sich jetzt nur noch »postmodern« geben kann.) Das führte schließlich zu der Idee, die wir in den Wochen vor Schorrs Tod andiskutiert hatten: daß der Lebenslauf das allgemeinste Medium des Erziehungssystems sein könnte mit sehr unterschiedlichen Ausprägungen (oder Untermedien), je nachdem, ob es sich um Kinder oder um Erwachsene handelt.

Herrn Schorr war es nicht mehr gegönnt, diesen Gedanken weiter auszuführen. Im folgenden soll ein solcher Versuch zumindest skizziert werden.

9 Das heißt: unter verschiedenen sozialen Anforderungen erzeugt das Individuum verschiedene Identitäten des eigenen »Selbst«, die dann aneinander angeglichen werden müssen. Für Belege aus der neueren Literatur siehe z. B. Karl E. Weick, Sensemaking in Organizations, London 1995, S. 18 ff.

IV

Ein Lebenslauf ist, um einen hochabstrakten Einstiegsbegriff zu wählen, eine Beschreibung, die während des Lebens angefertigt und bei Bedarf revidiert wird. Der Lebenslauf schließt die vergangenheitsabhängige, aber noch unbestimmte Zukunft ein; er ist insofern eine Konjektural-Biographie.[10] Die Einheit des Lebenslaufs muß also Vergangenheit und Zukunft umgreifen, ohne doch eine teleologische Struktur aufzuweisen. Sie liegt in einer Integration von Nichtselbstverständlichkeiten. Sie ist eine rhetorische Leistung, eine Erzählung.[11] Die Komponenten eines Lebenslaufs bestehen aus Wendepunkten, an denen etwas geschehen ist, was nicht hätte geschehen müssen. Das beginnt mit der Geburt. Sie wird als Faktum deklariert, ist aber zugleich, wenn man mitberücksichtigt, wie es dazu gekommen ist, ein extrem unwahrscheinlicher Zufall. Deshalb muß sie erwähnt werden. Alle weiteren Ereignisse schließen sich an. Einerseits gilt: wäre man nicht geboren, wäre es nicht zu einem beschreibbaren Lebenslauf gekommen. Andererseits gilt, daß damit so gut wie nichts festgelegt ist. Das Muster wiederholt sich von Ereignis zu Ereignis. Immer gewinnt etwas Bestimmtes Form. Man erhält einen Namen, lernt seine Eltern kennen (oder nicht), läßt sich durch dieses oder jenes beeindrucken, arbeitet sich spielend in die Welt hinein, beginnt eine Karriere mit der Erfahrung von Erfolgen und Mißerfolgen und schiebt mit alldem eine noch nicht bestimmte Zukunft vor sich her. Das Grundmuster der bedingten und bedingenden Aktualisierung kann sich nur wiederholen – jedenfalls dann, wenn als Beschreibung das Konzept des Lebenslaufes gewählt wird. Der Lebenslauf selbst ist eine Komponente des Lebenslaufs. Er tritt in sich selbst ein und erzeugt sich selbst

10 Nach einer Formulierung von Jean Paul, Konjektural-Biographie, zit. nach Sämmtliche Werke XXXV, 7. Lieferung, 5. Band, Berlin 1827, S. 125-198. Jean Paul hält jedoch seine Erziehung für abgeschlossen, jedenfalls konzentriert er sich auf Eigentum, Ehe, Naturerleben und Tod: »Wahrlich da mein künftiger Lebenslauf ja aus nichts bestehen kann als aus meinem wirtschaftlichen Feld- und Hausetat, den ich sehr klar beschreiben will, und aus der Frau, zu der ich vorher die Braut suche, und aus mir als Hausvater und aus meiner letzten Oelung und Todtengräberszene ...« (S. 129).

11 Siehe Jerome Bruner, Life as Narrative, Social Research 54 (1987), S. 11-32. Vgl. auch Richard Harvey Brown, Rhetoric, Textuality and the Postmodern Turn in Sociological Theory, in: Steven Seidman (Hrsg.), The Postmodern Turn: Perspectives in Sociological Theory, Cambridge Engl. 1994, S. 229-241.

als einen Rahmen, dem er auf die eine oder andere Weise Rechnung zu tragen hat.[12] Der Begriff ist also »autologisch« zu verstehen. Im Sinne Derridas ist der Lebenslauf »Schrift«, denn er kerbt Unterschiede in eine Welt ein, die das nicht nötig hätte. Ob aufgeschrieben oder nicht, man vergißt und erinnert, füllt und entleert ein Gedächtnis, um Kapazitäten für neue Operationen und vor allem für Unvorhergesehenes zu gewinnen.

Das hervorstechende Merkmal eines Lebenslaufs ist wohl: daß er nicht begründet werden muß, aber erzählt werden kann. Streng genommen kann er auch gar nicht begründet werden. Wollte man nur die Ziele und die Erfolge hervorheben, wäre sofort einsichtig, daß etwas verschwiegen wird. Wie man einer inzwischen reichhaltigen Literatur entnehmen kann, ist Erzählung ein funktionales Äquivalent für Argumentation. Wenn dargestellt werden kann, wie sich eins aus dem anderen ergibt (ergeben hat, ergeben wird), liegt darin eine überzeugende Präsentation von Ordnung. Da die Geschichte auf der Ebene der Formen und nicht auf der Ebene der kombinatorischen Möglichkeiten des Mediums Lebenslauf erzählt wird, entsteht der Eindruck einer festen Kopplung von etwas, was gleichwohl als Zufall angesehen werden könnte. Der erzählte Lebenslauf derandomisiert seine Komponenten. Wer dann noch nach Begründungen fragt, verliert sich in das Endlosgeflecht von Kausalattributionen, die viel zu komplex und viel zu zweifelhaft sind, um dem Lebenslauf insgesamt Halt geben zu können. Weder als Medium noch als Form ist der Lebenslauf auf Beweise angewiesen.

Ein Lebenslauf ist der Lebenslauf jeweils eines Individuums, also ein anderer als der jedes anderen Individuums. Schon deshalb wird alles, was einen Lebenslauf ausmacht, als kontingent dargestellt. Weder ergibt er sich aus der Gattungsnatur des Menschen, noch ist er, wie man heute sagen könnte, die Ausführung eines genetischen Pro-

12 Schon hier drängen sich Parallelen zur neuzeitlichen Literatur auf, die uns lehrt, Handlungen und Ereignisse aus Rahmen (frames) heraus zu verstehen und zugleich mitzusehen, daß die Handlungen und Ereignisse den Rahmen erst erzeugen, der für ihr Verständnis vorauszusetzen ist. Siehe dazu David Roberts, Die Paradoxie der Form in der Literatur, in: Dirk Baecker (Hrsg.), Probleme der Form, Frankfurt a. M. 1993, S. 22-44 (S. 38: »Das Stück, das im Stück enthalten und gerahmt ist, enthält und rahmt zugleich das Stück, in dem es enthalten ist.« – mit Bezug auf Theater). Vgl. auch ders., The Law of the Text of the Law: Derrida before Kafka, Deutsche Vierteljahresschrift für Literaturwissenschaft und Geistesgeschichte 69 (1995), S. 344-367.

gramms. Wir sind daran gewöhnt, jeden Lebenslauf individuell zu sehen, aber trotzdem ist es schwierig, das Verhältnis von Lebenslauf und Individualität genau zu formulieren. Es ist weder ein Verhältnis des Seins (das Individuum »ist« nicht sein Lebenslauf) noch ein Verhältnis des Habens (das Individuum »hat« nicht einen Lebenslauf). Im Lebenslauf präsentiert das Individuum sich selbst in seiner Individualität, in seinem Anderssein, in seiner Unvergleichbarkeit. Obwohl alle Komponenten eines Lebenslaufs auch auf andere zutreffen können – alle werden geboren, alle sündigen, viele gehen zur Schule, selbst Geschlechtsumwandlungen kommen auch bei anderen vor –, ist die sequentielle Kombination jeweils auf Einzigartigkeit hin stilisiert. Das heißt nicht zuletzt, daß der Lebenslauf als Unikat alle Bewertungen unterläuft und sie nur als Zuschreibungen erfaßt. »Je ne suis fait comme aucun de ceux que j'ai vus; . . . Si je ne vaux pas mieux, au moins je suis autre«, proklamiert Rousseau am Beginn seiner Bekenntnisse.[13] Und das ist sein Stolz. Weder Tugend noch Ehre halten hier mit. Um so befremdlicher ist auf den ersten Blick die These, daß der Lebenslauf etwas mit Erziehung zu tun haben könnte. Auch die vergebliche Suche nach Erziehung (im Sinne von Bildung) und gerade sie ist noch ein Lebenslauf.[14]

Jeder konkrete Lebenslauf ist also das Ergebnis eines einmaligen Formfindungsprozesses, der die Bedingungen seiner Möglichkeit, das heißt die Bedingungen der Auswahl von Formen, zugleich voraussetzen und reproduzieren muß. Standarderwartungen zufolge nehmen die Möglichkeiten im Laufe des Lebens zunächst zu (sofern man nur artig und fleißig ist) und später, wenn man unbeweglich geworden ist, wieder ab. Dieses Bild gilt es zu korrigieren – was nicht heißt: zu bestreiten, daß es so laufen kann. Vor allem ist die Vergangenheit nicht ein für allemal gegeben. Vielmehr führt der Lebenslauf mit neuen Lagen immer auch zu einer Neubeschreibung seiner Vergangenheit. Nach der Scheidung findet man sich wieder als jemand, der das erreicht hatte, was er gewünscht hatte, und dann einsehen mußte, daß es nicht so gut war, wie er gedacht hatte.[15] Er muß dann

13 Jean-Jacques Rousseau, Confessions, zit. nach Œuvres complètes Bd. 1, Paris 1959, S. 5.

14 So bei Henry Adams. Siehe: The Education of Henry Adams: An Autobiography (1907), zit. nach der Ausgabe New York 1918.

15 Vgl. Willard Waller, The Old Love and the New: Divorce and Readjustment (1930), Nachdruck Carbondale Ill. 1967.

ein Inkonsistenzbereinigungsprogramm erfinden, wofür es natürlich Muster gibt. Berufliche Karrieren enden irgendwo, und man ist mit dem Erreichten zufrieden. Auch der Verlust an Wahlmöglichkeiten ist eine Beschreibung, die Sinnfindungsfunktionen erfüllt und immer wieder modifiziert werden kann. Denn die Zukunft bleibt unbekannt und hält Überraschungen bereit. Freiheitsgrade können auch zunehmen. Wenn man für sein Alter gesorgt hat, kann man sich etwas leisten. Die Beschreibung »Lebenslauf« legt eine ständige Wiederbeschreibung nahe mit jeweils neuen Kompromissen zwischen Kontinuität und Diskontinuität. Sie mag erklären, weshalb man so geworden ist, wie man sich vorfindet; aber sie garantiert nicht, daß diese Beschreibung auch morgen noch überzeugt.

Diese Auffassung des Begriffs Lebenslauf hat keine teleologische Struktur. Sie formuliert keine Erziehungsziele. Sie ist abgestimmt auf die Unterscheidung von Medium und Form. Der aus Wendepunkten bestehende Lebenslauf ist einerseits ein Medium im Sinne eines Kombinationsraums von Möglichkeiten und andererseits eine von Moment zu Moment fortschreitende Festlegung von Formen, die den Lebenslauf vom jeweiligen Stand aus reproduzieren, indem sie ihm weitere Möglichkeiten eröffnen und verschließen. Das Medium selbst ist keineswegs amorph, auch wenn es unabsehbar vieles und vor allem Unerwartetes zuläßt. Es muß sich immer um den Lebenslauf nur eines Individuums handeln, das, weil »unteilbar«, zum Beispiel nicht gleichzeitig leben und sterben, nicht gleichzeitig Prüfungen bestehen und durchfallen kann. Und es muß aus Momenten bestehen, von denen erzählt werden kann, daß und wie sie auseinander hervorgehen. Andererseits ist der Lebenslauf nicht eine für sich bestehende Entität, sondern nur ein Schema, durch das die Formen, die es ermöglicht, Sinn gewinnen. Beide Seiten dieser Differenz, Medium und Form, sind nur im Bezug aufeinander realisierbar. Der Lebenslauf ist diese Differenz. Oder besser: er geschieht als Prozessieren dieser Differenz. Er ist eine Form für die unaufhebbare Kontingenz der Geschehnisse des Lebens – eine Kontingenz, die sich allein schon daraus ergibt, daß es sich um Individuen handelt, die ihr Leben zugleich hinzunehmen und zu gestalten haben mit nur einem natürlichen Ende, das als Ziel nicht in Betracht kommt: dem Tod.

Das allein erklärt jedoch nicht, wie es dazu kommen konnte, daß ein solches Medium erfunden und oktroyiert worden ist, ob es dem

Einzelnen nun behagt oder nicht. Diese Frage erfordert eine gesellschaftstheoretische Behandlung.

V

Die Vermutung liegt nahe, daß das semantische Modell des Lebenslaufs etwas mit dem Buchdruck und der Evolution eines besonderen Funktionssystems der Massenmedien zu tun haben könnte. Will man dieser Hypothese nachgehen, muß man jedoch mindestens zwei Fragen unterscheiden, nämlich (1) das Entstehen fiktionaler Literatur und (2) das Ergänzen, wenn nicht Verdrängen unmittelbarer Lebenserfahrung durch die Realitätskonstruktionen der Massenmedien. Die fiktionale Literatur (und wir schließen hier das moderne Bühnentheater ein) schult das Beobachten von Lebensläufen, die die Bedingungen ihres eigenen Fortgangs selbst erzeugen; sie löst das alte Modell des »Schicksals« ab, dem der Held nicht ausweichen kann. Die Realitätskonstruktionen der Massenmedien erzeugen eine dermaßen komplexe Welt, daß die eigene Erfahrung als Kontrollinstanz zurücktritt und man sich daran gewöhnt, Realität als Information zu beziehen, das heißt als wie immer minimale, aber kontextplausible Überraschung.[16]

Die Erfindung von fiktionalen Erzählungen (im Unterschied zu Erzählungen mit Wahrheitsanspruch) ist nicht dem Buchdruck, ja nicht einmal der Schrift zu verdanken. Man findet diese Unterscheidung schon in der mündlichen Erzählpraxis von Gesellschaften, die noch keine Schrift kennen. Auch hier gibt es schon Bemühungen, Erzählungen, die nicht den Anspruch erheben, wirklich Geschehenes wiederzugeben, mit dem Anschein von Wahrheit (verisimilitudo) auszustatten, zum Beispiel durch Erwähnung von Details, die jedermann kennt.[17] Nach der Einführung des Buchdrucks kam das Problem hinzu, weshalb man sich für Erzählungen interessieren und entsprechende Bücher kaufen sollte, wenn es um nur erfundene Geschichten geht, die einerseits neu zu sein beanspruchen (also kein soziales Gedächtnis auffrischen) und andererseits nichts mit der Welt und der

16 Ausführlicher Niklas Luhmann, Die Realität der Massenmedien, 2 Aufl. Opladen 1996.

17 Vgl. für Belege Dennis Tedlock, The Spoken Word and the Work of Interpretation, Philadelphia 1983, insb. S. 159 ff.

Gesellschaft, wie sie wirklich ist, zu tun haben wollen.[18] Wie schon in oralen Traditionen hilft man sich zunächst damit, den als fiktional vorgestellten Text mit Wahr-Scheinlichkeiten zu garnieren. Noch Richardsons Romane quellen auf durch eine Fülle von Details, die für den Fortgang der Erzählung gar nicht nötig sind, und die Form des Briefromans kommt dem entgegen. Erst allmählich findet der Roman zu seiner klassischen Form. Probleme wie vor allem Liebe und Verbrechen, die vermutlich Leserinnen und Leser interessieren, werden mit Spannung aufgeladen. Der Text lebt von einer selbsterzeugten Ungewißheit, die er dann selber aufzulösen hat. Die Spannung fungiert gewissermaßen als Realitätsäquivalent, und das zugrundeliegende Problem ermöglicht den Leserinnen und Lesern Rückschlüsse auf ihr eigenes Leben.

Dabei wird auffällig, daß das eigene Leben nicht so abläuft und vor allem: nicht so abgelaufen ist, wie der Roman es vorstellt. Auch dieses Problem wird vom Roman aufgenommen als Tragik der Verwechselung von Lektüre und Leben. Die Lebensgeschichten der Literatur reflektieren diese Differenz – als Thema von Romanen.[19] Das eigene Leben ist zwar auch als selbsterzeugte Ungewißheit erfahrbar, oder man möchte es in diese Richtung wieder öffnen. Aber die Literatur selbst warnt davor, sie ins Leben hineinzucopieren. Aber wenn es nicht guttut, sich am Roman zu bilden – wie sonst?

Diese eher idyllische Welt des nach dem Roman modellierten Lebens hat sich im Laufe des 20. Jahrhunderts in der immens erweiterten Welt der Massenmedien verloren. Sie ist durch eine Bildwelt ersetzt worden, die Tag für Tag scharf beleuchtet, was man nicht ist und was man nicht hat. Ob nun Film oder Werbung, ob Nachrichten oder Berichte, ob selbstsichere Gesten, Wohnungseinrichtungen, Wagen, sportliches Können oder Reiseerlebnisse – im eigenen Leben hat nur wenig davon Platz. Es fehlt nicht nur an Geld. Vor allem wohnt man schon in einem Haus, hat die nächste Ferienreise schon gebucht, der eigene Wagen steht auf dem Carport. Alles, was zu einem gehört (die Altgriechen hätten von philòs gesprochen), wäre durch anderes

18 Vgl. für eine Übergangszeit bis zur Etablierung des modernen Romans Lennard J. Davis, Factual Fictions: The Origins of the English Novel, New York 1983. Eine verbreitete Technik war der Einbau einer Fiktion in die Fiktion, nämlich der Fiktion, der erfundene Text sei ein gefundener Text.

19 Vgl. Hans-Georg Pott, Literarische Bildung: Zur Geschichte der Individualität, München 1995.

ersetzbar, aber die Frage ist: wozu? Freunde und Familie, Arbeit und Beruf sind nicht so leicht zu wechseln; aber auch hier wird einem täglich vorgeführt, daß es bei anderen anders ist. Was man sieht, wird zur Information über Resultate eines Lebenslaufs – im einen Falle so, im anderen Falle anders. Soziologen mögen dazu neigen, ein Interesse an Prestigegütern zu unterstellen, aber damit ist die eigentümlich moderne Struktur des Phänomens nicht erfaßt.[20] Man sieht Form gewordene Lebensläufe gegen den Hintergrund einer unerschöpflichen Menge von Kombinationsmöglichkeiten. Man sieht Möglichkeiten des Erzählens und damit Kontingenzen, die Möglichkeiten des Vergleichens eröffnen.

VI

Den Massenmedien verdanken wir (wenn das der richtige Ausdruck ist) den Lebenslauf als Schema der Personwahrnehmung. Damit ist ein gesellschaftlich allgemein verwendbares Medium etabliert, in dem Individuen sich als gewonnene und als geronnene Form einrichten können – zugleich mit der Garantie einer offenen, noch nicht bestimmten Zukunft, die zu einer laufenden Wiederbegegnung mit der eigenen Vergangenheit führen kann. Das mag zu einer Neufassung des Begriffs der Person führen.[21] Dieser Frage können wir hier jedoch nicht weiter nachgehen. Statt dessen interessiert, wie aus diesem allgemeinen Medium der Personwahrnehmung ein besonderes Medium des Erziehungssystems werden kann. Wie kann, so ist zu fra-

20 Gerade die Archäologie hat heute (in Auseinandersetzung mit der Weltsystem-Theorie von Immanuel Wallerstein) die sozialstrukturelle Funktion des Prestigegüterhandels entdeckt und gibt ihm eine jahrtausendealte Tradition. Siehe für Beispiele Timothy C. Champion (Hrsg.), Centre and Periphery: Comparative Studies in Archaeology, London 1989.

21 Etwa im Vergleich zum Personbegriff Christian Wolffs: »Persona dicitur ens, quod memoria sui conservat« (Psychologia rationalis § 741, zit. nach Peter Fuchs, Das Gedächtnis autopoietischer Systeme – Einige Anmerkungen zu Tempodifferenzen in Gleichzeitigkeitslagen, Ms. 1995, S. 5). Oder im Vergleich zum Begriff Baltasar Graciáns als Selbstvollendung in einer verkehrten Welt – im Unterschied zu bloßen Schattenmenschen, die andere copieren, oder »Diphtongen«, die aus heterogenen Bestandteilen zusammengesetzt sind – so in El Criticón (1651-1657), zit. nach der gekürzten deutschen Ausgabe Hamburg 1957. Im übrigen für Pädagogen: Person wird man durch Lesen (a. a. O., S. 33).

gen, das Erziehungssystem sich eine allgemein etablierte Form aneignen und sie als Medium für eigene Formbildungen verwenden? Und die Antwort wird lauten: weil es sich um ein Produkt der Rhetorik und nicht um sachbasiertes Wissen handelt.

Spezialisierungen dieser Art sind nichts Ungewöhnliches. Auch Wahrheit (im Unterschied zu Unwahrheit) ist schließlich ein allgemeines gesellschaftliches Medium, das in der Form wissenschaftlicher Wahrheit nur eine besondere Ausprägung erhält. Man fragt einen Passanten nach dem Weg und erwartet eine wahre Antwort, ohne Wissenschaft zu bemühen. Auch Sympathie nimmt nicht notwendigerweise die heiße Form der Liebe an, die einem keine Ruhe läßt. In allen Fällen, in denen besondere Funktionssysteme sich bilden, geraten Medien unter einen besonderen Anforderungsdruck. Sie werden zusätzlich konditioniert. Aber auch in den funktionsspezifischen Ausprägungen »versteht« man Medien nur als Ausarbeitung einer auch sonst geläufigen Kommunikationsvermittlung. Wir müssen deshalb fragen, wie das allgemeine Medium der Personwahrnehmung, der Lebenslauf, so zugeschnitten werden kann, daß es Erziehung (unter Einschluß von Erwachsenenbildung und Geragogik) als Medium der Bildung spezifischer Formen dienen kann.

Gleichviel ob es Kinder sind oder Erwachsene: die Erziehung hat es immer mit »Individuen« zu tun, die so sind, wie sie sind, und sich so verhalten, wie sie sich verhalten. Die »Individualität« (Unteilbarkeit) der Individuen garantiert, daß man sie auch in anderen Situationen als dieselben vorfinden kann. Zwar handelt es sich um dynamische, sich selbst organisierende Systeme, die über sich selbst disponieren. Aber das heißt für den Erzieher zunächst ja nur, daß er sich überraschen lassen muß. Und so ist es ja auch. Zum sozialen Konstrukt »Erziehung« kann es erst kommen, wenn sich Interaktionssysteme bilden, denen das Medium Lebenslauf zugrunde gelegt wird. Dann beschreibt man die Situationen an Hand eines Schemas, das einerseits retrospektiv angesetzt werden kann und zugleich für die Zukunft Möglichkeiten unterschiedlicher Formgewinnung offenläßt. Die Annahme, daß sich durch Lernen andere Möglichkeiten erschließen lassen, wirkt als »self-fulfilling prophecy«, und dies unabhängig von der Frage, ob die Annahme zutrifft oder nicht. Sie validiert sich selbst, indem sie ein Verhalten motiviert, das neue Bedingungen für weiteres Verhalten schafft. Ob die Erziehung gesetzte Ziele erreicht oder nicht, ist eine zweite Frage, und bekanntermaßen kommt beides vor. Die erste und grundlegende Frage ist dagegen, wie das Erziehungssystem dazu kommt, in einem Kombinationsraum von Möglichkeiten, genannt Lebenslauf, Optionen zu sehen.

Da Medien selbst, wie bereits gesagt, keine ideologische Information enthalten, kann sich die Spezifikation nur auf die Formen beziehen, die im Medium Profil gewinnen. Es kann also nicht darum gehen, denen, die erzogen werden sollen oder wollen, einen Lebenslauf beizubringen. Das Problem liegt in der Lebenslaufrelevanz bestimmter Formen. Wir wollen solche Formen als »Wissen« bezeichnen[22] und darin einschließen das Wissen, daß man etwas kann (zum Beispiel schwimmen[23]). In diesem Begriff des Wissens ist berücksichtigt, daß das Gehirn dem Bewußtsein vorarbeitet und ständig interpretationsbedürftige Zustände, zum Beispiel Gefühle, schafft, die Namen und Bedeutung erhalten müssen. Vor allem aber kommt es in unserem Zusammenhang darauf an, daß Wissen dem Lebenslauf Form gibt und ihn damit zugleich als Medium der Formbildung reproduziert. Damit ist nicht nur gemeint, daß man Wissen bei Bedarf anwenden kann, sondern auch und vor allem: daß es eine Art Sicherheit gibt, mit der man sich auf neue, unvertraute Situationen einlassen kann.

In erheblichem Umfange wird Erziehung heute als Ausbildung geplant, das heißt: als Erwerb von Fähigkeiten, die karrierewirksam eingesetzt werden können. Das hat sein gutes Recht, denn Karriere ist in der modernen Gesellschaft diejenige bewegliche Form, die Individuen und Gesellschaft integriert.[24] Wenn außerdem noch Bildung angeboten wird, dann typisch mit einer Sonderbegründung, so als ob Bildung dies nötig hätte: als »Wert«, auf den Menschen einen Anspruch haben, oder als »Bürgerrecht«. Faktisch dient »Bildung« als

22 Eine Alternative wäre, mit Jean Paul, Levana a. a. O., Bd. III, S. 17 f., »von Tätigkeiten im Unterschied zu Genüssen zu sprechen – Tätigkeiten nach irgendeinem langen Plan.«

23 Wer nicht weiß, daß er schwimmen kann, kann auch nicht schwimmen; er würde die entsprechenden Nervenerregungen als Notsignale interpretieren und sich zu retten versuchen. Wer nicht weiß, daß er Vorträge halten kann, kann auch keine Vorträge halten. Er müßte schriftlich ausgearbeitete Texte vorlesen. Wer nicht weiß, daß er Texte öffentlich und mit richtiger Betonung vorlesen kann ...

24 Vgl. Niklas Luhmann/Karl Eberhard Schorr, Reflexionsprobleme im Erziehungssystem, 2. Aufl. Frankfurt 1988, S. 277 ff. Vgl. auch Giancarlo Corsi, Die dunkle Seite der Karriere, in: Dirk Baecker (Hrsg.), Probleme der Form, Frankfurt 1993, S. 252-265.

kommode Bezeichnung für offizielle Bemühungen, die man angesichts des Alters der Klienten nicht mehr gut als Erziehung bezeichnen kann. Aber geht es um Bildung (und in welchem Sinne), wenn man sich bemüht, Alten das Tanzen beizubringen? Schon die Unterscheidung Ausbildung/Bildung vermag heute kaum noch zu überzeugen. Sie deckt außerdem bei weitem nicht all die Bemühungen ab, die man im Erziehungssystem findet.

Wie in anderen Bereichen auch hat die funktionale Differenzierung des Gesellschaftssystems zu einer eigentümlich modernen Kombination von Universalismus und Spezifikation geführt.[25] Jedes Funktionssystem reklamiert für sich gesellschaftsweite, universelle Zuständigkeit für die eigene Funktion und ihre spezifische Operationsweise. Diese Kombination müßte in einer auf Erziehung zugeschnittenen Theoriesprache wiederzufinden sein – wenn die Kombination (oder Trennung) von Schulen und Universitäten, Anstalten der beruflichen Bildung oder der Erwachsenenbildung oder schließlich Angebote an Senioren mehr sein soll als eine Frage der organisatorischen Zweckmäßigkeit oder des ökonomischen Einsatzes der entsprechenden Mittel.

Mit der Übernahme der Unterscheidung Medium/Form in die Theorie des Erziehungssystems könnte ein Anfang gemacht werden. Damit wären für weitere Schritte Konsistenzbedingungen vorgezeichnet. Zum Beispiel könnte das Erziehungssystem dann nicht mehr teleologisch und auch nicht mehr adaptionistisch begriffen werden.[26] Statt dessen findet es sich der eigenen Autonomie ausgesetzt und damit auf Selbstorganisation, Selbstbeschreibung oder allgemeiner: auf »sensemaking«[27] verwiesen. Werte, Ziele, Alternativen, nachträgliche Rationalisierung müßten im System selbst, in seinem reflektierenden Establishment und in seinen Organisationen entwickelt und bei Plausibilitätsverlusten geändert werden. Für externe Beobachter, für Soziologen zum Beispiel, wäre in diesen »Wertfragen« Zurückhaltung angebracht.

Ferner ergeben sich Konsequenzen für das, was man an pädagogischem »Wissen« erwarten kann. Erziehung ist schemabasiertes, nicht

25 Wir benutzen hier die Sprache der Parsonsschen »pattern variables«, obwohl in einem von Parsons abweichenden Verständnis. Vgl. Talcott Parsons, Pattern Variables Revisited, American Sociological Review 25 (1960), S. 467-483.

26 Ähnliches erreicht man mit Begriffen wie Autopoiesis und operative Schließung.

27 Zu diesem Modebegriff der Organisationswissenschaft ausführlich Weick, a. a. O. Thousand Oaks Cal. 1995.

wissensbasiertes Verhalten. Es fehlen die Voraussetzungen für eine quasi technologische Wissensanwendung – allein schon deshalb, weil das Interaktionssystem, das die Erziehung durchführt, gar nicht die Zeit läßt, zu prüfen, ob die Voraussetzungen für eine Anwendung von Wissen gegeben sind oder nicht (so daß es auch gar nicht darauf ankommt, ob es ein solches Wissen gibt oder nicht).[28] Eher geht es um das Durchziehen einer self-fulfilling prophecy mit hartnäckig wiederholten Versuchen, die eigenen Erwartungen bestätigt zu sehen und aus dem, was man getan hat, zu lernen, was man hätte tun sollen.[29] Das ist kein abschätziger Kommentar, sondern nur ein erneuter Hinweis darauf, daß der Erziehung ein anderes Medium zugrunde liegt als der Wissenschaft und daß die festen Kopplungen, die sie anstrebt, nicht im technisch anwendbaren Wissen liegen, sondern in den Formen der Lebensläufe, an denen sie mitwirkt.

28 Vgl. die Diskussion dieser Frage in Niklas Luhmann/Karl Eberhard Schorr (Hrsg.), Zwischen Technologie und Selbstreferenz: Fragen an die Pädagogik, Frankfurt 1982.

29 Siehe dazu Weick, a. a. O., insb. S. 147 ff.

Nachweise

Erziehender Unterricht als Interaktionssystem, in: Jürgen Diederich (Hrsg.), Erziehender Unterricht – Fiktion und Faktum? Frankfurt/M. 1985 (Gesellschaft zur Förderung pädagogischer Forschung), S. 77-94

Codierung und Programmierung: Bildung und Selektion im Erziehungssystem, in: Heinz-Elmar Tenorth (Hrsg.), Allgemeine Bildung: Analysen zu ihrer Wirklichkeit, Versuche über ihre Zukunft, München 1986, S. 154-182

Systeme verstehen Systeme, in: Niklas Luhmann/Karl Eberhard Schorr (Hrsg.), Intransparenz und Verstehen. Fragen an die Pädagogik, Frankfurt/M. 1986, S. 72-118

Strukturelle Defizite: Bemerkungen zur systemtheoretischen Analyse des Erziehungssystems, in: Jürgen Oelkers/Heinz-Elmar Tenorth (Hrsg.), Pädagogik, Erziehungswissenschaft und Systemtheorie, Weinheim/Basel 1987, S. 57-75

Sozialisation und Erziehung, in: Wilhelm Rotthaus (Hrsg.), Erziehung und Therapie in systemischer Sicht, Dortmund 1987, S. 77-86

Die Homogenisierung des Anfangs: Zur Ausdifferenzierung der Schulerziehung, in: Niklas Luhmann/Karl Eberhard Schorr (Hrsg.), Zwischen Anfang und Ende: Fragen an die Pädagogik, Frankfurt/M. 1990, S. 73-111

Das Kind als Medium der Erziehung, in: Zeitschrift für Pädagogik 37 (1991), S. 19-40

System und Absicht der Erziehung, in: Niklas Luhmann/Karl Eberhard Schorr (Hrsg.), Zwischen Absicht und Person. Fragen an die Pädagogik, Frankfurt/Main 1992, S. 102-124

Das Erziehungssystem und die Systeme seiner Umwelt, in: Niklas Luhmann/Karl Eberhard Schorr (Hrsg.), Zwischen System und Umwelt. Fragen an die Pädagogik, Frankfurt/Main 1996, S. 14-52

Takt und Zensur im Erziehungssystem, in: ebd., S. 279-294

Erziehung als Formung des Lebenslaufes, in: Dieter Lenzen/Niklas Luhmann (Hrsg.), Bildung und Weiterbildung im Erziehungssystem, Frankfurt/M. 1997, S. 11-29

Liebe als Passion. Zur Codierung von Intimität. stw 1124. 231 Seiten

Die Moral der Gesellschaft. Herausgegeben von Detlef Horster. stw 1871. 402 Seiten

Die Politik der Gesellschaft. Herausgegeben von André Kieserling. stw 1582. 444 Seiten

Paradigm lost: Über die ethische Reflexion der Moral. Rede von Niklas Luhmann anläßlich der Verleihung des Hegel-Preises 1989. Laudatio von Robert Spaemann: Niklas Luhmanns Herausforderung der Philosophie. stw 797. 73 Seiten

Protest. Systemtheorie und soziale Bewegungen. Herausgegeben von Kai-Uwe Hellmann. stw 1256. 216 Seiten

Das Recht der Gesellschaft. stw 1183. 598 Seiten

Die Religion der Gesellschaft. Herausgegeben von André Kieserling. stw 1581. 368 Seiten

Schriften zu Kunst und Literatur. Herausgegeben von Niels Werber. stw 1872. 490 Seiten.

Schriften zur Pädagogik. Herausgegeben und mit einem Vorwort von Dieter Lenzen. stw 1697. 278 Seiten

Soziale Systeme. Grundriß einer allgemeinen Theorie. stw 666. 675 Seiten

Theorie der Gesellschaft. Neun Bände in Kassette. stw 2002. 5100 Seiten

Die Wirtschaft der Gesellschaft. stw 1152. 356 Seiten

NF 126/2/11.08

Die Wissenschaft der Gesellschaft. stw 1001. 732 Seiten

Zweckbegriff und Systemrationalität. Über die Funktion von Zwecken in sozialen Systemen. stw 12. 390 Seiten

Niklas Luhmann/Peter Fuchs. Reden und Schweigen. stw 848. 227 Seiten

Niklas Luhmann/Karl Eberhard Schorr. Reflexionsprobleme im Erziehungssystem. stw 740. 390 Seiten

Niklas Luhmann als Herausgeber

Niklas Luhmann/Stephan H. Pfürtner. Theorietechnik und Moral. stw 206. 267 Seiten

Niklas Luhmann/Karl Eberhard Schorr. Zwischen Intransparenz und Verstehen. Fragen an die Pädagogik. stw 572. 325 Seiten

Zu Niklas Luhmann

Beobachter der Moderne. Niklas Luhmanns »Die Gesellschaft der Gesellschaft«. Herausgegeben von Hans-Joachim Giegel und Uwe Schimank. stw 1612. 343 Seiten

Bourdieu und Luhmann. Ein Theorienvergleich. Herausgegeben von Armin Nassehi und Gerd Nollmann. stw 1696. 272 Seiten

GLU. Glossar zu Niklas Luhmanns Theorie sozialer Systeme. Von Claudio Baraldi, Giancarlo Corsi und Elena Esposito. stw 1226. 248 Seiten

NF 126/3/11.08

Irritationen des Erziehungssystems. Pädagogische Resonanzen auf Niklas Luhmann. Herausgegeben von Dieter Lenzen. stw 1657. 235 Seiten

Luhmann und die Kulturtheorie. Herausgegeben von Günter Burkart und Gunter Runkel. stw 1725. 289 Seiten

Rezeption und Reflexion. Zur Resonanz der Systemtheorie Niklas Luhmanns außerhalb der Soziologie. Herausgegeben von Henk de Berg und Johannes F. K. Schmidt. stw 1501. 514 Seiten

Theorie der Politik. Niklas Luhmanns politische Soziologie. Herausgegeben von Kai-Uwe Hellmann und Rainer Schmalz-Bruns. stw 1583. 320 Seiten

Frithard Scholz. Freiheit als Indifferenz. Alteuropäische Probleme mit der Systemtheorie Niklas Luhmanns. 287 Seiten

NF 126/4/11.08

DELFIN
»Zeitschrift für Konstruktion, Analyse und Kritik« im Suhrkamp Verlag

Der DELFIN versucht Disziplinen, Diskurse und Gattungen ins Gespräch zu bringen, kreative Prozesse in Gang zu setzen, Alternativen zu eröffnen.

Konstruktivismus und Sozialtheorie. DELFIN 1993. Herausgegeben von Gebhard Rusch und Siegfried J. Schmidt. stw 1099. 360 Seiten

Piaget und der Radikale Konstruktivismus. DELFIN 1994. Herausgegeben von Gebhard Rusch und Siegfried J. Schmidt. stw 1156. 286 Seiten

Konstruktivismus und Ethik. DELFIN 1995. Herausgegeben von Gebhard Rusch und Siegfried J. Schmidt. stw 1217. 396 Seiten

Interne Repräsentation. DELFIN 1996. Neue Konzepte der Hirnforschung. Zum Dialog von Konstruktivismus und Neurowissenschaften. Herausgegeben von Gebhard Rusch, Siegfried J. Schmidt und Olaf Breidbach. stw 1277. 230 Seiten

Konstruktivismus in der Medien- und Kommunikationswissenschaft. DELFIN 1997. Herausgegeben von Gebhard Rusch, Siegfried J. Schmidt und Olaf Breidbach. stw 1340. 344 Seiten

Konstruktivismus in Psychiatrie und Psychologie. DELFIN 1998/99. Herausgegeben von Gebhard Rusch und Siegfried J. Schmidt. stw 1503. 240 Seiten

NF 127/1/9.00